“十三五”普通高等教育规划教程

统 计 学

徐彦伟 高文才 主 编
刘玉华 朴金子 副主编

中国铁道出版社有限公司
CHINA RAILWAY PUBLISHING HOUSE CO., LTD.

内容简介

本书以适应高等院校经济学类、管理学类专业教学改革的发展趋势为目的，力求达到学做结合、加强实际技能训练、提高实际工作能力的要求，主要阐述了统计学的基本理论与方法，包括统计调查和统计整理、总量指标和相对指标、平均指标与变异指标、抽样与抽样估计、假设检验、方差分析、统计指数、相关分析与回归分析、时间数列、国民经济核算体系、统计分析与统计报告。

本书适合作为高等院校经济学类、管理学类各专业的教学用书，也可作为在职人员培训教材或相关人员的参考用书。

图书在版编目（CIP）数据

统计学/徐彦伟，高文才主编．—北京：中国铁道出版社有限公司，2019.12（2023.7重印）

“十三五”普通高等教育规划教程

ISBN 978-7-113-26444-4

Ⅰ.①统… Ⅱ.①徐… ②高… Ⅲ.①统计学-高等学校-教材 Ⅳ.①C8

中国版本图书馆CIP数据核字（2019）第273051号

书　　名：统计学
作　　者：徐彦伟　高文才

策　　划：张文静　　　　**编辑部电话：**（010）63549501
责任编辑：许　璐　包　宁
封面设计：尹金鹏
封面制作：刘　颖
责任校对：张玉华
责任印制：樊启鹏

出版发行：中国铁道出版社有限公司（100054，北京市西城区右安门西街8号）
网　　址：http：//www. tdpress. com/51eds/
印　　刷：北京铭成印刷有限公司
版　　次：2019年12月第1版　2023年7月第4次印刷
开　　本：787 mm×1 092 mm　1/16　**印张：**18.25　**字数：**443千
书　　号：ISBN 978-7-113-26444-4
定　　价：48.00元

前　　言

统计学是一门收集、整理和分析统计数据的方法论科学，其目的是探索数据内在的数量规律性，以达到对客观事物的科学认识。在当今社会，不论是国家宏观经济运行与管理，还是企业微观经营管理与决策；不论是社会经济生产活动，还是人们的日常活动，都会产生大量的数据。要从数据中提取有用的信息、找出数据中存在的数量关系和数量规律，必须借助于统计理论和方法。统计学已成为各学科不可或缺的研究工具，统计知识已成为各类专业人员的必备知识。为了满足各方面的需要，我们特意编写了这本《统计学》。本书是在编者多年教授统计学课程与科研实践基础上，参阅了许多同类的优秀教材编写而成的。本书主要体现以下特点。

(1)内容体系完整、实用。本书从我国高等院校经济管理类专业的教学实际出发，充分借鉴国内教材的优点，系统地介绍了统计学的基本思想、理论和方法。主要内容包括统计调查和统计整理、总量指标和相对指标、平均指标与变异指标、抽样与抽样统计、假设检验、方差分析、统计指数相关分析与回归分析、时间数列、国民经济核算体系、统计分析与统计报告等。同时，介绍 Excel 统计软件进行数据收集、整理和分析的基本操作方法。

(2)阐述简明扼要。学习统计学应具有良好的数学基础。但高等院校经济管理类本科专业文科、理科生兼招，为此，本书在编写中力求简明扼要，通俗易懂，便于自学，省略了许多复杂公式的推导过程，用通俗的实例引导学生得出相关的结论。

(3)理论和实际相结合。考虑到满足高等院校经济管理类专业的需要，在教材内容编写上增加了国民经济核算体系、统计分析与统计报告两章。在编写例题、习题以及案例过程中，力求以现实的社会经济现象为背景，体现理论和实际相结合的原则。

本书由徐彦伟、高文才任主编，刘玉华、朴金子任副主编，高婷婷参与编写。其中，徐彦伟编写了第五、六、七、九章，高文才编写了第一、二、三、八章，刘玉华编写了第四、十章，朴金子编写了第十一、十二章，高婷婷编写了附录A、附录B。

在本书的编写和出版过程中，参考了大量文献和相关资料，在此向这些文献的作者表示感谢。

由于编者水平有限，书中难免有疏漏和不足之处，恳请同行和读者多提宝贵意见，以使我们进一步修改和完善。

编　者

2019年10月

教学建议

课程简介

统计学是一门实用性很强的方法科学，它既包括适用于各个领域的一般性统计方法，也包括适用于某一专业领域的特殊统计方法。本课程内容大体包括四部分：描述统计、推断统计、经济管理中常用的一些统计方法、国民经济统计基本知识。本门课程的特点是不着重于统计方法、数学原理的推导，而是侧重于阐明统计方法背后隐含的统计思想，以及这些方法在实际各领域中的具体应用。

选课建议

本课程为经济与管理类专业的专业基础必修课，其先修课程为概率论与数理统计及其他相关的经济与管理学基础课程，其后续课程则为经济与管理类专业的专业课。

课程任务和教学目标

通过本课程的学习，使学生掌握统计学的基本理论与方法，以此为基础，使学生具备对社会经济现象进行定量与定性分析的基本知识和技能。

课程基本要求

通过本课程的学习，使学生了解统计学的基本理论及其应用，掌握收集资料及整理资料的基本方法，并灵活掌握各种统计分析方法，具备对现象进行定量分析的知识及能力。

教学内容、学习要点及课时安排

教学内容	学习要点	课时安排
第一章 绪　论	(1)了解统计学的产生和发展过程 (2)正确理解统计的研究对象及特点 (3)了解统计学的分科及统计学与其他科学的关系 (4)理解统计的含义及相互关系 (5)掌握统计学中的基本概念	2
第二章 统计调查和统计整理	(1)正确理解统计调查的概念，掌握统计调查的基本要求 (2)掌握统计调查的不同组织方式、特点与应用 (3)了解统计调查方案包括的内容 (4)理解统计整理的概念，明确统计整理的内容和步骤 (5)掌握统计分组的概念、作用、方法 (6)掌握分配数列的分类及其编制方法 (7)掌握统计图、表的绘制方法	4

续表

教学内容	学习要点	课时安排
第三章 总量指标和相对指标	(1)明确总量指标的概念和分类、掌握时期指标和时点指标的特点及区别 (2)了解总体单位总量和总体标志总量的含义 (3)明确相对指标的概念、表现形式、分类、作用 (4)掌握各种相对指标的计算方法 (5)明确计算和运用相对指标的原则	4
第四章 平均指标与变异指标	(1)理解平均指标和变异指标的概念、作用 (2)了解平均指标的种类和区别 (3)掌握平均指标和变异指标的计算方法及应用	2
第五章 抽样与抽样估计	(1)掌握利用样本资料来推断总体数量特征的基本原理 (2)掌握抽样推断的概念及特点 (3)了解抽样误差产生的原因 (4)熟悉不同的抽样组织方式 (5)熟悉掌握区间估计的方法与必要样本容量的计算方法	6
第六章 假设检验	(1)了解假设检验的一般问题 (2)掌握总体均值、比例和方差的假设检验的方法	4
第七章 方差分析	(1)了解方差分析的基本原理 (2)掌握单因素方差分析及双因素方差分析的方法	4
第八章 统计指数	(1)了解统计指数的基本概念、统计指数的编制原理 (2)熟练运用综合指数和平均指数的编制方法 (3)熟练掌握指数体系在因素分析中的应用 (4)了解常用的经济指数和综合评价指数的编制方法	6
第九章 相关分析与回归分析	(1)了解相关关系的概念、种类,以及相关分析与回归分析的联系和区别 (2)掌握相关分析的内容和方法,重点掌握相关系数的计算方法及相关系数的取值含义 (3)掌握回归分析的原理,用最小二乘法拟合回归方程的方法及应用,重点掌握简单线性回归方程的拟合及应用,明确直线回归方程中待定参数的含义	6
第十章 时间数列	(1)理解时间数列的概念、种类、构成及编制原则 (2)掌握时间数列的水平指标、速度指标的计算方法,特别是平均发展水平的计算 (3)理解时间数列的构成因素及分析模型 (4)掌握长期趋势和季节变动的含义及测定方法	6
第十一章 国民经济核算体系	(1)了解国民经济运行、国民经济核算以及核算体系的基本内容 (2)熟悉我国新的国民经济核算体系及其基本结构和主要内容 (3)正确理解国民经济统计中主要指标的内涵,并能计算和应用国民经济统计中的一些主要指标	2
第十二章 统计分析与统计报告	(1)了解统计分析的概念、形式和统计分析的一般步骤 (2)熟悉统计分析的各种方式 (3)掌握统计分析报告的含义和作用,了解统计分析报告的结构,并能结合实际资料撰写统计分析报告	2
课时总计		48

注:①关于课时分配,教师可根据实际情况需要予以调节。

②附录 A 的课时可由教师灵活掌握。

目　录

第一章　绪　　论

了解统计学的产生和发展过程；正确理解统计的研究对象及特点；了解统计学的分科及统计学与其他科学的关系；理解统计的含义及相互关系；掌握统计学中的基本概念。

第一节　统计学的对象与性质

一、统计学的产生和发展

在日常工作和生活中，提到统计一词人们就会联想到数据，统计是和数据打交道的。统计学是认识客观事物的一种方法，它是从客观事物的数量方面入手，通过对客观事物数量方面的认识从而达到对客观事物认识目的的一种方法论性质的科学。人类社会从什么时候开始从客观事物的数量方面入手来认识事物的，需要追溯统计学的产生和发展。

一切科学都来源于实践，统计学也是如此，先有统计实践活动后产生统计学。统计作为一种实践活动起源很早，它是随着社会生产的发展和适应国家管理的需要而产生和发展起来的。在原始社会，人类打猎、捕鱼、结绳记事就蕴含统计的萌芽，随着奴隶制国家的产生，统治阶级为了满足对内统治的需要，以及对外战争需要征兵、征税，从而开始了人口、土地和财产的统计。中国早在夏朝就开始了人口、土地等方面的统计，差不多在同一时期古希腊、古罗马的奴隶制国家里，也有人口、财产和世袭领地等方面的统计。当人类社会发展到封建社会，由于生产力发展比较缓慢，统计只是对国家管理所需要的数据进行简单的登记、计算、比较，还没有把统计当作一门学问来研究，统计仅处于初级阶段。

到了封建社会末期，特别是进入资本主义社会以后，生产力迅速发展，社会分工愈益精细，交通、航运、贸易日趋发达，国际市场逐步形成。这时，不仅政府需要有包括人口、土地、财富、赋税和军事等方面国情国力的统计，各类企业主、商人为了经营管理和争夺市场，也需要各种商业情报和市场信息，统计逐步扩展到工业、农业、贸易、银行、保险、交通、邮电、海关等部门，并且出现了专业的统计机构和研究组织。统计逐步成为社会分工中的一个独立部门和专业。

正是在这样的历史条件下，统计学应运而生。从 17 世纪下半叶开始，欧洲出现了一些统计理论著作，并逐步形成不同的学派。统计作为一种实践活动有四五千年的历史，但统计学仅有 300 多年的历史。从统计学的产生和发展过程来看，可以把统计学大致分为：古典统计学、近代统计学和现代统计学三个时期。

（一）古典统计学时期

古典统计学时期是指17世纪中叶至18世纪中叶统计学萌芽时期。当时有政治算术学和国势学派两大学派。

1. 政治算术学派

政治算术学派产生于17世纪中叶的英国，创始人是威廉·配第（1623—1687），其代表作是《政治算术》一书。在这部著作中，他以数字资料为基础，用计算和对比的方法对英国、法国、荷兰三国的实力进行了比较，提出了英国社会经济发展的方向和道路。他主张一切论述都用数字、重量和尺度来进行，他还提出了用图表形式概括数字资料的理论和方法。这种理论和方法对后来统计学的形成发展有深远的影响，为统计学的创立，奠定了方法论基础。对此马克思称他为“政治经济学之父，在某种程度上也可以说是统计学的创始人”。

政治算术学派的另一个代表人物是约翰·格朗特（1620—1674），他的代表作是《关于死亡表的自然和政治的观察》。当时英国多次发生严重的瘟疫，政府定期公布有关人口出生和死亡的数字。约翰·格朗特利用这些资料对伦敦人口的出生率、死亡率、性别比率和人口发展趋势作了分析计算和预测。这本书所用具体数量对比分析的方法，对统计学的创立与《政治算术》起了同等重要的作用。政治算术学派用计量方法即大量观察法、分类法以及对比法综合研究社会经济问题，具有开创性的意义。尽管当时还未采用统计学之名，却已有统计学之实了。

2. 国势学派

国势学派又称记述学派，产生于17世纪的德国。所谓国势学就是以文字记述国家显著事项的学说。其主要代表人物为康令（1606—1681）和阿痕瓦尔（1719—1772）等。

最早讲授国势学的是康令，他第一个在德国赫尔莫斯达德大学讲授《欧洲最近国势学》，奠定了国势学的基础。阿痕瓦尔在哥丁根大学开设“国家学”课程，其主要著作是《欧洲各国国势学概论》，书中讲述“一国或多数国家的显著事项”，主要是用对比分析的方法研究关于国家组织、人口、军队、领土、财产等国情国力，比较各国实力的强弱，为德国的君主政体服务。这个学派在进行国势比较分析中，偏重事物性质的解释，而不注重数量分析。这个学派始终没有把数量对比分析作为这门科学的基本特征。因为“统计学”学科的名词是由阿痕瓦尔首先提出的；此外，这个学派还广泛应用了“统计数字资料”“数字对比”等统计术语和对比的方法，为后人所继承，沿用至今。

（二）近代统计学时期

18世纪末到19世纪末的一百多年中，统计学有了很大发展，又形成了许多学派，其中主要是数理统计学派和社会统计学派。

1. 数理统计学派

数理统计学派产生于19世纪中叶。创始人是比利时的生物学家、数学家和统计学家阿道夫·凯特勒（1796—1874），阿道夫·凯特勒的主要著作有《论人类》《关于概率论的书信》《社会物理学》等。凯特勒在统计学发展中作出的重要贡献是，把法国的古典概率论引入统计学，使统计方法在《政治算术》所建立的“算术”基础上，在准确化的道路上大大地跨进了一步。他运用这一统计方法既研究自然，又研究社会，对生物学和经济学的发展都起过一定的推动作用。他的这一创建在自然科学领域中得到广泛的应用和发展。在经济学的研究中，也在不断应用。数理统计学派认为：统计学就是数理统计学，是现代应用数学的一个重要分支，是通用于研究自然现象和社会现象的方法体系。数理统计学派否认"政治算术"是具有现代意义的统计学，否认社会统计学的存在。凯特勒对于统计学的发展有巨大的贡献，但是理论上也有严重的错误：一是混淆了自然现象与社会现象之间的本质差别；二是夸大了概率论的作用。

2. 社会统计学派

19 世纪后半叶，正当英美数理统计学派开始发展的时候，在欧洲又兴起了社会统计学派。

社会统计学派以德国为中心，由德国大学教授克尼斯(1821—1898)首创，主要代表人物有恩格尔(1821—1896)以及梅尔(1841—1925)等人。他们认为统计学是一门社会科学，是研究社会现象变动原因和规律性的实质性科学，以此同数理统计学派的通用方法论相对立。社会统计学派认为统计学研究的是社会总体现象而不是个别社会现象，而且，由于社会现象的复杂性和整体性，必须对总体进行大量观察和分析，研究其内在联系，才能揭示社会现象的规律。这是社会统计学派的"实质性科学"的显著特点。从学术渊源上看，其融合了国势学派和政治算术学派的观点，又继承和发扬了凯特勒强调研究社会现象的传统，把政府统计与社会调查结合起来形成自己的特点。德国的社会统计学派在国际统计学界占有一定的地位，对日本等国的统计学界都有一定影响。

社会经济的发展，要求统计学提供更多的统计方法；社会科学本身不断地向细分化和定量化发展，也要求统计学能提供更有效的调查整理、分析资料的方法。因此，社会统计学派也日益重视方法论的研究，出现了从实质性科学向方法论转化的趋势。但是，社会统计学派仍然强调在统计研究中必须以事物的质为前提和认识事物质的重要性，这同数理统计学的计量不计质是有根本区别的。

(三)现代统计学时期

现代统计学时期指 20 世纪初至今的统计学的发展时期。这一时期科学技术迅猛发展，社会生产发生巨大变化。统计学的发展进入了鼎盛时期。

这一时期，数理统计学由于同自然科学、工程技术科学紧密结合，被广泛应用而获得迅速发展，数理统计学发展的明显趋势是，随着数学的发展，数理统计学越来越广泛地应用数学方法，出现了数理统计学的新分支和以数理统计为基础的边缘学科。新分支如抽样理论、非参数统计、多变量分析和时间序列分析等；边缘学科如计量经济学、工程统计学、天文统计学等。数理统计学的应用日益广泛而深入，尤其是借助电子计算机后，它所能发挥的作用也愈益明显。由于数理统计学发展很快，在国际统计学术领域中地位大大提高，因此，数理统计学派成为现代统计学的主流学派。

这一时期，以社会现象为研究对象的社会统计学发展的基本趋势是由实质性科学向方法论转变，同时吸收数理统计学派的通用方法论，把自然科学中的方法应用于社会现象的研究。但是，总的来看，社会统计学发展比较缓慢。

二、统计学的研究对象

学习统计学首先应明确统计学的研究对象是什么。统计学的研究对象是指统计研究所要认识的客体。一般地说，统计学的研究对象是客观事物的数量方面，即数量特征和数量关系。具体指客观事物的规模、水平、结构、比例、普遍程度、差异程度、发展速度等，也即数量多少；数量关系包括各种平衡关系、比例关系和依存关系，以及质与量互变的数量界限。由于统计定量研究具有客观、精确和可检验的特点，所以统计方法就成为实证研究最重要的方法，广泛适用于研究自然、社会、经济、科学技术各个领域的研究。统计学的研究对象具有以下几方面的特点。

(一)数量性

任何事物都是质和量的统一,都存在着质和量的两个方面。统计学是从认识论的角度把量从客观事物中分离出来,通过对事物数量方面的认识,从而达到对事物本质和规律性的认识,数量性是统计学研究对象的基本特点。但并不是任何一种数量都可以作为统计对象,统计不同于抽象的数学运算。统计数据是客观事物量的反映,统计定量认识必须建立在对客观事物定性认识的基础上,统计研究是密切联系现象的质来研究其量,在质和量的辩证统一中来研究事物的量,并通过量反映现象的质,这一点和数学研究抽象的数量关系不同。当然,在研究数量方面的过程中应该遵循由定性到定量再到定性的科学认识规律。

(二)总体性

统计学是以客观现象总体的数量方面作为自己的研究对象,这就是说统计的数量研究是对现象总体中各单位就普遍存在的事实进行大量观察和综合分析,得出反映现象总体的数量特征。例如,人口统计的目的不在于了解个别人的状况,而是要反映一个国家、地区、城市人口总数、性别构成、年龄构成、文化程度等方面的总体状况。客观事物的个别现象通常有其特殊性、偶然性,而总体现象则具有相对普遍性、稳定性,是有规律可循的,统计研究现象总体的数量特征有助于人们对现象规律性的认识。当然,统计研究是要从个别入手的,由个体过渡到总体,但对个别单位的具体事实的调查观察只是为了达到研究现象总体特征的目的。

(三)变异性

统计研究同类现象总体的数量特征,它的前提则是总体各单位的特征表现存在着差异,而且这些差异并不是由某种特定的原因事先给定的。例如,人口统计中每个人都有差异,年龄、性别、文化水平高低、健康状况等有差异。差异是统计的前提,如果总体各单位不存在这些差异,也就不需要做统计。统计上把总体各单位由于随机因素引起的总体各单位在各方面的差异称为变异。总体各单位的变异表现出个别想象的特殊性和偶然性,而对现象总体数量研究,则是通过大量观察,从各单位的变异中归纳概括出它们的共同特征,显示出现象的普遍性和必然性。

三、统计学的性质

统计学经历了300多年的发展,目前已经成为一门以客观事物数量方面作为研究对象,并为这种研究提供方法论性质的科学。具体地说,它是研究如何收集数据、整理数据、分析数据的方法论性质的科学。

四、“统计”一词的含义

在日常生活中,人们对“统计”一词常常有不同的理解。例如,“据‘统计’我国2009年国内生产总值33.5万亿元,比上年增长8.7%”,这是将其作为统计数据来看待的。在人们进行谈话交流时说,我不是搞“统计”的,这时又是将其作为一种工作来看待。而学生们所说的我没有学过“统计”,则是指一门科学,即统计学。完整地理解“统计”一词应包括三种含义:统计工作、统计数据、统计学。

1. 统计工作

统计工作是指统计实践活动过程,指具体从事统计设计、资料搜集整理,并进行分析研究、预测和提供各种统计资料和统计咨询的实践活动的总称。

2. 统计数据

统计数据即统计资料或统计信息，是指在统计工作过程中所获得的反映客观现象的各项有关数字资料以及与之相关的其他资料的总称。它的表现形式为各种统计表、统计图、统计报告、统计年鉴及其他有关统计数字信息的载体等。其内容是反映社会经济现象的规模、水平、速度、结构、比例关系、变动规律等数字或文字资料。

3. 统计学

统计学是指阐述统计理论和方法的学科体系。具体是指研究如何收集、整理、分析和预测社会经济现象以及自然现象数量方面的方法论科学，其目的是探索事物内在的数量规律性，以达到对客观现象的科学认识。

以上所述统计一词的三种含义是有着密切联系的。统计数据是统计工作的成果，统计学则是统计工作实践活动的经验总结和理论概括，而统计学形成的理论则对统计工作起着指导作用。统计工作一方面受统计理论指导，另一方面也检验着统计理论的正确与否，促进统计理论的不断发展。统计学与统计工作、统计数据之间的关系表明，理论来源于实践，又反过来为实践服务，被实践检验，体现着理论与实践辩证统一的关系。

第二节 统计学的分科及与其他科学的关系

一、统计学的分科

从统计学的发展史来看，统计学是从研究社会经济现象开始的，经过300多年的演变与发展，目前，统计方法已被应用到自然科学和社会科学的众多领域，统计学也已经发展成为由若干分支学科组成的学科体系。根据统计方法的构成，可将统计学分为描述统计学和推断统计学；根据统计方法研究和应用，可将统计学分为理论统计学和应用统计学。

（一）描述统计学和推断统计学

描述统计学研究如何取得反映客观现象的数据，并通过图表形式对所收集的数据进行加工处理和显示，进而通过综合、概括与分析得出反映客观现象的规律性数量特征。其内容包括统计数据的收集方法、数据的加工处理方法、数据的显示方法、数据分布特征的概括与分析方法等。

推断统计学则是研究如何根据样本数据去推断总体数量特征的方法，它是在对样本数据进行描述的基础上，对统计总体的未知数量特征做出以概率形式表述的推断。

（二）理论统计学与应用统计学

理论统计学是指统计学的数学原理，它主要研究统计学的一般理论和统计方法的数学理论。理论统计学是统计方法的理论基础，没有理论统计学的发展，统计学也不可能发展成为今天这样一个完善的科学体系。

应用统计学是以理论统计学为基础，研究如何应用统计方法去解决实际问题。统计学是一门分析数据的科学，在自然科学及社会科学研究领域，都需要通过数据分析解决实际问题。因而统计方法的应用几乎扩展到了所有的科学研究领域。社会经济统计学是我国应用最广泛的应用统计学。

在统计科学发展的过程中，理论统计学和应用统计学总是互相促进、共同提高的。理论统计的研究为应用统计的数量分析提供方法论基础，大大提高统计分析的认识能力，而应用统计学在对统计方法的实际应用中，又常常会对理论统计学提出新的问题，开拓理论统计学的研究领域。

作为经济类、工商管理类的学生，所要学习的统计学主要是社会经济统计学。这是一门以社会经济现象的数量方面为特定研究对象的应用统计学，要在社会经济领域应用统计方法，必须解决如何科学地测定社会经济现象，即如何科学地设置指标的问题，这就离不开对有关社会经济现象的质的研究。要对社会经济问题进行统计分析，也必须以有关的经济与社会理论为指导。因此，社会经济统计学的特点是在质与量的紧密联系中，研究事物的数量特征和数量表现。不仅如此，由于社会经济现象所具有的复杂性和特殊性，社会经济统计学不仅要应用一般的统计方法，而且还需要研究自己独特的方法，如估算的方法、核算的方法、综合评价的方法等。

二、统计学与其他科学的关系

(一)统计学与数学的关系

数学是与统计学关系非常密切的一门科学。数学与统计学都是研究数量规律的，都要利用各种公式进行运算。现代统计学中运用了大量的数学理论与数学方法。数学中的概率论，研究随机现象的数量关系和变化规律，从数量方面体现了偶然与必然、个别与一般、局部与总体的辩证关系，为统计学提供了数量分析的理论基础。数学分析的方法适用于一切数量分析，当然也包括统计的数量分析。从某种意义上说，统计学以抽象的数量为研究对象，计量不计质，其大部分内容也可以看作数学的一个分支。

统计学虽然与数学有密切的联系，但两者之间也存在本质的区别。从研究对象看，数学撇开具体的对象，以最一般的形式研究数量的联系和空间形式；而统计学特别是应用统计学，则总是与客观的对象联系在一起的，统计的过程就是从客观对象中抽出其数量表现，得到有关的数据，然后加以适当的运算，获得一定的结果。从研究方法看，数学的研究方法主要是逻辑推理和演绎论证的方法，从严格的定义、假设的命题和给定的条件出发，去推证有关的结论；而统计的方法，本质上是归纳的方法，根据实验或调查观察到大量情况，来归纳判断总体的情况。因此，数学家有可能凭借聪明的大脑，从一定的假设出发，冥思苦想开展研究；而统计学家特别是应用统计学家则需要深入实际，进行调查或实验去取得数据，研究时不仅要运用统计的方法，而且还要掌握某一专门领域的知识，才能得到有意义的成果。

(二)统计学与其他科学的关系

统计学中的应用统计学与相关的实质性学科(如经济学等)有十分密切的联系。首先，统计学是开展经济研究不可或缺的重要工具。经济学对经济现象及其发展变化规律进行研究时，除了要做规范性的理论分析和定性分析外，还要进行实证的数量分析。由于社会经济现象所具有的特殊性，对其数量规律的认识只能通过统计观测去进行。因此，无论是宏观经济研究还是微观经济研究，都需要运用大量的统计方法。通过统计的实证研究，可以帮助人们认识有关的数量规律，同时检验经济学理论的真实性和完善程度。统计归纳分析所获得的新知识常常为实质性学科的研究开辟新的领域。其次，经济学等实质性学科对经济统计学等应用统计学起着十分重要的指导作用。不仅统计指标的设定离不开实质性学科的指导，而且应用统计方法也在很大程度上受所研究对象性质的影响。通常是实质性的学科提出了问题，统计学才提出相应的方法，并且才有其用武之地。当然，统计学与相关实质性学科也有着明显的区别。实质性学科研究该领域现象的本质关系并对有关规律作出合理的解释和论证；而统计学只是为实质性学科研究和认识数量规律提供专门的方法和工具，并不直接对规律产生的原因和机理作进一步的分析。

第三节 统计学的基本概念

任何一门科学在研究本门科学的理论和方法时都要涉及一些基本概念，统计学也不例外。统计总体与总体单位、统计标志与统计指标以及指标体系等，是统计学中几个重要的基本概念。理解和正确使用这些概念，是学习统计学后续内容的基础。

一、统计总体与总体单位

如前所述，统计学是研究客观现象总体的数量特征和数量关系。因此，首先对统计总体要有一个明确的认识。统计总体简称总体，它是客观存在的、具有某种共同性质的许多个别事物构成的整体。例如，所有上市公司、在校大学生、所有旅行社、工业企业、全部职工等，都可以称为统计总体。

统计总体具有三大特点，即同质性、大量性、变异性。同质性是指总体中各个单位具有某一共同的性质，同质性是确定统计总体的基本标准；大量性是指统计总体应该由足够数量的同质性单位构成，统计对总体数量特征的研究，其目的是探索、揭示现象的规律，而现象的规律只有通过大量观察才能显示出来；总体各个单位除了具有某种和某些共同的性质以外，在其他方面具有质的差别和量的差别，这种差别称为变异。正因为变异是普遍存在的，才有必要进行统计研究。总体中各个单位之间具有变异性的特点，这是由于各种因素错综复杂作用的结果，所以有必要采用统计方法加以研究，才能表明总体的数量特征。

根据所包含的单位的数量不同，总体可以分为有限总体和无限总体两类。有限总体是由有限量的单位构成的总体。例如，全国人口普查，尽管其包含的单位数量很大，但仍然是有限的，所以是有限总体。而当总体单位数难以确定，其数量有可能是无限多时，便构成了无限总体。例如，要检验某种新工艺是否真正能够改善产品的性能时，由于该新工艺的应用有可能一直延续下去，利用该工艺制造的产品包括已经生产的产品和将要生产的产品，其数量也难以具体确定，因此就属于无限总体。

总体单位简称单位，是组成总体的各个个体，是各项统计数字最原始的承担者。例如要研究上市公司的经济效益时，所有上市公司构成一个统计总体，每个上市公司则是总体单位，将每个上市公司的有关经济效益方面的数量特征加以登记、汇总，就取得所有上市公司经济效益的统计资料。根据研究目的的不同，单位可以是人、物、机构等实物单位，也可以是一种现象或活动过程等非实物单位。

总体和总体单位的概念是相对而言的，随着研究目的和总体范围的不同而相互转化。同一个研究对象，在一种情况下为总体，但在另一种情况下又可能变成总体单位。例如：研究全国各省的人口情况时，全国为总体，各省为总体单位；而当要研究某省各县人口状况时，则该省就变成了总体，各县又成了总体单位。

二、样本

在推断统计学中，将所要研究的事物全体构成的总体称为全及总体，从全及总体中抽取出来的，代表全及总体的部分单位组成的集合体称为样本。样本是推断统计中非常重要的概念。抽取样本时应注意以下问题。

(1)抽取样本的目的是推断总体，所有样本的单位必须取自同一总体。一般情况下，样本中个体的数目以 30 为界限，大于或等于 30 为大样本，小于 30 为小样本。对社会经济现象进行调查通常取大样本，对自然现象进行调查通常取小样本。

(2)从一个总体可以抽取多个样本，样本个数的多少和样本所包含的单位数量与抽样方法有关。

(3)样本的抽取必须按随机原则，排除主观因素的影响，以确保样本的客观性与代表性。

(4)由样本去推断总体的特征总是存在一定的误差。如何科学地从总体中抽取样本、怎样控制样本的代表性误差，是推断统计中研究的主要问题。

三、统计标志与标志表现

标志是指总体各单位所具有的属性或特征称的名称。每个总体单位从不同方面考查都具有许多属性和特征，例如每个企业都具有经济类型、所属行业、资产数量、职工人数、产品产量等属性和特征，这些就是企业总体单位的标志。又如每个大学生都具有姓名、性别、年龄、籍贯、专业等属性和特征，这些就是大学生总体单位的标志。由此可见，所谓属性和特征，可以是自然属性，也可以是社会属性，而且都是总体中每单位普遍具有的。如果只是个别单位具有的特殊属性和特征，就不能作为统计总体单位的标志。

标志分为品质标志和数量标志两种。品质标志表明总体单位属性方面的特征，例如每个企业的经济类型、所属行业、设备的种类等属性和特征，每个大学生的性别、籍贯、专业等属性和特征。数量标志表明总体单位数量方面的特征，例如每个企业资产数量、职工人数、产品产量等属性和特征，每个大学生的年龄、身高、体重等属性和特征。尽管总体各单位都有共同的标志，但每单位对该标志的具体表现却可能不同，品质标志的表现和数量标的表现是不同的。品质标志的表现只能用文字、语言来描述，例如：性别是品质标志，而标志表现具体为男性或女性；专业是品质标志，而标志表现具体为工商、物流、财务、会计、旅游等。数量标志的表现可以用数值来表示，例如：资产是数量标志，其具体表现为多少万元；年龄是数量标志，其具体表现为多少岁等。

无论是品质标志还是数量标志，如果在一个总体的各单位具体表现都相同，称为不变标志。例如在物流专业大学生总体中，专业这一标志各单位表现都是物流，所以专业便是不变标志。在一个总体中，当一个标志在各单位的具体表现有可能不同时，这个标志便称为可变标志。例如物流专业大学生总体中，各单位的姓名、性别、年龄、籍贯表现不同，所以姓名、性别、年龄、籍贯便是可变标志。

四、变量与变量值

可变的数量标志是变量，例如，年龄、身高、体重、工资、成绩、产量、资产等都是变量。变量的具体数值表现称为变量值。例如，某公司职工的工资有 1 500 元、1 860 元、2 120 元几种，

1 500元、1 860 元、2 120 元就是变量值。变量与变量值是两个既有密切联系又有明显区别的不同概念,不能混淆。例如,职工人数是一个变量,因为各个工厂的职工人数可能是不同的,如甲工厂有 1 000 人,乙工厂有 1 500 人,丙工厂有 1 800 人,都是“职工人数”这个“变量”的具体数值,也就是变量值,求甲、乙、丙 3 个企业平均职工人数,不能说是求 3 个“变量”的平均数,因为这里只有“职工人数”1 个变量,并没有 3 个变量,而应该说是求 3 个变量值的平均数。

变量按取值是否连续区分为连续变量和离散变量。连续变量是指变量值在相邻的两值之间可无穷分割,可以表现为无穷小数,其取值既可以是整数也可以取小数。例如,产品产量、企业资产、销售额、总产值、资金、利润等。离散变量是指变量值只能表现为整数而不能取小数。如人口数、企业数、机器台数等。变量按其性质不同区分为确定性变量和随机变量。确定性变量是指受确定性因素影响的变量,也即影响变量值变化的因素是明确的、可解释的或可人为控制的,因而变量的变化方向和变动程度是可以确定的。例如,企业职工工资总额受职工人数和平均工资两个因素的影响,它是确定性变量。随机变量是指受随机因素影响的变量,也即影响变量值变化的因素是不确定的、偶然的因素的变量。例如,农作物产量受土壤、水分、气温、光照、施肥、管理等多种因素的影响,而水分、气温、光照等变化是无法预知和控制的,因而农作物产量是随机性变量。

五、统计指标与指标体系

统计指标是反映统计总体数量特征的概念和数值。例如,在 2010 年政府工作报告中,人们可以查阅到一系列指标,如 2009 年我国国内生产总值 33.5 万亿元,财政收入 6.85 万亿元,粮食产量 553 082 万吨等。这些指标从某一侧面反映了我国国民经济的数量特征。由此可见,统计指标是由两项基本要素构成的,即指标名称和指标的取值。指标名称是对总体数量特征的质的规定性。所以,确定统计指标必须有一定的理论依据,使之与社会经济或科学技术的范畴相吻合;同时,又必须对理论范畴加以具体化,以便达到量化的目的。指标数值反映所研究现象在具体时间、地点、条件下的规模和水平,不同时间、不同地点或不同条件下,指标的具体数值必然不同。所以,一个完整的统计指标不仅包括指标名称、指标数值,还应包括时间限制、空间限制、计算方法、计量单位。指标有两个重要特点:一是具有综合性,即指标说明的不是总体单位的数量特征而是总体的数量特征,也即是构成总体的全部单位综合的结果;二是可量性,即指标都是能用数值表示的,没有不能用数值表示的统计指标。

统计指标与标志既有区别,又有联系。区别主要有两个方面:首先是指标和标志说明的对象不同,指标说明总体的特征,标志则说明个体的特征;其次是指标和标志的表现形式不同,指标是用数值来表现的,而标志则既有只能用文字来表现的品质标志,又有用数值来表现的数量标志。联系也有两个方面:首先,标志是计算统计指标的依据,即统计指标数值是根据个体的标志表现综合汇总而来的;其次,由于总体与个体的确定是相对的、可以互换的,因而指标与标志的确定也是相对的、可以互换的。这样,指标与标志在许多场合并不需要严格区分,例如企业人数、企业总产量、企业总产值等,既是指标也是标志。因此,指标与标志同属于变量的范畴。

统计指标按其反映现象的内容不同,可以分为数量指标和质量指标两种。数量指标是反映现象总规模、总水平、总工作量大小的统计指标。例如人口总数、企业数、职工人数、总产量、总产值、土地面积、投资额等,都属于数量指标,这些指标反映现象或过程的总规模和水平,所以数量指标又称总量指标,用绝对数来表示。数量指标的计量单位有实物单位、价值单位和时间单位三种,其中实物单位又有自然单位、度量衡单位、复合单位等。质量指标是反映现象相对水平和工作质量的统计指标。例如人口性别比例、职工平均工资、产品合格率、人均土地面积、产值增长速度、资金利润率等,都属于质量指标。质量指标是总量指标的派生指标,用相对数和平均数来表示,所以质量指标又可以分为相对指标和平均指标两种。

单个统计指标只反映总体的某一个数量特征,说明现象某一侧面的情况。客观现象是错综复杂的,要反映其全貌、描述现象发展的全过程,只靠单个统计指标是不够的,需要设立统计指标体系。统计指标体系是由一系列相互联系的统计指标所组成的有机整体,用以反映所研究现象各方面相互依存、相互制约的关系。指标体系的表达形式有两种:一种是通过数学形式来表达,如"产品销售收入=产品销售量×销售价格";另一种不通过数学形式表达,而是表达成相互联系、相互补充的指标系列,例如,为了反映企业生产经营的全貌,需要设立产量、产值、品种、质量、职工人数、劳动生产率、工资总额、原材料、设备、财务成本等多项指标,来组成工业企业统计指标体系。指标体系的设置不但是客观现象的反映,而且也是人们客观认识的结果。随着客观形势的发展变化以及实践经验和理论研究的积累,指标体系也将不断改进更新,逐步完善。

六、统计数据

(一)数据的计量尺度

统计数据是总体单位标志或统计指标的具体表现。统计数据是对客观现象进行计量的结果。由于不同事物性质不同、我们能够予以计量或测度的程度不同,有些事物只能对其属性进行分类(例如,人口的性别和文化程度、产品的型号及质量等级等);有些则可以用比较精确的数字加以计算(比如产量、价值、利润和销售量等)。根据计量学的一般分类方法,按照对事物计量的精确程度,可以将所采用的计量尺度由低级到高级、由粗略到精确分为四个层次,即定类尺度、定序尺度、定距尺度、定比尺度。采用不同计量尺度,可以得到不同类型的数据。

1. 定类尺度

定类尺度是最粗略、计量层次最低的计量尺度,它是按照事物的某种属性对其进行平行的分类或分组,分类或分组的结果是用文字表示的。例如,按照性别将人口分为男、女两类,按照经济性质将企业分为国有、集体、私营、混合制企业等。使用该尺度对事物所做的分类中,各类别之间是平等的并列关系,无法区分优劣或大小,各类之间的顺序是可以改变的。定类尺度计量的结果只是表现为某种类别,但为了便于统计处理,特别是为了便于计算机识别,可以对不同类别用不同的数字或编码来表示,比如用"1"表示男性人口,用"0"表示女性人口;用"1"表示国有企业,用"2"表示集体企业,用"3"表示私营企业等。这些数字只是给不同类别的一个代码,并不意味着这些数字可以区分大小或进行任何数学运算。

2. 定序尺度

定序尺度是对事物之间等级差别或顺序差别的一种测度,它也是按照事物属性对其进行分类,分类的结果也是用文字表示。该尺度不仅可以将事物分成不同的类别,而且还可以确定这些类别的优劣或顺序。定序尺度的计算结果虽然也是表现为类别,但这些类别之间是可以比较顺序的。例如:产品等级就是对产品质量好坏的一种次序测度,它可以将产品分为一等品、二等品、三等品、次品;考试成绩可以分为优、良、中、及格、不及格等。很显然,定序尺度对事物的计量要比定类尺度精确一些，但它只是测度了类别之间的顺序，而未测量出类别之间的准确差值。因此，该尺度的计算结果只能比较大小，不能进行加、减、乘、除等数学运算。

3. 定距尺度

定距尺度不仅能将事物区分为不同类型并进行排序，分类的结果用数字表示，而且可以准确地指出类别之间的差距是多少。定距尺度是对事物类别或次序之间的间距的测度，该类尺度通常使用自然或物理单位作为计量尺度，如收入用人民币元度量，温度用摄氏度度量，长度用米度量等。因此，定距尺度的计量结果表现为数值。由于这种尺度的每一间距都是相等的，只要给出一个度量单位，就可以准确地指出两个计数之间的差值。如考试成绩 70 分与 95 分之间相差 25 分，一个地区的温度 30 ℃与另一个地区的 35 ℃相差 5 ℃等。由于定距尺度的计量结果表现为数值，并可以计算差值，因而其结果可以进行加减运算。

4. 定比尺度

定比尺度与定距尺度属于同一层次，其计量的结果也表示为数值。它除了具有上述三种计量尺度的全部特性外，还具有一个特性，那就是可以计算两个测度值之间的比值。这就要求定比尺度中必须有一个绝对固定的“零点”，这也是它与定距尺度的唯一差别。换言之，定距尺度中没有绝对的零点，即定距尺度的计量值可以为“0”。这里的“0”是表示一个数值，即“0”水平，而不表示“没有”或“不存在”。例如：一个学生的统计学考试成绩为“0”分，是表示他的统计学成绩水平为“0”，并不表示他没有考试成绩或没有任何统计学知识；一个地区的温度为0 ℃，它表示一种温度的水平，并不是没有温度。可见定距尺度中的“0”是一个有意义的数值。定比尺度则不同，它有一个绝对“零点”。也就是说，在定比尺度中，“0”表示“没有”或“不存在”。比如一个人的收入为“0”，表示这个人没有收入；一种产品的产量为“0”，则表示没有这种产品等。在现实生活中，大多数情况下人们使用的都是定比尺度。可见定距尺度只能进行加减运算，而定比尺度则可以进行加减乘除运算。

（二）数据的类型

统计数据是人们采用某种计量尺度对事物进行计量的结果。但采用不同的计量尺度会得到不同类型的统计数据。从上述四种计量尺度计量的结果来看，可以将统计数据大体上分为两种类型：定性数据和定量数据。定性数据又称品质数据，用于表示事物的品质特征，是不能用数值表示的，其结果通常表现为类别，这类数据是由定类尺度和定序尺度计量形成的；定量数据又称数量数据，用于表示现象的数量特征，是能用数值表示的，这类数据是由定距尺度和定比尺度计量形成的。对不同类型的数据，可以采用不同的统计方法来处理和分析。比如对品质数据通常可以计算出各组的频数或频率，而数量数据则可以用更多的统计方法进行处理。

小 结

1. 统计学的产生与发展大致经历了三个时期：古典统计学时期、近代统计学时期和现代统计学时期。在古典统计学时期有德国的国势学派与英国的政治算术学派之分，在近代统计学时期有德国的社会统计学派与比利时的数理统计学派之争，在现代统计学时期则以推断统计发展为主要特征。

2. 统计学的研究对象是客观事物的数量方面，具体包括数量特征和数量关系。研究对象具有三个方面的特征，即数量性、总体性、变异性。

3. 统计一词包含三个含义:统计工作、统计数据、统计学。统计数据是统计工作的成果,统计学则是统计工作实践活动的经验总结和理论概括,而统计学形成的理论则对统计工作起着指导作用。统计工作一方面受统计理论指导,另一方面也检验着统计理论的正确与否,促进统计理论的不断发展。统计学与统计工作、统计数据之间的关系表明,理论来源于实践,又反过来为实践服务,被实践检验,体现着理论与实践辩证统一的关系。

4. 统计学是研究如何收集数据、整理数据、分析数据的方法论性质的科学。经过 300 多年的演变与发展,统计学已经发展成为由若干分支学科组成的学科体系。根据统计方法的构成,统计学分为描述统计学和推断统计学;根据统计方法研究和应用,统计学分为理论统计学和应用统计学。

5. 统计学中的几个基本概念。统计总体是由客观存在的、具有某种共同性质的事物所组成的集合体,具有大量性、同质性和差异性的特征。构成总体的每个个别事物称为个体。总体包括有限总体与无限总体、全及总体与抽样总体。统计总体与总体单位的关系不是一成不变的,根据研究的目的不同,可以相互转换。

6. 统计标志是说明总体单位属性和特征的名称。标志有品质标志与数量标志、可变标志与不变标志之分。可变的数量标志又称变量。变量有离散型变量与连续型变量、确定性变量与随机性变量之分。

7. 统计指标是反映现象总体数量特征的概念及其数值,有指标名称、计算方法、空间限制、时间限制、具体数值和计量单位六个要素。指标与标志既有区别,又有联系。统计指标区分为数量指标与质量指标。统计指标体系是由一系列相互联系的统计指标所组成的有机整体。

8. 统计数据是总体单位标志或统计指标的具体数量表现。数据的计量尺度分为四个层次,即定类尺度、定序尺度、定距尺度、定比尺度。采用不同计量尺度,可以得到不同类型的数据。定类尺度和定序尺度计量形成的数据是定性数据;定距尺度和定比尺度计量形成的数据是定量数据。

思考与练习

1. 简述统计学的研究对象和特点。
2. 简述统计一词的含义及相互关系。
3. 简述统计学的性质及其分科。
4. 简述统计学与其他科学的关系。
5. 举例说明统计总体与总体单位。
6. 什么是统计标志?标志的种类有哪些?
7. 什么是统计指标?简述统计指标与统计标志的区别和联系。
8. 试分析以下几种统计数据采用何种计量尺度:人口(数量、性别、民族、文化程度)、进出口总额、经济增长率、企业利润、销售额。

第二章　统计调查和统计整理

正确理解统计调查的概念，掌握统计调查的基本要求；掌握统计调查的不同组织方式、特点与应用；了解统计调查方案包括的内容。理解统计整理的概念，明确统计整理的内容和步骤；掌握统计分组的概念、作用、方法；掌握分配数列的分类及其编制方法；掌握统计图、表的编制方法。

第一节　统 计 调 查

统计学是研究如何收集数据、整理数据、分析数据的科学。一切数据最初都来源于调查与实验，但并非每次都必须开展调查或者进行试验，数据可以取自于有关文献资料和媒体，这对于使用者来说既可以节省人力和财力，又可以缩短获得数据的时间。因此，对于数据的使用者来说，一是可以通过查询现有的公开资料得到有关数据，二是通过调查与实验取得有关数据。使用者自己进行调查与实验的数据为原始（初级）统计数据或者直接数据，而将来源于他人通过调查与实验的数据为次级统计数据或者间接数据。一般情况下，自然科学技术方面的初级统计数据或者直接数据是靠试验得来的，社会经济现象方面的初级统计数据或者直接数据是靠调查得来的。

一、统计调查的概念和基本要求

统计调查就是根据统计研究预定的目的、要求和任务，运用各种科学的调查方法，有计划、有组织地收集研究对象的各个单位的数据并进行登记，取得原始数据的工作过程。从统计工作过程的阶段性看，统计调查处于统计工作过程的基础性环节。统计调查是取得社会经济数据的重要手段，其中有统计部门进行的统计调查，也有其他部门或机构为特定目的而进行的调查，如市场调查等。

统计调查的目的是收集统计数据，这个环节既是统计工作的基础，又是统计整理和统计分析的前提，是决定统计工作质量的主要环节。统计调查工作质量的好坏，会影响到统计整理和统计分析结果的可靠性、真实性，关系到是否能确切反映客观实际，得出正确的结论。因此统计调查必须坚持实事求是的原则，深入实际，全面了解情况，以取得准确、及时、完整的数据。

准确性是统计工作的生命，统计调查必须准确地反映社会经济的实际情况，保证各项统计资料真实、可靠，只有这样，才能据以做出正确的判断，得出科学的结论，为决策提供真实可靠的依据。

及时性就是要求保证统计调查所得到的数据的时效性，及时完成各项调查数据的上报。资料提供的越及时，其时间效用就越大，越能提高数据的使用价值。当今，无论是宏观经济的适时调控，还是企业对瞬息万变的市场的把握，都需要数据的及时有效。过时的资料、失去实效性的资料一点价值也没有。

完整性是指统计调查提供的数据要全面。统计研究的目的，就在于从事物的全部中掌握事物内部的联系，从而认识社会经济现象的规律性。如果数据不全面或不系统，就会给后续的统计整理和统计分析工作带来不便，达不到更准确认识社会的目的。

二、统计调查的种类

对社会经济现象的研究，要根据不同的调查对象和调查目的，采用不同的统计调查方式和方法。统计调查按不同的分类标准，可分成多种相应的方式和方法，它们各具有不同的特点和作用。

(一)按调查范围不同，分为全面调查和非全面调查

1. 全面调查

全面调查是对调查对象的所有单位进行调查。全面调查可以反映事物的全貌，有利于对事物的现状及其发展趋势作出全面正确的判断，但是全面调查耗费较多的人力、物力、财力和时间，组织工作也较复杂，出现误差的可能性也较大。普查、全面统计报表都属于全面调查。

(1)普查。普查是一种专门组织的一次性的全面调查，是指对所要研究的总体中的所有个体进行计量和登记的一种统计调查方式。它主要是用来搜集某些不能或不宜用定期的全面统计报表收集的统计数据。一般来说，国家为了掌握有关国情、国力的重要事项常采用普查搜集属于一定时点上的社会经济现象的总量，如人口普查、工业普查、农业普查、第三产业普查等。

普查的组织方式有两种：一种是组织专门的普查机构，配备一定数量的普查人员直接对调查单位进行登记，如我国人口普查就是采用这种形式；另一种是利用被调查单位的原始记录、统计和核算资料，颁发一定的普查表格，由被调查单位自行填报，如我国物资普查就是采用这种形式。

普查作为一种特殊的数据搜集方式，具有以下几个特点：

第一，普查通常是一次性的或周期性的。由于普查涉及面广，调查单位多，需要耗费大量的人力、物力和财力，通常需要间隔较长的时间，一般每隔 5 年或 10 年进行一次，如我国的人口普查，在 1953—2010 年共进行了 6 次。

第二，普查一般需要规定统一的标准时间以避免调查数据的重复或遗漏，保证普查结果的准确性。例如，我国第六次人口普查的标准时点为 2010 年 11 月 1 日零时，就是要反映这一时点上我国人口的实际状况。标准时间一般定为调查对象比较集中、变动相对较小的时间上。

第三，普查的数据一般比较准确，规范化程度也较高，因此它可以为抽样调查或其他调查提供基本数据。

第四，普查的使用范围比较窄，只能调查一些最基本、最一般的现象。

(2)统计报表。统计报表是依照国家有关法规，自上而下地统一布置，以一定的原始记录为依据，按照统一的格式、统一的指标项目、统一报送时间和报送程序，自下而上地逐级定期提

供统计资料的一种调查方式。

统计报表按实施范围不同,可以分为全面统计报表和非全面统计报表;按报送周期长短不同,可以分为日报、旬报、月报、季报、年报;按填报单位不同,可以分为基层报表和综合报表;按报表内容和实施范围不同,可以分为国家统计报表、部门或行业统计报表和地方统计报表。

统计报表的主要特点有:第一,报表资料的来源建立在基层单位的各种原始记录的基础上,基层单位也可利用其资料对生产、经营活动进行监督管理;第二,由于统计报表是逐级上报和汇总的,各级领导部门能获得管辖范围内的报表资料,以了解本地区、本部门的经济和社会发展情况;第三,由于统计报表是经常性调查,调查项目相对稳定,有利于积累资料,并进行动态对比分析。

随着计算机网络技术和数据库技术的不断发展,通过计算机网络进行统计报表的申报越来越普及,通过这种方式极大地提高了数据的收集、传输、汇总和传播的速度,提高了统计工作的效率。

2. 非全面调查

非全面调查是对调查对象其中一部分单位进行调查,以取得调查对象的一部分资料用来反映总体的基本情况。非全面调查可以分为抽样调查、重点调查、典型调查。

(1)抽样调查。抽样调查是实际中应用最广泛的一种调查方法,这里指的是概率抽样,它是从调查对象的总体中随机抽取一部分单位作为样本进行调查,并根据样本调查结果来推断总体数量特征的一种非全面调查方法。抽样调查的特点有以下几个方面:

第一,经济性。这是抽样调查的一个最显著优点。由于调查的样本单位通常是总体单位中的很小一部分,调查的工作量小,因而可以节省大量的人力、物力、财力,调查费用较低。

第二,时效性高。抽样调查可以迅速、及时地获得所需要的信息。由于工作量小,调查的准备时间、调查时间、数据处理时间等都可以大大缩减,从而提高数据的时效性。与普查等全面调查相比,抽样调查可以频繁的进行,随着事物的发生和发展及时取得有关信息,以弥补普查等全面调查的不足。比如,在两次人口普查之间各年份的人口数据都是通过抽样调查取得的。

第三,适应面广。抽样调查可以获得更广泛的信息,它适合于各个领域、各种问题的调查。从适用的范围和问题来看,抽样调查可用于全面调查能够调查的现象,也能用于全面调查不能调查的现象,特别适合对一些特殊现象的调查。从调查的项目和指标来看,抽样调查的内容和指标可以更详细、深入,能获得更全面、更广泛的数据。

第四,准确性高。抽样调查的数据质量有时比全面调查更高。因为全面调查的工作量大、环节多,登记性误差往往很大,而抽样调查由于工作量小,可使各环节的工作做得更细,误差往往很小。当然,用样本数据去推断总体时,不可避免地会有推断误差,但这种误差的大小是可以计算并控制的,因此推断的结果通常是可靠的。

(2)重点调查。重点调查是一种非全面的调查,是指在调查对象中,选择其中的一部分重点单位所进行的调查。重点调查是专门组织的一种非全面调查,它是在总体中选择个别的或部分重点单位进行调查,以了解总体的基本情况。所谓重点单位,是指在总体中具有举足轻重地位的单位。这些单位虽然少,但从它们调查的数量特征来看,在总体总量中所占比重很大,通过对这些单位的调查,就能掌握总体的基本情况。例如,鞍钢、武钢、首钢、包钢和宝钢等特大型钢铁企业,虽然在全国钢铁企业中只是少数,但它们的产量却占全国钢铁产量的绝大部分。对这些重大企业进行调查,便能省时省力而且及时地了解全国钢铁生产的基本情况,满足调查任务的要求。重点调查的优点在于调查单位少,可以调查较多项目的指标,了解较详细的情况,取得及时的数据,使用较少的人力和时间,取得较好的效果,当调查任务只要求掌握总体的基本情况,而且总体中确实存在重点单位时,采用重点调查是比较适宜的。但必须指出,由于重点单位与一般单位的差别较大,通常不能由重点调查的结果来推算整个调查对象的总体指标。

(3)典型调查。典型调查也是专门组织的一种非全面调查,它是根据调查研究的目的和要求,在对总体进行全面分析的基础上,有意识地选择其中有代表性的典型单位进行深入细致的调查,借以认识事物的本质特征和发展变化的规律。所谓有代表性的典型单位,是指那些最充分、最集中地体现总体某方面共性的单位。只要客观地、正确地选择典型单位,通过对典型单位的深入细致的调查,既搜集详细的第一手数字资料,又掌握生动具体的情况,就可以获得对总体本质特征的深刻认识,特别是对一些复杂的社会经济问题的研究,典型调查可以了解得更深入、更具体、更详尽。在总体内部差别不大,或分类后各类型内部差别不大的情况下,典型单位的代表性很显著,也可以用典型调查资料补充和验证全面调查的数字。

典型调查的中心问题是如何正确选择典型单位。选择典型单位必须依据正确的理论进行全面分析,切忌主观片面性和随意性,它不仅要求调查者有客观的、正确的态度,而且要有科学的方法。根据不同的研究目的和要求,一般有以下三种选择典型的方法。一是"解剖麻雀"的方法。这种方法适用于总体内各单位差别不太大的情况。通过对个别代表性单位的调查,即可估计总体的一般情况。二是"划类选典"的方法。总体内部差异明显,但可以划分为若干个类型组,使各类型组内部差异较小,从各类型组中分别抽选一两个具有代表性的单位进行调查,即称为划类选典。这种调查既可用于分析总体内部各类型特征,以及它们的差异和联系,也可综合各种类型对总体情况做出大致的估计。三是"抓两头"的方法。从社会经济组织管理和指导工作的需要出发,可以分别从先进单位和落后单位中选择典型,以便总结经验和教训,带动中间状态的单位,推动整体的发展。

(二)按调查登记的时间是否连续,分为连续性(经常性)调查和不连续性(一次性)调查

连续性调查是指随着研究现象的变化,连续不断地进行调查登记。如统计报表,就是一种连续性调查。不连续性调查是指间隔一段较长的时间对事物的变化进行一次性调查。如普查等一般是不连续性调查。

(三)按组织形式可分为统计报表制度和专门调查

统计报表制度是按国家统一规定的表式和内容,定期地向各级领导机构报送统计资料的一种形式。专门调查是为某一专题研究而组织的专项调查,如普查、抽样调查、典型调查和重点调查等是专门调查。

三、数据的搜集方法

任何一种调查都必须采用一定的调查方法去搜集数据,即使调查的组织形式相同,数据的搜集方法也可以不同,在实际调查中,搜集数据的具体方法主要有以下五种:

(一)访问调查

访问调查又称派员调查,它是调查者与被调查者通过面对面地交谈从而得到所需资料的调查方法。访问调查的方式有标准式访问和非标准式访问两种。标准式访问又称结构式访

问，它是按照调查人员事先设计好的、有固定格式的标准化问卷，有顺序地依次提问，并由受访者做出回答；非标准式访问又称非结构式访问，它事先不制作统一的问卷或表格，没有统一的提问顺序，调查人员只是给一个题目或提纲，由调查人员和受访者自由交谈，以获得所需的资料。

（二）邮寄调查

邮寄调查是通过邮寄或其他方式将调查问卷送至被调查者，由被调查者填写，然后将问卷寄回或投放到指定收集点的一种调查方法。邮寄调查是一种标准化调查，其特点是调查人员和被调查者没有直接的语言交流，信息的传递完全依赖于问卷。邮寄调查的问卷发放方式有邮寄、宣传媒介传送、专门场所分发三种。邮寄调查的缺点是回收率往往比较低。

（三）电话调查

电话调查是调查人员利用电话同受访者进行语言交流，从而获得信息的一种调查方式。电话调查具有时效快、费用低等特点。随着电话的普及，电话调查的应用越来越广泛。电话调查可以按照事先设计好的问卷进行，也可以针对某一专门问题进行电话采访。用于电话调查的问题要明确，问题数量不宜过多。

（四）网络调查

网络调查又称网上调查，是通过互联网所进行的统计调查，它具有其他统计调查方式方法所没有的优势，比如组织方便、费用低廉，可全天候运作，消除了时间、空间的限制，缩短调查时间等。当然，网络调查也有局限性，主要是调查对象只能限于网络用户，另外网上资料的保密性和可信度也是控制的难点。

（五）座谈会

座谈会又称集体访谈法，它是将一组受访者集中在调查现场，让他们对调查的主题（如一种产品、一项服务或其他话题等）发表意见，从而获取调查资料的一种方法。这些受访者与研究主题有某种程度上的关系，受访者围绕研究主题以一种非正式的、比较自由的方式进行讨论。这种方法的特点是：通过讨论能获取其他调查无法取得的资料，各个受访者在讨论交流的环境中相互影响、相互启发、相互补充，并在座谈过程中不断修正自己的观点，从而有利于取得较为广泛、深入的想法和意见。当然，这要求调查者一般要受过心理学或行为科学方面的训练，具有很强的组织能力，足以控制一群不同背景的陌生人，并尽可能多地引导受访者说出他们的真实意见或想法。

四、统计调查误差

调查误差是指调查的数据资料与真实情况之间出现的偏差。通常将调查误差按产生的原因分为两种，即登记性误差和代表性误差。

登记性误差，即在调查过程中由于主客观原因而引起登记上的差错所造成的误差。具体来说，调查者在调查过程中由于精力不集中、责任心不强、技能下降等原因引起的重复登记、遗漏登记、错误记录或丢失数据等都会造成登记性误差；被调查者在接受调查时错误理解、记忆不清、有意隐瞒或夸大事实等，也会造成登记性误差。无论全面调查还是非全面调查都会出现登记性误差。

代表性误差，是指在抽样调查时用抽样总体代表全部总体会有代表性误差。代表性误差又分为两种，即系统性代表误差和偶然性代表误差。系统性代表误差是指抽样调查时违反随机原则，如有意地多选较好的单位或较差的单位进行调查，这样所据以计算的抽样指标必然出现偏高或偏低现象，造成系统性误差。系统性误差和登记性误差都是调查工作中出现的错误，应避免或从根本上消除。偶然性代表误差是指在抽样调查时，在没有调查差错的情况下，既没有登记性误差也没有代表性误差，单纯由于不同的随机样本得出抽样指标和总体指标之间产生的误差。偶然性代表误差是抽样调查所固有的，而且无法避免，所以偶然性代表误差又称抽样误差。偶然性代表误差虽然无法避免，但是可以对其加以控制。通常的做法是按随机原则抽取样本或适当扩大样本容量。

五、统计调查方案设计

(一)调查方案的主要内容

1. 调查目的

确定调查目的是首先要解决的问题，不同的调查目的决定着不同的调查对象、调查内容、调查方式及调查时间和经费等一系列问题。否则，资料的搜集工作就会陷入盲目、混乱的状态，既花费了大量的资源，又不能搜集到真正需要的统计资料。在确定调查目的时，要注意抓住主要矛盾，突出重点问题，使调查目的明确、具体，这样后续工作才能做到有的放矢，提高统计工作的质量。

2. 调查对象、调查单位和报告单位

调查对象就是根据调查目的确定的在某种性质上相同的许多个体单位所组成的集合。调查单位就是调查对象范围内的各个个体单位。调查对象和调查单位分别是统计总体和总体单位在调查阶段的具体化。例如，为了进行全国工业普查，目的是了解工业企业的生产经营情况，这时就要对工业企业进行认真分析，掌握工业企业的特征，然后对工业企业进行科学的界定，确定调查对象的范围，即全国所有工业企业，而不是全国商业企业。只有调查对象的含义确切、界限清楚，才能避免调查工作中产生重复或遗漏。

调查对象确定下来之后，就要进一步确定调查单位与报告单位。调查单位与报告单位是两个不同的概念。调查单位是调查项目或调查内容的承担者，而报告单位是负责向调查研究机构提供所需统计资料的基层单位。调查单位与报告单位有时是同一个单位，有时则是不同的单位。当调查单位是企事业单位及其他经济实体时，调查单位一般来说也就是报告单位。如上面工业普查例子中的调查单位就与报告单位相同，都是每个工业企业。当调查单位是“物”时，那么这种“物”的“主人” 就是报告单位，如工业企业生产设备普查中，每台工业生产设备是调查单位，而每个工业企业便是报告单位。

3. 调查项目与调查表

调查项目就是根据调查目的确定所要调查的内容，它是指向调查单位所要调查的具体内容，包括需要登记的调查单位的标志及其具体表现和有关情况。由于标志及其具体表现是计算有关统计指标的基础，因此为了保证原始统计资料的准确性，在确定调查项目时必须注意如下几个问题：①调查项目的含义必须明确，不能模棱两可；②考虑取得资料的可行性，有些调查项目虽然需要，但在现有条件下难以取得资料的则不应列入；③调查项目的答案应满足完备性和互斥性，如果要求选择回答，则必须列出所有可能的答案，以免出现重复或遗漏；④确定不同时期同类调查的调查项目时，前后时期的调查项目应互相衔接，以便进行动态比较分析。

调查表是指把所要调查的项目按照一定的结构和顺序排列后形成的表格。它是调查项目

的表现形式，也是向调查单位取得原始统计资料的重要工具。利用调查表进行调查，能够条理清晰地填写需要搜集的资料，也便于调查结束后对资料进行整理。根据一份表格上容纳调查单位的多少，调查表可以分为一览表和单一表。一览表是指一份表格上可以登记两个及两个以上调查单位有关调查项目的调查表；单一表是指一份表格上只登记一个调查单位有关调查项目的调查表。设计调查表时采用一览表还是单一表，取决于调查目的和调查项目的多少。一般情况下，调查项目多宜采用单一表，调查项目少则应采用一览表。

4. 调查时间、调查方式与方法

调查时间首先是指调查资料所属的时间。如果研究的现象是时期现象，则要规定调查资料所属的起止时间；如果研究的是时点现象，则应规定统一的标准时点。例如，要统计 2018 年全国工业增加值，调查时间就是 2018 年 1 月 1 日至 12 月 31 日的整个日历年度。如果调查的是时点现象，就要明确规定统一的标准时点，例如我国第六次全国人口普查规定的标准时点是 2010 年 11 月 1 日零时。其次是指调查工作的期限，它包括收集资料以及报送资料的整个工作所需的时间。例如 2018 年的年报要求在 2019 年 1 月 31 日前上报，其工作期限为一个月。

客观事物的复杂性决定了搜集资料的组织形式和方法的多样性。如前所述，我国常用的调查方式有普查、统计报表、抽样调查等；搜集资料的具体方法有访问调查、邮寄调查、电话调查、网络调查、座谈会等。在每次调查之前，需要根据被调查现象的不同特点及调查目的的要求，确定比较适宜的调查方式与方法，以利于安排人员及预算调查经费。

5. 调查的组织工作

在搜集资料的方案中，还必须做好调查的组织工作。只有组织工作严密细致，才能保证统计调查的顺利进行。组织工作主要包括调查人员的培训、调查经费的筹措。要进行调查，不可避免地要花费人力、物力和财力，诸如调查人员培训费、外出调查差旅费、住宿费、办公费、调查表格印刷费、邮寄费等各种费用，在开始调查前要根据调查任务的性质及目的，分别向有关部门筹措这些经费，确保调查的顺利进行。

（二）问卷的设计

在市场调查中，调查的内容主要通过问卷来体现，问卷设计的好坏直接关系到调查数据的质量。因此，需要掌握问卷的基本内容及其设计要求。

1. 问卷的结构

问卷是以书面的形式，按照设计好的顺序，由一系列问题和相应的备选答案组成的表格。由于问卷在形式上易于被受访者接受，问题通俗易懂，实施方便，在实践中不仅被广泛使用到对市场的调查中，而且在访问调查法、电话调查法、网络调查法中也采用问卷取得资料。一般来说，问卷在结构上由问卷标题、问卷说明、填写要求、甄别部分、主体内容、编码和背景等部分组成。

(1)问卷标题。问卷标题是对问卷内容的高度概括，一般在问卷表的上方居中的位置。问卷标题应该言简意赅，有助于回答者了解问卷的基本内容，并产生回答的兴趣。例如，“关于长春市民投资方式的调查问卷”“长春市星级酒店从业人员流动性调查问卷”“长春房地产市场消费者调查问卷”等，一看标题就可以知道调查的内容涉及什么方面。

(2)问卷说明。问卷说明又称前言或引言，一般以简短的文字阐明调查的目的和意义，消除被调查者的顾虑，争取被调查者的支持。问卷说明的语气要诚恳，文字要精练。例如：“您好，我们是××大学的学生，目前正进行长春市民的投资方式的调查。本次问卷为无记名方式，既不代表政府、也不代表任何机构。通过本次调查，旨在加强我们对社会的接触和认识，提高我们理论联系实际的思考分析能力，因此不会给您带来不必要的麻烦。耽误您几分钟的时间，谢谢您的配合!”

(3)填写要求。填写要求是对填写的要求、方法和注意事项的说明，一般用文字或符号对如何填写进行示范性的指导。例如，在问卷中列示出以下填写要求：对问卷中涉及具体数字的项目，如人数、时间、年龄等，请填写数字；对有选择的项目，请将答案的序号填在规定的地方，或者在选择的答案序号上打“√”；请看清是只能选择一个答案还是可以选择多个答案；等等。

(4)甄别部分。这是通过设计一些问题对被调查者进行过滤，筛选掉不符合条件的被调查者，从而得到满足条件的调查对象。为了得到公正客观的资料，问卷中一般要筛选掉与调查主题有直接利害关系的人。例如：对星级酒店从业人员流动性的调查，遇到非星级酒店的从业人员要终止访问；在调查市民对政府工作的满意程度时，遇到公务员一般要终止访问；在调查某产品的市场占有率时，遇到该产品生产厂家的员工一般也要终止访问。

(5)主体内容。主体内容由若干问题及其相应的选择答案组成，是问卷中最重要的部分。问题设计得好坏直接关系到调查目的能否实现、数据整理和分析能否顺利进行。在后面有专门的内容讨论如何设计好主体内容。

(6)编码。编码是指问卷的编号及问卷中的问题和答案用数字表示的代码，主要用于识别问卷、调查者、被调查者、问题和答案的序号等，便于整理，并在有疑问时便于检查和更正。

(7)背景。背景是有关被调查者个人特征的信息，包括被调查者的性别、年龄、职业、文化程度、职务、职称、收入等级等，便于调查者对被调查者进行分类分析。

2. 提问项目的设计

问卷的主体内容是由根据调查目的和要求而设计的问题和备选答案构成的，问题设计的质量将直接影响到调查目的能否达到。在设计问题时要注意：提问的内容应该尽可能短；用词要通俗、准确；避免诱导性提问、否定式提问、对敏感性问题的直接提问；一项提问一般只能围绕一个问题进行，不能涉及多个问题等。例如，如果您买房，出于改善居住条件需要吗？这个问题有暗示购买房子是出于改善居住条件的需要，可以改为：如果您买房，出于哪一种需要？例如，您觉得我校统计学课堂教学质量差吗？这个问题既有暗示统计学课堂教学质量差的含义，又不是人们习惯的肯定陈述的提问，可以改为：您觉得我校统计学课堂教学质量怎么样？例如，您的年收入有多少？对于这类被调查者不愿意外人知道的敏感性问题，一般要采用婉转的间接提问法，尽可能降低被调查者的反感程度。例如，如果您买房，您能够接受的最高单价是多少在首付款交完后，您每月能够承受的支付能力？由于它涉及多个问题，可以改为两个问题提问：如果您买房，您能够接受的最高单价是多少？在首付款交完后，您每月能够承受的支付能力？

由于问题出现的次序可能会对被调查者的答题兴趣和答题数量产生影响，因此在设计问卷时，如何科学合理地安排问题的顺序，以获得准确的资料，是必须认真对待的重要工作。一般可按照如下规则进行：问题的顺序安排应注意逻辑性，可按时间顺序排列，也可按空间顺序排列，可按功能顺序排列，也可按类别顺序排列等。问题的顺序安排应注意兴趣，将能够引起被调查者兴趣的问题放在前面，而将容易引起被调查者紧张、焦虑的问题放在后面。问题的顺序安排应注意先易后难，一般应该将比较容易答的题目放在前面，比较难回答的题目放在后面。

3. 回答项目的设计

按照答案之间的关系，可把提问分为开放性问题和封闭性问题两大类。开放性问题属于自由回答型，封闭性问题属于选择回答型。开放性问题是指问卷没有提供任何参考答案，由被调查者根据题目的基本要求，按照自己的理解自由地选择回答形式的一类问题。开放性问题可以采用填空和自由回答两种方式。例如：您在选购住房时，对住房建筑面积的要求是多少平方米？您认为长春市目前房价如何？以上两个问题是填空方式的开放性问题。例如：你认为国家目前宏观调控政策对长春市楼市的影响有哪些？请问您喜欢××产品的理由是什么？以上两个问题是自由回答方式的开放性问题。开放性问题的优点是便于被调查者详细地表达自己的观点，适合于潜在答案较多的问题。缺点是可能占用被调查者较多的时间，致使部分被调查者放弃回答，以及答案不统一，给资料整理和分析带来困难。

封闭性问题是指调查者已经设计好若干个答案，被调查者只需从中选择一个或一个以上答案的问题。对封闭性问题的设计，答案要遵循穷尽性和互斥性的原则，既不能遗漏，又不能有相互重叠的内容。如果有很多可供选择的答案，在列出主要的答案后，用“其他”二字代表未列出的答案。封闭性问题按其回答的方法又可以分为两项选择法、多项选择法、顺序选择法、评定尺度法、双向列联法等。

(1)两项选择法是指提出的问题只有两种备选答案的提问方法。备选答案用“是”与“否”，或者“有”与“无”，或者“喜欢”与“不喜欢”等来表示。例如：如果您购房，您对车位的要求？(需要或不需要)；你有私家车吗？(有或无)。

(2)多项选择法是指提出的问题有两种以上备选答案，被调查者可以从备选答案中选择一个或多个答案。例如，您夏天喜欢喝什么饮料？(开水、纯净水、矿泉水、可乐、雪碧、果汁、其他)备选答案有7个，由被调查者从中选择一个或多个。

(3)顺序选择法是指在有多个答案选择时，被调查者根据自己的偏好程度判断各答案的重要性，并按顺序列出答案的方法。这类答案的设计要求设计者充分考虑被调查者理解能力的差异，让他们能够顺利地写出答案的顺序。例如：请你按照喜欢的程度对下列品牌洗发水的前三个进行编号：飘柔、海飞丝、舒蕾、潘婷、沙宣、风影、顺爽。您在购买住房时考虑的主要因素有哪些？请您按照考虑的顺序对下列答案的前四个进行编号：价格、开发商品牌、升值潜力、物业服务质量、供暖、房屋质量、户型、小区规模、地理位置、周边配套设施、交通条件。

(4)评定尺度法，运用评定尺度法时，问题的答案由表示不同等级的形容词按照一定的顺序排列而成。例如，您对现在的住房满意吗？(非常不满意、不满意、一般、满意、非常满意)。

(5)双向列联法是指运用表格的形式，综合反映两方面问题的方法。表的横向和纵向分别反映两类问题，具有节省问卷篇幅、便于比较和内容综合的特点。

第二节　统 计 整 理

通过统计调查搜集到的原始统计数据是个别的、分散的，只能说明总体各单位的具体情况，还不能反映总体的综合数量特征，达不到认识统计总体的目的。因此，在统计调查之后、统计分析之前，还需要对原始数据加以整理，使之系统化、条理化，以符合统计分析的需要。

一、统计整理的概念和步骤

统计整理是指根据统计研究的任务要求，对统计调查所搜集到的原始资料进行分组、汇总，使之条理化、系统化的工作过程称为统计整理。统计数据整理是实现从个体的数量特征表现过渡到总体数量特征的必要阶段，是统计研究必不可少的中间环节，起着承前启后的作用。统计资料整理的质量如何，会直接影响统计分析的效果。

统计整理的基本程序如下所述：

(一)审核

在分组汇总之前，要对原始统计数据进行认真审核，主要审核资料的及时性、准确性和完整性。

(1)及时性检查，就是检查需要的统计数据是否在规定的时间内已经上报到调查机构，缺一两个单位的资料都会影响整个汇总工作。

(2)完整性检查，一是看所有的调查表格或问卷是否收齐，二是看所有的调查项目的答案是否完整。发现问题时应立即同被调查者或报告单位联系，采取补救措施。资料不完整，得出的结论就难以说明现象总体的本质特征。

(3)准确性检查，就是检查原始资料是否准确可靠，这是原始资料审核的中心。其审核方法有两个。一是逻辑检查，即根据调查项目之间的内在联系，检查各项目的答案是否合理，是否符合逻辑，答案之间有无矛盾之处。如有不符合逻辑或不合理的答案，应查明原因，及时纠正。二是计算检查，即检查调查表中各项数字的计算方法、计算口径、计算结果有无差错，数字之间该平衡的是否平衡了。若发现错误，能更正的则代其更正，原因难以查明的则退回给调查者或报告单位，查明原因，予以更正。

(二)分类或分组

对原始数据进行审核，确认准确无误后，根据统计研究目的和要求，对这些数据进行科学的分类或分组。定性的数据主要是进行分类整理，定量的数据主要是进行分组整理。通过编制频数分布表，可汇总计算各个组的有关指标。具体的分类和分组方法将在后面详细介绍。

(三)编表作图

将汇总整理的结果用适当的表格形式表现出来，使统计数据系统化、条理化。如有必要，也可以绘制适当的统计图来表现汇总整理的结果，反映总体的分布特征。

二、统计分组

(一)统计分组的概念和作用

统计分组就是根据统计研究的目的和要求将总体各个单位或全部调查数据按照一定的标志划分为若干个组成部分的一种统计方法。统计分组同时具有两个方面的含义：对总体而言是“分”，即将总体区分为性质相异的若干个部分；对于总体单位而言是“合”，即将性质相同的总体单位组合起来。就作为分组标准的这一标志而言，同组的总体单位具有相同之处，不同组的总体单位间则具有相异之处。统计分组就是在统计总体内部进行的一种定性分类。在社会经济统计研究中，统计分组有以下重要作用：

1. 划分现象的类型

通过分组，确定总体内部的各种类型，以便进行比较、分析和综合。例如，将工业企业按生产要素组合特征划分为资金密集型、技术密集型和劳动密集型，便可以分析各种类型企业的生产组织特点和在生产体系中的作用。

2. 研究总体的内部结构

在划分类型的基础上，计算各类型在总体中的比重，可以说明总体的结构和基本性质。例如，将人口总体按年龄分组，说明人口的年龄结构，并可据此判断该人口总体属于增长型、稳定型还是减少型。

3. 研究现象之间的依存关系

在分组基础上，计算有关指标，可以观察这些指标之间存在何种联系。例如，将同类工业企业按规模大小分组，计算它们的产量和劳动生产率等指标，便可看出随着规模扩大，劳动生产率呈现提高的趋势，显示出生产经营的规模效益；将零售商店按商品销售额分组，分析流通费用率与销售额之间的关系，通过分组对照数据能够清楚地显示销售额越高流通费用率越低的依存关系。

（二）分组标志的选择

分组标志是将统计总体划分为各个性质不同的组成部分的标准或依据。任何事物都有许多标志，标志选择不同，分组的结果必然不同，正确的选择分组标志应遵循以下原则：

1. 要根据统计研究的目的来选择分组标志

对于同一总体，由于统计研究的目的和任务不同，其分组标志的选择也不同，应选择与研究目的密切相关的标志作为分组标志，这样才能使统计分组提供符合要求的资料。例如：要了解某一地区的人口素质，可以按文化程度和受教育的年限为分组标志，而不能用性别或民族作为分组标志；要研究某地区居民的生活水平，可以按人均年收入和人均年消费额为分组标志。

2. 选择能反映现象本质特征的标志为分组标志

在研究现象的若干标志中，有的是主要的、本质的，有的是次要的、非本质的，只有选择能够说明问题本质的重要标志作为分组标志，才能反映出问题的实质。例如，研究与企业生产规模有关的问题则要按规模对企业进行分组，由于职工人数、资产总额、生产能力、占地面积等都可以反映企业的生产规模，要选择其中本质特征的标志为分组标志。在现代化的生产条件下，应采用生产能力或资产数量作为分组标志，以能比较确切地反映出现象的本质特征。

3. 根据现象所处的条件动态地选择分组标志

社会现象是不断发展变化的，随着时间、地点、条件的不同而有所不同。在过去最能反映现象本质特征的标志，必然会受到时间、地点和条件变化的影响，而失去其重要意义。因此，随着历史条件不同以及社会经济条件的发展变化，分组标志也应相应改变。

（三）统计分组的种类

统计分组有多种形式，根据分组标志的性质不同，有品质标志分组和数量标志分组两种形式。

1. 按品质标志分组

按品质标志分组是指选择反映现象本质特征的品质标志作为分组标志。例如，人口按性别、民族、城乡、文化程度进行分组，商品按类别分组、企业按行业分组、职工按职业分组等。按品质标志进行分组，有些比较简单，一旦确定分组标志，则各组界限、组数也随之确定；有些则比较复杂，界限不易分清，如上述商品按类别分组、企业按行业分组、职工按职业分组等，就不易分清，因此，实际工作中为方便和统一，往往会借鉴国家政府制定的统计分类标准或国际通用的有关标准分类。

2. 按数量标志分组

按数量标志分组就是选择反映事物数量差异的数量标志为分组标志，并在数量标志的变异范围内划定各组界限，将总体划分为性质不同的若干个组成部分。例如：人口按年龄分组，企业按资产、利润、销售额分组，居民家庭按人口分组，学生按考试分数分组等。与品质标志不同的是，数量标志表现为许多不等的变量值，它们能准确地反映现象数量上的差异，却不能明确地反映现象性质上的区别。因此，为准确地按数量标志分组应注意两点：首先，各组界限的确定必须反映事物质的差别，例如学生按考试分数分组时，不能把 55 分和 60 分的同学分为一组，因为按惯例考试以 60 分为界线，60 分及以上为及格，60 分以下为不及格；其次，应根据研究现象总体的数量特征，采用适当的分组形式。

单项式分组：一个变量值为一组。当变量是离散型变量且变动范围较小时，可以选择单项式分组。例如居民家庭按人口数分组，可以分为 1 人、2 人、3 人、4 人、5 人、6 人等（见表 2.1 中例 1）。

组距式分组：每个组由表示一定范围的一个上限值和一个下限值规定的区间为一组。当变量是离散型变量或连续型变量，且变量值比较多，变动范围比较大，采用一个变量值为一组的单项式分组组数太多，失去了分组的意义，这时则需要将变量值按照一定的规则划分为几个区间，进行组距式分组。在组距式分组中，各组的界限称为组限，每个组的最小值称为下限，最大值称为上限，最大值与最小值之差称为组距，计算公式为：

$$组距=上限-下限$$

在组距式分组中，按每组的组距是否相同区分为等距式分组和异距式分组。等距式分组是各组保持相等的组距，见表 2.1 中例 2、例 3。异距式分组是各组组距不相等的分组，见表 2.1中例 4、例 5。统计分组时采用等距式分组还是异距式分组，取决于研究现象的性质特点和研究目的。一般在标志值变动比较均匀的情况下宜采用等距式分组，在标志值变动很不均匀的情况下宜采用异距式分组。此外，在采用组距式分组中，两种变量在组限的表示方法上也有不同，离散型变量下各相邻组的组限可以间断，即上一组上限和下一组的下限是断开的，两者不重叠，见表 2.1 中例 2、例 4。而连续型变量下的各相邻组的组限必须重叠，以防止变量值的遗漏，见表 2.1 中例 3、例 5。为保证重叠后不致发生重复与混乱，习惯上规定“每组以下限为起点上限为极限但不包括上限”或“上限不在本组内”。

表 2.1　统计分组示例

举例	统计总体	分组标志	各个组别	分组类型	
1	某地区所有家庭	居民家庭/(人/户)	1,2,3,4,5,6…	单项式分组	
2	某地所有工业企业	职工人数/(人/企业)	500～999,1 000～1 499,1 500～1 999	等距式	组距式分组
3	某地区所有工业企业职工	工资水平/(人/元)	2 000～2 500,2 500～3 000,3 000～3 500		
4	某地所有工业企业	职工人数/(人/企业)	500～999,1 000～1 999,2 000 以上	异距式	
5	某地区所有工业企业职工	工资水平/(人/元)	2 000～3 000,3 000～5 000,5 000 以上		

由于统计分组必须正确地显示总体的分布特征，因此，采用哪一种具体的分组形式除考虑上述问题之外，还需结合次数分布的影响要素来决定。

根据选择分组标志的个数不同，有简单分组、复合分组和分组体系。

(1)简单分组是指按一个标志对总体进行分组的形式，它只反映总体某一方面的类型和结构特征。

(2)复合分组(见表 2.2)是指按两个或两个以上标志重叠进行分组的形式，也即先按一个主要标志分组，然后再按一个从属标志在各组中分组，如此等等。复合分组比简单分组更加具体和深入地反映总体内部的类型和结构特征。但是，复合分组的标志也不宜太多，一般不应超过三个。因为随着分组标志的增加，分组的类型组就会成倍增加，相应地各类型组的单位数减少，这就可能使总体内部各类型组界限模糊不清，失去分组的意义。

(3)分组体系(见表 2.3)是指按照两个或两个以上相互联系、相互补充的标志对同一总体分别进行分组而结合成的体系。如同指标体系一样，分组体系可以从不同侧面更加全面系统地反映总体内部的类型和结构特征。由于它采取简单分组单列形式，不会因标志的增加而造成类型界限模糊，适用于对复杂现象的系统研究。

表 2.2　某学校在职职工分组表

按性别及年龄分组	人数/人	比重/%
男职工:35 岁以下	10	5
35～45	30	15
45～55	20	10
55 以上	10	5
女职工:35 岁以下	30	15
35～45	40	20
45～55	40	20
55 以上	20	10
合　计	200	100

表 2.3　2018 年我国人口数及其构成

指　标	年末数/万人	比重/%
全国总人口	139 538	100.0
其中:城镇	83 137	59.58
乡村	56 401	40.42
其中:男性	71 351	51.1
女性	68 187	48.9
其中:0～15 岁	24 860	17.8
16～59 岁	89 729	64.3
60 周岁及以上	24 949	17.9
其中:65 周岁及以上	16 658	11.9

资料来源:中华人民共和国 2018 年国民经济和社会发展统计公报。

第三节　频数分布

一、频数分布的概念

在统计分组的基础上，将总体的所有单位按组归类整理，形成总体中各个单位在各组间的分布状况，称为频数(次数)分布。其中各组包含的总体单位个数称为次数或频数，各组总体单位数占总体单位数的比重称为频率。次数分布表现为一个数列，故又称分配数列。分配数列可以反映总体中所有单位在各组间的分布状态和分布特征。分配数列有两个构成要素:统计分组所形成的各组和分布在各组的频数或频率。

根据分组标志不同，分配数列可分为按品质标志分组形成的品质分配数列(见表 2.4)和按数量标志分组形成的变量分配数列(简称变量数列)。变量数列又有单项变量数列(见表 2.5)和组距数列(见表 2.6)两种，组距数列又分为等距数列和异距数列。

表 2.4　2018 年我国三次产业固定资产投资额(不含农户)及比重

产业	固定资产投资额/亿元	比重/%
第一产业	22 413	3.5
第二产业	237 899	37.4
第三产业	375 324	59.1
合计	635 636	100.0

资料来源:国家统计局网站。

表 2.5　某车间 50 个工人看管设备台数

设备台数/台	人数/人	比重/%
2	14	28.0
3	11	22.0
4	10	20.0
5	8	16.0
6	7	14.0
合计	50	100.0

表 2.6　某班统计学考试成绩表

考分	人数/人	比率/%
50～60	2	5.0
60～70	7	17.5
70～80	11	27.5
80～90	12	30.0
90～100	8	20.0
合计	40	100.0

二、变量数列的编制

(一)单项变量数列的编制

单项变量数列就是以一个变量值为一个组的变量数列(见表 2.5),50 个工人看管设备的台数 2～6 台,分别列出工人看管设备的台数或比重,就形成单项变量数列,如上所述,单项变量数列适合变动范围不大的离散型变量的分布特征,对于某些取整数的连续变量(如年龄),如果变量值种数不多,也可以编制单项变量数列。

(二)组距数列的编制

下面通过示例说明组距数列的编制方法。

【例 2.1】 某城市 2018 年 6 月份 50 户城市居民月人均食品支出(元/人)如下:

106	125	138	151	160	163	186	192	198	200
205	214	217	225	235	248	256	263	271	278
279	283	286	289	291	293	296	297	312	317
322	326	330	341	345	346	349	359	360	361
376	377	389	392	400	410	425	436	440	449

据此编制一个组距数列。

1. 确定组数

组数取决于原始数据中数据的多少和变量值全距的大小,全距等于数据中最大变量值与最小变量值之差,亦称极差。一般而言,数据越多,极差越大,分组数目就应该多一些。但根据惯例,一般的现象分组的数目 5～15 组为宜。分组的目的是观察数据的分布特征,因此组数的选择比较关键,如果组数太少,数据的分布就会过于集中,组数太多,数据的分布就会过于分散,两者都不利于观察数据的分布特征和揭示其规律。

美国学者 Sturges 提出,当总体单位某种数据接近正态分布时,可以根据数据个数 n 来近似地确定分组数目,经验公式为:

$$k=1+\frac{\lg n}{\lg 2} \tag{2.1}$$

根据式(2.1)可得到表 2.7 所示的经验分组数目查对表。

表 2.7 经验分组数目查对表

n	15～24	25～44	45～89	90～179	180～395	360～719	720～1 439
k	5	6	7	8	9	10	11

式(2.1)只能作为确定组数的参考，不能生搬硬套，因为原始数据的分布并不都是接近正态分布的，需要结合实际情况进行分析后决定是否采用。

例 2.1 中 50 户家庭人均月食品支出额的资料，经粗略观察，接近于正态分布，按表 2.7 可确定组数为 7。

2. 确定组距

在组距分组中，下限与上限之间的距离叫组距。如果相邻两个组的组限不相等，则有：

某组组距＝本组上限－前组上限

在等距分组情况下，组数确定以后，组距也就基本确定了。组距、组数与全距之间的关系可用式(2.2)表示为：

$$组距=\frac{全距}{组数} \tag{2.2}$$

按式(2.2)计算出来的理论组距不一定是 5 或 10 的整数倍，但为了应用方便，实际组距最好取接近理论组距且为 5 或 10 的整数倍的数。如例 2.1 中，全距＝449－106＝343 元，组数为 7，则组距为 343÷7＝49，因此组距可以取 50 元。

在实际分组中，有些不适合做等距分组的情况，如了解我国人口构成情况，采用等距分组就不能准确地反映人口的自然特征和社会特征；又如我国大中小型企业的资产总额相差也比较大，其变量值分布不均匀，不适合用等距分组，因此采用何种分组形式，要根据社会经济现象的具体数据特征进行选择。

在异距数列中，各组频数或频率不能直接进行比较。为消除各组组距不同所造成的影响，需要计算频数密度或频率密度，来反映数据的频数分布状况和特征。频数密度是频数与组距之比，频率密度是频率与组距之比。各组的频数密度和频率密度可以进行比较。

3. 确定组限

各组之间的界限为组限，确定组限时要考虑最大变量值和最小变量值，要做到不重复、不遗漏。确定原则为：①最小组的下限要小于或等于最小变量值，最大组的上限要大于或等于最大变量值。②对于连续型变量，要求相邻组的上下限必须重合，即本组下限为相邻下一组的上限，且遵循“上限不在组内”的原则。如表 2.8 中，若某户人均月食品支出为 200 元，此时，遵循上限不在组内的原则，应将该户归入 200～250 这一组内。对于离散型变量，其相邻组的上下限可以不重合。但在统计实践中，为了方便起见，多数情况下，无论是连续型变量还是离散型变量，一般都采用组限重合的方式，尽可能避免遗漏。如果资料中存在极小值和极大值，通常采用开口组，即第一组没有下限，最后一组没有上限。当然第一组和最后一组可以单独设为开口组，也可以同时设开口组，视数据的具体情况而定。③组限的确定要有利于表现数据本身的分布规律。采用组距分组时，各组之间的数量界限会因人的认识不同存在差异，因而不同的人对同一资料会得到不同的频数分布，但是组限的确定要尽可能使频数分布准确地反映总体分布规律的基本要求。

表 2.8　某城市 2018 年 6 月份 50 户城市居民月人均食品支出分组表

每户人均月食品支出/(元/人)	户数/户	比重/%
100～150	3	6.0
150～200	6	12.0
200～250	7	14.0
250～300	12	24.0
300～350	9	18.0
350～400	7	14.0
400～450	6	12.0
合　计	50	100.0

4. 组中值

组中值是各组下限和上限的中间值。计算组中值的常用方法是取上限和下限的简单平均数。其计算公式为：

$$组中值=\frac{上限+下限}{2} \tag{2.3}$$

但当变量值中出现极端值时，往往采用开口组的方式进行分组。因此，对于开口组，假定其组内数值的变化范围与相邻组一样，并以相邻组的组距作为开口组的假定组距，由此开口组的近似组距公式为：

$$缺下开口组:组中值=本组上限-相邻组的组距/2 \tag{2.4}$$

$$缺上开口组:组中值=本组下限+相邻组的组距/2 \tag{2.5}$$

5. 编制频数分布表

根据已确定的组距和组数以及组限，将各变量值按组归类，编制成变量数列形成统计表，由此得到的数列为分配数列或频数分布表。对例 2.1 中 50 户家庭按月人均食品支出的多少的分组见表 2.8。

在频数分布的基础上，将各组频数依次累计，就形成累计频数分布。各组累计频数与总频数之比，就形成累计频率分布。累计分布有向上累计分布与向下累计分布两种。向上累计分布是将各组的频数或频率由变量值小的组向变量值大的组累计，累计结果分别说明各组上限以下的累计频数或累计频率的分布状况。当累计到最后一组时，其累计频数或累计频率等于总频数或 100%。向下累计分布是将各组的频数或频率由变量值大的组向变量值小的组累计，累计结果分别说明各组下限以上的累计频数或累计频率的分布状况。当累计到最后一组时，其累计频数或累计频率等于总频数或 100%。根据表 2.8 作累计频率分布，结果见表 2.9。

表 2.9　某城市 2018 年 6 月份 50 户城市居民月人均食品支出累计分组表

每户人均月食品支出/元	户数/户	比重/%	向上累计		向下累计	
			频数/户	频率/%	频数/户	频率/%
100～150	3	6.0	3	6.0	50	100.0
150～200	6	12.0	9	18.0	47	94.0
200～250	7	14.0	16	32.0	41	82.0
250～300	12	24.0	28	56.0	34	68.0
300～350	9	18.0	37	74.0	22	44.0
350～400	7	14.0	44	88.0	13	26.0
400～450	6	12.0	50	100.0	6	12.0
合计	50	100.0	—	—	—	—

三、频数分布的类型和图示

(一)频数分布的类型

由于社会经济现象的性质不同,各种统计总体都有不同的次数分布,形成各种不同类型的分别特征,研究各种类型的次数分布特征,是统计研究的重要方法。在日常经济管理中,常见的频数分布有钟形分布、U形分布、J形分布。钟形分布的特点是"两头小,中间大",即靠近中间的变量值次数分布多,靠近两边的变量值次数分布少,形若古钟。在钟形分布中,有一种以数据的平均数为中心,左右两侧完全对称的分布,称为正态分布,其特点是数据平均数两侧的频数或频率随着与平均数距离的增大而完全相等地依次减少,两侧呈对称分布,如图2.1(a)所示。如果数据平均数两侧的频数或频率分布不完全对称,则称为偏态分布,分为左(负)偏和右(正)偏,分别如图2.1(b)和图2.1(c)所示。U形分布的形式与钟形分布相反,靠近中间的变量值分布频数少,靠近两端的变量值分布频数多,形成"两头大,中间小"的U形分布,如图2.1(d)所示。例如,人口死亡率的分布,人口总体中,幼儿和老年人死亡率高,而中青年死亡率低。J形分布有两种类型:一种是频数随着变量的增大而增多,如图2.1(e)所示,例如,投资按利润率大小分布;另一种呈反J形分布,如图2.1(f)所示,即频数随着变量的增大而减少,例如,随着产品产量的增加,产品单位成本下降。

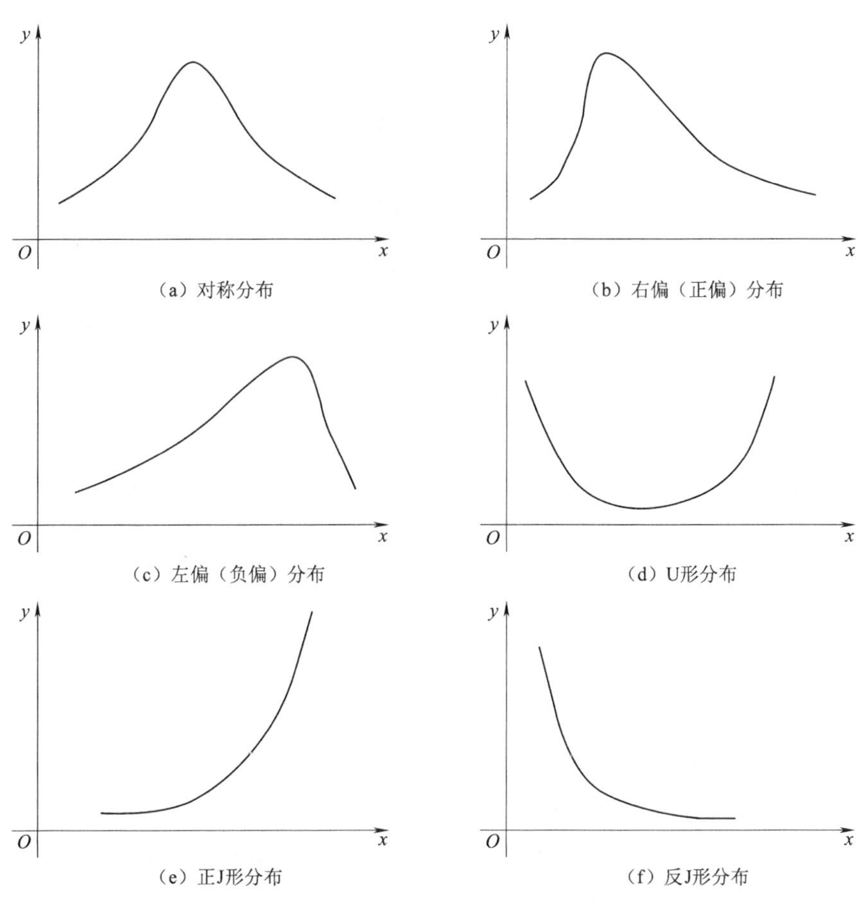

图2.1 几种常见的频数分布图

在现实生活中，很多社会经济现象都属于钟形分布，例如人的身高、居民的收入、某些商品的价格水平、农产品亩产量、零件公差的分布等，但它们都不是完全的正态分布。正态分布是钟形分布的极限。

应该指出，频数分布的类型主要取决于社会经济现象本身的性质。通过分组整理编制的频数分布数列应符合社会经济现象的分布特征，如果不相符合，或者说明现象总体发生了异常的变化，或者提出统计分组整理违背了现象的内在规律，应加以检查纠正。

（二）频数分布的图示

通过数据分组后形成的频数分布表，可以初步看出数据分布的一般特征和规律。例如，从表2.8可以看出，某城市2018年6月份50户城市居民月人均食品支出的分布。但有时，由于数据比较复杂，很难从表中直接看出其分布的特征和规律，如果用图形来表示这一分布结果，将会更形象、直观、生动。通常表示频数分布的图形有直方图、柱形图、条形图、茎叶图等。

直方图是使用矩形的宽度和高度来表示频数分布的图形。在平面直角坐标系中，通常用横轴表示数据分组，纵轴表示频数或频率，这样，各组与相应的频数就形成了一个矩形，即直方图。比如，根据表2.8的频数分布表可绘制成图2.2所示的直方图。从直方图可以直观地看出50户城市居民人均月食品支出的分布状况。

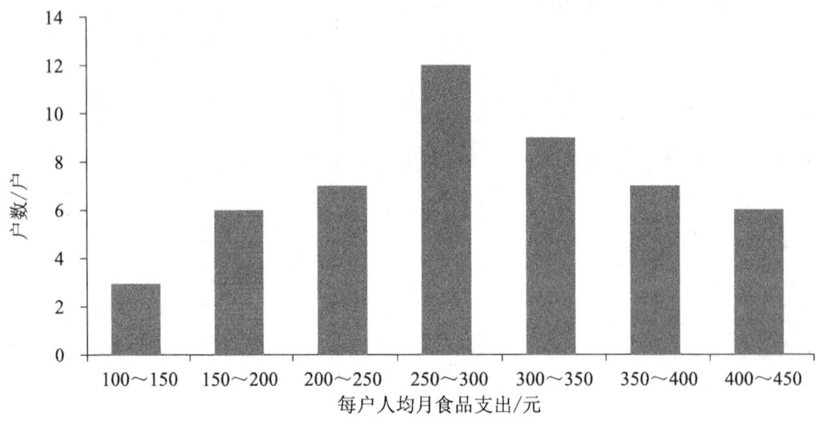

图2.2　每户人均月食品支出直方图

对于等距分组的数据，可以用矩形的高度直接表示频数的分布。如果是不等距分组数据，用矩形的高度来表示各组频数的分布就不实用了，应该用矩形的面积来表示各组的频数分布，即根据频数密度来绘制直方图，此时即可准确表示各组数据分布的特征。实际上，无论是等距分组数据还是不等距分组数据，用频数密度来表示各组的频数都更为合适，因为这时直方图下的总面积等于1，在直方图中，实际上是用矩形的面积来表示各组的频数分布。

第四节　统计图表

统计表和统计图都是显示统计数据的重要方式。在日常生活中，阅读报纸杂志，或者在看电视、查阅互联网时，都能看到大量的统计表和统计图。统计表把杂乱的数据有条理地组织在一张简明的表格内，统计图是把数据形象地显示出来。当对某些实际问题进行研究时，经常要使用统计表和统计图。正确使用统计表和统计图也是做好统计分析的最基本技能。

一、统计表

(一)统计表的构成

统计表是用纵横交叉的线条所绘制的表现统计资料的一种表格形式，是用于显示统计数据的基本工具。可以将许多杂乱的、不便于阅读、理解的分析数据整理在一张统计表内，就会使这些数据变得一目了然，清晰易懂。充分利用和绘制好统计表是做好分析的基本要求。广义统计表包括统计工作各阶段所使用的一切表格。

从形式上看，统计表由表头、横行标题、纵栏标题和指标数值四部分组成。表头部分主要说明统计表的名称，一般包括表号、总标题，在所有数字资料的计量单位相同时，其计量单位在表的右上角注明。总标题应放在表的上方，用于说明统计表的主要内容。横行标题和纵栏标题通常安排在统计表的第一列和第一行，它所表示的主要是所研究问题的类别名称和指标名称。如果是时间序列数据，横行标题和纵栏标题也可以是时间和指标名称，当数据较多时，通常将时间放在横行标题的位置，指标放在列标题的位置。表的其余部分是具体的数字资料，处在统计表中间的部分。必要时可以在统计表的下方加上表外附加，表外附加主要包括资料来源、指标的解释和必要的说明等内容。从内容上看统计表由主词和宾词两部分构成。主词又称主体栏，是指统计表要说明的总体或者总体分成的各个组，即横行标题；宾词又称叙述栏，包括纵栏标题和指标数值。

(二)统计表的种类

统计表根据主词是否分组及分组标志的多少，可以分为未分组表(简单表)、简单分组表、复合分组表三种。

未分组表是指主词未进行任何分组的统计表，即主词只是按一定的顺序罗列总体中每个个体的名称，或者主词按时间顺序简单排列。例如表 2.10 即是未分组表。简单分组表是指主词按一个标志进行分组的统计表，表 2.9 就是简单分组表。复合分组表是指主词按两个或两个以上标志进行分组的统计表。

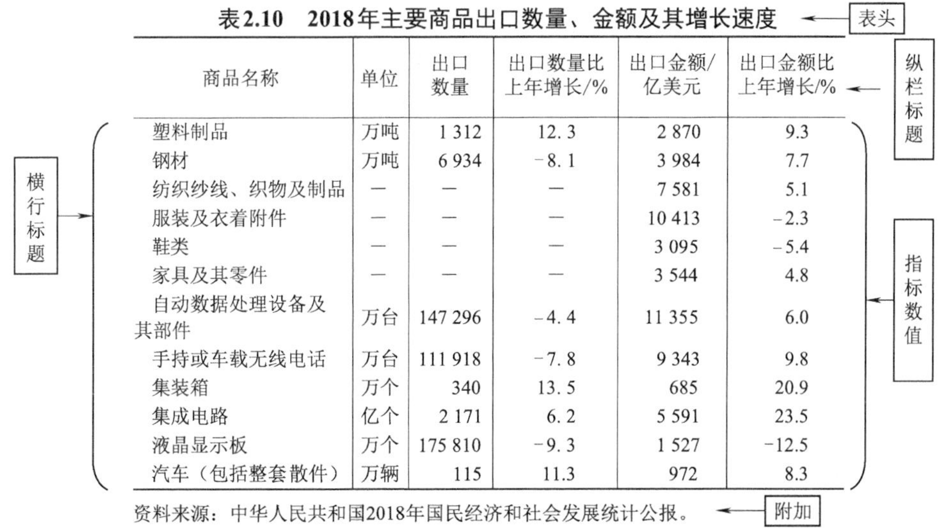

表2.10　2018年主要商品出口数量、金额及其增长速度

商品名称	单位	出口数量	出口数量比上年增长/%	出口金额/亿美元	出口金额比上年增长/%
塑料制品	万吨	1 312	12.3	2 870	9.3
钢材	万吨	6 934	−8.1	3 984	7.7
纺织纱线、织物及制品	—	—	—	7 581	5.1
服装及衣着附件	—	—	—	10 413	−2.3
鞋类	—	—	—	3 095	−5.4
家具及其零件	—	—	—	3 544	4.8
自动数据处理设备及其部件	万台	147 296	−4.4	11 355	6.0
手持或车载无线电话	万台	111 918	−7.8	9 343	9.8
集装箱	万个	340	13.5	685	20.9
集成电路	亿个	2 171	6.2	5 591	23.5
液晶显示板	万个	175 810	−9.3	1 527	−12.5
汽车（包括整套散件）	万辆	115	11.3	972	8.3

资料来源：中华人民共和国2018年国民经济和社会发展统计公报。

统计表按作用分为调查表、整理表、分析表。

(三)统计表的设计规则

为了使统计表能清楚地说明被研究现象的特征,要求统计表满足科学、实用、简练、美观的设计原则。具体来说,编制统计表时应注意如下几点:

(1)合理安排统计表的结构。采用恰当的横竖比例。有时可以交换横行标题和纵栏标题,避免过高或过长的统计表形式。

(2)统计表的总标题、横行标题、纵栏标题都能简明扼要地说明有关内容。总标题应简明确切地概括出统计表的内容,一般需要表明时间、地点以及何种数据。当各数据的计量单位不同时,则应放在每个指标后单独列出。

(3)统计表的左右两端一律不封口,表的上下两端一般用粗线,其他的中间线都用细线隔开,为使统计表简单明了,在必要时纵栏标题之间可用细线分开,而横行标题中间一般不用横线分开,对于处在最后一行的合计栏,一般要用细线与横行标题分开。

(4)表中数据一般采用右对齐形式,有小数点时以小数点对齐,同栏数据要具有同一精确度;不要求填写或不可能有答案的表格单元,一般用"—"表示,在数字资料区不能出现"同上""同左"等文字。

(5)若使用的是次级资料,应在表的下方注明资料来源,既显示对原作者的尊重,又便于读者查对。有时还需要在表的下方附上简明的指标解释。

二、统计图

统计资料整理成统计表后,便于清晰地展示变量的变化规律。为了使这种规律更有直观性,也常用图形表示,称为统计图。在数据分析中,一张好的统计图往往胜过冗长的文字表述。通过统计图,可以直观地看出数量变化的特征和规律。统计图的类型很多,多数统计图属于二维平面图,也可以绘制三维立体图。图形的制作可由计算机完成,常用的计算机工具软件有SAS、SPSS、STATISTICA、MINITAB、TSP、Excel等,其中最普及的、应用最广的是Excel。下面介绍几种常用的统计图形。

(一)折线图

折线图是用线条的升降起伏来表明数据变化特征的图形。折线图主要用于显示时间序列数据,以反映事物发展变化的规律和趋势。图2.3所示为某地区农村居民2009—2018年家庭人均收入折线图。从图中可以看出,农村居民家庭人均收入逐年提高。

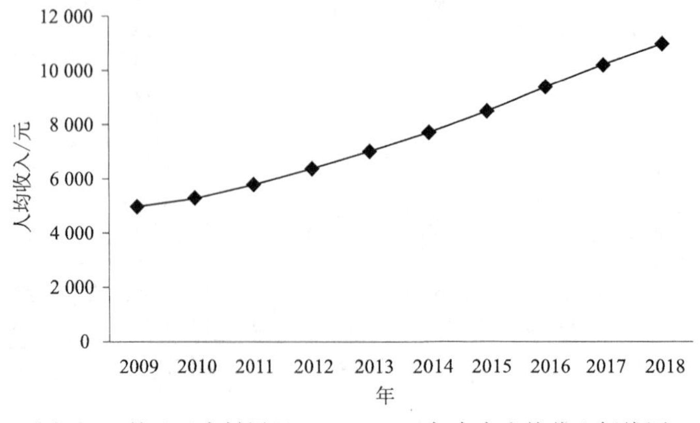

图2.3 某地区农村居民2009—2018年家庭人均收入折线图

(二)柱形图

柱形图是用宽度相同的长方形的高度或长短来表示数据多少的图形。柱形图主要用于比较同类统计指标数值,分析同类指标在不同时间或地区的发展差异。柱形图可以竖置和横置,横置时也就是条形图。柱形图根据表现资料的内容不同,分为单式和复式等形式。根据表 2.11 的数据可绘制图 2.4 所示的柱形图。

表 2.11　2018 年我国国内生产总值及其构成

按产业分组	国内生产总值/亿元	比重/%
第一产业	64 822.25	7.2
第二产业	365 525.45	40.6
第三产业	469 961.3	52.2
合计	900 309	100.0

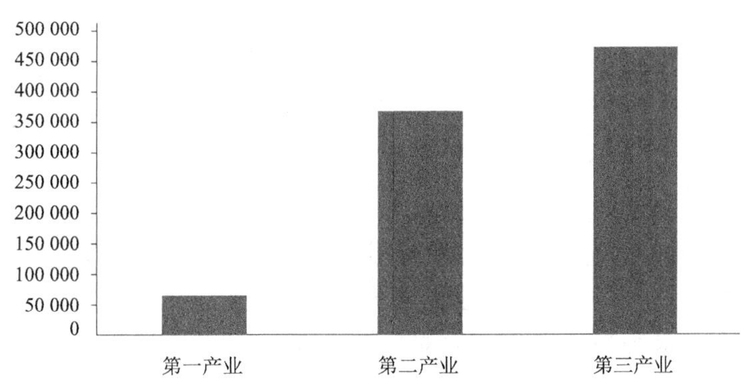

图 2.4　2018 年我国国内生产总值及其构成柱形图

(三)饼图

饼图是以圆形面积或以圆内各扇形面积大小表示统计指标数值大小的图形。饼图可以用来表示现象的内部结构,对于研究结构性问题十分有用。根据表 2.11 的数据可绘制图 2.5 所示的饼图。

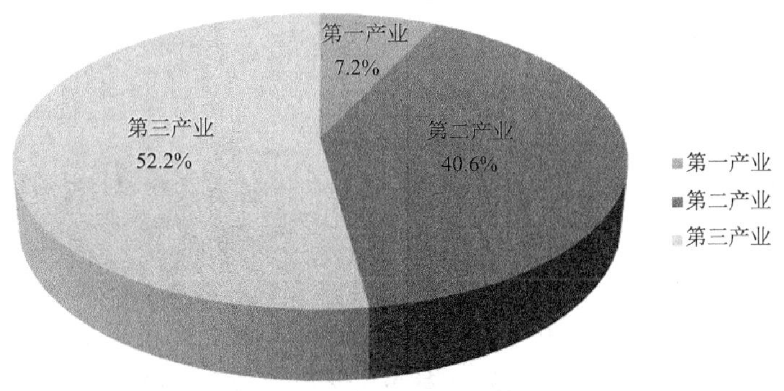

图 2.5　2018 年我国国内生产总值构成图

(四)散点图

散点图是以一个变量为横轴,另一个变量为纵轴,利用散点的分布形态反映变量统计关系的一种图形。其能直观表现出因素之间的关系,预测现象之间的总体关系趋势。散点图不仅可以传递变量之间的关系类型的信息,也能反映变量间关系的密切程度。例如,根据表 2.12 中的数据绘制的散点图如图 2.6 所示。

表 2.12　某地区 2009—2018 年国内生产总值与财政收入

(单位:万亿元)

年　份	国内生产总值	财 政 收 入
2009	34.85	6.81
2010	41.21	8.31
2011	48.79	10.39
2012	53.86	11.73
2013	59.30	12.92
2014	64.13	14.04
2015	68.60	15.23
2016	74.01	15.96
2017	82.08	17.25
2018	90.03	18.33

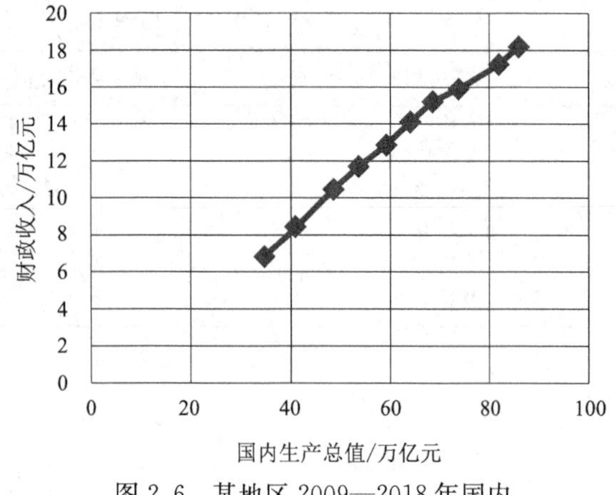

图 2.6　某地区 2009—2018 年国内生产总值与财政收入散点图

选择统计图必须结合所有研究的问题。统计研究的目的不同,选择的图形也不同,因为不同的图形有不同的特点。例如,用饼图表示总体中各部分所占比重就比折线图和柱形图要好些;而要表现事物的发展趋势时,更适合用折线图;柱形图多用于比较多个总体的同类现象的发展差异。

小　　结

1. 统计调查是根据统计研究预定的目的、要求和任务,运用各种科学的调查方法,有计划、有组织地收集研究对象的各个单位的数据并进行登记,取得原始数据的工作过程。统计调查是统计工作的基础,统计调查是统计整理和统计分析的前提,是决定整个统计工作质量的重要环节。准确性、及时性、完整性是统计调查的基本要求。统计调查的组织方式通常有普查、统计报表、抽样调查、重点调查、典型调查等。

2. 普查是一种专门组织的一次性的全面调查。它主要用来搜集某些不能或不宜用定期的全面统计报表搜集的统计数据,一般来说,国家为了掌握有关国情、国力的重要事项常采用普查搜集属于一定时点上的社会经济现象的总量。普查的特点有:普查通常是一次性的或周期性的;普查一般需要规定统一的标准时间以避免调查数据的重复或遗漏;普查的数据一般比较准确,规范化程度也较高;普查的使用范围比较窄。

3. 抽样调查是实际中应用最广泛的一种调查方法。是从调查对象的总体中随机抽取一部分单位作为样本进行调查,并根据样本调查结果推断总体数量特征的一种非全面调查方法。抽样调查的特点:经济性好、时效性高、适应面广、准确性高。

4. 重点调查是一种非全面的调查，是指在调查对象中，选择其中一部分重点单位所进行的调查，其目的是了解基本情况。所谓重点单位，是指在总体中具有举足轻重地位的单位，就调查的数量特征来看是在总体总量中所占比重较大的单位。

5. 统计调查误差是指调查的数据资料与真实情况之间出现的偏差。通常将调查误差按产生的原因分为两种：登记性误差和代表性误差。代表性误差又分为系统性代表误差和偶然性代表误差。系统性代表误差是指抽样调查时违反随机原则，这样所据以计算的抽样指标必然出现偏高或偏低现象，造成系统性的误差。偶然性代表误差是指在抽样调查时，在没有调查差错的情况下，单纯由于不同的随机样本得出抽样指标和总体指标之间产生的误差。偶然性代表误差是抽样调查所固有的，而且无法避免，所以偶然性代表误差又称抽样误差。

6. 统计调查组织方式按调查范围不同，可以分为全面调查和非全面调查；按登记时间是否连续，可以分为经常性调查和一次性调查；按组织方式不同，可以分为统计报表制度和专门调查。不论采用哪种方式组织调查，都要运用具体的数据搜集方法采集统计数据，搜集资料的方法主要有：访问调查、邮寄调查、电话调查、网络调查、座谈会等。

7. 统计调查方案设计成功与否直接关系到统计调查工作的效率与成效，其内容包括：确定调查目的，调查对象、调查单位和报告单位，调查项目与调查表，调查时间、调查方式与方法，调查的组织工作。

8. 在市场调查中，调查的内容主要通过问卷来体现，问卷设计得好坏直接关系到调查数据的质量。一般来说，问卷在结构上由问卷标题、问卷说明、填写要求、甄别部分、主体内容、编码和背景等部分组成。问卷设计的关键是问题及其问题答案的设计，它们分别有不同的类型并需要遵循一些基本的原则。

9. 统计整理是统计调查的继续，是统计分析的前提和基础。统计整理是指根据统计研究的任务要求，对统计调查所搜集到的原始资料进行分组、汇总，使之条理化、系统化的工作过程称为统计整理。统计整理的基本程序：审核、分类或分组、编表作图。

10. 统计分组是统计整理的中心工作。统计分组是指根据统计研究的目的和现象的本质特征，将统计总体按照一个或几个标志进行划分，形成若干性质不同的部分或组的科学分类方法。统计分组的作用在于划分现象的类型、研究总体的内部结构、研究现象之间的依存关系。

11. 根据分组标志的性质不同，有品质标志分组和数量标志分组两种。根据选择分组标志的个数不同，有简单分组、复合分组和分组体系。按数量标志进行分组的难点是合理确定分组的组数和各组的界限。

12. 分配数列用来描述现象的分布特征。分配数列可以反映总体中所有单位在各组间的分布状态和分布特征。分配数列有两个构成要素：统计分组所形成的各组和分布在各组的频数或频率。根据分组标志不同，分配数列可分为按品质标志分组形成的品质分配数列和按数量标志分组形成的变量分配数列(简称变量数列)。变量数列又有单项变量数列和组距数列两种，组距数列又分为等距数列和异距数列。编制组距需要合理确定组数、组距、组限。

13. 由于社会经济现象的性质不同，各种统计总体都有不同的频数分布，形成各种不同类型的分布特征。研究各种类型的次数分布特征，是统计研究的重要方法。在日常经济管理中，常见的频数分布有钟形分布、U 形分布、J 形分布。

14. 统计表是表示统计数据分布特征的一种重要的形式。从形式上看，统计表由表头、横行标题、纵栏标题和指标数值四部分组成；从内容上看统计表由主词和宾词两部分构成。统计表按其主词或横行标题是否分组或是按单一标志分组还是按多个标志分组，可以分为未分组表、简单分组表和复合分组表三种。统计表的设计要求符合科学、实用、简练、美观的设计原则。

15. 统计图能够直观、生动、形象地表示统计数据的分布特征，如条形图、饼图、直方图、折线图、曲线图、茎叶图等都能较好地说明统计数据的分布特征，且在Excel中都能基本实现。

思考与练习

1. 简述统计调查的概念和及基本要求。
2. 统计调查的组织方式有哪些?
3. 简述普查的概念、形式及特点。
4. 简述重点调查的目的及重点单位的确定方法。
5. 简述典型调查的概念和特点。
6. 统计调查误差的种类有哪些?
7. 简述统计调查方案包括的内容。
8. 什么是问卷? 问卷在结构上由哪几部分构成?
9. 简述统计分组的概念及作用。
10. 简述统计分组的种类。
11. 怎样确定组数、组距、组限?
12. 简述频数分布的概念及构成。
13. 简述经济管理中常用的次数分布的类型及特点。
14. 统计表是由哪几部分构成的? 简述统计表的设计原则。
15. 请同学们组成3～5人小组，就自己感兴趣的问题或校园中某个热点问题在校园内进行调查，自行确定调查主题，设计问卷，编制必要的统计表并绘制必要的统计图，写出简单的调查报告。
16. 根据第六次人口普查条例，请设计一个简单的人口普查方案，并根据条例规定人口普查内容，设计一份调查表。并回答下列问题：①第六次人口普查的调查对象和调查单位；②指出人口普查的标准时点；③确定适合人口普查的具体搜集数据的方法；④如果调查期限为11月1日零时至11月10日零时，11月4日某户新出生1名婴儿应如何登记；11月1日新婚夫妇办好结婚登记，调查人员应如何登记这对青年的“婚否”项目。
17. 为了解人均月通信费用支出额，调查机构随机抽取了80个用户，实际月支出额(元)如下：

80	90	240	247	285	294	297	224	200	203
148	143	150	174	197	180	244	254	267	233
115	154	159	169	183	198	228	226	213	218
212	204	360	315	308	108	121	162	178	192
239	217	375	278	260	162	170	156	127	120
227	236	236	210	328	264	186	189	168	128
100	110	131	195	259	276	345	206	235	218
138	144	161	240	275	263	248	288	314	237

根据上述数据资料进行分组。要求：

(1)编制次数分布表、累计次数分布表。

(2)绘制直方图、折线图。

(3)建立以上数据的茎叶图。

18. 试通过对次级统计数据的搜集，绘制1995—2008年我国国内生产总值(GDP)的折线图(单位：亿元)。

19. 我国2014—2018年各类教育招生人数资料如表2.13所示。要求：①绘制各类教育招生人数的复式柱形图；②绘制各类教育招生人数的复式柱形图。

表　2.13　　(单位：万人)

时　间	2014年	2015年	2016年	2017年	2018年
普通高等教育	721	738	749	761	791
中等职业教育	620	601	593	582	557
普通高中招生	797	797	803	800	793

20. 某超市40天的销售额资料如下：

49　83　25　31　82　53　30　87　56　36

35　74　46　32　74　47　33　84　26　46

79　53　44　32　43　54　21　80　41　38

要求：根据上述资料进行适当的分组，编制频数分布表，绘制频数直方图，分析数据的分布特征。

第三章　总量指标和相对指标

明确总量指标的概念和分类、掌握时期指标和时点指标的特点及区别；了解总体单位总量和总体标志总量的含义；明确相对指标的概念、表现形式、分类、作用；掌握各种相对指标的计算方法；明确计算和运用相对指标的原则。

统计指标是综合反映具体时间、地点条件下的总体数量特征的概念和数值，因此又可以称为综合指标。统计从数量方面研究社会经济现象运行的规律，其中一种基本的方法就是利用综合指标进行描述。综合指标既是对客观事物认识的结果，又是进一步进行统计分析的基础。综合指标包括总量指标、相对指标、平均指标、变异指标。

第一节　总 量 指 标

一、总量指标的概念和作用

总量指标是对统计资料汇总整理之后得到的，反映社会经济现象在一定时间、地点条件下总规模、总水平或总工作量的综合指标，一般用绝对数表示，又称为绝对指标或绝对数。例如，一个国家在一定时期的人口总数、土地面积、国内生产总值、财政收入、工农业产品产量、进出口贸易额；一个企业的总资产、职工人数、销售收入、总成本、总利润等。总量指标也可以表现为社会经济总体在一定时间、地点条件下数量的增减变化的绝对数。例如，某地区 2018 年比 2017 年国内生产总值增加 779.12 亿元；粮食产量减少 386 万吨等。

总量指标是认识客观现象的起点。要想正确认识一个总体的基本情况，首先要掌握总体在一定时间、条件下的规模或水平。例如，要正确认识一个国家的国情、国力，首先要掌握人口总数、土地面积、国内生产总值、财政收入、工农业产品产量等总量指标；要正确认识一个企业生产经营的基本情况，要掌握总资产、职工人数、销售收入、总成本、总利润等总量指标。总量指标是国家实现宏观调控和企业进行经营管理的基本指标。在市场经济条件下，要使国民经济协调发展，就需要对经济运行进行调控；要使企业生产经营活动正常进行，需要实行科学的管理，这就需要掌握宏观经济和微观经济运行的环境、条件、投入、产出等各方面的数量状况，研究各方面的数量关系。总量指标可以反映这些现象的数量关系，为经济管理提供依据。总量指标是计算相对指标、平均指标等各种分析指标的基础。统计综合指标中的相对指标、平均指标的计算都是以总量指标为基础的，它们最基本的表现形式都是两个总量指标对比的结果，是总量指标的派生指标。总量指标计算是否科学直接影响到其他指标计算的正确性。

二、总量指标的种类

(一)按指标反映的内容不同，分为总体单位总量和总体标志总量

总体单位总量即总体单位数之和，是说明总体本身规模大小的总量指标。例如，研究我国的人口状况时，统计总体是全国所有公民，总体单位是每位公民，那么我国的人口数表明总体单位的个数，是总体单位总量。再如，研究地区的工业发展状况时，统计总体是地区的所有工业企业，若该地区现有工业企业 5 000 家，则 5 000 即为总体单位总量。

总体标志总量是用来反映总体中标志值总和的总量指标。仍以上例，该地区的每个工业企业是总体单位，每一工业企业的职工人数是该工业企业的一个数量标志，则该市全部工业职工人数就是总体标志总量。另外，地区的年工业增加值、工业销售额、工业利税总额等指标也都是总体标志总量。一个已经确定的统计总体，其总体单位总量是唯一确定的，而总体标志总量却不止一个。总体单位总量和总体标志总量不是固定不变的，可以随研究目的的不同而发生变化。如上例中若研究目的改变为研究该地区工业企业职工的生活水平时，统计总体是该地区的所有工业企业职工，全市工业职工人数就变成总体单位总量了。

(二)按指标反映的时间状况不同，分为时期指标和时点指标

时期指标是反映社会经济现象在一段时期内发展变化过程的总量指标，比如，商品销售额、总产值、基本建设投资额、出生人数、死亡人数等。时点指标是反映社会经济现象在某一时点(瞬间)状况的总量指标，比如，人口数、土地面积、企业资产数、商品库存量等。

时期指标和时点指标的区别如下：

(1)时期指标是经常登记取得的，而时点指标是间断登记取得的。时期指标反映现象在一段时间内发展的结果，因而必须把该时段内现象所发生的数量逐一登记，并进行累计，这样才能得到所需要的指标值。时点指标表示现象在某一时刻的数量，只要在某一时点进行统计，取得的资料就代表现象在该时点上的数量水平。

(2)时期指标数值可以直接相加，而时点指标数值直接相加则无实际意义。时期指标表示现象在一段时间内发展过程的总量，相加的结果表示更长一段时间内的过程总量。例如每年的国内生产总值是各月国内生产总值相加的结果，各月份的国内生产总值又是当月每天国内生产总值相加的总和。时点指标数值表明现象在某一时点上所处的状态，相加后的数值并不能代表现象在这几个时点上的状态，因此相加没有意义。例如，企业在一年中各月月末库存量相加没有意义。

(3)时期指标数值大小与时期长短有直接关系，而时点指标数值则与时间间隔无直接关系。时期指标表示现象在一段时间内的总量，故指标所属的时间越长指标数值越大；反之越小。时点指标的时间间隔是指两个相邻指标值所属时间的差距，例如年初人口与年末人口的时间间隔为一年。因为时点指标表示现象在某一时刻的数值，时点间隔的长短对指标值没有直接的影响。

(三)总量指标按其计量单位不同，分为实物量指标、价值量指标和劳动量指标

实物量指标是指根据现象的自然属性和特点而采用的自然单位、度量衡单位、复合单位、标准实物单位对总体计量的指标。如车以“辆”、牲畜以“头”、钢材以“吨”、建筑面积以“平方

米”、货物运输以“吨公里”、发电量以“千瓦时”等计量。按实物单位计量的指标，其最大的特点是直接反映现象的具体内容及使用价值，因而能够具体地表明现象的规模和水平，所以在实际工作中得到广泛应用。但实物量指标也有局限性，它的综合性能比较差，对于实物不同、性质不同、计量单位不同的现象，无法进行汇总、比较；实物量指标不能用来综合反映现象的总规模、总水平或总成果。

价值量指标是指用价值单位(货币单位)来度量现象的总量，如国内生产总值、固定资产投资额、工资总额等以价值量计量的总量指标。价值量指标的最大特点是具有广泛的综合性和概括性，可以表示现象的总规模、总水平或总成果，因而应用广泛。但它脱离了物质内容，较抽象，有时甚至不能正确反映实际现象，故常常需要把价值量指标和实物量指标结合起来应用。

劳动量指标是指采用劳动时间来反映现象的总量，如工时、工日等，通常用于工业企业内部的核算、作业计划安排和组织劳动竞赛等。

第二节　相对指标

要分析一种社会经济现象，仅仅利用总量指标是远远不够的。如果要对事物做深入的了解，发现现象之间的联系，就需要对总体的组成和其各部分之间的数量关系进行分析、比较，这就必须计算相对指标。

一、相对指标的概念和作用

相对指标是用两个有联系的指标进行对比的比值，来反映社会经济现象数量方面的联系程度和对比关系的综合指标，又称相对数，其有两种表现形式:无名数和复名数。无名数是一种抽象化的数值，多以系数、倍数、翻番数、成数、百分数或千分数表示。

系数和倍数是将对比的基数抽象化为1而计算的相对数。两个指标对比，其子项和母项指标数值相差不大时常用系数，当子项较母项大得多时常用倍数。如:固定资产折旧系数为0.15，公司产品销售额今年为去年的两倍。翻番数是指两个相比较的数值中，一个数是另一个数的2^n倍，则n是番数。例如，国内生产总值2009年比1990年翻两番，即2009年为1990年的2^2倍。成数是将对比的基数定为10而计算的相对数，如某县粮食产量比去年增长二成，即增产2/10。百分数是将对比的基数定为100而计算的相对数。千分数是将对比的基数定为1 000而计算的相对数。当对比的分子数值比分母数值小得多的时候，宜用千分数表示，例如，2008年与2007年相比我国人口出生率为12.14‰、死亡率为7.06‰、自然增长率为5.08‰。

复名数主要用来表示强度的相对指标，以表明事物的密度、强度和普遍程度等。例如，人均粮食产量用“千克/人”表示，人口密度用“人/平方千米”表示，人均收入用“元/人”表示等。

这里对经济分析中经常用到的“百分点”的概念做一点说明，一个百分点是指1%，其与百分数不同，百分点常用于两个百分数相减的场合。例如，某企业劳动生产率比计划任务超过了4个百分点，不是指劳动生产率超额4%完成了计划，而是劳动生产率实际提高率与计划提高率之差是4%。

相对指标在认识社会经济现象中有着非常重要的作用。相对指标通过数量之间的对比，可以表明事物相关程度、发展程度，它可以弥补总量指标的不足，使人们清楚地了解现象的相对水平和普遍程度。例如，2008年我国私人轿车拥有量1 947万辆，比上年增长28.0%；全年农村居民人均纯收入4 761元/人；城镇居民人均可支配收入15 781元/人等，这些是总量指标不能说明的。相对指标把现象的绝对差异抽象化，使原来用总量指标无法直接对比的现象变为可比。例如，不同的企业由于生产规模、条件不同，直接用总产值、利润这些总量指标比较评价意义不大，但如果采用一些相对指标，如资金利润率、资金产值率等进行比较，便可对企业生产经营成果做出合理评价。相对指标能说明总体内在的结构特征，为深入分析事物的性质提供依据。例如，计算一个地区不同经济类型企业的结构，可以说明该地区经济的性质；又如，计算一个地区的第一、第二、第三产业的比例，可以说明该地区社会经济现代化程度等。

二、相对指标的种类

由于研究的目的和比较的基数不同，相对指标可以分为结构相对指标、比例相对指标、比较相对指标、计划完成程度相对指标、强度相对指标和动态相对指标。

（一）结构相对指标

结构相对指标又称比重，是在统计分组的基础上，将总体分为不同性质的各个部分，再将各个部分指标数值与总体对应的指标数值进行对比，说明总体内部组成情况的相对指标，一般用百分数(%)表示。它经常用来分析现象的内部构成情况，把不同时间的结构相对指标进行对比分析，可以发现现象的变化过程和规律；从总体各组的结构相对指标可以发现各组在总体的地位和作用，对于计算平均指标有特殊意义。

$$\text{结构相对指标}=\frac{\text{总体中某部分数值}}{\text{总体中全部数值}}\times 100\% \tag{3.1}$$

【例3.1】 根据表3.1中的数据计算相应的结构相对指标。

表3.1　2008年我国人口的城乡分布

城乡分布	人数/万人	比重/%
城镇	60 667	45.7
乡村	72 135	54.3
合计	132 802	100.0

资料来源：《中国统计年鉴2008》。

解　由式(3.1)得：

我国城镇人口占总人口的比重为：60 667÷132 802×100%=45.7%

我国乡村人口占总人口的比重为：72 135÷132 802×100%=54.3%

在社会经济统计中结构相对数应用广泛，可以说明在一定的时间、地点和条件下，总体结构的特征；通过不同时期结构相对指标的变化，可以反映事物性质的发展趋势，分析经济结构的演变规律；根据各构成部分所占比重大小，可以反映所研究现象总体的质量以及人、财、物的利用情况，有助于分清主次，确定工作重点。

（二）比例相对指标

比例相对指标是利用总体内部各组成部分之间的联系对不同组成部分的指标数值进行对比，它可以表明总体内部的比例关系。

$$\text{比例相对指标}=\frac{\text{总体中某部分数值}}{\text{总体另一部分数值}} \tag{3.2}$$

比例相对指标可以用一比几或几比几的形式表示，也可以用百分数表示，分析总体中若干部分的比例关系时可采用连比形式。

【例 3.2】 由表 3.1 中的数据，计算 2008 年我国城镇、乡村人口的比例相对指标。

解 由式(3.2)，以城镇人口为单位 1 得：

$$城镇人口：乡村人口=60\ 667：72\ 135=1：1.189$$

根据统计资料，计算各种比例相对数，反映有关事物之间的实际比例关系，有助于我们认识客观事物是否符合按比例协调发展的要求，参照有关标准，可以判断比例关系是否合理。在宏观经济管理中，这对于分析研究整个国民经济和社会发展是否协调均衡具有重要意义，可以促使社会主义市场经济稳步协调发展。

(三)比较相对指标

客观事物的发展往往是不平衡的，比较相对指标是同一时间不同国家、不同地区、不同单位的某项指标对比的结果。

$$比较相对指标=\frac{某一空间范围内的某指标数值}{另一空间范围的同类指标数值} \tag{3.3}$$

比较相对指标一般用倍数表示，有时也可用系数表示，计算比较相对指标的指标数值可以是总量指标，也可以是相对指标或平均指标。

【例 3.3】 2009 年我国城镇居民人均可支配收入 17 175 元，农村居民人均纯收入 5 153 元，求两者的比较相对指标。

解 由式(3.3)得：

$$比较相对指标=\frac{17\ 175}{5\ 153}=3.33$$

或

$$比较相对指标=\frac{5\ 153}{17\ 175}=0.3$$

在经济管理工作中，广泛应用比较相对数，例如用各种指标在企业之间、车间或班组之间进行对比，把各项技术经济指标与国家规定的标准条件对比，与同类企业的先进水平或世界先进水平对比，借以找出差距，挖掘潜力，定出措施，为提高企业的经营管理水平提供依据。

计算比较相对数应注意对比指标的可比性，包括指标的计算口径、所属的时间、计量单位等。此外，比较基数的选择要根据资料的特点及研究目的而定。如上例中以农村居民平均收入作为比较标准，计算结果说明城镇居民平均收入是农村居民平均收入的 3.33 倍；如以城镇居民平均收入作为比较标准，则表明农村居民平均收入是城镇居民平均收入的 30%。这两种计算方法的角度不同，但都能说明问题，具体以哪个指标作为比较的基础，应根据研究目的以及哪种方法能更确切地说明问题的实质而定。

(四)计划完成程度相对指标

计划完成程度相对指标是实际任务数与相应的计划数的对比，它表明计划完成的程度，是计划管理的特有指标，用来检查、监督计划执行情况。计划完成相对指标一般用百分数表示：

$$计划完成程度相对指标=\frac{某指标的实际完成数值}{该指标的计划数值} \tag{3.4}$$

计划完成情况相对指标的分子是计划执行结果的实际数值，分母则是下达的计划任务指标数。因此，要求分子、分母在指标含义、计算方法、计量单位等方面完全一致。同时，由于计划任务数量是作为衡量计划完成情况的标准，因此一般用百分数表示，分子、分母不允许互换。

根据计划指标数值的表现形式不同，具体的计划完成程度指标的计算公式又分为下面几种。

1. 计划数为绝对数时，计划完成情况相对指标的计算

计划指标一般是时期绝对数。检查这类计划指标的执行情况时，实际完成数与计划数包括时期的长短可以相同，也可以不同。当时期长短相同时，对比的结果能直接表示计划是完成还是没完成。当时期长短不同时，可以检查计划执行的进度，监督计划执行的情况，预计计划完成的可能情况，便于及时采取措施，保证计划的完成。计划数为绝对数时，计划完成指标的基本计算公式为：

$$计划完成程度相对指标=\frac{实际水平}{计划水平}\times 100\% \tag{3.5}$$

式(3.5)一般适用于考核经济现象的规模或水平的计划完成情况。

【例 3.4】 某企业计划年利润总额为 1 000 万元，实际实现利润 1 042 万元，求计划完成程度相对指标。

解　由式(3.5)得：

$$利润总额计划完成程度=\frac{1\ 042}{1\ 000}\times 100\%=104.2\%$$

按照计划时期的长短，计划完成情况的检查，可分为长期计划和短期计划检查两种。依计划任务数的规定不同，长期计划的完成情况又有水平法和累计法两种检查方法。

(1)水平法。在长期计划中，若只规定计划期末应达到的水平，则可采用水平法检查计划的完成情况。其计算公式为：

$$长期计划完成程度=\frac{长期计划末期实际达到的水平}{长期计划末期计划达到的水平}\times 100\% \tag{3.6}$$

采用水平法检查计划执行情况，不仅要计算计划完成程度，也应计算提前完成计划的时间。提前完成计划时间的确定方法是：打破历年界限，整个计划期只要有连续 12 个月的时间，实际完成的水平达到了计划末期(年)水平，整个计划期余下的时间就是提前完成计划的时间。

【例 3.5】 某企业“十二五”期间(2011—2015 年)企业计划规定某种产品产量在计划期最后 1 年(即 2015 年)达到 200 万吨，计划期最后 1 年(即 2015 年)实际达到 220 万吨，检查五年计划完成程度。

解　由式(3.6)得：

$$产量五年计划完成程度=\frac{220}{200}\times 100\%=110\%$$

计算结果表明超额 10%完成“十二五”计划。

实际执行结果到最后 1 年的 8 月份之前的连续 12 个月，就达到了 200 万吨的产量，则该企业某产品产量的 5 年计划提前完成任务的时间为 4 个月。

(2)累计法。在长期计划中，若规定的是整个计划期间应完成的累计数时，则可用累计法检查计划完成情况。这类指标如基本建设投资完成额、新增固定资产等。其计算公式为：

$$长期计划完成程度=\frac{长期计划实际累计完成数}{长期计划计划累计完成数} \tag{3.7}$$

【例 3.6】 某地区“十二五”期间计划规定某重点工程基本建设投资总额为 22 亿元，5 年实际累计完成投资额为 22.4 亿元。检查该重点工程 5 年基本建设投资计划完成程度。

解　由式(3.7)得：

$$基本建设投资额五年计划完成程度=\frac{22.4}{22}\times 100\%=101.8\%$$

计算结果表明超额1.8%完成“十二五”计划。

按累计法计算提前完成计划的时间，是将计划期的全部时间减去自执行计划之日起到累计完成计划的时间，余下的时间为完成计划的时间。假如例3.6中该项目于2015年8月底实际完成的累计投资额已达22亿元，则该项目提前完成计划的时间为：60－56＝4(月)，即该项目提前4个月完成了5年计划。

2. 计划数为相对数时，计划完成情况相对指标的计算

在实际工作中，有许多计划任务是用相对数表示的，如企业利润完成率、人口自然增长率等，检查这些计划的执行情况，要用下面的公式进行计算：

$$计划完成程度相对指标=\frac{实际完成百分比}{计划完成百分比}\times 100\% \tag{3.8}$$

在实际工作中，还有用提高百分比或降低百分比来规定计划任务的这类计划任务通常是以上期实际水平为基数而确定的，此时不能用实际提高(或降低)率与计划提高(或降低)率直接进行对比，而应该用包括基数在内的实际完成相对数与计划任务相对数进行对比，这才符合上述基本公式。

【例3.7】 某企业计划规定劳动生产率比去年提高10%，实际提高15%，求劳动生产率计划完成程度指标。

解 由式(3.8)得：

$$计划完成程度相对指标=\frac{115\%}{110\%}\times 100\%=104.5\%$$

计算结果表明该企业劳动生产率计划超额完成4.5%。

【例3.8】 某工业企业2018年甲种产品的单位成本水平计划规定降低率为5%，实际降低率为6%，求该企业甲种产品单位成本降低率计划完成情况相对指标。

解 由式(3.8)得：

$$计划完成程度相对指标=\frac{94\%}{95\%}\times 100\%=98.95\%$$

计算结果表明该企业甲种产品单位成本计划超额完成1.05%。

此外，实际工作中也可用实际提高(或降低)率与计划提高(或降低)率相减来进行计算，相减的结果说明实际比计划多提高(或降低)的百分数，用百分点表示。如例3.7中实际劳动生产率完成计划情况可用15%－10%＝5%计算，说明实际比计划多提高了5个百分点。例3.8中甲产品单位成本计划完成情况为6%－5%＝1%，说明单位成本实际比计划提高了1个百分点。

3. 计划数为平均数时，计划完成情况相对指标的计算

在实际工作中，还有一部分计划任务是用平均数表示的，如职工平均工资、平均成本等，检查这些计划的执行情况，计算公式为：

$$计划完成程度相对指标=\frac{实际平均水平}{计划平均水平}\times 100\% \tag{3.9}$$

【例3.9】 某企业某种产品单位成本计划为50元，实际为53元，求该企业该种产品单位成本计划完成程度指标。

解 由式(3.9)得：

$$计划完成程度相对指标=\frac{53}{50}\times 100\%=106.0\%$$

计算结果表明，该企业单位成本差6%没有完成计划。

（五）强度相对指标

强度相对指标是两个性质不同，但有一定联系的总量指标数值之比，用以说明现象的强度、密度或普遍程度的综合指标，其数值表现为强度相对数。例如，人均工农业产品产量、人均国内生产总值、人口出生率、死亡率、人口密度、每万人拥有的商业网点数、每百户家庭拥有的小轿车数等都是强度相对数。其计算公式为：

$$强度相对指标=\frac{某一总体的指标数值}{另一个总体性质不同的有联系的指标数值} \tag{3.10}$$

强度相对指标数值的表现形式一般为复合单位，它是由分子指标和分母指标原有的计量单位组成。如人均国内生产总值用万元/人表示，人口密度用人/平方千米表示。有的强度相对指标的数值用次数、倍数、系数、百分数或千分数表示。如货币流通速度用货币流通次数表示，流通费用率用百分数表示，人口出生率用千分数表示。

【例 3.10】 某地区 2018 年国内生产总值为 14 300 亿元，钢产量 6 604 万吨，粮食产量 43 500万吨，人口为 13 368.205 1 万人，求该地区人均国内生产总值、人均钢产量、人均粮食产量强度相对指标。

解　由式(3.10)得：

$$人均国内生产总值=\frac{14\ 300}{13\ 368.205\ 1}=1\ 069.7(元/人)$$

$$人均钢产量=\frac{6\ 604}{13\ 368.205\ 1}=494(\text{kg}/人)$$

$$人均粮食产量=\frac{43\ 500}{13\ 368.205\ 1}=3\ 254(\text{kg}/人)$$

这里强度相对指标数值的表现形式就是复合单位。强度相对指标能够说明社会经济现象的强弱程度，因而被广泛用于反映一个国家或地区的经济发展水平的高低和经济实力的强弱。经常用来反映国家经济实力的强度相对指标，一般是指按人口分摊的主要产品产量或国内生产总值等经济水平指标，它反映某些经济指标与人口的比例关系，如例 3.10。有些强度相对指标中用作比较的两个总量指标可以互为分子或分母。因此，这些强度相对指标就有正指标和逆指标两种形式。

（六）动态相对指标

动态相对指标就是将同一现象在不同时期的两个数值进行动态对比而得出的相对数，说明现象在不同时间上的发展方向和变化程度，一般用百分数或倍数表示，又称发展速度。其计算公式如下：

$$动态相对指标=\frac{报告期水平}{基期水平} \tag{3.11}$$

通常，作为比较标准的时期称为基期，与基期对比的时期称为报告期。例如，我国 2010 年国内生产总值为 39.79 万亿元，2009 年为 33.5 万亿元，如果选 2009 年作基期，则 2010 年国内生产总值与 2009 年的国内生产总值对比，得出动态相对指标为 118.8%，按可比价格计算动态相对指标为 110.3%，这说明在 2009 年基础上 2010 年国内生产总值的发展速度。动态相对指标在统计分析中应用很广，将在第 10 章中将详加论述。

三、计算和运用相对指标的原则

上述相对指标从不同角度出发，运用不同对比方法，对同类指标数值进行静态的或动态的比较，对总体各部分之间的关系进行数量分析，对两个不同总体之间的联系程度和比例作比较，这是统计中常用的基本数量分析方法之一。要使相对指标在统计分析中起到应有的作用，在计算和应用相对指标时应该遵循以下原则：

1. 可比性原则

相对指标是两个有关的指标数值之比，对比结果的正确性，直接取决于两个指标数值的可比性。如果违反可比性这一基本原则计算相对指标，就会失去其实际意义，导致不正确的结论。对比指标的可比性，是指对比的指标在含义、内容、范围、时间、空间和计算方法等口径方面协调一致，相互适应。任何方面的不一致，都会导致指标之间不可比。而用不可比的现象数量计算相对指标，计算结果必然是错误的。

2. 相对指标和总量指标结合运用的原则

绝大多数相对指标都是两个有关的总量指标数值之比，用抽象化的比值来表明事物之间对比关系的程度，而不能反映事物在绝对量方面的差别。因此在一般情况下，相对指标离开了据以形成对比关系的总量指标，就不能深入地说明问题。例如，观察比较某些国家或地区、企业经济发展动态或生产发展动态时，既要计算动态相对指标(即发展速度)，也要注意其经济或生产发展总量，因为相同的发展速度并不意味着相同的经济或生产增长量。

表 3.2 中生产同种产品的甲、乙两个企业生产发展速度相同(即 150%)，报告期与基期相比产量都增长 50%，但无论基期产量还是报告期产量甲乙两个企业都相差 10 倍，而且甲企业产量增长 50%，增长的绝对数量是 5 万吨(15 万吨－10 万吨)，而乙企业产量增长 50%，增长的绝对数量是 50 万吨(150 万吨－100 万吨)。

表 3.2　甲、乙两企业产量及发展速度

企业	基期产量/万吨	报告期产量/万吨	发展速度/%
甲	10	15	150
乙	100	150	150

3. 各种相对指标综合运用的原则

各种相对指标的具体作用不同，都是从不同的侧面来说明所研究的问题。为了全面而深入地说明现象及其发展过程的规律性，应该根据统计研究的目的，综合应用各种相对指标。例如，以某一个国家某个时期的国内生产总值发展水平为观察对象，将其与上一时期的水平对比可以反映发展速度；将其与计划水平相比可以检查计划执行情况；将其第一、第二、第三产业的国内生产总值与国家国内生产总值相比可以反映产业结构；将其与不同国家相比，则可以反映差距；将其与人口数相比计算人均国内生产总值可以反映经济实力。由此可见，综合运用结构相对数、比较相对数、动态相对数等多种相对指标，有助于我们剖析事物变动中的相互关系及其结果，更好地阐明现象之间的发展变化情况。

4. 应根据事物本身性质和相对指标的性质，对相对指标的计算结果进行评价

相对指标的计算方法是简便易行的，但要运用相对指标分析问题还要注重应根据事物本身性质和相对指标的性质，对相对指标的计算结果进行评价。

小　　结

统计是从数量方面认识社会经济现象运行的规律性，而其中一种基本方法是利用统计指标对现象进行描述，本章讨论了总量指标和相对指标。

1. 总量指标是反映被研究对象在一定时期或时点的总规模、总水平或工作总量的综合指标，一般用绝对数表示。总量指标是我们对客观事物认识的起点，总量指标是计算相对指标、平均指标、各种分析指标的基础。

2. 总量指标按其指标反映的内容不同分为总体单位总量和总体标志总量；按指标反映的时间状况划分为时期指标和时点指标；总量指标按其计量单位不同分为实物量指标、价值量指标和劳动量指标。

3. 时期指标是反映社会经济现象在一段时期内发展变化过程的总量指标。时点指标是反映社会经济现象在某一时点(瞬间)状况的总量指标。时期指标与时点指标的特点是：时期指标是经常登记取得的，而时点指标是间断登记取得的；时期指标数值可以直接相加，而时点指标数值直接相加则无实际意义；时期指标数值大小与时期长短有直接关系，而时点指标数值则与时间间隔无直接关系。

4. 相对指标是用两个有联系的指标进行对比的比值，来反映社会经济现象数量方面的联系程度和对比关系的综合指标，又称相对数。相对指标的表现形式有两种，即无名数和复名数。

5. 相对指标在认识社会经济现象中有着非常重要的作用。相对指标通过数量之间的对比，可以表明事物相关程度、发展程度，它可以弥补总量指标的不足，使人们清楚了解现象的相对水平和普遍程度；相对指标把现象的绝对差异抽象化，使原来用总量指标无法直接对比的现象变为可比。

6. 相对指标有 6 种，结构相对指标、比例相对指标、比较相对指标、计划完成程度相对指标、强度相对指标、动态相对指标。

7. 计算和运用相对指标的原则：可比性原则；相对指标和总量指标结合运用的原则；各种相对指标综合应用的原则；应根据事物本身性质和相对指标的性质，对相对指标的计算结果评价的原则。

思考与练习

1. 简述总量指标的概念、作用和种类。
2. 简述时期指标和时点指标的概念和特点。
3. 简述相对指标的概念、作用和种类。
4. 简述强度相对指标与其他相对指标的区别。
5. 简述当计划指标表现为相对数时，检查计划完成程度的方法。
6. 简述长期计划完成程度的检查方法及提前完成时间的确定。
7. 简述计算和应用相对指标应遵循的原则。

8. 某企业某月产品计划产量为5 000件，计划单位产品成本为55元/件，实际产量为5 500件，实际单位产品成本为58元/件。试对该企业产品产量、产品总成本及单位产品成本的计划完成情况做分析。

9. 某企业计划规定某年的劳动生产率要比去年提高5%，实际执行结果比上一年提高4.5%，则该企业劳动生产率计划完成程度为多少？劳动生产率实际比计划减少了几个百分点？

10. 某企业计划规定，第一季度的单位产品成本应比去年同期降低5%，实际执行结果降低了4%，检查单位成本计划完成程度。

11. 某企业计划规定五年累计产量250万吨，五年计划最后一年产量要达到71万吨，实际执行结果如表3.3所示。

表 3.3

第一年	第二年	第三年		第四年				第五年			
		上半年	下半年	一季度	二季度	三季度	四季度	一季度	二季度	三季度	四季度
49	51	26	28	14	13	16	17	17	19	18	20

要求：分别按累计法和水平法检查五年计划完成程度及提前完成计划的时间。

12. 现有甲乙两个国家GDP和人口资料如表3.4所示。

表 3.4 （单位：亿元）

国内生产总值/万元	甲国家		乙国家	
	2007年	2008年	2007年	2008年
其中：第一产业	5 978.93	6 657.05	3 619.35	4 114.18
第二产业	36 397.54	28 992.19	16 097.49	18 048.05
第三产业	24 028.53	26 628.02	14 753.16	16 650.78
合计	56 405.00	62 277.26	34 470.00	38 813.01

另外，甲乙两国2008年人口分别为21 453万人、13 861万人。

要求：通过计算结构相对指标、动态相对指标、强度相对指标、比较相对指标来简单分析甲、乙两个国家国内生产总值的发展情况。

第四章　平均指标与变异指标

理解平均指标和变异指标的概念、作用；了解平均指标的种类和区别；掌握平均指标和变异指标的计算方法及应用。

对统计数据进行分组整理后，就可大致了解数据分布的类型和特点，但这种了解只是表面上的。为了进一步掌握数据分布的特征和变化规律，进行更深入地分析，可以从三个方面对数据的分布特征进行描述：一是数据分布的集中趋势；二是数据分布的离散程度；三是分布的偏态和峰度。这三个方面分别反映了数据分布特征的不同侧面。

第一节　数据分布的集中趋势——数值平均数

集中趋势值是一组数据向某一中心值靠拢的倾向。研究数据分布集中趋势的主要指标是各类统计平均数，又称平均指标。统计平均数能将总体中变量值的差异抽象化，反映总体分布的一般水平或代表水平，反映数据分布的集中趋势。取得集中趋势代表值平均数的方法通常有两种。一是根据各项数据计算的平均指标，它能够概括反映所有各项数据的平均水平。这种平均指标称为数值平均数，常用的数值平均数有算术平均数、调和平均数和几何平均数等。二是把总体中处于特殊位置上的数据看作平均数，这种平均值称为位置平均数，常用的位置平均数有众数和中位数等。本节介绍的是数值平均数。

一、算术平均数

算术平均数又称均值，它在统计学中具有重要的地位，是集中趋势的最主要测度值。之所以如此，原因有两个：一是因为它的计算方法与许多客观现象中的个别现象与总体现象间存在的数量关系相符合；二是用算术平均数作为一组数据的集中趋势值不仅考虑到变量值的大小，而且还考虑到变量值出现的次数。变量数列中任何变量值大小的变化及变量值出现次数的变化，都会引起算术平均数的改变。因此，它是一个最灵敏的指标，也是对资料所提供信息运用最充分的指标。根据掌握资料的不同，算术平均数的计算可分为简单算术平均数和加权算术平均数。

（一）简单算术平均数

根据未经分组整理的原始数据计算算术平均数。设一组数据为 $x_1,x_2,\cdots,x_n$ 则算术平均

数 $\bar{x}$ 的计算公式为：

$$\bar{x}=\frac{x_1+x_2+\cdots+x_n}{n}=\frac{\sum_{i=1}^{n}x_i}{n} \tag{4.1}$$

【例 4.1】 抽查 10 户家庭，住房面积(m^2)如下：

55　75　75　90　90　90　90　105　120　150

求平均住房面积。

解　由式(4.1)得：

$$\bar{x}=\frac{55+75+\cdots+150}{10}=94(m^2)$$

(二)加权算术平均数

根据分组整理的数据计算算术平均数。如果数据很多，就需要将它们分组，形成频数分布数列，这种资料计算算术平均数就应采用加权算术平均数。设原始数据被分为 n 组，各组的组中值为 $x_1,x_2,\cdots,x_n$，各组变量值出现的频数分别为 $f_1,f_2,\cdots f_n$，则算术平均数的计算公式为：

$$\bar{x}=\frac{x_1f_1+x_2f_2+\cdots+x_nf_n}{f_1+f_2+\cdots+f_n}=\frac{\sum_{i=1}^{n}x_if_i}{\sum_{i=1}^{n}f_i} \tag{4.2}$$

在具体计算算术平均数时，又可以分为单项变量数列与组距数列两种形式。

1. 单项变量数列计算算术平均数

【例 4.2】 某车间 20 名工人加工某种零件的产量资料如表 4.1 所示，求 20 名工人的平均产量。

计算过程见表 4.1。

表 4.1　20 名工人平均生产零件数量计算表

按日产量分组 x_i/件	工人人数 f_i	总产量 x_if_i
14	2	28
15	4	60
16	8	128
17	5	85
18	1	18
合计	20	319

解　代入式(4.2)得：

$$\bar{x}=\frac{\sum_{i=1}^{n}x_if_i}{\sum_{i=1}^{n}f_i}=\frac{319}{20}=15.95\ (件)$$

2. 组距数列计算算术平均数

【例 4.3】 假定某城市中随机抽取 50 个家庭，调查住房面积，经分组后结果见表 4.2。求 50 个家庭的平均住房面积。

表 4.2　某城市 50 个家庭住房面积算术平均数计算表

按住房面积分组/m^2	组中值 x_i	频数 f_i	x_if_i
70 以下	60	7	420
70～90	80	10	800
90～110	100	18	1 800
110～130	120	9	1 080
130 以上	140	6	840
合计	—	50	4 940

解　代入式(4.2)得：

$$\bar{x}=\frac{\sum_{i=1}^{n}x_if_i}{\sum_{i=1}^{n}f_i}=\frac{4\ 940}{50}=98.8\ (\mathrm{m}^2)$$

从加权算术平均数计算过程可以看出，其数值的大小不仅受各组变量值(x_i)大小的影响，而且受各组变量值出现的频数(f_i)大小的影响。如果某一组的频数较大，说明该组的数据较多，那么该组数据的大小对算术平均数的影响就越大，反之则越小。但当各组频数相等时，加权算术平均数就等于简单算术平均数。因此，权数对平均数大小的影响实际上不是取决于频数而是取决于频率的大小。

加权算术平均数也可以采用频数计算。计算公式为：

$$\begin{aligned}\bar{x}&=\frac{x_1f_1+x_2f_2+\cdots+x_nf_n}{f_1+f_2+\cdots+f_n}=\frac{x_1f_1+x_2f_2+\cdots+x_nf_n}{\sum_{i=1}^{n}f_i}\\&=x_1\frac{f_1}{\sum_{i=1}^{n}f_i}+x_2\frac{f_2}{\sum_{i=1}^{n}f_i}+\cdots+x_n\frac{f_n}{\sum_{i=1}^{n}f_i}\\&=\sum_{i=1}^{n}x_i\frac{f_i}{\sum_{i=1}^{n}f_i}\end{aligned}$$

由上式可以清楚地看出，加权算术平均数受各组变量值 x_i 大小和各组次数占总次数的比重，即 $\frac{f_i}{\sum_{i=1}^{n}f_i}$ 频率大小的影响。当我们掌握的不是各组变量值出现的频数，而是频率时，也可直接根据上面的公式计算算术平均数。用频率加权与用频数加权计算的算术平均数完全相同。

组距数列计算的算术平均数在计算时用组中值作为组平均值进行计算。因此，计算得到的算术平均数通常只是一个近似值。

(三)算术平均数的数学性质

1. 变量值与其算术平均数的离差之和等于零

简单式：

$$\sum_{i=1}^{n}(x_i-\bar{x})=0$$

加权式：
$$\sum_{i=1}^{n}(x_i-\overline{x})f_i=0$$

这一性质表明，算术平均数用来代表个别变量值存在误差，但用来代表所有变量值的一般水平，却没有误差，它把变量值的差异全部抽象化。因此算术平均数是集中趋势的最好代表值。

2. 变量值与其算术平均数的离差平方和最小

简单式：
$$\sum_{i=1}^{n}(x_i-\overline{x})^2=\text{最小值}$$

加权式：
$$\sum_{i=1}^{n}(x_i-\overline{x})^2 f_i=\text{最小值}$$

证明：设 x_0 为不等于 $\overline{x}$ 的任意数，c 为常数，则有 $x_0=\overline{x}+c$，以 x_0 为中心的离差平方和为：

$$\begin{aligned}\sum_{i=1}^{n}(x_i-x_0)^2&=\sum_{i=1}^{n}[x_i-(\overline{x}+c)]^2\\&=\sum_{i=1}^{n}[(x_i-\overline{x})-c]^2=\sum_{i=1}^{n}(x_i-\overline{x})^2-2c\sum_{i=1}^{n}(x_i-\overline{x})+nc^2\\&=\sum_{i=1}^{n}(x_i-\overline{x})^2+nc^2\end{aligned}$$

因为
$$nc^2>0$$

所以
$$\sum_{i=1}^{n}(x_i-x_0)^2>\sum_{i=1}^{n}(x_i-\overline{x})^2$$

所以
$$\sum_{i=1}^{n}(x_i-\overline{x})^2=\text{最小值}$$

这一性质表明，在所有可能衡量变量值一般水平的代表值中算术平均数与各变量值的离差平方和是最小的，因而从这一角度看，算术平均数也是集中趋势的最好代表值。

二、调和平均数

调和平均数又称倒数平均数，它是对变量的倒数求平均，然后再取倒数而得到的平均数。调和平均数用 H 表示，调和平均数也有简单调和平均数与加权调和平均数两种，其计算公式为：

简单调和平均数：
$$H=\frac{n}{\frac{1}{x_1}+\frac{1}{x_2}+\cdots+\frac{1}{x_n}}=\frac{n}{\sum_{i=1}^{n}\frac{1}{x_i}} \tag{4.3}$$

加权调和平均数：
$$H=\frac{m_1+m_2+\cdots+m_n}{\frac{m_1}{x_1}+\frac{m_2}{x_2}+\cdots+\frac{m_n}{x_n}}=\frac{\sum_{i=1}^{n}m_i}{\sum_{i=1}^{n}\frac{m_i}{x_i}} \tag{4.4}$$

实际工作中，由于获取的资料是各组的标志值和各组的标志总量，而没有各组单位数的资料，因而不能直接采用算术平均数的计算公式来计算平均值，而需要对算术平均数的公式变形后，才能计算平均数，这个变形后的公式就是调和平均数。当各组标志值(m_i)相同时，采用简单调和平均数公式。当各组标志值(m_i)不同时，采用加权调和平均数公式。

【例 4.4】　某农贸市场某种蔬菜某日价格早晨是 2.5 元/kg，中午是 2.3 元/kg，下午是 2.0 元/kg。早、中、晚分别买一元钱的这种蔬菜，求平均价格。

解　代入式(4.3)得：

$$H=\frac{n}{\frac{1}{x_1}+\frac{1}{x_2}+\cdots+\frac{1}{x_n}}=\frac{n}{\sum_{i=1}^{n}\frac{1}{x_i}}=\frac{3}{\frac{1}{2.5}+\frac{1}{2.3}+\frac{1}{2.0}}=2.24(\text{元})$$

以上，采用的就是简单调和平均数公式。

【例 4.5】　某水果批发市场批发某种水果的价格和成交额资料见表 4.3，求平均价格。

表 4.3　某水果批发市场某种水果平均价格计算表

上市时间	批发价格 x_i/(元/kg)	成交额 m_i/元	成交量$\frac{m_i}{x_i}$/kg
第一天	20	15 000	750
第二天	16	28 000	1 750
第三天	10	15 000	1 500
合计	—	58 000	4 000

解　代入式(4.4)得：

$$H=\frac{m_1+m_2+\cdots+m_n}{\frac{m_1}{x_1}+\frac{m_2}{x_2}+\cdots+\frac{m_n}{x_n}}=\frac{\sum_{i=1}^{n}m_i}{\sum_{i=1}^{n}\frac{m_i}{x_i}}=\frac{15\,000+28\,000+15\,000}{\frac{15\,000}{20}+\frac{28\,000}{16}+\frac{15\,000}{10}}=14.5(\text{元})$$

以上采用的就是加权调和平均数公式。

令

$$m_i=x_if_i$$

$$H=\frac{m_1+m_2+\cdots+m_n}{\frac{m_1}{x_1}+\frac{m_2}{x_2}+\cdots+\frac{m_n}{x_n}}=\frac{\sum_{i=1}^{n}m_i}{\sum_{i=1}^{n}\frac{m_i}{x_i}}$$

$$=\frac{\sum_{i=1}^{n}x_if_i}{\sum_{i=1}^{n}\frac{x_if_i}{x_i}}=\frac{\sum_{i=1}^{n}x_if_i}{\sum_{i=1}^{n}f_i}=\bar{x}$$

由此可见，调和平均数实际上是算术平均数的变形，两者在本质上是一致的，唯一的区别是计算时采用了不同的已知量。

三、几何平均数

几何平均数是 n 个变量值连乘积开 n 次方根。它主要是计算比率和速度的平均。当掌握的变量值本身是比率的形式，而且各比率的乘积等于总比率，这时就应采用几何平均法计算平均比率。几何平均数有简单几何平均数与加权几何平均数。

(一)简单几何平均数

简单几何平均数适用于计算未分组资料的平均比率或平均速度，设 n 个变量值为 $x_1,x_2,\cdots,x_n$，则简单几何平均数 G 为：

$$G=\sqrt[n]{x_1x_2\cdots x_n}=\sqrt[n]{\prod_{i=1}^{n}x_i} \tag{4.5}$$

【例 4.6】 某企业生产某种产品要经过三个连续作业才能完成，某月份第一车间产品的合格率为 95%，第二车间产品的合格率为 93%，第三车间产品的合格率为 90%，求该产品的企业合格率(即三个车间的平均合格率)为多少？

由于全厂产品合格率为各车间产品合格率的连乘积，故应采用几何平均法计算。

解 由式(4.5)得：

$$平均合格率=\sqrt[n]{x_1x_2\cdots x_n}=\sqrt[3]{95\%\cdot 93\%\cdot 90\%}=92.64\%$$

该产品企业各车间的平均合格率为 92.64%。

(二)加权几何平均数

加权几何平均数适合于分组资料的平均比率或平均速度的计算，设变量值为 $x_1,x_2,\cdots,x_n$，每个变量值出现的个数为 $f_1,f_2,\cdots,f_n$，其计算公式为：

$$G=\sqrt[\sum_{i=1}^{n}f_i]{x_1^{f_1}x_2^{f_2}\cdots x_n^{f_n}}=\sqrt[\sum_{i=1}^{n}f_i]{\prod_{i=1}^{n}x_i^{f_i}} \tag{4.6}$$

【例 4.7】 投资银行某笔投资的年利率是按复利计算的，若将过去 25 年的利率资料整理见表 4.4，求 25 年的平均年利率。

表 4.4 投资年利率计算表

年利率/%	本利率 x_i/%	年数 f_i
3	103	1
4	104	4
8	108	8
10	110	10
15	115	2
合计	—	25

解 由式(4.6)得：

$$G=\sqrt[\sum_{i=1}^{n}f_i]{x_1^{f_1}x_2^{f_2}\cdots x^{f_n}}$$

$$=\sqrt[25]{103\%^1\times 104\%^4\times 108\%^8\times 110\%^{10}\times 115\%^2}=108.48\%$$

计算得 25 年的平均年利率为 8.48%。

四、算术平均数、调和平均数和几何平均数的数学关系

以上是三种常用的数值平均数，除此之外还有平方平均数、立方平均数等，这里不再一一介绍。从数学上看，算术平均数、调和平均数和几何平均数都是幂平均数的一种，公式是：

$$\overline{x}^k=\sqrt[k]{\frac{\sum x^k f}{\sum f}}$$

当 $k=1$ 时，幂平均数就是算术平均数：

$$\overline{x}^k=\frac{\sum xf}{\sum f}$$

当 $k=-1$ 时，幂平均数就是调和平均数：

$$\overline{x}^k=\left(\frac{\sum x^{-1}f}{\sum f}\right)^{-1}=\left(\frac{\sum \frac{1}{x}f}{\sum f}\right)^{-1}=\frac{\sum f}{\sum \frac{1}{x}f}=H$$

当 $k=0$ 或趋向于零时，幂平均数的极限形式就是几何平均数。这里证明从略。如果不考虑社会经济现象的现实意义，根据同一资料计算的算术平均数、调和平均数、几何平均数是各不相等的，它们之间的关系是：$\overline{x}\geqslant G\geqslant H$。

由于研究的是客观的社会经济现象，不是抽象的数字资料，因此在计算变量数列的平均数时，必须根据客观现象本身的特点及资料的具体表现形式，选择唯一正确的公式，对同一资料同时用多种公式计算平均数并比较大小是没有意义的。

第二节 数据分布的集中趋势——位置平均数

上面介绍的算术平均数、调和平均数、几何平均数都是根据总体全部单位的标志值计算的，所以被称作数值平均数，在有些情况下，还可以直接根据标志值在变量数列中的位置来确定平均数，这样确定的平均数称为位置平均数，主要有中位数、分位数、众数。

一、中位数

将一组数据按由小到大的顺序排列，居于中间位置的变量值即为中位数，用 M_e 表示。由于位置居正中，数值既不大也不小，所以可作为一般水平和集中趋势的代表值。中位数是位置平均数，它不受极端值的影响，在各变量值差异较大或次数分布为偏态时，中位数比算术平均数更具有代表性；在缺乏计量手段时，也可用中位数近似地代替算术平均数。

中位数的计算一般分为两步：首先，确定中位数的位置；然后，找出中间位置对应的变量值。

(一)由未分组资料确定中位数

首先确定中位数的位置，其公式为：

$$中位数的位置=\frac{n+1}{2}$$

n 为变量值的个数，若 n 为奇数，则对应中位数位置的那个变量值 $M_e=x_{\frac{n+1}{2}}$ 即为中位数。

【例 4.8】 某城市中随机抽取 9 个家庭，调查得到每个家庭的人均月收入(单位：元)数据为：750、780、850、960、1 080、1 250、1 500、1 650、2 000，求中位数(M_e)。

解
$$中位数的位置=\frac{n+1}{2}=\frac{9+1}{2}=5$$

即中位数为 1 080 元，$M_e=1\ 080$。

若 n 为偶数，则对应于中位数位置左、右相邻变量值的简单算术平均数即为中位数 $M_e=\frac{1}{2}\left[x_{\frac{n}{2}}+x_{\frac{n}{2}+1}\right]$。

【例 4.9】 假定抽取 10 户家庭，每个家庭的人均月收入(单位：元)数据为：660、750、780、850、960、1 080、1 250、1 500、1 650、2 000，求中位数。

$$中位数的位置=\frac{n+1}{2}=\frac{10+1}{2}=5.5$$

$$M_e=\frac{960+1\ 080}{2}=1\ 020(元)$$

（二）由分组资料确定中位数

由分组资料的单项变量数列求中位数较简单，分组资料具有各组的次数分配，因此可按下面公式确定中位数位置：

$$中位数的位置=\frac{\sum f}{2}$$

即累计次数的一半。

然后找出中位数组，该组的变量值就是中位数。

【例 4.10】 某企业 150 名工人产量分布数列资料见表 4.5，求 150 名工人产量的中位数。

表 4.5　某企业 150 名工人产量分布数列

每日平均生产量/件	工人人数/人	累计次数	
		向上累计	向下累计
80	20	20	150
90	30	50	130
100	80	130	100
110	15	145	20
120	5	150	5
合计	150	—	—

解　可以按向上累计和向下累计两种方法确定中位数的位置。

按向上累计计算，中位数的位置$=\frac{\sum f}{2}=\frac{150}{2}=75$，即第 75 人的产量为中位数，累计到第二组为第 50 人，第三组为第 130 人，第 75 人在第三组，则对应的中位数为 $M_e=100$(件)

按向下累计计算，中位数的位置$=\frac{\sum f}{2}=\frac{150}{2}=75$，即第 75 人的产量为中位数，累计到倒数第二组为第 20 人，倒数第三组为第 100 人，第 75 人在倒数第三组，则对应的产量中位数为 $M_e=100$(件)。

由组距数列求中位数，同样要先按中位数位置$=\frac{\sum f}{2}$的公式确定中位数的位置；然后找出中位数所在的组，即累计次数大于或等于$\frac{\sum f}{2}$的组；最后，再用插值法按比例计算中位数的近似值。具体计算有下限公式和上限公式两种，计算结果是一样的。

下限公式：

$$M_e=L_{m_e}+\frac{\frac{\sum f}{2}-S_{m_e-1}}{f_{m_e}}\times d_{m_e} \tag{4.7}$$

式中　L_{m_e}——中位数所在组的下限；

f_{m_e}——中位数所在组的次数；

S_{m_e-1}——中位数所在组前一组的累计次数(按向上累计计算)；

d_{m_e}——中位数所在组的组距。

上限公式：

$$M_e = U_{m_e} - \frac{\frac{\sum f}{2} - S_{m_e+1}}{f_{m_e}} \times d_{m_e} \tag{4.8}$$

式中　U_{m_e}——中位数所在组的上限；

S_{m_e+1}——中位数所在组后一组的累计次数(按向下累计计算)。

【例 4.11】 某地区抽查 500 户家庭的消费水平资料见表 4.6,求消费水平的中位数。

表 4.6　某地区 500 户家庭消费水平资料

按月消费额分组/元	调查户数/户	累计次数	
		向上累计	向下累计
500 以下	40	40	500
500～800	90	130	460
800～1 100	115	245	370
1 100～1 400	100	345	255
1 400～1 700	70	415	155
1 700～2 000	50	465	85
2 000 以上	35	500	35
合计	500	—	—

解

$$\text{中位数的位置} = \frac{\sum f}{2} = \frac{500}{2} = 250$$

第四组(向上累计)累计次数为 345 户,含 250 户,故该组为中位数所在的组。根据式(4.7)计算：

$$M_e = 1\ 100 + \frac{\frac{500}{2} - 245}{100} \times 300 = 1\ 115(\text{元})$$

倒数第四组(向下累计)累计次数为 255 户,含 250 户,故该组为中位数所在的组。根据式(4.8)计算：

$$M_e = 1\ 400 - \frac{\frac{500}{2} - 155}{100} \times 300 = 1\ 115(\text{元})$$

二、分位数

分位数是将变量值按大小顺序排列并等分为若干部分后,处于等分点位置的数值。常用的分位数有四分位数、十分位数和百分位数,它们分别是将数值序列 4 等分、10 等分和 100 等分的 3 个点、9 个点和 99 个点上的数值。其中四分位数第 2 点的数值、十分位数第 5 个点的数值和百分位数第 50 个点的数值，就是中位数。所以，中位数就是一个特殊的分位数。这里只介绍四分位数的计算，其他分位数与之类似。

(一)根据未分组数据确定分位数

对于未分组的原始数据，确定四分位数的位置，设 Q_L、Q_M、Q_U，分别表示第一个、第二个和第三个四分位数，则它们的位置分别为$\frac{n+1}{4}$、$\frac{2(n+1)}{4}$、$\frac{3(n+1)}{4}$，根据位置即可确定各个四分位数。

【例 4.12】 在某城市中随机抽取 9 个家庭，调查得到每个家庭的人均月收入数据如下(单位：元)：1 500、750、780、1 050、850、950、2 000、1 250、1 680，计算人均月收入的第一个和第三个四分位数。

解 首先对原数据进行排序得：

750，780，850，950，1 050，1 250，1 500，1 680，2 000

由于 $n=9$，所以第一个和第三个分位数的位置为$\frac{n+1}{4}=\frac{9+1}{4}=2.5$、$\frac{3(n+1)}{4}=\frac{3(9+1)}{4}=7.5$。

Q_L 在第 2 个数值 780 和第 3 个数值 850 之间的位置上，因此：

$$Q_L=\frac{780+850}{2}=815(\text{元})$$

Q_U 在第 7 个数值 1 500 和第 8 个数值 1 680 之间的位置上，因此：

$$Q_U=\frac{1\ 500+1\ 680}{2}=1\ 590(\text{元})$$

(二)根据变量数列确定分位数

为简便起见，这里仅给出下限公式。设 Q_L、Q_M、Q_U，分别表示第一个、第二个和第三个四分位数，则它们的位置分别为 $\frac{\sum f}{4}$、$\frac{2\sum f}{4}$、$\frac{3\sum f}{4}$，根据位置即可确定各个四分位数。

下四分位数公式：
$$Q_L = L_{Q_L} + \frac{\frac{\sum f}{4} - S_{Q_L-1}}{f_{Q_L}} \times d_{Q_L} \tag{4.9}$$

上四分位数公式：
$$Q_{Q_U} = L_{Q_U} + \frac{\frac{3\sum f}{4} - S_{Q_U-1}}{f_{Q_U}} \times d_{Q_U} \tag{4.10}$$

式中 L_{Q_L}——下四分位数组的下限； L_{Q_U}——上四分位数组的下限；

f_{Q_L}——下四分位数组的次数； f_{Q_U}——上四分位数组的次数；

d_{Q_L}——下四分位数组的组距； d_{Q_U}——上四分位数组的组距；

S_{Q_L-1}——向上累计，累计到下四分位数组前一组的累计次数；

S_{Q_U-1}——向下累计，累计到上四分位数组前一组的累计次数。

【例 4.13】 以表 4.6 的资料计算四分位数。

$$\text{第一个四分位数的位置}=\frac{\sum f}{4}=\frac{500}{4}=125$$

$$Q_L = L_{Q_L} + \frac{\frac{\sum f}{4} - S_{Q_L-1}}{f_{Q_L}} \times d_{Q_L} = 500 + \frac{\frac{500}{4} - 40}{90} \times 300 = 783.33$$

$$第三个四分位数的位置=\frac{3\sum f}{4}=\frac{3\times 500}{4}=375$$

$$Q_{Q_U}=L_{Q_U}+\frac{\frac{3\sum f}{4}-S_{Q_U-1}}{f_{Q_U}}\times d_{Q_U}=1\ 400+\frac{\frac{3\times 500}{4}-345}{70}\times 300=1\ 528.57$$

三、众数

众数是一组数据中出现次数最多的变量值，用 M_0 表示。众数也是一种位置平均数，不受极端数值的影响，在实际工作中应用较为普遍，在总体单位数较多，且具有明显的集中趋势时可以用众数表示集中趋势代表值。如总体单位数较少或虽多但无明显集中趋势，就不存在众数。当变量数列中有两个或几个变量值的次数都比较集中时，就可能有两个或几个众数，因此，众数可能不是唯一的。

【例 4.14】 抽查 10 户家庭住房面积(单位：m^2)分别为 55、75、75、90、90、90、90、105、120、150。

解 这 10 户家庭住房面积的众数为 90，即 $M_0=90(m^2)$。

众数通常按分组资料计算。用单项数列计算众数时，把次数最多的组定为众数组，该组的变量值即为众数。

【例 4.15】 某企业 150 名工人产量分布数列资料见表 4.5，求 150 名工人产量的众数。

解 第三组分布的人数最多，为 80 人，该组对应的产量 100 件为众数，即，$M_0=100$(件)。

由组距数列计算众数，首先要确定众数组，然后利用上限公式或下限公式计算众数。

下限公式：

$$M_0=L_{M_0}+\frac{\Delta_1}{\Delta_1+\Delta_2}\times d_{M_0} \tag{4.11}$$

式中 L_{M_0}——众数组下限；

Δ_1——众数组次数与上一组次数之差；

Δ_2——众数组次数与下一组次数之差；

d_{M_0}——众数组的组距。

上限公式：

$$M_0=U_{M_0}-\frac{\Delta_2}{\Delta_1+\Delta_2}\times d_{M_0} \tag{4.12}$$

式中 U_{M_0}——众数组的上限。

【例 4.16】 根据表 4.6 某地区 500 户家庭月消费资料计算众数，次数最多的组第三组为众数所在组，将有关数据带入上述公式计算众数。

根据下限公式计算：

$$M_0=800+\frac{115-90}{(115-90)+(115-100)}\times 300=987.5(元)$$

根据上限公式计算：

$$M_0=1\ 100-\frac{115-100}{(115-90)+(115-100)}\times 300=987.5(元)$$

四、众数、中位数和算术平均数的关系

众数、中位数和算术平均数都是反映数据分布的集中趋势的代表值，众数是一组数据分布的最高峰值，中位数是处于一组数据中间位置上的值，而算术平均数则是全部数据的算术平均值，是一组数据的重心。因此，对同一组数据计算众数、中位数、算术平均数，三者之间具有一定的关系，这种关系既反映数据分布的特征，又可反映数据数值上的关系。

从数据分布特征看，如果一组数据具有单一众数且分布是对称的，众数、中位数和算术平均数相等，即 $M_e=M_0=\bar{x}$；如果数据是左偏分布，说明数据存在极小值，必然使算术平均数受极小值的影响偏小，而众数和中位数是位置平均数，不受极小值的影响，三者之间的关系为 $M_0>M_e>\bar{x}$；如果数据是右偏分布，说明数据存在极大值必然使算术平均数受极大值的影响偏大，则 $M_0<M_e<\bar{x}$。上述关系如图 4.1 所示。

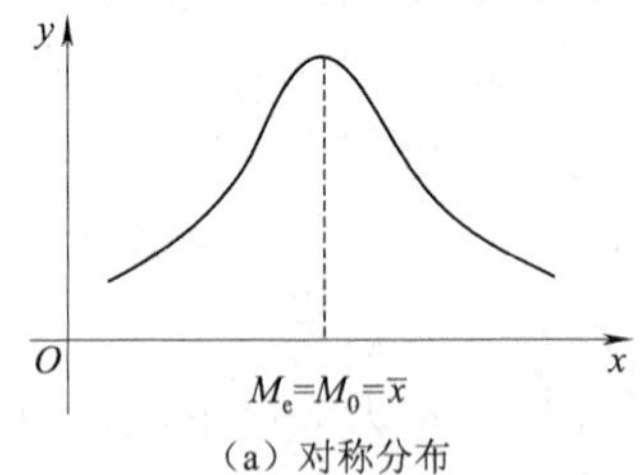

（a）对称分布

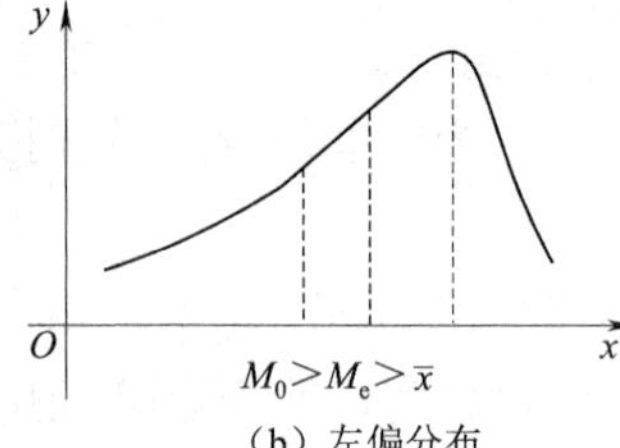

（b）左偏分布

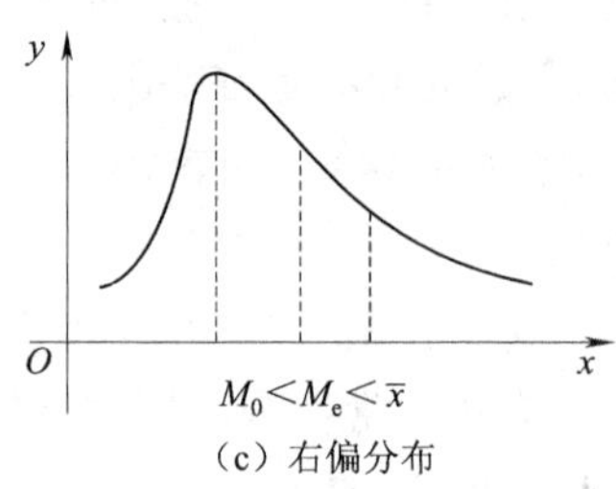

（c）右偏分布

图 4.1　众数、中位数和算术平均数的关系

从数值关系上看，根据经验在分布偏斜程度不大的情况下，不论左偏或右偏，众数、中位数、算术平均数存在一定比例关系，中位数居中间，众数与中位数的距离约为算术平均数与中位数的距离的 2 倍，即：

$$|M_e-M_0|\approx 2\times|\bar{X}-M_e|$$

由此可以推出三者之间的关系式：

$$M_0\approx 3M_e-2\bar{x}$$

$$\bar{x}=\frac{3M_e-M_0}{2}$$

【例 4.17】 根据 500 户家庭月消费支出的抽样调查计算众数为 987.5 元，中位数为1 115 元，计算算术平均数约为多少？其分布是左偏还是右偏？

解　根据公式：

$$\bar{x}=\frac{3M_e-M_0}{2}=\frac{3\times 1\ 115-987.5}{2}=1\ 178.75$$

$M_0<M_e<\bar{x}$ 说明 500 户家庭消费分布呈右偏态分布；说明消费分配中算术平均数偏高，多数居民消费低于算术平均数。

从各种代表值之间的关系及其特点可以看出：当数据成对称分布或接近对称分布时，三个代表值相等或接近相等，这时应选择算术平均数作为集中趋势的代表值，因为算术平均数是根据全部数据计算的，代表性强，而且容易被大多数人所理解和接受；当数据为偏态分布时，特别是当偏斜程度较大时，应选择众数或中位数等位置代表值，这时它们的代表性要比算术平均数好。

第三节　数据分布的离散程度——变异指标

变异指标是反映总体各个单位变量值的离散程度大小或差异大小的综合指标。离散程度

就是各变量值的分散程度，离散程度是数据分布的一个特征。集中趋势是数据分布的另一个特征，反映的是各变量值向其中心值聚集的程度。实际上变量值之间是有差别的，差异程度如何，就需要考查数据的分散程度即离散程度，数据离散程度大，各变量值向其中心值聚集的程度就小，集中趋势的测度值(平均数)对该组数据的代表性就小；反之，离散程度小，变量值向其中心值聚集的程度就大，集中趋势的测度值(平均数)对该组数据的代表性就大。测定离散程度的指标称为变异指标。变异指标在实际应用中主要用于衡量平均指标的代表性。例如某企业甲、乙两班组，每组都是5人，生产同一种产品，每人每日生产件数(单位：件)如下：

甲组：80、90、100、110、120

乙组：90、95、100、105、110

比较两个班组的生产水平，需分别计算每人平均生产件数。计算结果表明，两个班组工人平均水平都是100件，看起来，两组工人的生产水平没有差别，而事实上两个班组工人的生产水平差异是比较大的。因为，从甲组看，每个工人的生产量差别为，最低的80件，最高的120件，二者相差40件；再从乙组看，每个工人的生产量差别为，最低的90件，最高的110件，二者相差20件。这说明平均水平100件对甲组代表性小，对乙组的代表性大。因此，要说明平均水平代表性的大小，必须与变异指标结合运用。

同时，变异指标也经常用以表明客观事物发展过程中的均衡性、稳定性。一般说来，变异指标值越小，则说明客观现象活动过程越均衡，进行得越有节奏；变异指标值越大，则说明客观现象活动过程存在着陡起陡落的情况，需要加以调控。例如，产品质量检验，标志变异指标越小，说明产品质量越稳定。变异指标也是衡量风险大小的重要指标。

常用的变异指标有：全距、平均差、方差和标准差、离散系数。

一、全距

全距又称极差，是一组数据的最大值与最小值之差。用 R 表示。即：

$$R=x_{\max}-x_{\min}$$

例如，根据例4.9，抽取10户家庭月人均收入的数据，计算的全距为：

$$R=2\,000-660=1\,340(\text{元})$$

全距是反映数据离散程度的最简单的指标，计算简单，易于理解，但是它容易受极端值的影响。由于全距只是利用两个极端值计算的，不能反映出中间数据的分散状况，因而不能准确描述出数据的离散程度。

二、平均差

平均差是各变量值与其算术平均数离差绝对值的算术平均数。用A.D.表示。由于各变量值对其算术平均数的离差总和恒等于零，即 $\sum_{i=1}^{n}(x_i-\bar{x})=0$ 。因此，计算平均差时采用离差的绝对值 $|x_i-\bar{x}|$ 。

(1)根据未分组资料计算平均差的公式为：

$$\text{A.D.}=\frac{\sum_{i=1}^{n}|x_i-\bar{x}|}{n} \tag{4.13}$$

(2)根据分组资料计算平均差的公式为：

$$\text{A. D.} = \frac{\sum_{i=1}^{n} |x_i - \overline{x}| f_i}{\sum_{i=1}^{n} f} \tag{4.14}$$

【例 4.18】 某企业 100 名工人的月产量见表 4.7，求 100 名工人月产量的平均差。

表 4.7　100 名工人月产量平均差计算表

月产量分组/件	工人数 f_i	组中值 x_i	$x_i f_i$	$\|x_i-\overline{x}\|$	$\|x_i-\overline{x}\| f_i$
500～600	10	550	5 500	170	
600～700	30	650	1 950	70	2 100
700～800	40	750	30 000	30	1 200
800～900	20	850	17 000	130	2 600
合计	100	—	72 000	—	7 600

解

$$\overline{x} = \frac{\sum_{i=1}^{n} x_i f_i}{\sum_{i=1}^{n} f_i} = \frac{72\ 000}{100} = 720(\text{件})$$

$$\text{A. D.} = \frac{\sum_{i=1}^{n} |x_i - \overline{x}| f_i}{\sum_{i=1}^{n} f} = \frac{7\ 600}{100} = 76(\text{件})$$

计算结果表明每个工人的月产量与平均数相比，平均相差 76 件。

平均差是根据全部数据计算的，反映全部变量值与算术平均数的平均差异，与全距比较更能全面反映变量值的离散程度，但它采取离差的绝对值形式，这给平均差的数学处理带来了不便。因此，平均差并不是测定离散程度的最好指标。

三、方差和标准差

方差和标准差是测度数据变异程度的最重要、最常用的指标。方差是各个变量值与其算术平均数的离差平方的算术平均数。方差的计量单位和量纲不便于从经济意义上进行解释，所以实际统计工作中多用方差的算术平方根——标准差来测度总体的离散程度。标准差又称均方差，具有量纲，与变量值的计量单位一致。方差和标准差的计算也分为简单平均法和加权平均法。另外，对于总体和样本公式略有不同。

(一)总体的方差和标准差

总体的方差为 σ^2，标准差为 σ，对于未分组整理的原始资料，方差和标准差的计算公式分别为：

$$\sigma^2 = \frac{\sum_{i=1}^{n} (x_i - \overline{x})^2}{n} \tag{4.15}$$

$$\sigma = \sqrt{\frac{\sum_{i=1}^{n} (x_i - \overline{x})^2}{n}} \tag{4.16}$$

(二)样本的方差和标准差

样本的方差、标准差与总体的方差、标准差在计算上有所差别。总体的方差和标准差在对各个离差平方平均时是除以数据个数或总频数，而样本的方差在对各个离差平方平均时是用总离差平方和除以样本数据个数或总频数减 1。

样本的方差为 s^2，标准差为 s，对于未分组整理的原始资料，方差和标准差的计算公式为：

$$s^2=\frac{\sum_{i=1}^{n}(x_i-\overline{x})^2}{n-1} \tag{4.17}$$

$$s=\sqrt{\frac{\sum_{i=1}^{n}(x_i-\overline{x})^2}{n-1}} \tag{4.18}$$

对于分组数据，方差和标准差的计算公式为：

$$s^2=\frac{\sum_{i=1}^{n}(x_i-\overline{x})^2 f_i}{\sum_{i=1}^{n}f_i-1} \tag{4.19}$$

$$s=\sqrt{\frac{\sum_{i=1}^{n}(x_i-\overline{x})^2 f_i}{\sum_{i=1}^{n}f_i-1}} \tag{4.20}$$

一般情况下，只能计算样本方差或样本标准差。

【例 4.19】 抽查 100 名工人的月产量见表 4.8，求样本的方差和标准差。

表 4.8　100 名工人标准差计算表

月产量分组/件	工人数 f_i	组中值 x_i	$x_i f_i$	$x_i-\overline{x}$	$(x_i-\overline{x})^2 f_i$
500～600	10	550	5 500	−170	289 000
600～700	30	650	1 950	−70	147 000
700～800	40	750	30 000	+30	36 000
800～900	20	850	17 000	+130	338 000
合计	100	—	72 000	—	810 000

解

$$\overline{x}=\frac{\sum_{i=1}^{n}x_i f_i}{\sum_{i=1}^{n}f_i}=\frac{72\ 000}{100}=720(\text{件})$$

$$s^2=\frac{\sum_{i=1}^{n}(x_i-\overline{x})^2 f_i}{\sum_{i=1}^{n}f_i-1}=\frac{810\ 000}{100-1}=8\ 181.82$$

$$s=\sqrt{\frac{\sum_{i=1}^{n}(x_i-\overline{x})^2 f_i}{\sum_{i=1}^{n}f_i-1}}=\sqrt{\frac{810\ 000}{100-1}}=90.45(\text{件})$$

四、离散系数

全距、平均差、方差和标准差都是反映变量值离散程度的绝对指标。其数值的大小不仅取决于变量值的差异程度还受变量值平均水平的影响，而且也与原变量值的计量单位有关，原变量值采用不同的计量单位，其离散程度指标的数值也不同。因此，对于平均水平不同或计量单位不同的不同组别的变量值，是不能直接用上述变异指标直接进行比较的。为了消除变量值水平高低和计量单位不同对离散程度的影响，需要计算离散系数。离散系数通常是就标准差来计算的，因此，又称标准差系数。它是标准差与其相应的算术平均数的比值，是反映变量值离散程度的相对指标，用 v_σ 表示。其计算公式为：

$$v_\sigma=\frac{\sigma}{\bar{x}} \tag{4.21}$$

离散系数大，说明该组变量值的离散程度大，离散系数小，说明该组变量值离散程度小。

【例 4.20】 通过调查内地和沿海某两个城市的居民收入资料计算出这两个城市的人均收入及人均收入的标准差资料，见表 4.9。

表 4.9 两个城市居民的人均收入及标准差

城市	人均收入/元	收入标准差/元	标准差系数/%
甲	15 000	300	2.00
乙	25 000	350	1.40

解 就表中前三栏的数据来看，乙城市不仅人均收入是甲城市的 1.67 倍，而且收入的差距似乎也大于甲城市(350>300)。但是由于两个城市的收入水平不同，不能直接用标准差进行比较，需要计算离散系数。计算结果表明甲城市的离散系数 $v_\sigma=2.00\%$大于乙城市的离散系数 $v_\sigma=1.40\%$，说明甲城市的人均收入离散程度大于乙城市人均收入的离散程度。乙城市的人均收入水平较高，而且居民的收入水平差别还小。从这一点来说，乙城市的居民的生活水平高于甲城市。

五、是非标志的标准差

许多实际问题总体中所包含的单位数都可以分为具有某一标志的单位数和不具有某一标志的单位数两组，例如：在全部产品中，分为合格品和不合格品两组；在全部耕地面积中，分为稳产高产田和非稳产高产田两组；人口按性别分为男性和女性两组，等等。这种用“是”或“非”来表示的标志称为是非标志。如果全部总体单位数用 N 来表示，具有所研究标志的单位数用 N_1 表示，它在全部总体单位数中所占的比重称为成数，用 p 来表示，则 $p=\frac{N_1}{N}$。不具有所研究标志的单位数用 N_0 表示，它在全部总体单位数中所占的比重称为成数，用 q 来表示，则 $q=\frac{N_0}{N}$，两个成数之和等于 1。

$$\frac{N_1}{N}+\frac{N_0}{N}=1$$

即
$$p+q=1$$

因而
$$q=1-p$$

是非标志的标志值，通常是使用文字“是”和“非”表示的，为了计算平均数和标准差，必须把它们数量化：“是”用 1 表示；“非”用 0 表示。这样一来平均数和标准差可以列表计算，见表 4.10。

表 4.10　是非标志的平均数和标准差计算表

是非标志值 x_i	总体单位数 f_i	$x_i f_i$	离差 $x_i-\overline{x}$	离差平方 $(x_i-\overline{x})^2$	离差平方加权 $(x_i-\overline{x})^2 f_i$
1	N_1	$1\times N_1$	$1-p$	$(1-p)^2$	$(1-p)^2 N_1$
0	N_0	$0\times N_0$	$0-p$	$(0-p)^2$	$(0-p)^2 N_0$
合计	N	N_1	—	—	$(1-p)^2 N_1+(0-p)^2 N_0$

是非标志的平均数为：

$$\overline{x}=\frac{\sum_{i=1}^{n} x_i f_i}{\sum_{i=1}^{n} f_i}=\frac{N_1}{N}=p$$

是非标志的标准差为：

$$\sigma_p=\sqrt{\frac{\sum_{i=1}^{n}(x_i-\overline{x})^2}{n}}=\sqrt{\frac{(1-p)^2 N_1+(0-p)^2 N_0}{N}}$$
$$=\sqrt{(1-p)^2 p+p^2(1-p)}=\sqrt{p(1-p)}=\sqrt{pq}$$

【例 4.21】 某车间生产 1 000 件产品，经检验 950 件是合格品，50 件是不合格品，试计算合格率标准差。

解　根据资料可得：

$$p=\frac{N_1}{N}=\frac{950}{1\ 000}=95\%$$

$$q=\frac{N_0}{N}=\frac{50}{1\ 000}=5\%$$

$$\sigma_p=\sqrt{p(1-p)}=\sqrt{pq}=\sqrt{95\%\times 5\%}=21.79\%$$

计算结果表明：是非标志的平均数为 $p=95\%$，即合格品占全部产品的平均比率为 95%，同样不合格品的成数 $q=5\%$，也就是说，不合格品占全部产品的平均比率为 5%。合格率的标准差为 $\sigma_p=21.79\%$，即合格品比率与不合格品比率的标志变动度为 21.79%。

应该指出，是非标志的标准差是在一定范围内波动的。这个范围的下限是 0，上限是 0.5，因为 σ_p 决定于 p 和 q 的乘积，如果 p 或 q 有一个等于 0，则 σ_p 等于 0。同时 p 和 q 又是同一总体内的两个比率，p 大则 q 小，q 大则 p 小，两者相辅相成，当 $p=0.5$ 时是非标志的标准差最大 $\sigma_p=\sqrt{p(1-p)}=\sqrt{pq}=\sqrt{0.5\times 0.5}=0.5$，此时是非标志的变异程度最大。是非标志方差的最大值为 0.25。

第四节　分布的偏态与峰度的测度

集中趋势和离散程度是数据分布的两个重要特征，但要全面了解数据的分布特点，还要知道数据分布的形状是否对称、偏斜的程度以及分布的扁平程度等。偏态和峰度就是对这些分布特征的进一步描述。

一、偏态及其测度

偏态是对分布偏斜方向及程度的测度。利用众数、中位数和算术平均数之间的关系就可以判断分布是左偏还是右偏。显然，判别偏态的方向并不困难，但要测量偏斜的程度就需要计算偏态系数了。偏态系数的计算方法很多，这里仅介绍其中比较常用的一种。偏态系数是对分布偏斜程度的测度，其计算公式为：

$$\alpha_3 = \frac{\sum_{i=1}^{n}(x_i - \overline{x})^3 f_i}{\sigma^3 \sum_{i=1}^{n} f_i} \tag{4.22}$$

式中 α_3——偏态系数；

σ^3——标准差的三次方。

从式(4.22)可以看到，它是根据离差的三次方的平均数再除以标准差的三次方，当分布对称时，离差三次方后正负离差可以相互抵消，因而 α_3 的分子等于 0，则 $\alpha_3 = 0$；当分布不对称时，正负离差不能抵消，就形成了正或负的偏态系数 α_3。当 α_3 为正值时，表示正偏离差值较大，可以判断为正偏或右偏；反之，当 α_3 为负值时，表示负离差数值较大可以判断为负偏或左偏。在计算 α_3 时，将离差三次方的平均数除以 σ^3 是将偏态指标转换为相对数，α_3 的绝对值越大，表示偏斜的程度就愈大。

【例 4.22】 某乡农户年消费额的资料见表 4.11，求偏态系数。

表 4.11 某乡 3 000 农户年消费额偏态及峰度计算表

年消费额/千元	农户数 f_i	组中值 x_i	$x_i f_i$	$(x_i-\overline{x})^2 f_i$	$(x_i-\overline{x})^3 f_i$	$(x_i-\overline{x})^4 f_i$
5～6	240	5.5	1 320	1 476.10	−3 660.71	9 078.58
6～7	480	6.5	3 120	1 051.39	−1 556.06	2 302.97
7～8	1 050	7.5	7 875	241.92	−116.12	55.74
8～9	600	8.5	5 100	162.24	84.36	43.87
9～10	270	9.5	2 565	623.81	948.19	1 441.25
10～11	210	10.5	2 205	1 333.58	3 360.63	8 468.79
11～12	120	11.5	1 380	1 486.85	5 233.70	18 422.64
12～13	30	12.5	375	612.91	2 770.36	12 522.04
合计	3 000	—	23 940	6 988.74	7 064.35	52 335.87

解

$$\overline{x} = \frac{\sum_{i=1}^{n} x_i f_i}{\sum_{i=1}^{n} f_i} = \frac{23\ 940}{3\ 000} = 7.98(\text{元})$$

$$\sigma = \sqrt{\frac{\sum_{i=1}^{n}(x_i - \overline{x})^2 f_i}{\sum_{i=1}^{n} f_i}} = \sqrt{\frac{6\ 988.74}{3\ 000}} = 1.53(\text{元})$$

$$\alpha_3 = \frac{\sum_{i=1}^{n}(x_i - \overline{x})^3 f_i}{\sigma^3 \sum_{i=1}^{n} f_i} = \frac{7\ 064.35}{1.53^3 \times 3\ 000} = 0.66$$

从计算结果可以看出，偏态系数为正值，说明农村居民家庭消费的分布为右偏分布，即消费少的家庭占据多数，而消费较高的家庭则占少数。

二、峰度及其测定

峰度是分布集中趋势高峰的形状。它通常是与正态分布相比较而言，在归化到同一方差时，若分布的形状比正态分布更瘦更高，则称为尖峰分布，若比正态分布更矮更胖则称为平峰分布，如图 4.2 所示。

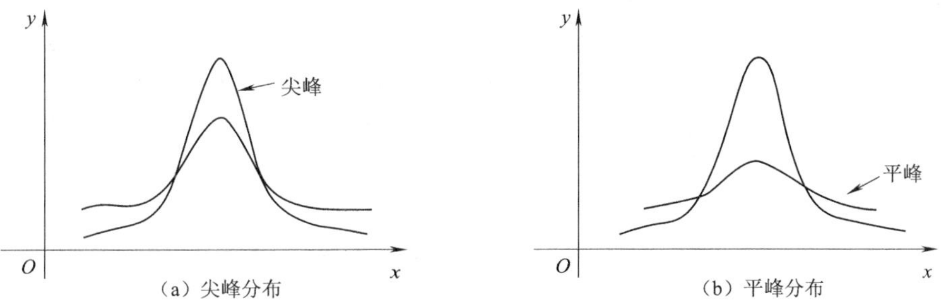

图 4.2　尖峰分布与平峰分布

峰度系数是离差四次方的平均数，再除以标准差的四次方，其计算公式为：

$$\alpha_4 = \frac{\sum_{i=1}^{n}(x_i - \overline{x})^4 f_i}{\sigma^4 \sum_{i=1}^{n} f_i} \tag{4.23}$$

式中　α_4——峰度系数；

σ^4——标准差的四次方。

式(4.23)中将离差的四次方除以 σ^4 是为了将峰度指标转换成相对数。用峰度系数说明分布的尖峰和扁平程度，是通过与正态分布的峰度系数进行比较而言的。由于正态分布的峰度系数为 3，当 $\alpha_4>3$ 时为尖峰分布，当 $\alpha_4<3$ 时为扁平分布。

【例 4.23】　根据例 4.22 的数据，计算农村居民消费额分布的峰度系数。

解

$$\alpha_4 = \frac{\sum_{i=1}^{n}(x_i - \overline{x})^4 f_i}{\sigma^4 \sum_{i=1}^{n} f_i} = \frac{52\ 335.87}{1.53^4 \times 3\ 000} = 3.18$$

由于 $\alpha_4=3.18>3$，所以我国农村居民家庭收入的分布为尖峰分布。

小　　结

1. 本章主要从以下三个方面讨论统计数据分布的特征：数据分布的集中趋势，反映各数据向其中心值靠拢的程度，反映集中趋势所用的指标是统计平均数，如算术平均数、调和平均数和几何平均数等数值平均数，以及众数和中位数等位置平均数。数据分布的离散差度，反映各数据远离其中心值的程度，如全距、四分位差、平均差、方差和标准差、离散系数等变异指标。分布的偏态和峰度，反映数据分布的形状。

2. 算术平均数又称均值，是指将一组数据相加后除以数据的个数所得到的一个数值。根据资料的不同可以分为简单算术平均数和加权算术平均数。根据组距数列计算的算术平均数是一个近似值。变量值与其算术平均数的离差之和等于零；变量值与其算术平均数的离差平方和最小。算术平均数易受极端值的影响。

3. 调和平均数又称倒数平均数，它是对变量的倒数求平均，然后再取倒数而得到的平均数。调和平均数可分为简单调和平均数与加权调和平均数两类。当已知各组的标志值和各组的标志总量，而没有各组单位数的资料，因而不能直接采用算术平均数的计算公式来计算平均值，需要对算术平均数的公式变形后，才能计算平均数，这个变形后的公式就是调和平均数。调和平均数是算术平均数的一种变形。

4. 几何平均数，它是 n 个变量值连乘积开 n 次方根。是计算平均比率或平均发展速度最适用的一种方法。几何平均数可分为简单几何平均数与加权几何平均数两类。

5. 众数是指一组数据中出现次数最多的变量值，可以直观地说明分布的集中趋势；中位数是将数据按大小顺序排列起来，居于数列中间位置的那个变量值称为中位数。四分位数是指将按大小顺序排列的一组数据划分为四等分的三个变量值，用以说明按大小顺序排列的变量值在某个等分点上的一般水平。众数、中位数是位置平均数，不受极端值的影响。

6. 全距又称极差，是一组数据的最大值与最小值之差。全距是反映数据离散程度的最简单的指标，计算简单，易于理解，但是它容易受极端值的影响。由于全距只是利用两个极端值计算的，不能反映出中间数据的分散状况，因而不能准确描述出数据的离散程度。

7. 平均差是各变量值与其算术平均数离差绝对值的算术平均数。平均差是根据全部数据计算的，反映全部变量值与算术平均数的平均差异，但它采取离差的绝对值形式，这给平均差的数学处理带来了不便。因此，平均差并不是测定离散程度的最好指标。

8. 方差和标准差是测度数据变异程度的最重要、最常用的指标。方差是各个变量值与其算术平均数的离差平方的算术平均数。方差的计量单位和量纲不便于从经济意义上进行解释，所以实际统计工作中多用方差的算术平方根——标准差，来测度总体的离散程度。标准差又称均方差，具有量纲，与变量值的计量单位一致。方差和标准差的计算也分为简单平均法和加权平均法，另外，对于总体和样本的方差和标准差公式略有不同。

9. 离散系数是反映变异程度的相对指标。离散系数通常是通过标准差计算的，因此，又称标准差系数。对于平均水平不同或计量单位不同的不同组别的变量值，是不能直接用上述变异指标直接进行比较的。为了消除变量值水平高低和计量单位不同对离散程度的影响，需要计算离散系数。

10. 分布的偏态和峰度，反映数据分布的形状。偏态是指数据分布的不对称性。要测度数据分布的偏斜程度，则需要计算偏态系数。峰度是反映分布曲线顶峰尖锐程度的特征值。峰度可以分为高峰度和低峰度两种，常用峰度系数反映。

思考与练习

1. 什么是集中趋势？测度集中趋势使用的主要指标有哪些？

2. 简述平均指标的概念和种类。

3. 为什么说算术平均数是集中趋势的最主要的测度值。

4. 简述调和平均数的概念，简述调和平均数与算术平均数的关系。

5. 什么是几何平均数？其应用场合是什么？

6. 简述中位数和众数的概念，简述二者与算术平均数的关系。

7. 简述变异指标的概念、作用和种类。

8. 为什么要计算离散系数？

9. 什么是偏度和峰度？如何根据偏态系数和峰度系数判断数据分布的形态？

10. 从甲、乙两地区分别抽取100户家庭，就月消费支出进行调查，情况如表4.12所示。

表　4.12

月消费支出额/元	甲地区户数/户	乙地区户数/户
500以下	6	5
500～1 000	9	12
1 000～1 500	16	25
1 500～2 000	24	24
2 000～2 500	23	18
2 500～3 000	14	10
3 000以上	8	6
合计	100	100

要求：根据表中资料计算

(1)分别计算甲、乙两地平均月消费支出；

(2)分别计算甲、乙两地月消费支出的众数、中位数；

(3)分别计算甲、乙两地月消费支出的下四分位数和上四分位数；

(4)分别计算甲、乙两地月消费支出的平均差，和标准差比较平均支出的代表性。

11. 某地甲、乙两个市场四种主要蔬菜的价格及销售额资料如表4.13所示。

表　4.13

品种	价格/(元/kg)	销售额/元	
		甲市场	乙市场
A	5.0	16 180	13 510
B	3.0	14 790	14 050
C	2.9	16 800	17 890
D	2.8	13 750	16 805
合计	—	61 520	63 340

要求：计算比较该地区哪个市场蔬菜平均价格高，并说明原因。

12. 某集团公司所属15个企业，某年生产某种产品平均单位成本高低分组资料如表4.14所示。

表 4.14

平均单位成本分组/(元/件)	企业数/个	各组产量占总产量的比重/%
10～12	2	22
12～14	7	40
14～16	6	38
合计	15	100

要求:计算 15 个企业的平均单位成本。

13. 某投资银行的年利率按复利计算,10 年的利率分配是:有 1 年 3%,有 3 年为 4.5%,有 4 年为 6%,有 2 年为 7%,试求平均年利率是多少。如果是单利,试求平均年利率是多少。

14. 某地区 120 家企业按利润额进行分组,资料如表 4.15 所示。

表 4.15

按利润额分组/万元	企业数/个
200～300	19
300～400	30
400～500	42
500～600	18
600 以上	11
合计	120

要求:

(1)计算 120 家企业利润的众数、中位数、算术平均数;

(2)计算分布的偏态系数和峰度系数。

15. 某集团公司所属的 8 家子公司,产品的销售额、利润额资料如表 4.16 所示。

表 4.16

子公司编号	销售额/万元	利润额/万元
1	170	8.1
2	220	12.5
3	390	18.0
4	430	22.0
5	480	26.5
6	650	410.0
7	950	64.0
8	1 000	69.0
合计	4 290	260.1

要求:比较销售额与利润额的离散程度。

16. 某学院二年级两个班学生英语统考成绩如表 4.17 所示。

表　4.17

英语成绩分组/分	学生人数/人	
	A班	B班
50以下	1	2
50～60	3	4
60～70	12	13
70～80	24	28
80～90	6	8
90以上	4	5
合计	50	60

要求：

(1)分别计算两个班的平均成绩；

(2)比较说明哪个班的平均成绩代表性大，哪个班英语成绩差别大。为什么？

17. 某地区有一半家庭的月人均收入低于800元，一半高于800元，众数为1 200元，试估计算术平均数的近似值，并说明分布的态势。

18. 某乡两种稻种资料如表4.18所示。

表　4.18

甲稻种		乙稻种	
播种面积/公顷	单产/(kg/公顷)	播种面积/公顷	单产/(kg/公顷)
20	6 000	15	6 150
25	6 375	22	6 525
35	6 750	26	7 200
38	7 650	30	7 500

要求：比较哪个稻种的稳定性好。

19. 某城市10户家庭的年收入资料如表4.19所示。

表　4.19

编号	1	2	3	4	5	6	7	8	9	10
年收入/元	12 222	11 800	9 226	13 555	17 416	18 527	152 936	14 821	6 517	10 648

要求：

(1)计算全距以衡量其离散趋势；

(2)计算平均差以衡量其离散趋势；

(3)计算标准差以衡量其离散趋势；

(4)上述三个指标，你认为哪个是这组数据离散趋势的最佳指标？为什么？

第五章 抽样与抽样估计

本章主要阐述抽样推断的理论与方法。通过本章学习，要求掌握利用样本资料来推断总体数量特征的基本原理；掌握抽样推断的概念及特点；了解抽样误差产生的原因；熟悉不同的抽样组织方式；熟练掌握区间估计的方法与必要样本容量的计算方法。

在现实生活中，经常会遇到这样的情况：某企业对其所生产电子产品的使用寿命进行质量检验，但不可能进行全面检查和实验，企业只能从全部产品中，随机抽取一部分进行检验，将样本检验结果当做对全体真实信息的估计，由此推断出该企业电子产品的使用寿命，即采用抽样推断的方法。

第一节 抽样推断概述

一、抽样推断的概念和特点

抽样推断是统计研究中的一种重要方法，它是在抽样调查的基础上，进一步运用数理统计原理，对研究对象的整体作出具有一定可靠程度的估计和判断的统计方法。例如，民意测验、居民收入情况、企业产品质量，甚至人们去市场买瓜子、花生等食品，总是先抓几粒尝尝以判定好坏等。很多时候，人们几乎很难对每个单位进行全面调查，只能通过部分资料估计总体情况，即采用抽样推断法。抽样推断具有以下几方面特点。

（一）抽样推断必须遵循抽样调查的随机原则

所谓随机原则，是指在抽取调查单位时，完全排除人为的主观因素影响，保证每一调查单位都有相等的概率被抽中，随机原则就概率意义而言，又称为同等可能性原则。

抽样推断为什么要遵守随机原则？这是因为抽样推断的目的在于用样本推断总体的数量特征。这就要求抽样的部分单位能够充分地代表总体，只有严格遵守随机原则，才有可能使所选的样本结构与总体结构相同，或者两者的分布相一致。另外，只有遵守随机原则，才能按概率论的原则计算抽样误差，并对总体资料进行推断。

（二）抽样推断是以样本指标数值去推断总体指标数值

统计研究的目的是要认识社会经济现象总体的数量特征，但并不是所有社会经济现象都能通过进行全面调查来达到这一目的的。有许多社会经济现象只能进行非全面调查，在非全面调查中只能掌握总体的部分资料，因此必须根据总体的部分资料对总体的数量特征作出估计或判断。抽样推断科学地论证了样本指标与相应的总体指标之间存在的内在联系，提供了根据实际调查所得到的部分资料去推断总体资料的方法。

（三）抽样推断中产生的误差可以事先计算并加以控制

抽样推断是用样本来推断总体，必然会产生一定的抽样误差，但其数值大小可以事先计算，并能控制在一定范围内，以保证抽样推断结果的准确性。

二、抽样推断的作用

抽样推断中采用的抽样调查方法与其他调查方法相比，具有节省人力、物力、财力与时间等优点，使得这种方法在统计中的作用日益显著，归纳起来这种作用表现在以下几方面。

（一）对不可能进行全面调查的总体数量特征的推断

不可能进行全面调查的总体，常见的有两种情况：第一种是无限总体。无限总体包括的总体单位数是不可数的，因此无法对该类总体进行全面调查，而需采用抽样推断的方法来认识总体的数量特征。第二种是破坏性或消耗性试验。如对某些产品的质量检验，必须进行破坏性或消耗性试验，才能了解其情况。例如，罐头食品的质量检查、灯泡的使用寿命检验、纱布的强力检验等，在这种情况下，只能采用抽样推断的方法了解全部产品的质量。

（二）对于某些不必要进行全面调查的总体数量特征的推断

有些现象，虽然理论上可以进行全面调查，但由于调查对象包括的范围广、单位多、需花费较多的人力、物力、财力和时间，这时采用抽样推断的方法可以取得事半功倍的效果。例如对职工家庭收支状况的调查。

（三）对于全面调查的资料进行评价和修正

由于全面调查的工作量大，在调查登记和整理汇总资料的过程中，受主观和客观因素的影响，发生登记性和计算性误差的可能性大，为加强全面调查资料的准确性，可以运用抽样推断方法来验证全面调查资料的准确性并加以修正。

三、抽样推断中的几个概念

1. 全及总体与抽样总体

在抽样推断中会碰到两种总体，即全及总体与抽样总体。前者是我们研究的对象，后者是我们要具体调查、收集资料的对象，两者既有联系又有区别。

全及总体又叫母体，简称总体，它是指所要调查研究对象的全部单位构成的整体。抽样总体简称样本，又称小样，它是指从全及总体中按随机原则抽取的部分单位组成的总体。

抽样推断就是通过对抽样总体进行调查，用样本的有关指标去推断全及总体的有关指标，全及总体的单位数通常用 N 表示；抽样总体的单位数通常用 n 表示，又称样本容量。例如，从某商业企业的 1 000 名职工中随机抽取 50 名职工进行调查，则由该商业企业的 1 000 名职工所组成的总体称为全及总体，即 $N=1\ 000$ 名，而由被抽出来进行调查的 50 名职工所组成的总体称为抽样总体，即 $n=50$ 名。一般来讲，若 $n<30$，称为小样本；若 $n\geqslant30$，则称为大样本。

2. 全及指标和抽样指标

全及指标是根据全及总体各单位标志值计算的综合指标，又称总体参数。当总体确定以后，全及指标是一个客观存在的常数，其指标数值是确定的、唯一的。尽管在抽样调查中并不知道其数值是多少，但这个数值是客观存在的，可通过样本指标进行推断。常用的全及指标有平均数、成数、标准差、方差。

$\overline{X}$——全及总体的平均数；

$\sigma_{\bar{x}}$——全及总体平均数的标准差；

$\sigma_{\bar{x}}^2$——全及总体平均数的方差；

P——全及总体的成数；

σ_p——全及总体成数的标准差；

σ_p^2——全及总体成数的方差。

对于总体中各单位的数量标志，可以计算出总体的平均数、标准差和方差，其计算方法前面已经介绍过，这里不再重复。

对于总体中各单位的品质标志，因其不能用数量来表示，因此常以成数指标 P 来表示全及总体中具有某种属性的单位数在全及总体全部单位数中所占的比重，以 Q 表示总体中不具有某种属性的单位数在总体全部单位数中所占的比重。下面解释一下成数 P 的平均数、标准差、方差的计算。

【例 5.1】 设总体单位总数 N 中，有 N_1 个单位具有某种属性，N_0 个单位不具有某种属性，即 $N_1+N_0=N$，则有：

$$P=\frac{N_1}{N},Q=\frac{N_o}{N}=\frac{N-N_1}{N}=1-P$$

可以把具有某种属性即“是”的标志表示为“1”，而不具有某种属性即“非”的标志表示为“0”。那么成数 P 就可视为(0,1)分布的平均数，并可求相应的方差和标准差。

解

$$\overline{X}_P=\frac{\sum Xf}{\sum f}=\frac{1\cdot N_1+0\cdot N_0}{N}=\frac{N_1}{N}=P$$

$$\sigma_P=\sqrt{\frac{\sum(X-\overline{X})^2f}{\sum f}}=\sqrt{\frac{(1-P)^2N_1+P^2\cdot N_0}{N}}$$

$$=\sqrt{\frac{Q^2N_1+P^2N_0}{N}}=\sqrt{PQ(P+Q)}=\sqrt{PQ}=\sqrt{P(1-P)}$$

$$\sigma_p^2=P(1-P)$$

抽样指标是指根据抽样总体各单位标志值计算的综合指标，又称统计量。由于抽样指标的数值随样本总体的不同而变化，因此抽样指标是一个随机变量。与全及总体指标相对应，常用的抽样指标有：

$\bar{x}$——抽样总体平均数；

$S_{\bar{x}}$——抽样总体平均数的标准差；

$S_{\bar{x}}^2$——抽样总体平均数的方差；

p——抽样总体的成数；

S_p——抽样总体成数的标准差；

S_p^2——抽样总体成数的方差。

3. 重复抽样和不重复抽样

重复抽样又称有放回抽样，是把已经抽出来的单位再放回到全及总体中，继续参加下一次抽选，使全及总体单位数始终是相同的，每个单位可能不止一次被抽中。不重复抽样又称无放回抽样，是把已经抽出来的单位不再放回到全及总体中，每抽一次，总体单位数会相应减少，每个单位只能被抽中一次。

第二节　抽样误差

一、抽样误差的含义

在抽样推断中，产生统计误差的情况有两种：一种是登记性误差，它是指在收集资料的过程中，由于测量、记录、计算或抄录的错误，以及被调查者所报不实等原因产生的误差；另一种是代表性误差，这种误差是排除登记性误差以后，在用样本指标推断总体指标时所产生的误差。代表性误差的产生又可分两种情况：一种是由于没有遵守随机原则而造成的误差，称为偏差或系统性误差；还有一种是遵守了随机原则，但样本指标不可能完全代替总体指标，属于抽样推断本身固有的一种误差，称为随机性误差。上述统计误差可以表示为：

$$
\text{统计误差}\begin{cases}\text{登记性误差}\\ \text{代表性误差}\begin{cases}\text{系统性误差（偏差）}\\ \text{随机性误差}\end{cases}\end{cases}
$$

本章所讲的抽样误差是指随机性误差。

二、抽样误差的表现形式

抽样误差是无论如何都不可能消除的。但是，在统计中可以运用大数定律的数学公式加以计算，并采用抽样推断原理加以控制，所以这种误差又称可控制误差，抽样误差主要有两种表现形式。

（一）抽样实际误差

抽样实际误差是指在一次抽样中，由随机因素引起的抽样指标与全及指标之间的离差。例如，抽样平均数与总体平均数之间的离差（$\bar{x}-\bar{X}$）、抽样成数与总体成数之间的离差（$p-P$）。在抽样中，由于全及指标数值是未知的，因此，抽样实际误差是无法计算的；同时，抽样实际误差只是所有可能出现误差的一种，因此，不能用抽样实际误差来概括所有可能出现的误差。

（二）抽样平均误差

抽样平均误差是指抽样指标（抽样平均数或抽样成数）的标准差，它反映了所有抽样结果所得的抽样指标数值与全及指标数值的平均离差。其计算公式如下：

1. 抽样平均误差的理论公式

由于抽样平均误差是抽样平均数（或抽样成数）的标准差，所以，它不同于一般形式的标准差，是根据变量值与算术平均数计算，抽样平均误差是根据抽样平均数（或抽样成数）与总体平均数（或总体成数）计算，其公式为：

$$\mu_{\bar{x}}=\sqrt{\frac{\sum(\bar{x}-\bar{X})^2}{\text{样本可能数目}}}$$

$$\mu_p=\sqrt{\frac{\sum(p-P)^2}{\text{样本可能数目}}}$$

式中 $\mu_{\bar{x}}$——平均数的抽样平均误差；

μ_p——成数的抽样平均误差。

上式中样本可能数目既和每个样本的容量有关，也和抽样的方法有关。当样本容量为既定时，则样本可能数目便决定于抽样的方法。

上面抽样平均误差的理论公式主要从理论上说明抽样平均误差的意义，即是一个定义公式。在实际抽样中，由于一方面全及指标数值是未知的，另一方面不可能也不必把总体中所有可能出现的样本都抽取出来，故该公式实际上无法据以计算，仅有理论意义。

2. 抽样平均误差的实际公式

数理统计证明，抽样平均误差与总体标准差之间存在着一定的数量关系，从而可推导出抽样平均误差的实际公式如下：

(1)抽样平均数的抽样平均误差。在重复抽样条件下，其计算公式为：

$$\mu_{\bar{x}}=\sqrt{\frac{\sigma_{\bar{x}}^2}{n}}=\frac{\sigma_{\bar{x}}}{\sqrt{n}} \tag{5.1}$$

式中 $\mu_{\bar{x}}$——抽样平均数的抽样平均误差。

在不重复抽样条件下，其计算公式为：

$$\mu_{\bar{x}}=\sqrt{\frac{\sigma_{\bar{x}}^2}{n}\left(\frac{N-n}{N-1}\right)} \tag{5.2}$$

当总体单位数 N 很大时，分母 $N-1$ 可用 N 代替，即有：

$$\mu_{\bar{x}}=\sqrt{\frac{\sigma_{\bar{x}}^2}{n}\left(1-\frac{n}{N}\right)} \tag{5.3}$$

其中，$\frac{N-n}{N-1}$称为修正系数，该系数是一个大于 0 而小于 1 的正数，所以，在同等条件下，不重复抽样的抽样平均误差总是小于重复抽样的抽样平均误差。在抽样推断实践中，如果总体单位数 N 很大且 n 相对较小(即抽样比例 n/N 很小)时，该系数近似等于 1，这时不重复抽样的抽样平均误差可以采用重复抽样的抽样平均误差公式计算。

(2)抽样成数的抽样平均误差。总体成数的方差为 $P(1-P)$，因此，只需将 $P(1-P)$替换前面的 $\sigma_{\bar{x}}^2$，就可得到抽样成数的相应公式。

在重复抽样条件下，其计算公式为：

$$\mu_p=\sqrt{\frac{P(1-P)}{n}} \tag{5.4}$$

在不重复抽样条件下，其计算公式为：

$$\mu_p=\sqrt{\frac{P(1-P)}{n}\left(\frac{N-n}{N-1}\right)} \tag{5.5}$$

当总体单位数 N 很大时，分母 $N-1$ 可用 N 代替，即有：

$$\mu_p=\sqrt{\frac{P(1-P)}{n}\left(1-\frac{n}{N}\right)} \tag{5.6}$$

【例 5.2】 某企业生产一批灯泡共 10 000 只，随机抽取 500 只做耐用时间试验。测算结果显示，平均寿命为5 000小时，样本标准差为300小时，500只中合格品有490只，求平均数和成数的抽样平均误差。

解　由于不掌握总体标准差，所以用样本资料代替。可以有重复和不重复抽样两种公式计算。

计算样本平均数的抽样平均误差：

假设采用重复抽样方法，则抽样平均误差为：

$$\mu_{\bar{x}}=\frac{S}{\sqrt{n}}=\frac{300}{\sqrt{500}}=13.42(\text{小时})$$

假设采用不重复抽样方法，则抽样平均误差为：

$$\mu_{\bar{x}}=\sqrt{\frac{S^2}{n}\left(1-\frac{n}{N}\right)}=\sqrt{\frac{300^2}{500}\times\left(1-\frac{500}{10\ 000}\right)}=13.08(\text{小时})$$

计算样本成数的抽样平均误差：

$$p=\frac{490}{500}=0.98$$

假设采用重复抽样方法，则抽样平均误差为：

$$\mu_p=\sqrt{\frac{p(1-p)}{n}}=\sqrt{\frac{0.98\times(1-0.98)}{500}}=0.006\ 3\text{ 或 }0.63\%$$

假设采用不重复抽样方法，则抽样平均误差为：

$$\mu_p=\sqrt{\frac{p(1-p)}{n}\left(1-\frac{n}{N}\right)}=\sqrt{\frac{0.98\times(1-0.98)}{500}\times\left(1-\frac{500}{10\ 000}\right)}=0.006\ 1\text{ 或 }0.61\%$$

3. 影响抽样平均误差的因素

从上述抽样平均误差的实际公式可以看出，抽样平均误差的大小主要受以下几个因素影响：

(1)总体单位之间标志值的变异程度。即受总体标准差大小的影响。总体标准差数值大，抽样平均误差也大；反之，则抽样平均误差就小。抽样平均误差与总体标准差的大小成正比例关系。

(2)抽样单位数目。抽样单位数愈多，抽样平均误差就愈小；反之，则抽样平均误差就大。抽样平均误差与抽样单位数成反比例关系。

(3)抽样方法。不重复抽样的抽样平均误差小于重复抽样的抽样平均误差。

(4)抽样组织方式。不同的抽样组织方式其计算抽样平均误差的方法不同，故抽样平均误差的结果也不相同。一般来说，对同一总体，采用类型抽样和等距抽样，比其他几种抽样方式的误差要小。

在抽样中，由于只对总体中的部分单位进行调查，故总体方差是未知的，因此，在实际运用中，可用以下方法解决：

(1)用样本方差代替总体方差。这是实际使用的主要方法，由概率论可以证明，用样本方差代替总体方差是有效的。

(2)用历史资料代替。可用过去全面的资料，也可用过去抽样的资料。如有几个不同方差资料，应选用数值较大者。

(3)用小规模试验性调查资料代替。

(4)当成数没有适当的资料时，可用0.5代替，因为此时成数的方差最大，即：

$$\sigma_p^2=P(1-P)=0.5\times0.5=0.25$$

第三节　抽样的组织方式

如何从总体中将样本单位抽选出来？基本的抽样组织方式有简单随机抽样、分层抽样、等距抽样和整群抽样等方式。

一、简单随机抽样

简单随机抽样是最基本的抽样组织方式，其常用方法有抽签法、利用随机数表取数法和电子计算机取数法。简单随机抽样对总体单位不进行任何划分或排队，完全随机地直接从总体中抽取样本单位，使每个总体单位都有完全均等的机会被抽中，故简单随机抽样又称纯随机抽样。它只需对总体单位进行编号，而不要求事先掌握更多的总体信息。正因为如此，简单随机抽样的估计效率也比较低，进行较大规模的抽样调查时，其抽样组织工作也不易开展。对于简单随机抽样，既可以采用重复抽样方法也可以采用不重复抽样方法，其抽样平均误差的计算公式与抽样平均误差的实际公式相同。

二、分层抽样

分层抽样又称分类抽样或类型抽样。它是按与调查目的有关的某个主要标志将总体单位划分为若干层（又称类、组或子总体），然后从各层中按随机原则分别抽取一定数目的单位构成样本。如城市职工收入调查，可按行业将全部职工分类，再从各行业中分别抽取若干职工进行调查。分层抽样是统计分组法与抽样原理的结合，可以提高样本的代表性，而且还可以深化对现象的认识，满足分层次管理的需要。这是因为分层抽样相当于将差异较大的总体划分成 m 个内部差异较小的子总体，各子总体中都抽取样本单位构成该子总体的一个子样本，这 m 个子样本构成样本。从而，与简单随机抽样相比，分层抽样能使样本结构更接近总体结构，并且，分层抽样不仅能利用样本推断总体指标，也能利用各子样本推断相应子总体的指标。

在划分层之后，分层抽样首先就要确定各层的抽样数目。各层的抽样比例可以相等也可以不等，于是分层抽样可分为等比例分层抽样和不等比例分层抽样。实际中常常采用等比例分层抽样，即：

$$\frac{n_i}{N_i}=\frac{n}{N}(i=1,2,\cdots,m)$$

直观地讲，分层抽样对每个层都抽取了一个子样本，如果各层内的抽样误差都为 0，那么不论各层之间差异如何，整个样本也就不存在抽样误差了。可见，分层抽样总的抽样误差取决于各层内的抽样误差，而各层的抽样误差又取决于各层内部的方差和抽样数目。所以，对于等比例分层抽样，其抽样平均误差的计算公式为：

$$\mu_{\bar{x}}=\sqrt{\frac{\overline{\sigma^2}}{n}} \tag{5.7}$$

上式中 $\overline{\sigma^2}$ 称为层（组）内方差平均数，即用各层的总体单位数 N_i 对各层方差 σ_i^2 加权平均：

$$\overline{\sigma^2}=\frac{\sum\sigma_i^2N_i}{\sum N_i}$$

由于总体各层的方差通常是未知的,一般用各层的样本方差代替,并以各子样本单位数 n_i 为权数。

根据方差定理,在分组情况下,有:

$$总方差=组内方差平均数+组间方差$$

所以,比较式(5.1) 和式 (5.7) 可知,分层抽样的抽样平均误差小于简单随机抽样的抽样误差。对于给定的总体,总体方差是一定的,划分层时应尽量增大层间差异,缩小层内差异。因为层内方差愈小,分层抽样的抽样平均误差愈小,抽样估计的效率愈高。

【例 5.3】 某地区对居民在一年内用于某类消费的支出进行了等比例分层抽样,调查结果如表 5.1 所示。

表 5.1　某地区居民某类消费支出情况表

分　类	调查户数	平均支出/元	方　差
城　镇	40	350	2 209
农　村	80	260	2 916

试计算抽样平均误差。

解　层内方差平均数:

$$\overline{\sigma^2}=\frac{\sum S_i^2 n_i}{\sum n_i}=\frac{2\ 209\times 40+2\ 916\times 80}{40+80}=2\ 680.33$$

抽样平均误差:

$$\mu_{\bar{x}}=\sqrt{\frac{\overline{\sigma^2}}{n}}=\sqrt{\frac{2\ 680.33}{120}}=4.726(元)$$

三、等距抽样

等距抽样又称机械抽样或系统抽样。它是先将总体单位按某一标志排队,计算出抽样间隔,并在第一个抽样间隔内确定一个抽样起点,再按固定的顺序和间隔抽取样本单位。假如总体有 N 个单位,要从中抽 n 个样本单位,可先将总体单位依次排队,计算出抽样间隔距离 $K=N/n$,再从第一个至第 K 个单位的范围内确定抽样起点(即第一个样本单位),之后每隔 K 个单位抽取一个样本单位。如调查某校学生的学习成绩,可将全部学生按学号排队,然后每隔一定数量的学生抽取一名学生进行调查。等距抽样最显著的优越性是能提高样本单位分布的均匀性,样本代表性较强。一般说来,样本单位的抽取工作也比较容易开展。所以等距抽样在实际中应用十分广泛。按排队标志与调查内容的关系来分,等距抽样分为无关标志排队等距抽样和有关标志排队等距抽样两种。二者的抽样起点的确定方式和抽样效果都不同。

等距抽样在排队之后,当抽样起点一经确定,整个样本也就确定了。所以等距抽样的随机性体现在排队顺序与抽样起点的确定上。根据排队标志的性质不同,等距抽样分为无关标志排队等距抽样和有关标志排队等距抽样两种类型。二者由于排队标志性质不同,抽样起点的确定方式就不同,抽样效果也不同。

(一)无关标志排队等距抽样

所谓无关标志排队等距抽样,就是指等距抽样据以排队的标志与调查内容没有直接关系。

例如，城市居民家计调查时，将居民户按其居住的街道门牌号码排队；产品质量检查按产品生产的时间先后顺序排队，每隔一定时间或每生产一定数量的产品就抽取一单位产品；这些都是无关标志排队。

按无关标志排队的结果，从所要调查的标志来看，总体单位的排列顺序实际上仍是随机的。所以，其抽样起点 r 可以随机地确定，即可以为第一个抽样距离内的任一个总体单位：$1\leqslant r\leqslant K$。这样得到的样本完全遵循了随机原则，不会产生系统偏差。而且，这种抽样效果十分接近于简单随机抽样的效果，因此，无关标志排队等距抽样的抽样误差通常是按简单随机抽样的抽样误差公式近似计算的。

（二）有关标志排队等距抽样

所谓有关标志排队就是指排队标志与调查内容有密切关系。例如，农产量抽样调查将全部播种面积按当年预计亩产或近三年平均亩产排队，职工家计调查按职工工资水平排队，这些都是按有关标志排队。由于排队标志与调查内容有密切关系，排队后，从所要调查的变量来看，总体单位也大致呈顺序排列。所以有关标志排队等距抽样的抽样起点一般不宜随机确定。否则，若在第一个抽样距离内随机地抽取一个标志值较小（或较大）的单位作为抽样起点，整个样本势必出现偏低（或偏高）的系统偏差。应如何确定样本单位呢？有以下两种方法。

1. 半距起点等距抽样（中心系统抽样）

半距起点等距抽样也就是以第一个抽样距离的一半为抽样起点（$r=K/2$）并每间隔 K 个单位抽一个单位。这些样本单位也就是处于每个抽样距离（相当于各组）中点的总体单位。由于各总体单位变量值大致呈顺序排列，所以这些样本单位的变量值最能代表所在各抽样间距内的一般水平，由这些单位组成的样本也就有较高代表性。但这种取样方法大大限制了抽样的随机性。因为在排队之后，确定了抽样数目，就只能抽出一个样本。为了克服这一不足之处，在实践中人们对这种方法进行了改进，于是产生了对称等距抽样。

2. 对称等距抽样

对称等距抽样是指在第一个抽样距离内随机地确定抽样起点 $r(1\leqslant r\leqslant K)$，然后以组界限 $[K,2K,\cdots,(n-1)K]$ 为对称点两两对称地抽取样本单位。这样，既保证了样本能有较好的代表性，同时又能保证抽样的随机性，根据排队结果可以抽出 K 个样本。

有关标志排队等距抽样相当于分层较多（将总体分为同等大小的 n 个层）而每层只抽取一个调查单位的分层抽样，所以有关标志排队等距抽样的抽样效果类似于分层抽样。其抽样误差一般按分层抽样的误差公式近似计算。

四、整群抽样

整群抽样又称集团抽样。它是将总体全部单位分为若干部分（每部分称为一个群体，简称群），然后按随机原则从中抽取一部分群体，抽中群体的所有单位构成样本。整群抽样对抽中群体内的所有单位进行全面调查，而未抽中群体的单位一概不调查。例如，居民家计调查或人口抽样调查，常常以一个乡（或街道）的所有住户或所有人口为一群，并对抽中乡（或街道）的住户或人口进行全面调查。又如，要从某天 8 小时内生产的产品中抽取 1/12 进行质量检查，可按 5 分钟内生产的产品为一群，将全天产品分为 96 群，再从中随机抽 1/12 即 8 群进行检查。前面几种抽样组织方式都是从总体中逐个地抽取调查单位，而整群抽样则是整群地抽取样本单位。所以，整群抽样只需对各群体进行编号，而不需要对各总体单位编号，这就大大简化了抽样组织工作。并且，由于样本单位比较集中，便于集中力量去调查，也便于组织和管理。总之，整群抽样是一种简单、方便又节省人力、物力、财力和时间的抽样组织方式，实践中应用十分广泛。但也应注意到，由于样本单位比较集中，样本单位在总体中的分布不够均匀，所以在其他条件相同的情况下，整群抽样的样本代表性可能较差。反之，为了保证样本有足够的代表性，就要适当多抽一些样本单位。

整群抽样对中选群内的单位实行全面调查，其样本代表性取决于抽中群体对全部群体的代表性。显然，群体之间差异愈大，样本代表性愈差；反之，群体之间差异愈小，样本代表性愈好。假设各群体之间没有差异(即各群体的内部结构完全相同)，则样本必然能完全代表总体，抽样误差为 0。可见，整群抽样的抽样误差取决于群间差异程度的大小，而不受各群体内部差异程度的影响。整群抽样的抽样平均误差公式为：

$$\mu_{\bar{x}}=\sqrt{\frac{\sigma_{\mathrm{B}}^{2}}{r}\left(\frac{R-r}{R-1}\right)}\approx\sqrt{\frac{\sigma_{\mathrm{B}}^{2}}{r}\left(1-\frac{r}{R}\right)} \tag{5.8}$$

式(5.8)中，R 为总体群数，r 为样本群数，σ_{B}^{2} 为总体群(组)间方差。通常，总体群间方差未知，要用样本群间方差 S_{B}^{2} 来估计。其中：

$$\sigma_{\mathrm{B}}^{2}=\frac{\sum(\overline{X}_{i}-\overline{X})^{2}}{R};S_{\mathrm{B}}^{2}=\frac{\sum(\bar{x}_{i}-\bar{x})^{2}}{r-1}$$

【例 5.4】 某商场有某种饮料 500 箱、每箱 6 瓶，现随机抽取 10 箱检查每瓶的含菌数，测得这 10 箱的平均每瓶含菌数分别为：90、80、65、85、75、70、50、70、60、65 个。试计算抽样平均误差。

解 样本平均数 $\bar{x}=\frac{\sum\bar{x}_{i}}{r}=\frac{90+80+\cdots+60+65}{10}=71(\text{个})$

样本群间方差：

$$S_{\mathrm{B}}^{2}=\frac{\sum(\bar{x}_{i}-\bar{x})^{2}}{r-1}=\frac{(90-71)^{2}+(80-71)^{2}+\cdots+(65-71)^{2}}{10-1}=143.33$$

抽样平均误差为：

$$\mu_{\bar{x}}=\sqrt{\frac{\sigma_{\mathrm{B}}^{2}}{r}\left(1-\frac{r}{R}\right)}=\sqrt{\frac{143.33}{10}\left(1-\frac{10}{500}\right)}=3.75(\text{个})$$

比较简单随机抽样与整群抽样的抽样误差公式，可见：由于$\frac{n}{N}$与$\frac{r}{R}$都是抽样比例，所以二者的差别在于前者取决于总方差 σ^{2} 和样本单位数 n，而后者取决于群间方差 σ_{B}^{2} 和样本群数 r。

$$\frac{\sigma^{2}}{n}=\frac{\sigma^{2}}{rm}<\frac{\sigma_{\mathrm{B}}^{2}}{r}\quad \text{即当}\quad m>\frac{\sigma^{2}}{\sigma_{\mathrm{B}}^{2}}\text{时}$$

(m 为每群所含的总体单位数)在其他条件相同的情况下，整群抽样的抽样误差必然大于简单随机抽样的抽样误差。所以，整群抽样在划分群体时，应使群间差异尽可能小，使各群体内的总体单位之间的差异尽可能大。整群抽样对群体的划分可以是人为的，也可以是自然形成的。人为划分群体通常可以要求群体大小相等或接近，如产品分装、职工分班组等。自然形成的群体则往往大小不等，如按街道、乡村划分居民群体等。当群体大小相等或接近时，样本群体的抽取和参数估计都比较简单，如例 5.4。当群体大小悬殊时，宜采用与群体规模成比例的不等概率的抽样方法来抽取样本群体，其参数估计的公式也有所不同。因此，为简便起见，划分群体时应使各群体所含的总体单位数尽可能相等。

以上几种基本的抽样组织方式，它们各有不同的特点和前提条件，适用于不同的场合。在实际工作中，选择适当的抽样组织方式主要应考虑调查对象的性质特点，对调查对象的了解程度，抽样误差的大小以及人力、财力和物力的条件等方面。一般地说，比较复杂的抽样组织方式如分层抽样、按有关标志排队等距抽样，有较小的抽样误差，但需要花费较多的人力、物力和财力，而且必须事先掌握总体各单位的有关信息以便适当地分组或排队；相反，较为简单的抽样组织方式，抽样误差较大，但耗费也较少，事先不需要了解总体的很多信息。

实际中通常还灵活地将两种或多种抽样组织方式结合使用，使抽样工作更简便、更经济或使抽样误差更小。如分层抽样与等距抽样结合而产生分层等距抽样，即先按与调查目的有关的主要标志将总体分为若干层(类)，在各层内采用等距抽样抽取样本单位，这种方式集中了分层抽样和等距抽样之所长，当然也要求事先掌握较多的信息。此外，对大规模的抽样调查，总体单位很多而且分布面广，从总体中直接抽取样本单位很困难，也不便搜集样本资料，这就需要采用多阶段抽样。多阶段抽样指分两个或两个以上的阶段来完成抽取样本单位的过程。如我国的城市职工家计调查采用三阶段抽样：先抽选调查城市，再从抽中城市中分部门抽选基层单位，最后从抽中的基层单位中抽取调查户。多阶段抽样可根据需要和可能，将几种抽样组织方式结合运用。一般在前面阶段选择分层抽样或有关标志排队等距抽样，而在后面阶段采用简单随机抽样或无关标志排队等距抽样。

第四节　抽样估计方法

一、抽样估计概述

抽样估计是指利用抽样调查取得的样本实际资料，采用一定的估计方法，去估计和推断相应总体未知的指标的一种统计分析方法。由于总体指标是表明总体数量特征的参数，因而抽样估计又称参数估计。

(一)抽样估计的数理标准

对于样本的某一指标而言，它有许多可能的取值，前已述及它是一个随机变量，而且它与其总体相应指标间总有着或大或小的误差。因此，据以估计和推断出来的总体指标，不可能是绝对准确的，实际中允许有一定的估计误差，故抽样估计只能在一定的可信程度下，期望其等于所代表的总体的真实情况。判断抽样估计是否合理的数理标准，一般来说，有以下三个特点：

1. 无偏性

即指就任意一个样本的某项指标来说，其可能取值围绕与之相应的总体的同一指标随机摆动，它的期望值，即所有可能样本该指标的算术平均数等于总体相应指标。具有这一特性的样本指标，如用它去估计总体相应指标，就是没有偏误的估计。一般来说，如果样本指标的所有可能值遵循或接近正态分布，它必然就是总体对应指标的无偏估计值。

2. 一致性

用样本指标对相应总体指标进行估计时，随着样本单位数的逐渐增大，样本指标便逐渐接近相应总体指标的实际值。具有这种性质的样本指标，就是对总体相应指标的一致性估计。

总体来说，凡是满足大数定律要求的样本指标，就具有一致性。

3. 有效性

用样本指标估计总体相应指标，要求作为优良估计量的方差应该比其他估计量都小。凡是具有最小抽样方差的样本指标所估计的总体指标，就是最有效的估计。

（二）有关的基本概念

为了便于学习抽样估计方法，先介绍几个有关的基本概念：

1. 估计值

抽样推断既然是用抽样指标去估计和推断总体的相应指标，因此可将抽取的样本指标，作为相应总体的估计值。这种对应估计，一般用样本平均数作为总体平均数的估计值，用样本成数作为总体成数的估计值。在大样本情况下，用样本标准差或方差作为总体标准差或方差的估计值。

2. 抽样极限误差

简称极限误差或允许误差，是指抽样指标与全及指标之间的可能误差范围。由于抽样指标是围绕全及指标上下随机取值变动的，变动幅度或大或小，取值或正或负，这种变动范围的绝对值就是抽样极限误差。用 $\Delta_{\bar{x}}$ 和 Δ_p 分别表示平均数和成数的抽样极限误差，则有：

$$\Delta_{\bar{x}} \geqslant |\bar{x}-\bar{X}|$$

$$\Delta_p \geqslant |p-P|$$

解上述不等式，可以得到下面的不等式关系：

$$\bar{x}-\Delta_{\bar{x}} \leqslant \bar{X} \leqslant \bar{x}+\Delta_{\bar{x}}$$

$$p-\Delta_p \leqslant P \leqslant p+\Delta_p$$

由上式可见，抽样极限误差反映了抽样估计的精确度，一般说来，抽样极限误差越小，抽样估计的精确度越高；反之，则抽样估计的精确度就越低。

3. 极限误差的置信度

是指全及指标落在某一区间内的概率保证程度，又称置信水平，一般用概率 $1-\alpha$ 表示，其中 α 通常称为显著性水平，又称风险值。

在抽样推断中，抽样极限误差是人为确定的，而抽样平均误差是实际计算出来的，因此，抽样极限误差确定为多少？一般是以抽样平均误差作为衡量的尺度，将抽样极限误差除以相应的抽样平均误差得出的相对数称为概率度，它表示允许误差范围为抽样平均误差的若干倍。用公式表示为：

$$Z=\Delta/\mu \text{ 或 } \Delta=Z\mu$$

式中　Z——概率度。

数理统计已经证明：概率度与概率之间存在着一定的函数关系，最常用的概率度 Z 值及相应概率值如表 5.2 所示。

表 5.2　概率度 Z 值及相应概率值表

概率度/Z	0.50	1.00	1.65	1.96	2.00	3.00
允许误差的置信度($1-\alpha$)	0.382 9	0.682 7	0.900 0	0.950 0	0.954 5	0.997 3

将极限误差和极限误差的置信度联系起来分析，发现在同样概率保证程度下，抽样平均误差越小，则极限误差范围也就越小；抽样平均误差越大，则极限误差也就越大。另外，当抽样平

均误差一定时，极限误差的大小则随着概率度的变化而变化：概率度小则极限误差小，概率度增大则极限误差也增大，估计的精确度也随之发生大小的变化。所以，在实际抽样估计中，往往不希望概率度太大；但又因概率度决定了概率的大小，故在实际工作中又希望有较大的概率度。这说明估计的精确程度（由允许误差范围大小决定）与可靠程度（由概率度的大小决定）是一对矛盾。因此，实际估计时必须在两者之间进行慎重选择。一种做法是对于一项估计值事先提出估计可靠性的要求，然后利用概率表查出相应的概率度，即置信度所对应的概率度，然后根据 $\Delta=Z\mu$ 计算出极限误差。一般抽样估计，其概率保证程度应该达到 90%～95%。对于特别重大的问题，为了保证估计的稳妥可靠，概率保证程度可以提出 99%的要求。另一种做法是对一项估计值先提出极限误差的范围，然后根据 $\Delta=Z\mu$ 求出概率度，再从概率表中查出对应的概率保证程度。一般抽样估计，允许的误差范围在 1～2 个 μ，即概率度为 1 或 2，或者将极限误差范围扩大到 3μ，这时概率保证程度为 99.73%，估计的可靠性更高。这两种做法也就是区间估计的两套模式：由 $1-\alpha\Rightarrow\Delta$ 为第一套模式；由 $\Delta\Rightarrow1-\alpha$ 为第二套模式。

二、抽样估计的基本方法

抽样估计的基本方法有两种：点估计和区间估计。

1. 点估计

点估计又称定值估计，是指用样本指标直接作为总体相应指标的估计值的一种估计方法。一般就是用样本平均数或成数作为总体平均数或成数的估计值。例如，假设从某企业的 1 000 名职工中抽出 100 名职工进行收入情况的调查得出，月平均收入 $\bar{x}=2\ 000$ 元，就推断说该企业全部职工的月平均收入为 2 000 元。再如，若从该企业职工中抽查得知男职工所占比重 $p=60\%$，可推断出该企业男职工所占比重为 60%。这种估计方法称为点估计。

2. 区间估计

这种方法与点估计不同，它不是根据样本指标直接简单地进行推断，就区间估计的第一套模式而言，是根据样本指标以及在一定的概率保证程度下进一步计算得到的允许误差范围，共同确定一个总体相应指标的可能范围的一种估计方法。

其基本估计公式为前面所介绍的不等式关系：

$$\bar{x}-\Delta_{\bar{x}}\leqslant\bar{X}\leqslant\bar{x}+\Delta_{\bar{x}} \tag{5.9}$$

$$p-\Delta_{p}\leqslant P\leqslant p+\Delta_{p} \tag{5.10}$$

根据式(5.9)和式(5.10)估计出的总体平均数或成数是在一个区间范围内，故称区间估计。这个区间又称置信区间，其中 $\bar{x}-\Delta_{\bar{x}}$ 或 $p-\Delta p$ 称为置信下限，$\bar{x}+\Delta_{\bar{x}}$ 或 $p+\Delta_{p}$ 称为置信上限。理解这种方法应注意以下三方面：

(1)它是根据样本指标和极限误差计算的总体指标存在的一个可能范围，而不是一个完全可靠的范围。这就是说，总体指标是否在这个范围内，并不完全肯定。它可能在，也可能不在。因为，按照随机原则在总体中抽取样本，会有很多种不同的结果，而在实际抽样的估计中，一般只能抽取其中一个，因此不能肯定总体指标一定在该样本的指标所确定的范围之内。

(2)区间估计方法的意义在于：它不仅能给出一个总体指标存在的范围，而且还能给出总体指标在这个可能范围之内的置信度或概率把握程度。因 $\Delta_{\bar{x}}=Z\mu_{\bar{x}}$ 或 $\Delta_{p}=Z\mu_{p}$，所以区间估计的一般公式可由基本公式表示为：

$$\bar{x}-Z\mu_{\bar{x}}\leqslant\bar{X}\leqslant\bar{x}+Z\mu_{\bar{x}} \tag{5.11}$$

$$p-Z\mu_p \leqslant P \leqslant p+Z\mu_p \tag{5.12}$$

(3)扩大极限误差的范围可以提高估计的把握程度，但降低了估计的精确程度；缩小极限误差的范围则会降低估计的把握程度，但能提高估计的精确程度。

三、总体均值的区间估计

1. 总体方差已知时，正态总体均值的区间估计

根据样本平均数的抽样分布理论，当总体方差已知时，正态总体下样本均值服从正态分布，若给定 $1-\alpha$，可由标准正态分布表查得概率度即临界值 $Z_{\alpha/2}$，总体均值的置信区间可按下式确定：

$$\bar{x}-Z_{\alpha/2}\mu_{\bar{x}} \leqslant \overline{X} \leqslant \bar{x}+Z_{\alpha/2}\mu_{\bar{x}} \tag{5.13}$$

【例 5.5】 某企业从长期实践得知，其产品直径 X 是一随机变量，服从标准差为 0.05 的正态分布。从某日产品中随机抽取 6 个，测得其直径分别为 14.8、15.3、15.1、15、14.7、15.1（单位：cm）。在 0.95 的置信度下，试求该产品直径均值的置信区间。

解 $1-\alpha=0.95$，查正态分布表得 $Z_{\alpha/2}=Z_{0.025}=1.96$

样本均值 $\bar{x}=\dfrac{\sum x_i}{n}=\dfrac{90}{6}=15$

抽样平均误差 $\mu_{\bar{x}}=\dfrac{\sigma_{\bar{x}}}{\sqrt{n}}=\dfrac{0.05}{\sqrt{6}}=0.02$

抽样极限误差 $\mu_{\bar{x}}=Z_{\alpha/2}\mu_{\bar{x}}=1.96\times0.02=0.04$

所求 X 的置信区间为：$15-0.04\leqslant\overline{X}\leqslant15+0.04$ 即 (14.96,15.04)cm。

大样本条件下，即使总体分布形式未知或总体为非正态分布，由样本平均数的抽样分布理论可知，样本均值近似服从正态分布，因此估计总体均值的方法与上述方法相同；当总体服从正态分布但方差未知，或总体并不服从正态分布，只要是在大样本条件下，总体均值的估计也采用上述方法，只不过是用样本方差代替总体方差。以上方法统称为大样本的估计方法。

【例 5.6】 某企业生产某种产品的工人有 1 000 人，某日采用不重复抽样从中随机抽取 100 人调查他们的当日产量，样本人均产量为 35 件，产量的样本标准差为 4.5 件，试以 95.45%的置信度估计平均产量的抽样极限误差和置信区间。

解 由题意可知 $S=4.5$，$n=100$，属于大样本。所以

$$\mu_{\bar{x}}=\sqrt{\frac{S^2}{n}\left(1-\frac{n}{N}\right)}=\sqrt{\frac{4.5^2}{100}\left(1-\frac{100}{1\,000}\right)}\approx0.43(\text{件})$$

又已知 $1-\alpha=0.954\,5$，则 $Z_{\alpha/2}=2$，

$$\Delta_{\bar{x}}=Z_{\alpha/2}\mu_{\bar{x}}=2\times0.43=0.86(\text{件})$$

总体人均产量的置信区间为：$35-0.86\leqslant\overline{X}\leqslant35+0.86$(件)，即在 34.14～35.86 件之间。

2. 总体方差未知时，正态总体均值的区间估计（小样本的估计方法）

根据抽样分布理论，小样本条件下，如果总体是正态分布的，总体标准差未知而需要用样本标准差 S 来代替，则随机变量 $t=\dfrac{\bar{x}-\overline{X}}{S/\sqrt{n}}$ 服从自由度为 $(n-1)$ 的 t 分布，即 $t\sim t(n-1)$。给定置信度 $1-\alpha$，可查 t 分布表确定临界值 $t_{\alpha/2}(n-1)$，使得

$$P\left\{\frac{|\bar{x}-\bar{X}|}{S/\sqrt{n}}\leqslant t_{\alpha/2}(n-1)\right\}=1-\alpha$$

亦即

$$P\left\{\bar{x}-t_{\alpha/2}\frac{S}{\sqrt{n}}\leqslant\bar{X}\leqslant\bar{x}+t_{\alpha/2}\frac{S}{\sqrt{n}}\right\}=1-\alpha$$

由此可得，总体均值的置信度为 $1-\alpha$ 的置信区间：

$$\bar{x}-t_{\alpha/2}\frac{S}{\sqrt{n}}\leqslant\bar{X}\leqslant\bar{x}-t_{\alpha/2}\frac{S}{\sqrt{n}} \tag{5.14}$$

抽样极限误差为：

$$\Delta_{\bar{x}}=t_{\alpha/2}\frac{S}{\sqrt{n}} \tag{5.15}$$

其中，$t_{\alpha/2}$ 通常称为准概率度。

【例 5.7】 某商场从一批袋装食品中随机抽取 10 袋，测得每袋质量(单位：g)分别为 789、780、794、762、802、813、770、785、810、806，要求以 95%的把握程度，估计这批食品平均每袋质量的区间范围及其允许误差。

解 样本平均数 $\bar{x}=\frac{\sum x_i}{n}=\frac{7\ 911}{10}=791.1(\text{g})$

样本标准差 $S=\sqrt{\frac{\sum(x_i-\bar{x})^2}{n-1}}=\sqrt{\frac{2\ 642.9}{10-1}}=17.136(\text{g})$

已知 $1-\alpha=0.95$，查 t 分布表得，$t_{\alpha/2}(n-1)=t_{0.025}(9)=2.262$，所以，允许误差为：

$$\Delta_{\bar{x}}=t_{\alpha/2}\frac{S}{\sqrt{n}}=2.262\times\frac{17.136}{\sqrt{10}}=12.26(\text{g})$$

总体平均质量的置信区间为：(791.1±12.26)g 即 778.84～803.36 g。

在对总体平均数进行区间估计的基础上，可进一步推断相应的总量指标，即用总体单位总数 N 分别乘以总体平均数的区间下限和区间上限，便得到相应总量($\mathrm{N}\bar{\mathrm{X}}$)的区间范围，即

$$N(\bar{x}-\Delta_{\bar{x}})\leqslant\mathrm{N}\bar{\mathrm{X}}\leqslant N(\bar{x}+\Delta_{\bar{x}}) \tag{5.16}$$

如例 5.6 中，置信度为 95.45%时，则该企业全天总产量 $\mathrm{N}\bar{\mathrm{X}}$ 的置信区间为：

$$1\ 000(35-0.86)\leqslant\mathrm{N}\bar{\mathrm{X}}\leqslant 1\ 000(35+0.86)$$

即 34 140～35 860 件。

四、总体比率的区间估计

根据样本比例的抽样分布理论，在大样本下，样本比率的分布趋近于均值为总体比率 P、方差为 $\frac{P(1-P)}{n}$ 的正态分布，$\frac{p-P}{\sqrt{P(1-P)/n}}$ 服从标准正态分布。因此，给定置信度($1-\alpha$)，查正态分布表得 $Z_{\alpha/2}$，样本比例的抽样极限误差为：

$$\Delta_p=Z_{\alpha/2}\mu_p$$

所以，总体比率 P 的置信度为 $1-\alpha$ 的置信区间为：

$$p-\Delta_p\leqslant p\leqslant p+\Delta_p$$

与总体比率相应的总量指标——总体中某一部分单位总数 NP 的置信区间则为：

$$N(p-\Delta_p)\leqslant NP\leqslant N(p+\Delta_p) \tag{5.17}$$

【例 5.8】 某厂对一批产品的品质进行抽样检验，采用重复抽样抽取样品 200 只，样本优质品率为 85%，试计算当把握程度为 90%时优质品率的区间范围。

解 已知 $n=200, p=0.85, 1-\alpha=0.90, Z_{\alpha/2}=1.645$ 则

$$\mu_p=\sqrt{\frac{p(1-p)}{n}}=\sqrt{\frac{0.85\times 0.15}{200}}\approx 0.025\,2 \text{ 或 } 2.52\%$$

$$\Delta_p=Z_{\alpha/2}\mu_p=1.645\times 0.025\,2=4.15\%$$

总体优质品率 P 的置信度为 90%的置信区间为

$$85\%-4.15\%\leqslant P\leqslant 85\%+4.15\%$$

即总体优质品率的置信区间为(80.85%，89.15%)。若这批产品共有 2 000 只，则可进一步推算这批产品中优质品总数 NP 的置信区间为(2 000×80.85%，2 000×89.15%)，即优质品总数为 1 617～1 783 只，这一推断的可靠程度为 90%。

五、总体方差的区间估计

大样本情况下，样本标准差 S 的分布近似服从正态分布 $N(\sigma,\sigma^2/2n)$，所以，总体标准差 σ 的置信度为 $1-\sigma$ 的置信区间近似为：

$$(S-Z_{\alpha/2}S/\sqrt{2n}, S+Z_{\alpha/2}S/\sqrt{2n}) \tag{5.18}$$

小样本情况下，若总体呈正态分布而其均值和方差未知，则总体方差 σ^2 的置信区间可由如下统计量的分布来确定：

$$\chi^2=\frac{(n-1)S^2}{\sigma^2}\sim\chi^2(n-1)$$

对于给定的 α，查 χ^2 分布表确定两个临界值 $\chi^2_{1-\alpha/2}(n-1)$ 和 $\chi^2_{\alpha/2}(n-1)$，使

$$P\left\{\chi^2_{1-\alpha/2}(n-1)<\frac{(n-1)S^2}{\sigma^2}<\chi^2_{\alpha/2}(n-1)\right\}=1-\alpha$$

故总体方差 σ^2 的置信度为 $1-\alpha$ 的置信区间为：

$$\left(\frac{(n-1)S^2}{\chi^2_{\alpha/2}(n-1)},\frac{(n-1)S^2}{\chi^2_{1-\alpha/2}(n-1)}\right) \tag{5.19}$$

【例 5.9】 从某车间加工的同类零件中抽取 16 件，测得零件的平均长度为 12.8 cm，方差为 0.002 3。假定零件的长度服从正态分布，试计算方差及标准差的置信区间(置信度为 95%)。

解 已知：$n=16, S^2=0.002\,3, 1-\alpha=0.95$，查 χ^2 分布表得：

$$\chi^2_{1-\alpha/2}(n-1)=\chi^2_{0.975}(15)=6.262$$

$$\chi^2_{\alpha/2}(n-1)=\chi^2_{0.025}(15)=27.488$$

将有关数据代入式(5.19)可得所求方差的置信区间为(0.001 3，0.005 5)。

标准差的置信区间即为$(\sqrt{0.001\,3},\sqrt{0.005\,5})=(0.035,0.074)$。

第五节 两个总体参数的区间估计

对于两个总体，一般所关心的参数主要有两个总体的均值之差$(\mu_1-\mu_2)$、两个总体的比率

之差(P_1-P_2)、两个总体的方差比 σ_1^2/σ_2^2 等。

一、两个总体均值之差的区间估计

设两个总体的均值分别为 μ_1 和 μ_2,从两个总体中分别抽取容量为 n_1 和 n_2 的两个随机样本,其样本均值分别为 $\bar{x}_1$ 和 $\bar{x}_2$。估计两个总体均值之差($\mu_1-\mu_2$)的估计量显然是两个样本的均值之差($\bar{x}_1-\bar{x}_2$)。对于两个总体均值之差的估计,需要考虑两个样本是独立样本还是匹配样本,以及样本容量是大样本还是小样本等几种情况。

1. 两个总体均值之差的估计:独立样本

(1)大样本的估计方法。如果两个样本是从两个总体中独立抽取的,即一个样本中的元素与另一个样本中的元素相互独立,则称为独立样本。如果两个总体都为正态分布,或两个总体不服从正态分布但两个样本都为大样本($n_1\geqslant30$ 和 $n_2\geqslant30$)时,根据抽样分布的知识可知,两个样本均值之差($\bar{x}_1-\bar{x}_2$)的抽样分布服从期望值为($\mu_1-\mu_2$)、方差为$\dfrac{\sigma_1^2}{n_2}+\dfrac{\sigma_2^2}{n_2}$的正态分布。而两个样本均值之差经标准化后则服从标准正态分布,即

$$Z=\frac{(\bar{x}_1-\bar{x}_2)-(\mu_1-\mu_2)}{\sqrt{\dfrac{\sigma_1^2}{n_1}+\dfrac{\sigma_2^2}{n_2}}}\sim N(0,1) \tag{5.20}$$

当两个总体的方差 σ_1^2 和 σ_2^2 都已知时,两个总体均值之差($\mu_1-\mu_2$)在($1-\alpha$)置信水平下的置信区间为:

$$(\bar{x}_1-\bar{x}_2)\pm Z_{\alpha/2}\sqrt{\frac{\sigma_1^2}{n_1}+\frac{\sigma_2^2}{n_2}} \tag{5.21}$$

当两个总体的方差 σ_1^2 和 σ_2^2 未知时,可用两个样本方差 S_1^2 和 S_2^2 代替,这时两个总体均值之差($\mu_1-\mu_2$)在($1-\alpha$)置信水平下的置信区间为:

$$(\bar{x}_1-\bar{x}_2)\pm Z_{\alpha/2}\sqrt{\frac{S_1^2}{n_1}+\frac{S_2^2}{n_2}} \tag{5.22}$$

【例 5.10】 某地区教育委员会想估计两所中学的学生高考时的英语平均分数之差,为此在两所中学独立地抽取两个随机样本,有关数据如表 5.3 所示。确定两所中学高考英语平均分数之差在 95%的置信区间。

表 5.3 两个样本的有关数据

中学 1	中学 2
$n_1=46$	$n_2=33$
$\bar{x}_1=86$	$\bar{x}_2=78$
$S_1=5.8$	$S_2=7.2$

解 根据公式得:

$$(\bar{x}_1-\bar{x}_2)\pm Z_{\alpha/2}\sqrt{\frac{S_1^2}{n_1}+\frac{S_2^2}{n_2}}=(86-78)\pm1.96\times\sqrt{\frac{5.8^2}{46}+\frac{7.2^2}{33}}=8\pm2.97$$

即(5.03,10.97),两所中学高考英语平均分数之差在 95%的置信区间为(5.03,10.97)。

(2)小样本的估计方法。在两个样本都为小样本的情况下,为估计两个总体的均值之差,需要做出以下假定:

第一,两个总体都服从正态分布;

第二,两个总体的方差相等,即 $\sigma_1^2=\sigma_2^2$;

第三,两个随机样本独立地分别抽自两个总体。

在上述假定中,无论样本容量的大小,两个样本均值之差都服从正态分布。当两个总体方

差 σ_1^2 和 σ_2^2 已知时，可用式(5.21)确定两个总体均值之差的置信区间。

①当两个总体的方差 σ_1^2 和 σ_2^2 未知但相等时，即 $\sigma_1^2=\sigma_2^2$，则需要用两个样本的方差 S_1^2 和 S_2^2 来估计，这时需要将两个样本的数据组合在一起，以给出总体方差的合并估计量 S_P^2，计算公式为：

$$S_p^2=\frac{(n_1-1)S_1^2+(n_2-1)S_2^2}{n_1+n_2-2} \tag{5.23}$$

这时，两个样本均值之差经标准化后服从自由度为(n_1+n_2-2)的 t 分布，即

$$t=\frac{(\bar{x}_1-\bar{x}_2)-(\mu_1-\mu_2)}{S_p\sqrt{\dfrac{1}{n_1}+\dfrac{1}{n_2}}}\sim t(n_1+n_2-2) \tag{5.24}$$

因此，两个总体均值之差$(\mu_1-\mu_2)$在$(1-\alpha)$置信水平下的置信区间为：

$$(\bar{x}_1-\bar{x}_2)\pm t_{\alpha/2}(n_1+n_2-2)\sqrt{S_p^2\left(\frac{1}{n_1}+\frac{1}{n_2}\right)} \tag{5.25}$$

【例 5.11】　为估计两种方法组装产品所需时间的差异，分别对两种不同的组装方法各随机安排 12 个工人，每个工人组装一件产品所需的时间(分钟)如表 5.4 所示：

表 5.4　两种方法组装产品所需的时间

方法 1	方法 2	方法 1	方法 2
28.3	27.6	36.0	31.7
30.1	22.2	37.2	26.0
29.0	31.0	38.5	32.0
37.6	33.8	34.4	31.2
32.1	20.0	28.0	33.4
28.8	30.2	30.0	26.5

假定两种方法组装产品的时间服从正态分布，且方差相等。试以 95%的置信水平确定两种方法组装产品所需平均时间差值的置信区间。

解　根据样本数据计算得：

方法 1：$\bar{x}_1=32.5$，$S_1^2=15.996$；

方法 2：$\bar{x}_2=28.8$，$S_2^2=19.358$。

总体方差的合并估计量为：

$$S_p^2=\frac{(n_1-1)S_1^2+(n_2-1)S_2^2}{n_1+n_2-2}=\frac{(12-1)\times15.996+(12-1)\times19.358}{12+12-2}=17.677$$

根据 $\alpha=0.05$ 自由度为$(12+12-2)=22$，查 t 分布表得 $t_{0.05/2}(22)=2.074$。两个总体均值之差$(\mu_1-\mu_2)$在 95%的置信水平下的置信区间为：

$$(\bar{x}_1-\bar{x}_2)\pm t_{\alpha/2}(n_1+n_2-2)\sqrt{S_p^2\left(\frac{1}{n_1}+\frac{1}{n_2}\right)}=$$

$$(32.5-28.8)\pm2.074\times\sqrt{17.677\times\left(\frac{1}{12}+\frac{1}{12}\right)}=3.7\pm3.56$$

即(0.14,7.26)，两种方法组装产品所需平均时间之差 95%的置信区间为(0.14,7.26)。

②当两个总体的方差 σ_1^2 和 σ_2^2 未知且不相等时，即 $\sigma_1^2\neq\sigma_2^2$，只要两个总体都服从正态分布，而且两个样本的容量相等，即 $n_1=n_2=n$，可以采用下式建立两个总体均值之差在$(1-\alpha)$置

信水平下的置信区间：

$$(\bar{x}_1-\bar{x}_2)\pm t_{\alpha/2}(n_1+n_2-2)\sqrt{\frac{S_1^2}{n_1}+\frac{S_2^2}{n_2}} \tag{5.26}$$

当两个总体的方差 σ_1^2 和 σ_2^2 未知且不相等时，而且两个样本的容量也不相等，即 $n_1\neq n_2$ 时，两个样本均值之差经标准化后不再服从自由度为(n_1+n_2-2)的 t 分布，而是近似服从自由度为 λ 的 t 分布，自由度 λ 的计算公式为：

$$\lambda=\frac{\left(\dfrac{S_1^2}{n_1}+\dfrac{S_2^2}{n_2}\right)^2}{\dfrac{(S_1^2/n_1)^2}{n_1-1}+\dfrac{(S_2^2/n_2)^2}{n_2-1}} \tag{5.27}$$

两个总体均值之差在$(1-\alpha)$置信水平下的置信区间为：

$$(\bar{x}_1-\bar{x}_2)\pm t_{\alpha/2}(\lambda)\sqrt{\frac{S_1^2}{n_1}+\frac{S_2^2}{n_2}} \tag{5.28}$$

【例 5.12】 根据例 5.11 的数据，假定第一种方法随机安排 12 个工人，第二种方法随机安排 8 个工人，即 $n_1=12$，$n_2=8$，所得的有关数据如表 5.5 所示。

表 5.5　两种方法组装产品所需的时间　　（单位：min）

方法 1	方法 2	方法 1	方法 2
28.3	27.6	36.0	31.7
30.1	22.2	37.2	26.5
29.0	31.0	38.5	
37.6	33.8	34.4	
32.1	20.0	28.0	
28.8	30.2	30.0	

同时假定两个总体的方差不相等，试以 95%的置信水平确定两种方法组装产品所需平均时间差值的置信区间。

解　根据表 5.5 的数据计算得：

方法 1：$\bar{x}_1=32.5$，$S_1^2=15.996$；

方法 2：$\bar{x}_2=27.875$，$S_2^2=23.014$。

计算的自由度为：

$$\lambda=\frac{\left(\dfrac{15.996}{12}+\dfrac{23.014}{8}\right)^2}{\dfrac{(15.996/12)^2}{12-1}+\dfrac{(23.014/8)^2}{8-1}}=13.188\approx 13$$

根据 $\alpha=0.05$ 自由度为 13，查 t 分布表得 $t_{0.05/2}(13)=2.160$。两个总体均值之差$(\mu_1-\mu_2)$在 95%的置信水平下的置信区间为：

$$\begin{aligned}(\bar{x}_1-\bar{x}_2)\pm t_{\alpha/2}(\lambda)\sqrt{\frac{S_1^2}{n_1}+\frac{S_2^2}{n_2}}&=(32.5-27.875)\pm 2.160\times\sqrt{\frac{15.996}{12}+\frac{23.014}{8}}\\&=4.625\pm 4.433\end{aligned}$$

即(0.192，9.058)，两种方法组装产品所需平均时间之差 95%的置信区间为(0.192，9.058)。

2. 两个总体均值之差的估计:匹配样本

在例 5.11 中使用的是两个独立的样本。但使用独立样本来估计两个总体均值之差时存在着潜在的弊端。例如,在对每种方法随机指派 12 个工人时,偶尔可能会使技术比较差的 12 个工人指定给方法 1,而技术较好的 12 个工人指定给方法 2。这种不公平的指派,可能会掩盖两种方法组装产品所需时间的真正差异。

为了解决这一问题,可以使用匹配样本,即一个样本中的数据与另一个样本中的数据相对应。例如先指定 12 个工人用第一种方法组装产品,然后再让这 12 个工人用第二种方法组装产品,这样得到的两组组装产品的数据就是匹配数据。匹配样本可以消除由于样本指定的不公平造成的两个方法组装时间上的差异。

使用匹配样本进行估计时,在大样本条件下,两个总体均值之差 $\mu_d=\mu_1-\mu_2$ 在$(1-\alpha)$置信水平下的置信区间为:

$$\bar{d}\pm Z_{\alpha/2}\frac{\sigma_d}{\sqrt{n}} \tag{5.29}$$

式中　d——两个匹配样本对应数据的差值;

$\bar{d}$——各差值的均值;

σ_d——各差值的标准差。当总体的 σ_d 未知时,可用样本差值的标准差 S_d 代替。

在小样本情况下,假定两个总体各观测值的配对差服从正态分布。两个总体均值之差 $\mu_d=\mu_1-\mu_2$ 在$(1-\alpha)$置信水平下的置信区间为:

$$\bar{d}\pm t_{\alpha/2}(n-1)\frac{S_d}{\sqrt{n}} \tag{5.30}$$

【例 5.13】 由 10 名学生组成一个随机样本,让他们分别采用 A 和 B 两套试卷进行测试,结果如表 5.6 所示。

表 5.6　10 名学生两套试卷的得分

学生编号	试卷 A	试卷 B	差值 d_i
1	78	71	7
2	63	44	19
3	72	61	11
4	89	84	5
5	91	74	17
6	49	51	−2
7	68	55	13
8	76	60	16
9	85	77	8
10	55	39	16

试建立两种试卷平均分数之差 $\mu_d=\mu_1-\mu_2$ 在 95%置信水平下的置信区间。

解　根据表 5.6 中的数据计算得:

$$\bar{d}=\frac{\sum_{i=1}^{n}d_i}{n_d}=\frac{110}{10}=11,S_d=\sqrt{\frac{\sum_{i=1}^{n}(d_i-\bar{d})^2}{n_d-1}}=6.53$$

根据自由度$(10-1)=9$,查 t 分布表得 $t_{0.05/2}(9)=2.262$。根据公式得两种试卷分数之差

$\mu_d=\mu_1-\mu_2$ 在95%的置信水平下的置信区间为：

$$\bar{d}\pm t_{\alpha/2}(n-1)\frac{S_d}{\sqrt{n}}=11\pm 2.262\times\frac{6.53}{\sqrt{10}}=11\pm 4.67$$

即(6.33,15.67)，两种试卷所产生的分数之差在95%的置信水平下的置信区间为(6.33,15.67)。

二、两个总体比率之差的区间估计

根据抽样分布的知识可知，从两个二项总体中抽出两个独立的样本，则两个样本比率之差的抽样分布服从正态分布。同样，将两个样本的比率之差经标准化后则服从标准正态分布，即：

$$Z=\frac{(p_1-p_2)-(p_1-p_2)}{\sqrt{\frac{p_1(1-p_1)}{n_1}+\frac{p_2(1-p_2)}{n_2}}}\sim N(0,1) \tag{5.31}$$

由于两个总体比率 P_1 和 P_2 通常是未知时，可用样本比率 p_1 和 p_2 来代替。因此，根据正态分布建立的两个总体比率之差(p_1-p_2)在$(1-\alpha)$置信水平下的置信区间为：

$$(p_1-p_2)\pm Z_{\alpha/2}\sqrt{\frac{p_1(1-p_1)}{n_1}+\frac{p_2(1-p_2)}{n_2}} \tag{5.32}$$

【例5.14】 在某个电视节目的收视率调查中，在农村随机调查了400人，有32%的人收看了该节目；在城市随机调查了500人，有45%的人收看了该节目。试以95%置信水平估计城市与农村收视率差别的置信区间。

解 设城市收视率为 $p_1=45\%$，农村收视率为 $p_2=32\%$。当 $\alpha=0.05$ 时，$Z_{\alpha/2}=1.96$。因此，置信区间为：

$$(p_1-p_2)\pm Z_{\alpha/2}\sqrt{\frac{p_1(1-p_1)}{n_1}+\frac{p_2(1-p_2)}{n_2}}$$

$$=(45\%-32\%)\pm 1.96\times\sqrt{\frac{45\%(1-45\%)}{500}+\frac{32\%(1-32\%)}{400}}$$

$$=13\%\pm 6.32\%$$

即(6.68%,19.32%)，城市与农村收视率差值在95%的置信区间为(6.68%,19.32%)。

三、两个总体方差之比的区间估计

在实际问题中，经常会遇到比较两个总体的方差问题。例如，人们希望比较两种不同方法生产的产品性能的稳定性，比较不同测量工具的精度，等等。

根据相关理论可知，$\frac{S_1^2}{S_2^2}\cdot\frac{\sigma_2^2}{\sigma_1^2}\sim F(n_1-1,n_2-1)$，因此对于给定的置信水平$(1-\alpha)$下，则有：

$$F_{1-\alpha/2}\leqslant\frac{S_1^2}{S_2^2}\cdot\frac{\sigma_2^2}{\sigma_1^2}\leqslant F_{\alpha/2} \tag{5.33}$$

根据这一公式，可以推导出两个总体方差比 σ_1^2/σ_2^2 在$(1-\alpha)$置信水平下的置信区间为：

$$\left(\frac{S_1^2/S_2^2}{F_{\alpha/2}}\cdot\frac{S_1^2/S_2^2}{F_{1-\alpha/2}}\right) \tag{5.34}$$

式中 $F_{\alpha/2}$ 和 $F_{1-\alpha/2}$——分别是第一自由度为(n_1-1)和第二自由度为(n_2-1)的 F 分布上侧面积为 $\alpha/2$ 和$(1-\alpha/2)$的分位数。由于 F 分布表中只给出面积较小的上分位数，可利用下面

的关系求得 $F_{1-\alpha/2}$ 的分位数值：

$$F_{1-\alpha}(n_1,n_2)=\frac{1}{F_{\alpha}(n_2,n_1)} \tag{5.35}$$

【例 5.15】 为了研究男女学生在生活费支出(单位:元)上的差异，在某大学各随机抽取 25 名男学生和 25 名女学生，得到下面的结果：

男学生：$\bar{x}_1=520, S_1^2=260$；

女学生：$\bar{x}_2=480, S_2^2=280$。

试以 90%置信水平估计男女学生生活费支出方差比的置信区间。

解　根据自由度 $n_1=25-1=24$ 和 $n_2=25-1=24$，查 F 分布表得

$$F_{\alpha/2}(24,24)=F_{0.05}(24,24)=1.98$$

根据式(5.35)得，

$$F_{1-\alpha/2}(24,24)=F_{0.95}(24,24)=\frac{1}{1.98}=0.505$$

根据式(5.34)得，

$$\frac{260/280}{1.98}\leqslant\frac{\sigma_1^2}{\sigma_2^2}\leqslant\frac{260/280}{0.505}$$

即 $0.47\leqslant\frac{\sigma_1^2}{\sigma_2^2}\leqslant1.84$，男女学生生活费支出方差比在 90%的置信区间为(0.47,1.84)。

第六节　样本容量的确定

抽样估计的关键问题是计算抽样平均误差，但抽样调查首先要解决的问题是样本容量问题。样本容量过大，会增加调查费用，花费更多的人力与时间，从而不能充分发挥抽样调查的优越性。样本容量过小，样本没有足够的代表性，抽样误差也会增大，对总体指标的推断会不准确，从而也失去了实际价值。为了能节省人力、物力、财力与时间，体现出抽样调查的优越性，又能使抽样推断的准确性高一些，也就是说，为了避免样本容量过大或过小，必须确定最佳的样本容量，即确定必要的样本容量。所谓必要的样本容量，也就是指为了使抽样误差不超过给定的允许范围至少应抽取的样本单位数目。

一、样本容量的计算

这里只介绍简单随机抽样组织方式的样本容量计算。

1. 平均数样本容量的计算

(1)重复抽样的样本容量。公式推导如下：

由 $\Delta_{\bar{x}}=Z_{\alpha/2}\mu_{\bar{x}}=Z_{\alpha/2}\sqrt{\frac{\sigma_{\bar{x}}^2}{n}}$ 进一步推导得：

$$n=\frac{Z_{\alpha/2}^2\sigma_{\bar{x}}^2}{\Delta_{\bar{x}}^2} \tag{5.36}$$

(2) 不重复抽样的样本容量。公式推导如下：

由 $\Delta_{\bar{x}}=Z_{\alpha/2}\mu_{\bar{x}}=Z_{\alpha/2}\sqrt{\frac{\sigma_{\bar{x}}^2}{n}\left(1-\frac{n}{N}\right)}$ 进一步推导得：

$$n=\frac{NZ_{\alpha/2}^2\sigma_{\bar{x}}^{\ 2}}{N\Delta_{\bar{x}}^{\ 2}+Z_{\alpha/2}^2\sigma_{\bar{x}}^{\ 2}} \tag{5.37}$$

2. 成数样本容量的计算

(1)重复抽样的样本容量。公式推导如下：

由 $\Delta_p=Z_{\alpha/2}\mu_p=Z_{\alpha/2}\sqrt{\frac{P(1-P)}{n}}$ 进一步推导得：

$$n=\frac{Z_{\alpha/2}^2P(1-P)}{\Delta_p^2} \tag{5.38}$$

(2) 不重复抽样的样本容量。公式推导如下：

由 $\Delta_p=Z_{\alpha/2}\mu_p=Z_{\alpha/2}\sqrt{\frac{P(1-P)}{n}\left(1-\frac{n}{N}\right)}$ 进一步推导得：

$$n=\frac{NZ_{\alpha/2}^2P(1-P)}{N\Delta_p^2+Z_{\alpha/2}^2P(1-P)} \tag{5.39}$$

二、影响必要样本容量的因素

从上述样本容量计算公式可以看出，必要的样本容量受以下因素影响：

(1)总体方差(或总体标准差)。其他条件不变的情况下，总体单位的差异程度大，则应多抽一些，反之可少抽一些。

(2)允许误差范围。允许误差增大，意味着推断的精度要求降低，在其他条件不变的情况下，必要的抽样数目可减少；反之，缩小允许误差，就要增加必要的抽样数目。

(3)置信度$(1-\alpha)$。因$(1-\alpha)$与 $Z_{\alpha/2}$ 是同方向变化的，所以在其他条件不变的情况下，要提高推断的置信程度，就必须增加抽样数目。

(4)抽样方法。相同条件下，采用重复抽样应比不重复抽样多抽一些样本单位。不过，总体单位数 N 很大时，二者差异很小。所以为简便起见，实际中当总体单位数很大时，一般都按重复抽样公式计算必要的抽样数目。

(5)抽样组织方式。由于不同抽样组织方式有不同的抽样误差，所以，在误差要求相同的情况下，不同抽样组织方式所必需的抽样数目也不同。

三、计算样本容量应注意的问题

(1)应用上面公式计算的样本容量是最低的，也是最必要的样本容量。

(2)用上面公式计算样本容量时，一般来说，总体方差 $\sigma_{\bar{x}}^2$ 和 $P(1-P)$是未知的。在实际计算时关于方差或标准差的处理方式与前面介绍的抽样平均误差计算时方差或标准差的处理方式相同。

(3)如果进行一次抽样调查，同时对总体平均数和成数进行区间估计，运用上面公式计算的两个样本容量一般情况下不会相同，为了同时满足两个推断要求，一般在两个样本容量中选择较大的一个。

(4)上述计算样本容量的公式只是简单随机抽样下确定必要样本容量的公式。其他抽样组织方式下必要样本容量的计算公式也可根据相应的误差公式来求得。

(5)上述计算样本容量的公式只是在估计一个总体参数时确定必要样本容量的公式。估计两个总体均值之差或比率之差时，样本容量的确定方法与其类似，这里不再加以具体介绍。

四、样本容量计算的应用举例

【例 5.16】 某地硕士研究生毕业第一年年薪标准差大约为 2 000 元人民币，如果以 95% 的置信度估计其平均年薪，并且希望抽样极限误差分别不超过 500 元和 100 元，抽取的样本容量应为多少？

解 已知总体标准差 $\sigma_{\bar{x}}=2\ 000$，$1-\alpha=95\%$，经查标准正态分布表可得 $Z_{\alpha/2}=1.96$，当抽样极限误差 $\Delta_{\bar{x}}$ 不超过 500 元时，至少应抽取的样本容量为：

$$n=\frac{Z_{\alpha/2}^2\sigma_{\bar{x}}^2}{\Delta_{\bar{x}}^2}=\frac{1.96^2\times 2\ 000^2}{500^2}=61.42\approx 62(\text{人})$$

当抽样极限误差 $\Delta_{\bar{x}}$ 不超过 100 元时，至少应抽取的样本容量为：

$$n\frac{Z_{\alpha/2}^2\sigma_{\bar{x}}^2}{\Delta_{\bar{x}}^2}=\frac{1.96^2\times 2\ 000^2}{100^2}=1\ 536.64\approx 1\ 537(\text{人})$$

通过比较计算结果可得，抽样极限误差越小，所需要抽取的样本容量也应该越大。

【例 5.17】 对某地区某年已成熟的 12 000 亩某种作物进行抽样调查（根据以往资料，平均每亩收获量的标准差为 120 kg），要求抽样推断的可靠程度达 95%。该种作物平均每亩收获量的抽样极限误差不超过 12 kg，求应抽取的样本容量。

解 已知，总体单位数 $N=12\ 000$，总体标准差 $\sigma_{\bar{x}}=120$，$1-\alpha=95\%$，查标准正态分布表得 $Z_{\alpha/2}=1.96$，抽样极限误差 $\Delta_{\bar{x}}=12$。因此，至少应抽取的样本容量如下：

（1）重复抽样条件下：

$$n=\frac{Z_{\alpha/2}^2\sigma_{\bar{x}}^2}{\Delta_{\bar{x}}^2}=\frac{1.96^2\times 120^2}{12^2}=384.16\approx 385(\text{亩})$$

（2）不重复抽样条件下：

$$n=\frac{NZ_{\alpha/2}^2\sigma_{\bar{x}}^2}{N\Delta_{\bar{x}}^2+Z_{\alpha/2}^2\sigma_{\bar{x}}^2}=\frac{12\ 000\times 1.96^2\times 120^2}{12\ 000\times 12^2+1.96^2\times 120^2}=372.24\approx 373(\text{亩})$$

【例 5.18】 已知某网站一个 400 名使用者所组成的样本表明，该网站的使用者中 26% 为女性，现在 95% 的置信度下，如果想对使用者进行一次随机抽样调查，希望将抽样极限误差控制在 3%，则样本容量应为多少？

解 由于总体单位数较大，因此可以看作重复抽样。已知：抽样极限误差为 3%，样本成数 $p=26\%$，$1-\alpha=95\%$，查标准正态分布表可得 $Z_{\alpha/2}=1.96$，因此，该调查的样本容量至少应为：

$$n=\frac{Z_{\alpha/2}^2P(1-P)}{\Delta_p^2}=\frac{1.96^2\times 0.26\times(1-0.26)}{0.03^2}=821.25\approx 822(\text{人})$$

即该调查样本容量至少应为 822 个使用者。

【例 5.19】 某企业对一批产品进行质量检验，这批产品的总数为 5 000 件，过去几次同类调查所得的产品合格率为 93%、95% 和 96%，为了使合格率的允许误差不超过 3%，在 99.73% 的概率下应抽查多少件产品？

解 已知 $N=5\ 000$，$\Delta_p=3\%$，$1-\alpha=99.73\%$，即 $Z_{\alpha/2}=3$。

为保证抽样推断的把握程度，确定必要的抽样数目时，若有多个可供参考的方差数值，应选其中方差最大值来计算。由于成数的方差为 $P(1-P)$，所以，推断成数时必要的抽样数目应取最接近 50% 的成数来计算。本例中，根据过去同类调查资料，有三个合格率可供参考，应

取 $P=93\%$，所以在重复抽样条件下，该调查的样本容量至少应为：

$$n=\frac{Z_{\alpha/2}^{2}P(1-P)}{\Delta_{p}^{2}}=\frac{3^{2}\times 0.93\times(1-0.93)}{0.03^{2}}=651(\text{件})$$

【例 5.20】 某市开展职工家计调查，根据历史资料该市职工家庭平均每人年收入的标准差为 2 400 元，而家庭消费的恩格尔系数(家庭食品支出占消费总支出的比重)为 54%。现在用重复抽样的方法，要求在 95.45%的概率保证下，平均收入的极限误差不超过 200 元，恩格尔系数的极限误差不超过 4%，求样本必要的单位数。

解 根据公式，在重复抽样条件下：

平均数的样本容量 $$n=\frac{Z_{\alpha/2}^{2}\sigma_{\bar{x}}^{2}}{\Delta_{\bar{x}}^{2}}=\frac{2^{2}\times 2\ 400^{2}}{200^{2}}=576(\text{户})$$

成数的样本容量 $$n=\frac{Z_{\alpha/2}^{2}P(1-P)}{\Delta_{p}^{2}}=\frac{2^{2}\times 0.54\times 0.46}{0.04^{2}}=621(\text{户})$$

两个抽样指标所要求的单位数不同，应采取其中比较多的单位数，即抽 621 户进行家庭调查以满足共同的要求。

小　　结

抽样推断是按随机原则从总体中抽取部分单位(称为样本)，并根据样本信息对总体的数量特征进行科学估计与推断的方法。抽样推断包括抽样调查与统计推断两部分，抽样调查(在前面相关章节已进行了一般介绍)是一个非全面调查，它是按照随机的原则从总体中抽出部分单位进行调查，目的是推断总体。统计推断是根据抽样调查所获得的样本信息，对总体的数量特征做出具有一定可靠程度的估计和推断。

1. 抽样误差通常指的就是抽样平均误差，它是指所有可能出现的样本指标和总体指标的平均离差。抽样平均误差的作用就是表现为对总体的代表性，是抽样推断的依据，抽样误差越大，说明样本指标对总体的代表性越低。影响抽样平均误差的大小主要有四个因素，即总体标志变动度的差异程度、抽样的样本容量、抽样方法及抽样的组织方式。

2. 抽样的组织方式主要有简单随机抽样、类型抽样、机械抽样、整群抽样等方式。抽样的组织方式不同，其抽样平均误差的水平及计算方法也不同。

3. 统计推断包括两方面内容，即参数估计和假设检验(有关假设检验的内容将在第六章介绍)。参数估计是用样本的信息来对总体参数进行估计，分为点估计与区间估计。点估计是用一个具体的数值去估计一个未知参数，一般直接以样本统计量作为相应的总体参数的估计量；区间估计是在给定概率下判断总体参数的可能范围。

4. 总体参数的估计区间是由样本统计量和允许误差两部分组成。

5. 估计一个总体均值的置信区间时，需要考虑两种情况：一是正态总体、方差已知，或非正态总体、大样本，在这种情况下，可用正态分布构造总体均值的置信区间；二是正态总体、方差未知、小样本，在这种情况下，则需要用 t 分布构造总体均值的置信区间。估计一个总体比率的置信区间时，通常是在大样本条件下，由正态分布给出的。而总体方差的置信区间，则是由 χ^{2} 分布给出的。

6. 估计两个总体均值之差的置信区间时，需要考虑两种情况：一是独立样本，在大样本条件下由正态分布构造其置信区间，在小样本条件下则由 t 分布构造其置信区间；二是匹配样本，在大样本条件下由正态分布构造其置信区间，在小样本条件下则由 t 分布构造其置信区间。估计两个总体比率之差的置信区间时，通常也是在大样本条件下，由正态分布给出的。而两个总体方差比的置信区间，则是由 F 分布给出的。

7. 进行抽样推断，应需先确定样本容量。所谓必要的样本容量，也就是指为了使抽样误差不超过给定的允许范围至少应抽取的样本单位数目。关于样本容量的确定，可以通过抽样极限误差公式来推算。影响必要样本容量的因素有：总体方差(或总体标准差)、允许误差范围、置信度$(1-\alpha)$、抽样方法与抽样组织方式。

1. 什么是抽样平均误差、抽样极限误差？它们之间有何关系？

2. 基本的抽样组织方式有哪几种？它们各有什么特点？它们的抽样平均误差如何计算？

3. 抽样平均误差受哪些因素的影响？假定进行简单重复随机抽样，抽样单位数增加 4 倍，则平均数的抽样平均误差将如何变化？如果要求抽样误差范围减少 20%，则其调查的样本容量应如何调整？

4. 试比较等距抽样中按无关标志和按有关标志排队的优缺点，比较有关标志排队中，半距起点固定间隔取样和随机起点对称等距取样的优缺点。

5. 类型抽样中的分组和整群抽样的分群有什么不同意义和不同要求？

6. 什么叫估计量？评价估计量优劣有哪些标准？

7. 在参数估计中，为什么说准确性的要求和可靠性的要求是一对矛盾，在实际估计中又如何解决这对矛盾？

8. 在参数估计中，什么是概率度，什么是置信度，这两者有什么关系？

9. 确定必要的抽样数目有何意义？必要抽样数目受哪些因素影响？

10. 某地区粮食播种面积共 5 000 亩，按不重复抽样方法随机抽取了 100 亩进行实测。调查结果，平均亩产为 450 kg，亩产量的标准差为 52 kg。试以 95%的置信度估计该地区粮食平均亩产量和总产量的区间。

11. 某地对上年栽种一批树苗(共 5 000 株)进行了抽样调查，随机抽查的 200 株树苗中有 170 株成活。试以 95.45%的概率估计该批树苗的成活率的置信区间和成活总数的置信区间。

12. 某车间生产的螺杆直径服从正态分布 $N(\mu, 0.3^2)$，现随机抽取 5 只，测得直径(单位：mm)为：22.3、21.5、22.0、21.8、21.4，试求直径 μ 的 95%的置信区间。

13. 某企业对职工用于某类消费的支出进行了等比例分层抽样，调查结果如表 5.7 所示。

表　5.7

职工分类	职工人数/人	调查人数/人	平均支出/元	标准差/元
青年职工	2 400	120	230	60
中老年职工	1 600	80	140	47

试以 95.45%的概率估计该企业职工平均支出和总支出的置信区间。

14. 采用简单随机重复抽样的方法，从养鸡场 2 000 只鸡中抽查 200 只，发现其中 190 只是健康的，有 10 只出现疾病。要求：

(1)计算健康鸡比率的抽样平均误差。

(2)以 95%的概率保证程度，对健康鸡的比率和健康鸡的数量进行区间估计。

(3)如果健康鸡比率的极限误差为 2.31%，则其置信概率是多少？

15. 从麦当劳餐厅随机抽查 49 位顾客，发现每位顾客的平均消费额为 25.5 元，根据以往资料，已经知道顾客消费额的总体标准差是 10.5 元。试问：

(1)在 95%的置信概率下，抽样极限误差是多少？

(2)在 95%的置信概率下，顾客平均消费额的置信区间是多少？

16. 某学校随机抽取 10 个男同学，平均身高 170 cm，标准差 12 cm，问有多大把握程度估计全校男学生身高为 160.5～179.5 cm？

17. 某工厂有 1 500 名工人，用简单随机重置抽样方法抽出 50 名工人作为样本，调查其工资水平，结果如表 5.8 所示。

表 5.8

月工资水平/元	524	534	540	550	560	580	600	660
工人数/人	4	6	9	10	8	6	4	3

要求：

(1)计算样本平均数和抽样平均误差。

(2)以 95.45%概率保证，估计该厂工人的月平均工资和工资总额的区间。

18. 某电子产品使用寿命在 3 000 小时以下为次品，现在用简单随机抽样方法，从 5 000 个产品中抽取 100 个对其使用寿命进行测试。其结果如表 5.9 所示。

表 5.9

使用寿命/小时	产品个数
3 000 以下	2
3 000～4 000	30
4 000～5 000	50
5 000 以上	18
合　计	100

根据以上资料，要求：

(1)按重置抽样和不重置抽样计算该产品平均寿命的抽样平均误差。

(2)按重置抽样和不重置抽样计算该产品次品率的抽样平均误差。

(3)以 68.27%的概率保证程度，对该产品的平均使用寿命和次品率进行区间估计。

19. 某市有职工 100 000 人，其中职员 40 000 人，工人 60 000 人，现在进行职工收入抽样调查，事先按不同类型抽查 40 名职员和 60 名工人，结果如表 5.10 所示。

表 5.10

职员		工人	
月收入/元	人数/人	月收入/元	人数/人
600	10	400	20
800	20	600	30
1 000	10	700	10

根据以上资料，要求：

(1)在概率保证程度95.45%下,对该市职工的平均收入进行区间估计。

(2)如果要求极限误差不超过20元,概率保证程度为95.45%,试计算按类型抽样组织形式必要的样本单位数。

如果按简单随机抽样组织形式,请问:

(3)同样的极限误差和概率保证程度,需要抽多少样本单位数?

(4)同样的样本单位数和概率保证程度,则会有多大的极限误差?

(5)同样的样本单位数和极限误差,应有多大的概率保证程度?

20.从某县的400个村中抽20个村,进行各村的全面调查,得每户平均饲养家禽42头,各村平均数的方差为36,要求:

(1)以90%的概率估计全县平均每户饲养家禽头数?

(2)如果极限误差为3.428,则其概率保证程度如何?

21.某公司购进某种商品600箱,每箱内装5只。随机抽取30箱,并对这30箱内的商品全部进行了检查。根据抽样资料计算出合格率为95%,各箱合格率之间的方差为4%。试求合格率的抽样平均误差,并以68.3%的把握程度对这批产品的合格率作出区间估计。

22.已知某种电子管的使用寿命服从正态分布。从一批电子管中随机抽取16只,检测结果,样本平均寿命为1 950小时,标准差为300小时。试求这批电子管的平均寿命及其方差、标准差的置信区间(置信度为95%)。

23.某公司希望估计其职工实际探亲的平均天数,为此抽取一部分职工作调查,并且公司希望由此做出的估计与真值的差距最多不超过2天,且置信水平达90%。假定职工实际探亲天数服从正态分布,其标准差$\sigma=15$天,问至少需要抽取多少职工调查?

24.某厂日产某种电子元件2 000只,最近几次抽样调查所得的产品不合格率分别为4.6%、3.5%、5%,现为了调查产品不合格率,问至少应抽查多少只产品才能以95.5%的概率保证抽样误差不超过2%?

25.根据以往的生产数据,某种产品的废品率为2%。如果要求在95%的置信区间,若允许误差不超过4%,应抽取多大的样本?

26.从两个正态总体中分别抽取两个独立的随机样本,它们的均值和标准差如表5.11所示。(n已知)

(1)求$(\mu_1-\mu_2)$在90%的置信区间;

(2)求$(\mu_1-\mu_2)$在95%的置信区间。

27.从两个正态总体中分别抽取两个独立的随机样本,它们的均值和标准差如表5.12所示。(n未知)

表　5.11

来自总体1的样本	来自总体2的样本
$n_1=14$	$n_2=7$
$\bar{x}_1=53.2$	$\bar{x}_2=43.4$
$S_1^2=96.8$	$S_2^2=102.0$

表　5.12

来自总体1的样本	来自总体2的样本
$\bar{x}_1=25$	$\bar{x}_2=23$
$S_1^2=16$	$S_2^2=20$

(1)设$n_1=n_2=100$,求$(\mu_1-\mu_2)$在95%的置信区间;

(2)设 $n_1=n_2=10$,$\sigma_1^2=\sigma_2^2$,求$(\mu_1-\mu_2)$在95%的置信区间;

(3)设 $n_1=n_2=10$,$\sigma_1^2\neq\sigma_2^2$,求$(\mu_1-\mu_2)$在95%的置信区间;

(4)设 $n_1=10$,$n_2=20$,$\sigma_1^2=\sigma_2^2$,求$(\mu_1-\mu_2)$在95%的置信区间;

(5)设 $n_1=10$,$n_2=20$,$\sigma_1^2\neq\sigma_2^2$,求$(\mu_1-\mu_2)$在95%的置信区间。

28. 由4对观测值组成的随机样本如表5.13所示。

表 5.13

配对号	来自总体A的样本	来自总体B的样本
1	2	0
2	5	7
3	10	6
4	8	5

(1)计算A与B各对观测值之差,再利用得出的差值计算$\bar{d}$和S_d;

(2)设μ_1和μ_2分别为总体A和总体B的均值,构造$\mu_d(\mu_1-\mu_2)$在95%的置信区间。

29. 从两个总体中各抽取一个$n_1=n_2=250$的独立随机样本,来自总体1的样本比率为$p_1=40\%$,来自总体2的样本比率为$p_2=30\%$。

(1)构造(p_1-p_2)在90%的置信区间;

(2)构造(p_1-p_2)在95%的置信区间。

30. 两部机器生产的袋茶质量的数据如表5.14所示。

表 5.14 (单位:g)

机器1			机器2		
3.45	3.22	3.90	3.22	3.28	3.35
3.20	2.98	3.70	3.38	3.19	3.30
3.22	3.75	3.28	3.30	3.20	3.05
3.50	3.38	3.35	3.30	3.29	3.33
2.95	3.45	3.20	3.34	3.35	3.27
3.16	3.48	3.12	3.28	3.16	3.28
3.20	3.18	3.25	3.30	3.34	3.25

根据表中的数据构造两个总体方差比σ_1^2/σ_2^2在95%的置信区间。

第六章　假 设 检 验

假设检验是推断统计中的一项重要内容，它是先对研究总体的参数作出某种假设，然后通过样本的观察来决定假设是否成立。通过本章学习，要求了解假设检验的一般问题，重点掌握总体均值、比例和方差的假设检验的方法。

参数估计和假设检验是统计推断的两个组成部分，它们都是利用样本对总体进行某种推断，但推断的角度却不同。参数估计讨论的是用样本统计量估计总体参数的方法，总体参数在估计前是未知的。而在参数假设检验中，则是先对参数的值提出一个假设，然后利用样本信息检验这个假设是否成立。如果成立，就接受这个假设，如果不成立，就放弃它。所以也可以说，本章讨论的内容是如何利用样本信息，对假设成立与否作出判断的一套程序。

第一节　假设检验的一般问题

一、假设检验的概念

假设检验是推断统计中的一项重要内容，它是先对研究总体的参数作出某种假设，然后通过样本的观察来决定假设是否成立。为了对假设检验有一个直观的认识，不妨先看下面一个例子。

例如，从 1990 年的新生儿中随机抽取 30 个，测得其平均体重为 3 210 g。而根据 1989 年的统计资料，新生儿的平均体重为 3 190 g，问 1990 年的新生儿与 1989 年相比，体重有无显著差异。

从直观上看，1990 年新生儿体重略高，但这种差异可能是由于抽样的随机性带来的，而事实上这两年新生儿的体重也许并没有显著差异。究竟是否存在显著差异，可以先设立一个假设，不妨为“假设这两年新生儿的体重没有显著差异”，然后检验这个假设能否成立。这就是一个假设检验问题。

由上面的例子可以看出，假设检验是对我们所关心的却又是未知的总体参数先作出假设，然后抽取样本，利用样本提供的信息对假设的正确性进行判断的过程。它是进行经济管理和决策的有力工具。

二、假设检验的基本思想

假设检验的基本思想是应用小概率的原理。所谓小概率原理，是指发生概率很小的随机事件在一次实验中是几乎不可能发生的。根据这一原理，可以作出是否接受原假设的决定。例如，有一个厂商声称其产品的合格品率很高，可以达到 99%，那么从一批产品(如 100 件)中随机抽取 1 件，这一件恰好是次品的概率就非常小，只有 1%。如果厂商的宣称是真的，随机抽取 1 件是次品的情况就几乎是不可能发生的。但如果这种情况确实发生了，我们就有理由怀疑原来的假设，即产品中只有 1%次品的假设是否成立，这时就可以推翻原来的假设，可以作出厂商的宣称是假的这样一个推断。我们进行推断的依据就是小概率原理。当然，推断也可能会犯错误，即这 100 件产品中确实只有 1 件是次品，而恰好在一次抽取中被抽到了。所以这个例子中犯这种错误的概率是 1%，也就是说我们在冒 1%的风险作出厂商宣称是假的这样一个推断。由此也可以看出，这里的 1%正是前面所说的显著性水平。

三、假设的建立方法

在假设检验中，首先需要提出两种假设，即原假设和备择假设。

原假设通常是研究者想收集证据予以反对的假设，又称零假设，用 H_0 表示。

备择假设通常是研究者想收集证据予以支持的假设，又称研究假设，用 H_1 表示。备择假设通常是用于支持自己的看法。比如你正在做一项研究，并想使用假设检验支持自己的说法，就应该把自己认为正确的看法作为备择假设。假如你开发了一种新药以提高疗效，如果你想要提供这种药物疗效有显著提高的证据(这是你自然想要支持的)，就应该把你想要支持的说法假设作为备择假设。

确定原假设和备择假设，在假设检验中十分重要，它直接关系到检验的结论。下面通过几个例子来说明原假设和备择假设的建立方法。

【例 6.1】 一种零件的生产标准是直径应为 10 cm，为对生产过程进行控制，质量监测人员定期对一台加工机床进行检查，确定这台机床生产的零件是否符合标准要求。如果零件的平均直径大于或小于 10 cm，则表明生产过程不正常，必须进行调整。试陈述用来检验生产过程是否正常的原假设和备择假设。

解 设这台机床生产的所有零件平均直径的真值为 μ。如果 $\mu=10$ 表明生产过程正常，如果 $\mu>10$ 或 $\mu<10$，则表明机床的生产过程不正常，研究者要检测这两种可能情况中的任何一种。根据原假设和备择假设的定义，研究者想收集证据予以证明的假设应该是“生产过程不正常”，因为如果研究者事先认为生产过程正常，他也就没有必要去进行检验了。所以建立的原假设和备择假设应为：

$H_0:\mu=10$(生产过程正常)

$H_1:\mu\neq10$(生产过程不正常)

【例 6.2】 某品牌洗涤剂在其产品说明书中声称：平均净含量不少于 500 g。从消费者的利益出发，有关研究人员要通过抽检其中的一批产品来验证该产品制造商的说明是否属实。试陈述用于检验的原假设与备择假设。

解 设该品牌洗涤剂的平均净含量的真值为 μ。如果抽检的结果发现 $\mu<500$，则表明该产品说明书中关于其净含量的内容是不真实的，有关部门应对其采取相应的措施。一般来说，

研究者抽检的意图是倾向于证实这种洗涤剂的平均净含量并不符合说明书中的陈述，因为这会损害消费者的利益，如果研究者对产品说明丝毫没有质疑，也就没有抽检的必要了。所以 $\mu<500$ 是研究者想要收集证据支持的观点。建立的原假设与备择假设应为：

$H_0:\mu\geqslant 500$（净含量符合说明书）

$H_1:\mu<500$（净含量不符合说明书）

【例 6.3】 一家研究机构估计，某城市中家庭拥有汽车的比率超过 30%。为验证这一估计是否正确，该研究机构随机抽取了一个样本进行检验。试陈述用于检验的原假设与备择假设。

解 设该城市中家庭拥有汽车的比率真值为 P。显然，研究者想收集证据予以支持的假设是"该城市中家庭拥有汽车的比率超过 30%"。因此建立的原假设与备择假设应为：

$H_0:P\leqslant 30\%$（家庭拥有汽车的比率不超过 30%）

$H_1:P>30\%$（家庭拥有汽车的比率超过 30%）

通过上面几个例子，可以得到如下几点关于建立假设的认识：

(1)原假设和备择假设是一个完备事件组，而且相互对立。这意味着，在一项假设检验中，原假设和备择假设必有一个成立，而且只有一个成立。

(2)在建立假设时，通常是先确定备择假设，然后再确定原假设。这样做的原因是备择假设是人们所关心的，是想予以支持或证实的，因而比较清楚，容易确定。由于原假设和备择假设是对立的，只要确定了备择假设，原假设就很容易确定出来。

(3)在假设检验中，等号"="总是放在原假设上。例如，设假设的总体真值为 μ_0，原假设总是 $H_0:\mu=\mu_0$、$H_0:\mu\geqslant\mu_0$ 或 $H_0:\mu\leqslant\mu_0$。而相应的备择假设则为 $H_1:\mu\neq\mu_0$、$H_1:\mu<\mu_0$ 或 $H_1:\mu>\mu_0$。将"="放在原假设上是因为要涵盖备择假设不出现的所有情况。假设检验的惯例是在原假设中只写"="，所以也可以将前面的例 6.3 写成 $H_0:P=30\%$。因为我们感兴趣的备择假设是 $H_1:P>30\%$。如果你做出拒绝原假设 $H_0:P=30\%$ 而倾向于备择假设 $H_1:P>30\%$ 的决策，同样也就意味着你拒绝了 $H_0:P<30\%$。换句话说，如果事实上备择假设不正确的话，$H_0:P=30\%$ 就代表了可能有的最坏情况。这样，为数学表述上的方便，这里就将与备择假设对立的所有可能情况放进只含有一个等号的原假设之中。

(4)尽管前面已经给出了原假设与备择假设的定义，依据这样的定义通常就能确定两个假设的内容，但它们本质上是带有一定的主观色彩的，因为所谓的"研究者想收集证据予以支持的假设"和"研究者想要收集证据予以反对的假设"显然最终仍都取决于研究者本人的意志。所以，在面对某一实际问题时，由于不同的研究者有不同的研究目的，即使对同一问题也可能提出截然相反的原假设和备择假设，这是十分正常的，也并不违背关于原假设与备择假设的最初定义。无论怎样确定假设的形式，只要它们符合研究者的最终目的，便是合理的。

(5)假设检验的目的主要是收集证据来拒绝原假设。原假设最初被假设是成立的，之后就是要根据样本数据，确定是否有足够的不符合原假设的证据以拒绝原假设。这与法庭上对被告的定罪类似：先要假定被告是无罪的，直到有证据证明他是有罪的。被告人在审判前被认为是无罪的（原假设被认为是真），审判中需要提供证据。如果有足够的证据与原假设（被告无罪）不符，则拒绝原假设（被告被认为有罪）。如果没有足够的证据证明被告有罪，原告就不能认定被告有罪。但这里也没有证明被告就是无罪的。假设检验得出的统计结论都是根据原假设进行阐述的。我们要么拒绝原假设，要么不拒绝原假设。当我们不能拒绝原假设时，我们从来不说“接受原假设”,因为我们没有证明原假设是真的(如果采用“接受”原假设的说法,则意味着你证明了原假设是正确的)。原假设在开始进行检验时被认定是真的,我们没有足够的证据拒绝原假设时,并不等于“证明”了原假设是真的。它仅仅意味着:我们没有足够的证据拒绝原假设,因此不能拒绝原假设。当我们拒绝原假设时,得出的结论是清楚的,比如,在上面的例6.2中,如果拒绝原假设,我们就可以说该品牌洗涤剂的净含量与说明书所标识的不相符。但如果不拒绝原假设,我们只能说样本提供的证据还不足以推翻原假设,这并不等于我们承认原假设是对的,因而不能说该品牌洗涤剂的净含量≥500。因此,当不拒绝原假设时,实际上并未给出明确的结论。也就是说,不拒绝原假设,并未说净含量≥500,也未说净含量<500。

四、假设检验的基本形式

在假设检验中,研究者感兴趣的备择假设的内容,可以是总体参数在某一特定方向的变化,也可以是一种没有特定方向的变化。例如,在例6.2中,研究者感兴趣的是洗涤剂的净含量是否低于500 g,同样,在例6.3中,研究者感兴趣的是家庭拥有汽车的比率是否高于30%。如果备择假设具有特定的方向性,并含有符号“>”或“<”的假设检验,称为单侧检验或单尾检验。相反,在例6.1中,研究者感兴趣的备择假设没有特定的方向,只是关心备择假设是否不同于原假设,并不关心是大于还是小于,如果各择假设没有特定的方向性,并含有符号“≠”的假设检验,称为双侧检验或称双尾检验。

在单侧检验中,由于研究者感兴趣的方向不同,又可分为左侧检验和右侧检验。如果研究者感兴趣的备择假设的方向为“<”,称为左侧检验;如果研究者感兴趣的备择假设的方向为“>”,称为右侧检验。例如,前面的例6.2属于左侧检验,而例6.3属于右侧检验。

五、假设检验的一般步骤

假设检验,首先应对有关总体参数提出假设;然后,通过构建统计量对原假设进行统计检验;最后,根据事先给定的显著性水平,结合统计量的数值,做出判断。一个完整的假设检验过程,通常包括以下五个步骤。

1. 提出原假设与备择假设

依据原假设与备择假设的定义提出原假设与备择假设,一般可分为三种。以总体均值为例,这三种提法如下:

(1) $H_0:\mu=\mu_0$, $H_1:\mu\neq\mu_0$;

(2) $H_0:\mu\geqslant\mu_0$, $H_1:\mu<\mu_0$;

(3) $H_0:\mu\leqslant\mu_0$, $H_1:\mu>\mu_0$。

第一种情况称为双侧检验,第二种情况称为左侧检验,第三种情况称为右侧检验,在统计工作中,主要根据研究问题的需要而定。

双侧检验中拒绝域位于正态分布的两边尾部,所以又称双尾检验。假定显著性水平为$\alpha=5\%$,则双侧检验中每个拒绝域的面积各为2.5%,如图6.1(a)所示。

单侧检验是指仅在数轴上的一端设置拒绝域的边界数值,只进行单一方向控制的假设检验。单侧检验的备择假设在数轴上具有特定的方向性,是一种包含“<”或“>”运算符号的假设检验,一般又称单尾检验,进一步,称为左侧与右侧单侧检验。假定显著性水平为$\alpha=5\%$,左侧与右侧单侧检验中拒绝域的面积则为5%,如图6.1 (b)和图6.1(c)所示。

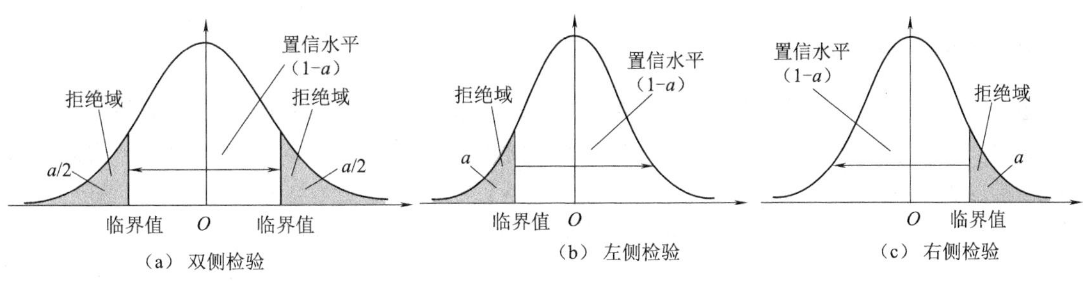

图 6.1 假设检验示意图

2. 确定适当的检验统计量

在参数假设检验中，如同在参数估计中一样，要借助于样本统计量进行统计推断。用于假设检验问题的统计量称为检验统计量。在具体问题中，选择什么样的统计量作为检验统计量，需要考虑的因素与参数估计相同，主要是总体的分布情况、样本容量的大小、总体方差是否已知等。在不同的条件下应选择不同的检验统计量。

3. 选择显著性水平 α，确定检验统计量的临界值

显著性水平的大小应根据研究问题所需要的精确度和可靠程度而定，最常用的是 1% 和 5%，一般显著性水平是事先给定的。根据显著性水平，通过查相应的分布表可得检验统计量的临界值（临界值就是接受域和拒绝域的分界点），并注意是双侧检验还是单侧检验，从而确定拒绝域和接受域。

4. 根据样本值，计算检验统计量的数值

检验统计量的基本形式可表示如下：

$$检验统计量=\frac{样本统计量-假设参数值}{统计量的标准差}$$

例如，检验总体均值的统计量有：

$$Z=\frac{\bar{x}-\mu_0}{\sigma/\sqrt{n}}\sim N(0,1)$$

$$t=\frac{\bar{x}-\mu_0}{S/\sqrt{n}}\sim t(n-1)$$

式中 $\bar{x}$——样本均值；

μ_0——假设的参数值；

σ——总体标准差；

S——样本标准差；

n——样本容量；

Z——统计量服从标准正态分布；

t——统计量服从自由度为 $(n-1)$ 的 t 分布。

根据该公式，可得检验统计量的数值大小。

5. 根据显著性水平及检验统计量的数值，做出决策

根据临界值的大小，如果检验统计量的数值落在拒绝域内，则说明原假设与样本描述的情况有显著差异，应该否定原假设，接受备择假设；反之，如果检验统计量的数值落在接受域内，则说明样本和原假设描述的情况差异是不显著的，不拒绝原假设。

六、假设检验中的两类错误

由于假设检验判断的依据是一个样本，也就是由部分来推断总体，因而假设检验不可能绝对正确，它也可能犯错误，所以一个直观的想法就是使假设检验犯错误的概率最小。假设检验可以看作一个决策，存在四种情况。

(1)原假设是成立的，检验结果是接受原假设，这是一种正确的决策。

(2)原假设是成立的，检验结果是拒绝原假设，这是一种错误的决策，属于"弃真错误"，又称第一类错误，其概率为 α。

(3)原假设是不成立的，检验结果是拒绝原假设，这也是一种正确的决策。

(4)原假设是不成立的，检验结果是接受原假设，这又是一种错误的决策，它属于"取伪错误"，又称第二类错误，其概率为 β。

归纳起来，上述四种情况及两类错误，可用表 6.1 表示。

表 6.1 假设检验中的四种可能情况

类型	H_0 为真	H_0 不真
接受 H_0	正确决策	第二类错误(取伪) (概率为 β)
拒绝 H_0	第一类错误(弃真) (概率为 α)	正确决策

任何决策都希望犯错误的概率越小越好，那么是否存在一个决策，使得犯第一类错误和第二类错误的概率都最小呢？答案是否定的。由于抽样的随机性，在假设检验中要完全避免两类错误是不可能的，因为二者是互为消长的，只能尽量控制犯错误的概率。在一般场合，当 n 固定时，减少 α 必然导致增大 β，反之减少 β 必然会增大 α。下面以利用 Z 统计量进行右侧检验的情况为例：

$$\alpha=P(Z>Z_\alpha \mid H_0 \text{ 为真})$$
$$\beta=P(Z\leqslant Z_\alpha \mid H_1 \text{ 为真})$$

要使 α 变小，则临界值 Z_α 增大，而 Z_α 增大必然导致 β 增大。反之，要使 β 变小，则必然导致 α 增大。两者的关系如图 6.2 所示。

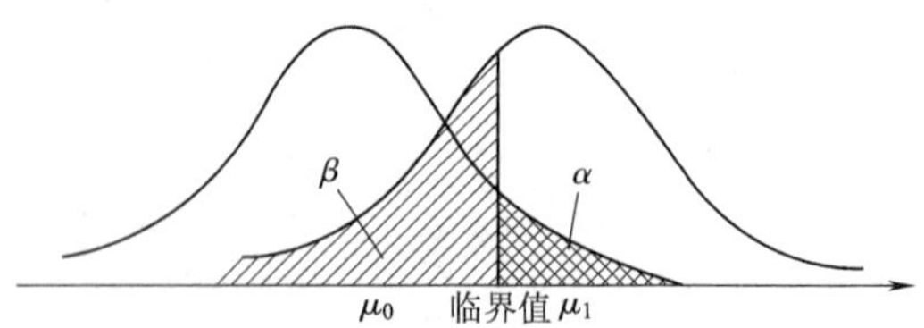

图 6.2 两类错误概率的关系

在检验中，对 α 和 β 的选择取决于犯两类错误所要付出的代价。若弃真所付的代价较大，则应取较小的 α 而容忍较大的 β；反之，若取伪所付的代价更大，则不得不取较大的 α 以求较小的 β。通常的做法是先确定 α，也即原假设为真时拒绝它的概率事先得到控制。由此再次可见，原假设是受到保护而不轻易否定的。

若要同时减少 α 和 β，或给定 α 而使 β 减少，就必须增大样本容量 n。因为增大 n，就能降低抽样平均误差，样本统计量的分布更集中，分布曲线更尖峭，从而可使分布曲线尾部的面积 α 和 β 都减少。

β 的大小不仅与临界值有关，而且还与原假设的参数值 μ_0 与总体参数的真实值 μ 之间的差异大小有关。此差异越大，β 就越小。因为此差异越大，就越容易鉴别出样本来自哪一总体，取伪的可能性就会降低。例如，在图 6.2 中，当原假设 H_0 不真而备择假设 H_1 为真时，若真值 μ_1 右移，使真值与原假设的参数值的差异($\mu_1-\mu_0$)增大，则以 μ_1 为中心的分布曲线随之而右移，从而该曲线左尾的阴影部分(即 β)也随之而缩小。

统计学中把($1-\beta$)称为检验功效，它表示当原假设不真实时拒绝它的概率，也即反映了肯定备择假设的能力大小。($1-\beta$)较高，意味着检验做得较好。给定 α 的情况下，使 β 最小或($1-\beta$)最大的检验称为最佳检验。

第二节　一个总体参数的假设检验

一、总体方差已知时对正态总体均值的假设检验

设总体 $X\sim N(\mu,\sigma^2)$，总体方差 σ^2 为已知，$(x_1,x_2,\cdots,x_n)$ 为总体的一个样本，样本平均数为 $\bar{x}$。现在的问题是对总体均值 μ 进行假设检验。$H_0:\mu=\mu_0$(或 $\mu\leqslant\mu_0,\mu\geqslant\mu_0$)。

根据抽样分布理论，样本平均数 $\bar{x}$ 服从 $N(\mu,\sigma^2/n)$，所以，在 H_0 成立时，检验统计量 Z 及其分布为：

$$Z=\frac{\bar{x}-\mu_0}{\sigma/\sqrt{n}}\sim N(0,1) \tag{6.1}$$

利用服从正态分布的统计量 Z 进行的假设检验称为 Z 检验法。根据已知的总体方差、样本容量 n 和样本平均数 $\bar{x}$，计算出检验统计量 z 的值。对于给定的检验水平 α，查正态分布表可得临界值，将所计算的 Z 值与临界值比较，便可作出检验结论。

若采用双侧检验，$H_0:\mu=\mu_0$，$H_1:\mu\neq\mu_0$，则临界值为 $-Z_{\alpha/2}$ 和 $Z_{\alpha/2}$，当 $|Z|>Z_{\alpha/2}$ 时，拒绝原假设；反之，则接受原假设。

若采用左侧假设，$H_0:\mu\geqslant\mu_0$，$H_1:\mu<\mu_0$，则临界值为 $-Z_\alpha$，当 $Z<-Z_\alpha$ 时，拒绝原假设；反之，则接受原假设。

若采用右侧假设，$H_0:\mu\leqslant\mu_0$，$H_1:\mu>\mu_0$ 则临界值为 Z_α，当 $Z>Z_\alpha$ 时，拒绝原假设；反之，则接受原假设。

【例 6.4】 根据过去大量资料，某厂生产的产品的使用寿命服从正态分布 $N(1\ 020,100^2)$。现从最近生产的一批产品中随机抽取 16 件，测得样本平均寿命为 1 080 小时。试在 0.05 的显著性水平下判断这批产品的使用寿命是否有显著提高?

解　根据题意，提出假设，$H_0:\mu\leqslant 1\ 020$，$H_1:\mu>1\ 020$

检验统计量 $Z=\dfrac{\bar{x}-\mu_0}{\sigma/\sqrt{n}}=\dfrac{1\ 080-1\ 020}{100/\sqrt{16}}=2.4$

由 $\alpha=0.05$，查表得临界值 $Z_\alpha=Z_{0.05}=1.645$

由于 $Z=2.4>Z_\alpha=1.645$，所以应拒绝 H_0 而接受 H_1，即这批产品的使用寿命确有显著提高。

二、总体方差未知时对正态总体均值的假设检验

设总体 $X \sim N(\mu, \sigma^2)$，但总体方差 σ^2 未知。此时对总体均值的检验不能用上述 Z 检验法，因为此时的检验统计量 Z 中包含了未知参数 σ。为了得到一个不含未知参数的检验统计量，很自然会用总体方差的无偏估计量——样本方差 S^2 代替 σ^2，于是得到 t 统计量。根据抽样分布理论可知，在 H_0 成立时，检验统计量 t 及其分布为：

$$t=\frac{\overline{x}-\mu_0}{S/\sqrt{n}} \sim t(n-1) \tag{6.2}$$

利用服从 t 分布的统计量去检验总体均值的方法称为 t 检验法。其具体做法是：根据题意提出假设（与 Z 检验法中的假设形式相同）；构造检验统计量 t 并根据样本信息计算其具体值；对于给定的检验水平 α，由 t 分布表查得临界值；将所计算的 t 值与临界值比较，作出检验结论。

双侧检验时，若 $|t| > t_{\alpha/2}$，则拒绝原假设；反之，接受原假设；

左侧检验时，若 $t < -t_\alpha$，则拒绝原假设；反之，接受原假设；

右侧检验时，若 $t < t_\alpha$，则拒绝原假设；反之，接受原假设。

【例 6.5】 某厂采用自动包装机分装产品，假定每包产品的质量服从正态分布，每包标准质量为 1 000 g。某日随机抽查 9 包，测得样本平均质量为 986 g，样本标准差为 24 g。试问在 0.05 的检验水平上，能否认为这天自动包装机工作正常？

解 根据题意，检验目的是观察产品的平均每袋质量是否与标准质量一致。因此，可建立如下假设：

$$H_0: \mu=1\ 000, \quad H_1: \mu \neq 1\ 000$$

检验统计量

$$t=\frac{\overline{x}-\mu_0}{S/\sqrt{n}}=\frac{986-1\ 000}{24/\sqrt{9}}=-1.75$$

由 $\alpha=0.05$，查表得临界值 $t_{\alpha/2}(n-1)=t_{0.025}(9-1)=2.306$，由于 $|t|=1.75<t_{\alpha/2}(n-1)=2.306$所以接受 H_0，即可认为这天自动包装机工作正常。

t 检验法适用于小样本情况下总体方差未知时对正态总体均值的假设检验。随着样本容量的增大，t 分布趋近于标准正态分布。所以大样本情况下（$n \geqslant 30$），总体方差未知时对正态总体均值的假设检验通常近似采用 Z 检验法。同理，大样本情况下非正态总体均值的检验也可用 Z 检验法。因为，根据大样本的抽样分布理论，总体分布形式不明或为非正态总体时，样本平均数趋近于正态分布。这时，检验统计量 Z 中的总体标准差 σ 用样本标准差 S 代替。因此，通常将 Z 检验法称为大样本的检验方法，t 检验法称为小样本的检验方法。

三、总体比例的假设检验

由比例的抽样分布理论可知，样本比例服从二项分布，因此可由二项分布来确定对总体比例进行假设检验的临界值，但其计算往往十分烦琐。大样本情况下，二项分布近似服从正态分布。因此，对总体比例的检验通常是在大样本条件下进行的，根据正态分布近似确定临界值，即采用 Z 检验法。其检验步骤与均值检验时的步骤相同，只是检验统计量不同。

首先提出待检验的假设：

(1) $H_0:P=P_0, H_1:P\neq P_0$；

(2) $H_0:P\geqslant P_0, H_1:P<P_0$；

(3) $H_0:P\leqslant P_0, H_1:P>P_0$。

检验统计量为
$$Z=\frac{p-P_0}{\sqrt{\frac{P(1-P)}{n}}}\sim N(0,1) \tag{6.3}$$

此处统计量 Z 的分母 $\sqrt{\frac{P(1-P)}{n}}$ 为样本比例的标准差，即比例的抽样平均误差，其中 P 为总体比例，通常用样本比例 p 或以前的总体比例代替。所以，这里用样本比例 p 或原假设的总体比例 p_0 替代都是可以的。

【例 6.6】 某研究者估计本市居民家庭计算机拥有率为 30%。现随机抽查了 200 个家庭，其中 68 个家庭拥有计算机。试问该研究者的估计是否可信($\alpha=0.1$)？

解 依题意，可建立如下假设，
$$H_0:P=30\%,\quad H_1:P\neq 30\%$$

样本比例
$$p=\frac{n_1}{n}=\frac{68}{200}=34\%$$

由于样本容量相当大，所以可近似采用 Z 检验法。
$$Z=\frac{p-P_0}{\sqrt{\frac{P(1-P)}{n}}}=\frac{0.34-0.3}{\sqrt{\frac{0.34\times 0.66}{200}}}=\frac{0.04}{0.0335}=1.194$$

给定 $\alpha=0.1$，查正态分布表得 $Z_{\alpha/2}=Z_{0.05}=1.645$。

由于 $|Z|<Z_{\alpha/2}$，应接受原假设，即认为该研究者的估计是可信的。

四、总体方差的假设检验

方差或标准差是衡量变量的离散程度、研究生产活动的均衡性、产品质量的稳定性等最常用的指标，也是正态总体的重要参数之一。所以对总体方差的检验也是常见的一类假设检验问题。这里的讨论只限于正态总体方差的检验。所要检验的原假设为：
$$H_0:\sigma^2=\sigma_0^2(\text{或 }\sigma^2\geqslant\sigma_0^2,\sigma^2\leqslant\sigma_0^2)$$

由于样本方差 S^2 是总体方差 σ^2 的无偏估计量，自然可将 S^2 与 σ_0^2 对比来构造检验统计量。若 H_0 为真，则检验统计量及其分布为：
$$\chi^2=\frac{(n-1)S^2}{\sigma_0^2}\sim\chi^2(n-1) \tag{6.4}$$

利用上式为检验统计量的检验称为 χ^2 检验。

当 H_0 成立时，比值 S^2/σ_0^2 很可能在 1 附近，统计量 χ^2 的值在一个适当的范围内。反之，若 S^2 远大于 σ_0^2 或远小于 σ_0^2，统计量 χ^2 的值相当大或相当小，那么原假设就是非常值得怀疑的。给定检验的置信水平 α，可查 χ^2 分布表确定临界值和拒绝区域。

采用双侧检验时，建立假设 $H_0:\sigma^2=\sigma_0^2, H_1:\sigma^2\neq\sigma_0^2$。临界值为 $\chi^2_{1-\alpha/2}(n-1)$ 和 $\chi^2_{\alpha/2}(n-1)$。拒绝区域为 $(\chi^2_{\alpha/2}(n-1),\infty)$ 和 $(-\infty,\chi^2_{1-\alpha/2}(n-1))$。

采用左侧检验时，建立假设 $H_0:\sigma^2\geqslant\sigma_0^2, H_1:\sigma^2<\sigma_0^2$。临界值为 $\chi^2_{1-\alpha}(n-1)$，拒绝域为 $(-\infty,\chi^2_{1-\alpha}(n-1))$。

采用右侧检验时，建立假设：$H_0:\sigma^2\leqslant\sigma_0^2,H_1:\sigma^2>\sigma_0^2$。临界值为 $\chi_\alpha^2(n-1)$，拒绝区域为 $(\chi_\alpha^2(n-1),\infty)$。

【例 6.7】 根据长期正常生产的资料可知，某厂所产维尼纶的纤度服从正态分布，其方差为 0.002 5。现从某日产品中随机抽出 20 根，测得样本方差为 0.004 2。试判断该日纤度的波动与平时有无显著差异(取 $\alpha=0.1$)。

解 假设 $H_0:\sigma^2=0.0025,H_1:\sigma^2\neq0.0025$，当 H_0 为真时，统计量

$$\chi^2=\frac{(n-1)S^2}{\sigma_0^2}=\frac{(20-1)S^2}{0.0025}\sim\chi^2(20-1)$$

$\alpha=0.1$，查 χ^2 分布表得：

$$\chi_{0.05}^2(19)=30.14,\chi_{0.95}^2(19)=10.12$$

统计量的值 $$\chi^2=\frac{(n-1)S^2}{\sigma_0^2}=\frac{(20-1)\times0.0042}{0.0025}=31.92$$

由于 $\chi^2=31.92>\chi_{0.05}^2(19)=30.14$，故应拒绝原假设而接受备择假设，即认为该日纤度的波动性与平时有显著差异(因样本方差为 0.0042，可认为该日纤度的波动性比平时显著增大)。

第三节　两个总体参数的假设检验

与参数估计类似，两个总体参数的假设检验主要包括两个总体均值之差$(\mu_1-\mu_2)$的检验、两个总体比率之差(P_1-P_2)的检验和两个总体方差比 σ_1^2/σ_2^2 的检验等，检验的程序可仿照一个总体参数的检验进行。

一、两个总体均值之差的检验

在实际研究中，常常需要比较两个总体的差异。例如，一所学校的重点班和普通班两个班级学生的英语平均成绩是否有显著差异；生产企业在改进生产线后的平均产量与原生产线相比的平均产量是否有显著提高；等等。这些都属于两个总体均值之差$(\mu_1-\mu_2)$的检验问题。

两个总体均值之差的三种基本假设检验形式如下：

双侧检验：$H_0:\mu_1-\mu_2=0,H_1:\mu_1-\mu_2\neq0$；

左侧检验：$H_0:\mu_1-\mu_2\geqslant0,H_1:\mu_1-\mu_2<0$；

右侧检验：$H_0:\mu_1-\mu_2\leqslant0,H_1:\mu_1-\mu_2>0$。

与参数估计类似，根据样本获得方式的不同，两个总体均值的检验也分为独立样本和匹配样本两种情形，而且也有大样本与小样本之分。

(一)两个总体均值之差的检验：独立样本

检验两个总体均值之差的统计量是以两个样本均值之差$(\bar{x}_1-\bar{x}_2)$的抽样分布为基础构造出来的。对于大样本和小样本两种情形，由于两个样本均值之差经标准化后的分布不同，检验的统计量也略有差异。

1. 大样本的检验方法

在大样本情况下，两个样本均值之差$(\bar{x}_1-\bar{x}_2)$的抽样分布近似服从正态分布，而$(\bar{x}_1-\bar{x}_2)$经过标准化后则服从标准正态分布。如果两个总体的方差 σ_1^2、σ_2^2 已知，则采用下面的检验统计量：

$$Z=\frac{(\bar{x}_1-\bar{x}_2)-(\mu_1-\mu_2)}{\sqrt{\frac{\sigma_1^2}{n_1}+\frac{\sigma_2^2}{n_2}}} \tag{6.5}$$

当两个总体的方差 σ_1^2、σ_2^2 未知时，可以分别用样本方差 S_1^2、S_2^2 代替，此时检验统计量为：

$$Z=\frac{(\bar{x}_1-\bar{x}_2)-(\mu_1-\mu_2)}{\sqrt{\frac{S_1^2}{n_1}+\frac{S_2^2}{n_2}}} \tag{6.6}$$

【例 6.8】 某公司对男女职员的平均小时工资进行了调查，独立抽取了具有同类工作经验的男女职员的两个随机样本，并记录下两个样本的均值、方差等资料，如表 6.2 所示。

表 6.2　两个独立样本的有关计算结果

男性职员	女性职员
$n_1=44$	$n_2=32$
$\bar{x}_1=75\pi$	$\bar{x}_2=70\pi$
$S_1^2=64$	$S_2^2=42.25$

在显著性水平为 0.05 的条件下，能否认为男性职员与女性职员的平均小时工资存在显著差异？

解　设 μ_1 为男性职员的平均小时工资，μ_2 为女性职员的平均小时工资。

需要关心的只是男女职员的平均小时工资是否存在差异，所以提出的原假设和备择假设为：

$$H_0:\mu_1-\mu_2=0,\quad H_1:\mu_1-\mu_2\neq 0$$

由于两个总体的方差未知，所以采用式(6.6)给出的统计量，计算结果为：

$$Z=\frac{\bar{x}_1-\bar{x}_2}{\sqrt{\frac{S_1^2}{n_1}+\frac{S_2^2}{n_2}}}=\frac{75-70}{\sqrt{64/44+42.25/32}}=3.002$$

与显著性水平 $\alpha=0.05$ 对应的临界值 $Z_{0.025}=1.96$，由于 $|Z|=3.002>Z_{0.025}=1.96$，所以拒绝原假设，而倾向于认为该公司男女职员的平均小时工资之间存在显著差异。

2. 小样本的检验方法

当两个样本都为独立小样本的情况下，检验两个总体的均值之差时，需要假定两个总体都服从正态分布。检验时有以下四种情况：

(1)总体服从正态分布。当两个总体方差 σ_1^2 和 σ_2^2 已知时，无论样本容量的大小，两个样本均值之差的抽样分布都服从正态分布。这时可按式(6.5)计算检验统计量。

(2)总体服从正态分布。当两个总体的方差 σ_1^2 和 σ_2^2 未知但相等时，即 $\sigma_1^2=\sigma_2^2$，则需要用两个样本的方差 S_1^2 和 S_2^2 来估计，这时需要将两个样本的数据组合在一起，以给出总体方差的合并估计量 S_p^2，计算公式为：

$$S_p^2=\frac{(n_1-1)S_1^2+(n_2-1)S_2^2}{n_1+n_2-2} \tag{6.7}$$

这时，两个样本均值之差经标准化后服从自由度为(n_1+n_2-2)的 t 分布，因而采用的检验统计量为：

$$t=\frac{(\bar{x}_1-\bar{x}_2)-(\mu_1-\mu_2)}{S_p\sqrt{\frac{1}{n_1}+\frac{1}{n_2}}} \tag{6.8}$$

(3)总体服从正态分布。当两个总体的方差 σ_1^2 和 σ_2^2 未知且不相等时，即 $\sigma_1^2\neq\sigma_2^2$，如果两个样本的容量相等，即 $n_1=n_2=n$，两个样本均值之差经标准化后服从自由度为$(n_1+n_2-2)=2$

$(n-1)$的 t 分布，因而采用的检验统计量为：

$$t=\frac{(\bar{x}_1-\bar{x}_2)-(\mu_1-\mu_2)}{\sqrt{\frac{S_1^2}{n_1}+\frac{S_2^2}{n_2}}}=\frac{(\bar{x}_1-\bar{x}_2)-(\mu_1-\mu_2)}{\sqrt{\frac{S_1^2+S_2^2}{n}}} \tag{6.9}$$

(4)总体服从正态分布。当两个总体的方差 σ_1^2 和 σ_2^2 未知且不相等时，即 $\sigma_1^2\neq\sigma_2^2$，而且两个样本的容量也不相等，即 $n_1\neq n_2$ 时，两个样本均值之差经标准化后不再服从自由度为(n_1+n_2-2)的 t 分布，而是近似服从自由度为 λ 的 t 分布。这时检验的统计量为：

$$t=\frac{(\bar{x}_1-\bar{x}_2)-(\mu_1-\mu_2)}{\sqrt{\frac{S_1^2}{n_1}+\frac{S_2^2}{n_2}}} \tag{6.10}$$

该统计量的自由度为 λ，其计算公式为：

$$\lambda=\frac{\left(\frac{S_1^2}{n_1}+\frac{S_2^2}{n_2}\right)^2}{\frac{(S_1^2/n_1)^2}{n_1-1}+\frac{(S_2^2/n_2)^2}{n_2-1}} \tag{6.11}$$

式(6.11)计算的自由度一般为非整数，需四舍五入后再查 t 分布表。

【例 6.9】 甲乙两台机床同时加工某种同类型的零件，已知两台机床加工的零件直径(单位：cm)分别服从正态分布 $N(\mu_1,\sigma_1^2)\cdot N(\mu_2,\sigma_2^2)$，并且有 $\sigma_1^2=\sigma_2^2$。为比较两台机床的加工精度有无显著差异，分别独立抽取了甲机床加工的 8 个零件和乙机床加工的 7 个零件，通过测量得到的数据如表 6.3 所示。

表 6.3 两台机床加工零件的样本数据

机床	零件直径							
甲	20.5，	19.8，	19.7，	20.4，	20.1，	20.0，	19.0，	19.9
乙	20.7，	19.8，	19.5，	20.8，	20.4，	19.6，	20.2	

在 $\alpha=0.05$ 的显著性水平下，样本数据是否提供证据支持“两台机床加工的零件直径不一致”的看法？

解 提出的原假设和备择假设为：

$$H_0:\mu_1-\mu_2=0,\quad H_1:\mu_1-\mu_2\neq 0$$

两个独立样本的容量都小于 30，两个总体方差未知但相等。根据样本数据计算得到：

$$\bar{x}_1=19.925,\quad \bar{x}_2=20.143,\quad s_1^2=0.216\ 4,\quad s_2^2=0.272\ 9$$

总体方差的合并估计量为：

$$S_p^2=\frac{(n_1-1)S_1^2+(n_2-1)S_2^2}{n_1+n_2-2}=\frac{(8-1)\times 0.216\ 4+(7-1)\times 0.272\ 9}{8+7-2}=0.242\ 5$$

计算的检验统计量为：

$$t=\frac{\bar{x}_1-\bar{x}_2}{S_p\sqrt{\frac{1}{n_1}+\frac{1}{n_2}}}=\frac{19.925-20.143}{\sqrt{(1/8+1/7)\times 0.242\ 5}}=-0.855$$

根据自由度$(n_1+n_2-2)=8+7-2=13$，$\alpha=0.05$ 对应的 t 分布临界值为 2.16，由于 $|t|=0.855<2.160$，所以不拒绝原假设。也就是说，在 0.05 的显著性水平下，没有理由认为甲、乙两台机床加工的零件直径不一致。

【例 6.10】 以例 6.9 为背景，假定两台机床加工的零件直径(单位：cm)分别服从正态分布 $N(\mu_1,\sigma_1^2)$、$N(\mu_2,\sigma_2^2)$，并且 $\sigma_1^2\neq\sigma_2^2$。由于两个样本的容量不相等，即 $n_1\neq n_2$，在 $\alpha=0.05$ 的显著性水平下，样本数据是否提供证据支持“两台机床加工的零件直径不一致”的看法？

解 提出的原假设和备择假设为：

$$H_0:\mu_1-\mu_2=0,\quad H_1:\mu_1-\mu_2\neq 0$$

两个独立样本的容量都小于 30 且不相等，两个总体方差未知且不相等。根据样本数据计算得到：

$$\bar{x}_1=19.925,\quad \bar{x}_2=20.143,\quad S_1^2=0.216\ 4,\quad S_2^2=0.272\ 9$$

计算的检验统计量为：

$$t=\frac{(\bar{x}_1-\bar{x}_2)}{\sqrt{\dfrac{S_1^2}{n_1}+\dfrac{S_2^2}{n_2}}}=\frac{19.925-20.143}{\sqrt{\dfrac{0.216\ 4}{8}+\dfrac{0.272\ 9}{7}}}=-0.848$$

该统计量的自由度为 λ：

$$\lambda=\frac{\left(\dfrac{S_1^2}{n_1}+\dfrac{S_2^2}{n_2}\right)^2}{\dfrac{(S_1^2/n_1)^2}{n_1-1}+\dfrac{(S_2^2/n_2)^2}{n_2-1}}=12$$

当 $\alpha=0.05$ 时，$t_{\alpha/2}\lambda=t_{0.025}(12)=2.179$。由 $|t|=0.848<2.179$，所以不拒绝原假设。也就是说，在 0.05 的显著性水平下，没有理由认为甲、乙两台机床加工的零件直径不一致。

【例 6.11】 为估计两种方法组装产品所需时间的差异，分别对两种不同的组装方法各随机安排 12 个工人，每个工人组装一件产品所需的时间(分钟)如表 6.4 所示。

表 6.4 两种方法组装产品所需的时间

方法 1	方法 2	方法 1	方法 2
28.3	27.6	36.0	31.7
30.1	22.2	37.2	26.0
29.0	31.0	38.5	32.0
37.6	33.8	34.4	31.2
32.1	20.0	28.0	33.4
28.8	30.2	30.0	26.5

假定两种方法组装产品的时间服从正态分布，但方差未知且不相等。取显著性水平 $\alpha=0.05$，能否认为方法 1 组装产品的平均时间显著地高于方法 2？

解 依据题意提出如下假设：

$$H_0:\mu_1-\mu_2\leqslant 0,\quad H_1:\mu_1-\mu_2>0$$

由于两个独立样本的容量相等，即 $n_1=n_2=n$，两个总体方差未知且不相等。根据样本数据计算得到：

方法 1：$\bar{x}_1=32.5$，$S_1^2=15.996$；

方法 2：$\bar{x}_2=28.8$，$S_2^2=19.358$。

计算的检验统计量为：

$$t=\frac{(\bar{x}_1-\bar{x}_2)}{\sqrt{\frac{S_1^2+S_2^2}{n}}}=\frac{32.5-28.8}{\sqrt{\frac{15.996+19.358}{12}}}=2.156$$

当 $\alpha=0.05$ 时，$t_\alpha[2(n-1)]=t_{0.05}(22)=1.717$。由 $t=2.156>1.717$，所以拒绝原假设。也就是说，在 0.05 的显著性水平下，有理由认为方法 1 组装产品的平均时间显著地高于方法 2。

（二）两个总体均值之差的检验：匹配样本

独立样本提供的数据值可能因为样本个体在其他因素方面的“不同质”而对它们所提供的有关总体均值的信息产生干扰，为有效地排除样本个体之间这些“额外”差异带来的误差，可以考虑选用匹配样本。为便于介绍匹配样本时两个总体均值之差的检验，下面首先定义几个新的符号：

d_i：第 i 个配对样本的差值，$i=1,\cdots,n$；

$\bar{d}$：配对样本数据差值的平均值，即 $\bar{d}=\frac{\sum_{i=1}^{n}d_i}{n}$；

S_d^2：配对样本数据差值的方差，即 $S_d^2=\frac{\sum_{i=1}^{n}(d_i-\bar{d})^2}{n-1}$。

在检验时，需要假定两个总体配对差值构成的总体服从正态分布，而且配对差值是由差值总体中随机抽取的。对于小样本情形，配对差值经标准化后服从自由度为$(n-1)$的 t 分布。因此选择的检验统计量为：

$$t=\frac{\bar{d}-(\mu_1-\mu_2)}{S_d/\sqrt{n}} \tag{6.12}$$

【例 6.12】 某饮料公司开发研制出一种新产品，为比较消费者对新老产品口感的满意程度，该公司随机抽选一组消费者（8 人），每个消费者先品尝一种饮料，然后再品尝另一种饮料，两种饮料的品尝顺序是随机的，然后每个消费者要对两种饮料分别进行评分（0～10 分），评分结果如表 6.5 所示。

表 6.5　两种饮料评价等级的样本数据

消费者编号		1	2	3	4	5	6	7	8
评价等级	旧款饮料	5	4	7	3	5	8	5	6
	新款饮料	6	6	7	4	3	9	7	6

取显著性水平 $\alpha=0.05$，该公司是否有证据认为消费者对两种饮料的评分存在显著差异？

解　设 μ_1＝消费者对旧款饮料的平均评分，μ_2＝消费者对新款饮料的平均评分。

依据题意建立的原假设与备择假设为：

$$H_0:\mu_1-\mu_2=0,\quad H_1:\mu_1-\mu_2\neq 0$$

根据样本数据计算得到：

$$\bar{d}=\frac{\sum_{i=1}^{n}d_i}{n}=-0.625$$

$$S_d^2=\frac{\sum_{i=1}^{n}(d_i-\bar{d})^2}{n-1}=\frac{11.875}{7}=1.696$$

计算的检验统计量为：

$$t=\frac{\bar{d}}{S_d/\sqrt{n}}=\frac{-0.625}{\sqrt{\frac{1.696}{8}}}=-1.357$$

当 $\alpha=0.05$ 时，$t_{\alpha/2}(n-1)=t_{0.025}(7)=2.3646$。由 $|t|=1.357<2.3646$，所以不拒绝原假设。也就是说，在 0.05 的显著性水平下，没有足够的证据支持“消费者对两种饮料的评分存在显著差异”。

二、两个总体比率之差的检验

两个总体比率之差（P_1-P_2）的检验思路与一个总体比率的检验类似，只是由于涉及两个总体，在形式上相对复杂一些。

当 n_1p_1、$n_1(1-p_1)$、n_2p_2、$n_2(1-p_2)$ 都大于或等于 5 时，就可以认为是大样本。根据两个样本比率之差的抽样分布，可以得到用于检验两个总体比率之差检验的统计量：

$$Z=\frac{(p_1-p_2)-(p_1-p_2)}{\sigma_{p_1-p_2}} \tag{6.13}$$

式中　$\sigma_{p_1-p_2}=\sqrt{\frac{p_1(1-p_1)}{n_1}+\frac{p_2(1-p_2)}{n_2}}$——两个样本比率之差抽样分布的标准差。

由于两个总体的比率 P_1 和 P_2 是未知的，需要利用两个样本比率 p_1、p_2 来估计 $\sigma_{p_1-p_2}$。这时有两种情况：

第一种情况是，在原假设成立的情况下，即 $H_0:P_1-P_2=0$ 或 $H_0:P_1=P_2$，$P_1=P_2=P$ 的最佳估计量是将两个样本合并后得到的合并比率 p。如果设 x_1 表示样本 1 中具有某种属性的单位数，x_2 表示样本 2 中具有某种属性的单位数，则合并后的比率为：

$$p=\frac{x_1+x_2}{n_1+n_2}=\frac{p_1n_1+p_2n_2}{n_1+n_2} \tag{6.14}$$

这时两个样本比率之差（p_1-p_2）抽样分布的标准差 $\sigma_{p_1-p_2}$ 的最佳估计量为：

$$\sigma_{p_1-p_2}=\sqrt{\frac{P_1(1-P_1)}{n_1}+\frac{P_2(1-P_2)}{n_2}}$$

$$=\sqrt{\frac{p(1-p)}{n_1}+\frac{p(1-p)}{n_2}}=\sqrt{p(1-p)\left(\frac{1}{n_1}+\frac{1}{n_2}\right)} \tag{6.15}$$

将式(6.15)代入式(6.13)中得到两个总体比率之差检验的统计量为：

$$Z=\frac{p_1-p_2}{\sqrt{p(1-p)\left(\frac{1}{n_1}+\frac{1}{n_2}\right)}} \tag{6.16}$$

第二种情况是，当要检验假设 $H_0:P_1-P_2=d_0(d_0\neq 0)$ 时，可直接用两个样本的比率 p_1 和 p_2 作为相应两个总体比率 p_1 和 p_2 的估计量，从而得到两个样本比率之差（p_1-p_2）抽样分布的标准差 $\sigma_{p_1-p_2}$ 的估计量为：

$$\sigma_{p_1-p_2}=\sqrt{\frac{P_1(1-P_1)}{n_1}+\frac{P_2(1-P_2)}{n_2}}=\sqrt{\frac{p_1(1-p_1)}{n_1}+\frac{p_2(1-p_2)}{n_2}} \tag{6.17}$$

这时得到两个总体比率之差检验的统计量为：

$$Z=\frac{(p_1-p_2)-d_0}{\sqrt{\frac{p_1(1-p_1)}{n_1}+\frac{p_2(1-p_2)}{n_2}}} \tag{6.18}$$

【例 6.13】 一所大学准备采取一项学生在宿舍上网收费的措施，为了解男女学生对这一措施的看法是否存在差异，分别抽取了 200 名男生和 200 名女生进行调查，其中的一个问题是："你是否赞成采取上网收费的措施？"男生表示赞成的比率为 27%，女生表示赞成的比率为 35%。调查者认为，男生中表示赞成的比率显著低于女生。取显著性水平 $\alpha=0.05$，样本提供的证据是否支持调查者的看法？

解 设 P_1＝男生中表示赞成的比率，P_2＝女生中表示赞成的比率。依据题意提出的原假设和备择假设为：

$$H_0:P_1-P_2\geqslant 0,\quad H_1:P_1-P_2<0$$

两个样本的比率分别为：$p_1=27\%$，$p_2=35\%$。

由于要检验的是"男生中表示赞成的比率显著低于女生"(不是检验二者的差值是多少)，所以选择式(6.16)作为检验统计量。首先计算两个样本的合并比率 p：

$$p=\frac{p_1n_1+p_2n_2}{n_1+n_2}=\frac{200\times 0.27+200\times 0.35}{200+200}=0.31$$

计算的检验统计量为：

$$Z=\frac{p_1-p_2}{\sqrt{p(1-p)\left(\frac{1}{n_1}+\frac{1}{n_2}\right)}}=\frac{0.27-0.35}{\sqrt{0.31\times(1-0.31)\times\left(\frac{1}{200}+\frac{1}{200}\right)}}=-1.729\ 76$$

由于 $Z=-1.729\ 76<-Z_{0.05}=-1.645$，所以拒绝原假设，样本提供的证据支持调查者的看法。

【例 6.14】 某公司质量检查人员认为 A 车间产品优质品率至少比 B 车间高 5%，现从 A、B 两车间分别抽取两个独立随机样本：$n_A=150$ 件，其中优质品 113 件；$n_B=160$ 件，其中优质品为 104 件。样本信息能否支持质检人员的观点？($\alpha=0.05$)

解 设 P_1＝A 车间的优质品率，P_2＝B 车间的优质品率。依据题意提出的原假设和备择假设为：

$$H_0:P_1-P_2\leqslant 5\%,\quad H_1:P_1-P_2>5\%$$

两个样本的比率分别为：$p_1=75.3\%$，$p_2=65\%$。

由于要检验"A 车间的优质品率至少比 B 车间高 5%"(不是检验二者的差值是否等于 0)，所以选择式(6.18)作为检验统计量。计算结果为：

$$Z=\frac{(0.753-0.65)-0.05}{\sqrt{\frac{0.753(1-0.753)}{150}+\frac{0.65(1-0.65)}{160}}}=1.027$$

由于 $Z=1.027<Z_{0.05}=1.645$，所以不能拒绝原假设，说明样本信息不能支持质检人员的观点。

三、两个总体方差比的检验

在实际应用中，经常要对两个总体的方差进行比较。然而在比较两个总体方差时，通常是对其比值 σ_1^2/σ_2^2(或 σ_2^2/σ_1^2)进行推断。这是因为当两个样本是从两个正态总体中分别独立地抽取时，方差比 σ_1^2/σ_2^2 的估计量的抽样分布是人们所熟悉的。通常将原假设与备择假设的基本形式表示成两个总体方差比值与数值 1 之间的比较关系。

由于两个样本方差比 S_1^2/S_2^2 是两个总体方差比值 σ_1^2/σ_2^2 的理想估计量，而当容量为 n_1 和 n_2 的两个样本分别独立地抽自两个正态总体时，统计量

$$F=\frac{S_1^2/\sigma_1^2}{S_2^2/\sigma_2^2} \tag{6.19}$$

服从 $F(n_1-1,n_2-1)$ 分布，所以选择式(6.19)作为两个总体方差比检验的统计量。在原假设成立的情况下，检验统计量式(6.19)变为：

$$F=\frac{S_1^2}{S_2^2} \quad 或 \quad F=\frac{S_2^2}{S_1^2} \tag{6.20}$$

两个总体方差比的三种基本假设检验形式为：

双侧检验：$H_0:\frac{\sigma_1^2}{\sigma_2^2}=1, H_1:\frac{\sigma_1^2}{\sigma_2^2}\neq 1$；

左侧检验：$H_0:\frac{\sigma_1^2}{\sigma_2^2}\geqslant 1, H_1:\frac{\sigma_1^2}{\sigma_2^2}<1$；

右侧检验：$H_0:\frac{\sigma_1^2}{\sigma_2^2}\leqslant 1, H_1:\frac{\sigma_1^2}{\sigma_2^2}>1$。

说明：两个总体方差比的双侧检验是用较大的样本方差除以较小的样本方差(实际上顺序是任意的)，这样做是为了能保证拒绝域总发生在抽样分布的右侧，所以只需将检验统计量的值与右侧的 $\alpha/2$ 分位数进行比较即可做出判断。而单侧检验时，也可以将任何一个单侧检验问题安排为右侧检验。若想检验 σ_1^2 是否大于 σ_2^2，则备择假设可设成 $H_1:\frac{\sigma_1^2}{\sigma_2^2}>1$；若想检验 σ_1^2 是否小于 σ_2^2，则备择假设可设成 $H_1:\frac{\sigma_2^2}{\sigma_1^2}>1$。所以无论是两个总体方差比的左侧检验还是右侧检验，二者的拒绝域相同。而 F 分布右侧的分位数大都可以通过查表得到。

【例 6.15】 一家房地产开发公司准备购进一批灯泡，该公司打算在两个供货商之间选择一家购买，两家供货商生产的灯泡平均使用寿命差别不大，价格也很相近，考虑的主要因素就是灯泡使用寿命的方差大小。如果方差相同，就选择距离较近的一家供货商进货。为此，公司管理人员对两家供货商提供的样品进行了检测，得到的数据如表 6.6 所示。

表 6.6　两家供货商灯泡使用寿命的数据　　（单位：h）

供货商	使用寿命									
1	650	569	622	630	596	637	628	706	617	624
	563	580	711	480	688	723	651	569	709	632
2	568	681	636	607	555	496	540	539	529	562
	589	646	596	617	584					

试以 $\alpha=0.05$ 的显著性水平检验两家供货商的灯泡使用寿命的方差是否有显著差异？

解　依据题意提出的原假设和备择假设为：

$$H_0:\frac{\sigma_1^2}{\sigma_2^2}=1,\quad H_1:\frac{\sigma_1^2}{\sigma_2^2}\neq 1$$

根据样本数据计算得到：

供货商 1：$\bar{x}_1=629.25$，$S_1^2=3\ 675.46$；

供货商 2：$\bar{x}_2=583$，$S_2^2=2\ 431.34$。

计算的检验统计量为：

$$F=\frac{S_1^2}{S_2^2}=\frac{3\ 675.46}{2\ 431.43}=1.511\ 6$$

在 $\alpha=0.05$ 时，$F_{\alpha/2}(n_1-1,n_2-1)=F_{0.025}(19,14)=2.861$。由于 $F=1.511\ 6<F_{0.025}(19,14)=2.861$，所以不能拒绝原假设。因此，不能认为这两个总体的方差有显著差异。

第四节　假设检验中的其他问题

一、区间估计与假设检验的关系

抽样估计和假设检验都是统计推断的重要内容。如果总体分布形式已知，只是总体参数未知，则统计推断问题就归结为推断总体参数的问题。抽样估计或称参数估计是根据样本资料估计总体参数的真值，而假设检验是根据样本资料来检验对总体参数的先验假设是否成立。例如，通过随机抽取的样本对某地区居民的平均收入进行推断，如果要求以一定的概率估计总体平均收入，这就是一个参数估计问题，更准确地说，这是一个区间估计问题；如果要求以一定的概率判断总体平均收入是否达到了某一水平或是否有显著提高，这就是一个假设检验问题。

区间估计通常求得的是以样本估计值为中心的双侧置信区间，而假设检验不仅有双侧检验也常常采用单侧检验，视检验的具体问题而定。

区间估计立足于大概率，通常以较大的把握程度(可信度)$1-\alpha$ 去估计总体参数的置信区间。而假设检验立足于小概率，通常是给定很小的显著性水平 α 去检验对总体参数的先验假设是否成立。在假设检验中，人们更重视拒绝区域。这是因为只依据一个样本进行推断。用一个实例去证明某个命题是正确的，这在逻辑上是不充分的，但用一个反例去推翻一个命题，理由是充足的，因为一个命题成立时不允许有反例存在。所以，假设检验运用的是概率意义上的反证法，在建立假设时本着“不轻易拒绝原假设”的原则。一旦检验结论为拒绝原假设，就会有较大的把握程度(即错误判断的可能性很小)；而当不能否定原假设时，只能将它作为真的保留下来，但事实上它有可能不真，所以，接受它有可能是个错误。

区间估计和假设检验虽各有其特点，但也有着紧密的联系。两者都是根据样本信息对总体参数进行推断，都是以抽样分布为理论依据，都是建立在概率基础上的推断，推断结果都有一定的可信程度或风险。对同一实际问题的参数进行推断，使用同一样本、同一统计量、同一分布，因而二者可以相互转换。即区间估计问题可以转换成假设检验问题，假设检验问题也可以转换成区间估计问题。这种相互转换形成了区间估计与假设检验的对偶性。

以总体均值 μ 的区间估计和假设检验为例。当总体方差 σ^2 已知时，由于统计量 $Z=\frac{\bar{x}-\mu}{\sigma/\sqrt{n}}\sim N(0,1)$，给定置信度 $1-\alpha$ 时，有 $P\left\{|Z|=\frac{|\bar{x}-\mu|}{\sigma/\sqrt{n}}\leqslant Z_{\alpha/2}\right\}=1-\alpha$，反之 $P\left\{|Z|=\frac{|\bar{x}-\mu|}{\sigma/\sqrt{n}}>Z_{\alpha/2}\right\}=\alpha$。当总体均值 μ 未知时，可估计 μ 的置信度为 $1-\alpha$ 的置信区间为：

$$\bar{x}-Z_{\alpha/2}\sigma/\sqrt{n}\leqslant\mu\leqslant\bar{x}+Z_{\alpha/2}\sigma/\sqrt{n}$$

上式等价于 Z 检验的接受区域：$|Z|=\dfrac{|\bar{x}-\mu|}{\sigma/\sqrt{n}}\leqslant Z_{\alpha/2}$。

若事先假设：$\mu=\mu_0$，可求出统计量 Z 的具体值。当 $|Z|\leqslant Z_{\alpha/2}$ 时，不属于小概率事件，应接受原假设；反之，当 $|Z|>Z_{\alpha/2}$ 时，小概率事件发生了，按假设检验的规则，应拒绝原假设。可见，区间估计中的置信区间对应于假设检验中的接受区域，置信区间之外的区域就是拒绝区域。对比例、方差等问题的区间估计和假设检验也同样存在这种对偶性。

【例 6.16】 在例 5.7 中，若要求判断总体均值是否为 800 g，则区间估计问题变成了一个假设检验问题。

解 按假设检验的一般做法，假设 $H_0:\mu=800$，$H_1:\mu\neq800$，

统计量
$$t=\frac{\bar{x}-\mu_0}{S/\sqrt{n}}=\frac{791.1-800}{17.136/\sqrt{10}}=\frac{-8.9}{5.4189}=-1.6424$$

由于 $|t|\leqslant t_{\alpha/2}(n-1)=t_{0.025}(9)=2.2622$，所以应接受原假设。

现在，根据区间估计的结果也可以作出同样的检验结论。

本例中，在 $1-\alpha=0.95$ 的置信度下，总体均值 μ 的置信区间为：

$$\bar{x}-t_{\alpha/2}S/\sqrt{n}\leqslant\mu\leqslant\bar{x}+t_{\alpha/2}S/\sqrt{n}$$

即 $778.84\leqslant\mu\leqslant803.36$。这一区间等价于对均值进行 t 检验时的接受区域：

$$|t|=\frac{|\bar{x}-\mu|}{S/\sqrt{n}}\leqslant t_{\alpha/2}$$

在相应的显著性水平 $\alpha=0.05$ 下，总体均值 μ 在[778.84，803.36]范围内都是可信的。原假设 $\mu=800$ 包含在置信区间内，所以应接受原假设。本例中，若 $H_0:\mu=\mu_0$ 在置信区间外，则应拒绝原假设。例如原假设为 $H_0:\mu=810$ 或 770 时，都应拒绝 H_0。

【例 6.17】 在例 6.6 中，现要求估计总体比例的置信区间。

解 已知 $n=200$，样本比例 $p=0.34$，统计量 Z 为：

$$Z=\frac{p-P}{\sqrt{p(1-p)/n}}=\frac{0.34-P}{\sqrt{0.34\times0.66/200}}=\frac{0.34-P}{0.0335}\sim N(0.1)$$

因此给定置信水平 $\alpha=0.10$，总体比例的接受区域为：

$$|Z|=\frac{|0.34-P|}{0.0335}\leqslant Z_{\alpha/2}=1.645$$

由此可得，总体比例 P 的置信度 $(1-\alpha)$ 为 0.90 的置信区间为：

$$(p\pm Z_{\alpha/2}\sqrt{p(1-p)/n})=(0.34\pm1.645\times0.0335)$$

即总体比例的置信区间为(0.285，0.395)。

二、假设检验中的 *P* 值

假设检验的结论是在给定的显著性水平下作出的。因此，在不同的显著性水平下，对同一检验问题所下的结论可能完全相反。例如，在显著性水平 $\alpha=0.10$ 时应拒绝原假设，但有可能在显著性水平 $\alpha=0.05$ 时应接受原假设。因为降低显著性水平 α 会导致拒绝区域缩小，从而就有可能使原来落在 $\alpha=0.10$ 的拒绝区域的统计量的值变成落在 $\alpha=0.05$ 的接受区域内。选

取的显著性水平不同，就有可能出现这种完全相反的结论。

给定显著性水平，对于相同的样本容量和分布，临界值是固定的，拒绝区域也就固定了。但不同样本得出的检验统计量的值不同，即使都落在相同的区域，所下的结论相同，但检验的把握程度实际上是不同的。

例如：在总体均值双侧检验中（大样本条件下），给定显著性水平 $\alpha=0.05$，则临界值 $Z_{\alpha/2}=Z_{0.025}=1.96$。若其中一个样本检验统计量的值 $Z=4>Z_{0.025}=1.96$，所以，检验结论是拒绝原假设。若另一个样本检验统计量的值 $Z=2.5>Z_{0.025}=1.96$，检验结论仍然是拒绝原假设。但很显然两者的把握程度是有差异的，前者拒绝原假设的理由更为充足，更有把握。

现在，换一个角度来进行假设检验。

在例 6.4 中，检验统计量 $Z=2.4$，由 Z 服从正态分布 $N(0,1)$ 可求得统计量 Z 大于 2.4 的概率：

$$P(Z\geqslant 2.4)=0.0082$$

在这里，若选定的显著性水平 $\alpha<0.0082$ 时，统计量的值 $Z=2.4$ 必然大于临界值 Z_α，即统计量的值落在拒绝区域内；若选定的显著性水平 $\alpha>0.0082$ 时，必有 $Z=2.4<Z_\alpha$，即统计量的值落在接受区域内。可见，在本例中，若要拒绝原假设，显著性水平的最小值为 0.008 2，比它稍大一点就会导致接受原假设。通常把这种“拒绝原假设的最小显著性水平”称为假设检验的 P 值。

一般地，用 ξ 表示检验统计量，当 H_0 为真，可由样本数据计算出该统计量的值 c，根据检验统计量 ξ 的具体分布，可求出 P 值。具体地说：

左侧检验的 P 值为检验统计量 ξ 小于样本统计值 c 的概率，即：

$$P=P\{\xi<c\}$$

右侧检验的 P 值为检验统计量 ξ 大于样本统计值 c 的概率，即：

$$P=P\{\xi>c\}$$

双侧检验的 P 值为检验统计量 ξ 落在以样本统计值 c 为端点的尾部区域内的概率的 2 倍：$P=2P\{\xi>c\}$（当 c 位于分布曲线右端时）或 $P=2P\{\xi<c\}$（当 c 位于分布曲线的左端时）。若 ξ 服从正态分布和 t 分布，其分布曲线是关于纵轴对称的，故其 P 值可表示为 $P=P\{|\xi|>c\}$。

计算出 P 值后，将给定的显著性水平 α 与 P 值比较，就可作出检验结论：

如果 $\alpha>P$ 值，则在显著性水平 α 下拒绝原假设；

如果 $\alpha\leqslant P$ 值，则在显著性水平 α 下接受原假设。在实践中，当 $\alpha=P$ 值时，也即统计量的值 c 刚好等于临界值，为慎重起见，可增加样本容量，重新进行抽样检验。

在假设检验中，给出检验的 P 值对决策往往很有益处。在统计分析软件中，几乎都给出了检验的 P 值，以供判断。求 P 值的麻烦在于，有时检验统计量的值很大或很小，相应的 P 值非常小，在一般的概率分布表中无法查到 P 的确切数值，可利用统计分析软件查得 P 值。不过，此时因为 P 值很小，拒绝原假设的理由已经非常充足了，不会影响检验结论。

小　　结

1. 假设检验是统计学的主要组成部分之一，在统计学中占有非常重要的地位。假设检验的基本思想是应用小概率的原理。所谓小概率原理，是指发生概率很小的随机事件在一次实验中是几乎不可能发生的。根据这一原理，可以作出是否接受原假设的决定。假设检验的基本形式可分为双侧检验(或双尾检验)和单侧检验(或单尾检验)。单侧检验又细分为左侧检验和右侧检验。假设检验包括提出假设、构造检验的统计量、决策分析等步骤。由于假设检验的基本思想是应用小概率的原理，判断的依据是一个样本，也就是由部分来推断总体，因而假设检验不可能绝对正确，它也可能犯两类错误。

2. 无论是双侧还是单侧检验，考虑到总体个数的不同，假设检验又可以分为一个总体参数的假设检验和两个总体参数的假设检验。由于检验参数的不同，一个总体参数的假设检验分为均值、比率和方差等假设检验，两个总体参数的假设检验分为均值之差、比率之差和方差之比等假设检验。

3. 进行一个总体均值的假设检验时，大致需要考虑两种情况：一是大样本，此时无须正态总体的假定前提，检验统计量在总体方差已知或未知的情况下都近似服从标准正态分布；二是小样本，在总体方差未知时需要假定总体服从正态分布，检验统计量服从 t 分布。对于一个总体比率的假设检验，通常是在大样本条件下进行的，以检验统计量近似服从标准正态分布为理论基础。而一个总体方差的假设检验，则是以总体服从正态分布为前提、以检验统计量的 χ^2 分布为基础的。

4. 进行两个总体均值之差的假设检验时，需要考虑两类情况：一是独立样本，在大样本条件下，依据正态分布建立拒绝域，在小样本条件下则依据 t 分布建立拒绝域(方差未知时还需要假定两个总体服从正态分布)；二是匹配样本，同样，在大样本条件下，依据检验统计量近似服从正态分布来建立拒绝域，在小样本条件下则以 t 分布为基础(方差未知时还需要假定两个总体的差值总体服从正态分布)。两个总体比率之差的假设检验，通常也是在大样本条件下进行的，检验统计量近似服从正态分布是建立拒绝域的理论基础。至于两个总体方差比的假设检验，则是依据 F 分布来进行的。

5. 假设检验与区间估计既有区别又有联系，对同一实际问题的参数进行推断，使用同一样本、同一统计量、同一分布，二者可以相互转换。同时，在进行假设检验时，也可以比较显著性水平 α 与 P 值的关系，做出检验结论。

思考与练习

1. 假设检验的基本思想是什么？假设检验一般有哪些步骤？

2. 假设检验的基本思想与参数估计的基本思想有什么联系又有什么不同？

3. 如何建立原假设和备择假设？

4. 如何区别双侧检验和单侧检验，左侧检验和右侧检验？

5. 某企业产品目前的平均成本为 250 元。现在有一种新的生产方法可能降低产品成本。由于推广新方法要付出一定的时间和费用，所以必须对新方法所生产产品抽取一个样本，通过假设检验来确信新方法是否能够降低成本。

(1)试建立合适的原假设和备择假设。

(2)第一类错误是指什么？发生这类错误会导致怎样的后果？

(3)第二类错误是指什么？发生这类错误会导致怎样的后果？

(4)发生两类错误的概率之间有何关系？

6. 为什么说第一类错误的概率α和第二类错误的概率β是一对矛盾，解决这个矛盾的思路如何？

7. 在假设检验中什么是显著性水平和检验临界值，试举例说明。

8. 如何确定检验的显著性水平α？什么是假设检验的P值？如何根据P值作出假设检验的结论？

9. 对总体参数进行假设检验时，若在1%的显著性水平下拒绝了原假设，下列说法哪些是错误的？为什么？

(1)原假设不成立而备择假设才是正确的；

(2)总体参数的真值与原假设有很大差异；

(3)检验P值小于1%。

10. 区间估计与假设检验有何联系与区别？如何根据置信区间进行假设检验？

11. 一种电子元件，要求其使用寿命不得低于1 000小时。已知这种元件的使用寿命服从标准差为100小时的正态分布。现从一批元件中随机抽取25件，测得平均使用寿命为958小时。试在0.02的显著性水平下，确定这批元件是否合格。

12. 在正常生产情况下，某厂生产的一种无缝钢管的内径服从均值为54 mm、标准差为0.9 mm的正态分布。从某日生产的钢管中随机抽取10根，测得其内径分别为：53.8、54.0、55.1、54.2、52.1、54.2、55.0、55.8、55.4、55.5(单位：mm)，试在0.05的显著性水平下检验该日产品的生产是否正常？(提示：对均值和标准差或方差都要检验。)

13. 某企业管理者认为，该企业职工对工作环境不满意的人数至少占职工总数的1/5。随机抽取了100人，调查得知其中有26人对工作环境不满意。试问：

(1)在0.10的显著性水平下，调查结果是否支持这位负责人的看法？

(2)若检验的显著性水平为0.05，又有何结论？

(3)检验P值是多少？

14. 近几年某地区大学一年级学生英语4级考试成绩的均值为73分，方差为220.5。今年随机抽取由200名学生组成一个样本，样本均值为71.15分，试问当显著性水平为5%时，

(1)今年学生考试成绩与往年是否处于同一水平？

(2)今年学生考试成绩是否比往年有显著下降？

(3)上述两种检验有何不同？为什么？

(4)利用置信区间的方法对(1)进行检验。

15. 设某总体服从正态分布，其标准差σ为12，现抽取了一个样本容量为400的子样，计算得平均值为21。试以显著性水平$\alpha=0.05$，检验总体的平均值是否不超过20。

16. 某食品厂用自动装袋机包装食品，每袋标准质量为50 g，每隔一定时间抽取包装进行检验，现抽取10袋，测得其质量为(单位：g)：49.8、51、50.5、49.5、49.2、50.2、51.2、50.3、49.7、50.6。若每袋质量服从正态分布，问每袋质量是否合乎要求？($\alpha=0.05$)

17. 假设某产品的质量服从正态分布，现在从一批产品中随机抽取16件，测得平均质量为820 g，标准差为60 g，试以显著性水平$\alpha=0.01$检验原假设$\mu=800$ g。

18. 某牌号彩电规定无故障时间为10 000小时，厂家采取改进措施，现在从新批量彩电中抽取100台，测得平均无故障时间为10 150小时，标准差为500小时，能否据此判断该彩电无故障时间有显著增加？($\alpha=0.01$)

19. 某市全部居民家庭中，平常订阅某种报纸的占40%，最近从订阅率来看似乎出现减少的现象，随机抽200户家庭进行调查，有76户订阅该报纸，问报纸的订阅率是否显著降低？($\alpha=0.05$)

20. 某型号的汽车轮胎耐用里程服从正态分布，其平均耐用里程为25 000 km。现在从某厂生产的轮胎随机取10个进行里程测试，结果数据如下：

25 400　25 600　25 300　24 900　25 500

24 800　25 000　24 800　25 200　25 700

根据以上数据检验该厂轮胎的耐用里程是否存在显著性的差异？($\alpha=0.05$)

21. 加工某零件的标准口径服从标准差为0.03 mm的正态分布。现在从生产的零件中随机取6件，实测口径(单位：mm)如下：

20.05　20.12　20.15　20.07　20.10　20.11

根据样本资料，试以显著性水平$\alpha=0.04$检验总体口径方差是否存在显著性差异。

22. 某种导线要求其电阻的标准差不得超过0.005 Ω。今从一批导线中抽取样品9根，测得样本的标准差为0.007 Ω。设总体服从正态分布，试问在0.05的检验水平下能否认为这批导线的电阻的标准差显著偏大？

23. A、B两厂生产同种材料，已知其抗压强度X均服从正态分布，并且$\sigma_A=6.3$，$\sigma_B=5.6$，从A厂随机抽取81个样品，测得$\overline{x}_A=107$ MPa，从B厂随机抽取64个样品，测得$\overline{x}_B=102$ MPa。根据以上资料，能否认为两厂材料的平均抗压强度相同？($\alpha=0.01$)

24. 健康人(10人)与某种病患者(9人)身体状况的某项指标的样本测定值如表6.7所示。

表　6.7

分类	样本测定值									
患者	29	8	16	15	112	20	5	12	6	—
健康人	21	30	4	14	7	2	18	1	3	11

假定健康人与患者的身体状况服从正态分布，能否认为健康人与患者的该项指标显著不同？($\alpha=0.05$)

25. 两工厂采用同一标准测试某种职业技能，甲厂认为其工人的技能水平高于乙厂。为了证实这一说法，主管部门在两厂进行了抽样测试，并得到如下数据：$n_{甲}=75$人，$n_{乙}=80$人，$\overline{x}_{甲}=78.6$分，$\overline{x}_{乙}=73.8$分，$S_{甲}=8.2$分，$S_{乙}=7.4$分，试问在显著性水平$\alpha=0.05$情况下，样本数据能否支持甲厂的看法？

26. 整理抽样调查问卷时发现甲组80人对某个问题作否定回答的有29人，乙组80人对同一问题作否定回答的有32人，问这两组人员对该问题的看法是否有显著差异？($\alpha=0.05$)

27. 依据第24题数据资料，试检验健康人与患者两个总体方差是否相等？

第七章　方 差 分 析

方差分析是检验多个总体均值是否相等的统计方法。表面上看，方差分析是检验多个总体的均值是否相同，但本质上它所研究的是分类型自变量对数值型因变量的影响是否显著。通过本章学习，要求了解方差分析的基本原理，重点掌握单因素方差分析及双因素方差分析的方法。

方差分析首先是由英国统计学家费雪于 20 世纪 20 年代提出并进一步发展起来的一种统计方法，现被广泛应用于分析心理学、生物学、工程和医药的试验数据。从形式上看，方差分析是比较多个总体的均值是否相同，在本质上，它所研究的是变量之间的关系，这与后面将要介绍的回归分析方法有许多相同之处，但又有本质区别。在研究一个(或多个)分类型自变量与一个数值型因变量之间的关系时，方差分析就是其中的主要方法之一。

第一节　方差分析的基本问题

一、方差分析及其有关术语

方差分析是检验多个总体均值是否相等的统计方法。它是通过检验各总体的均值是否相等来判断分类型自变量对数值型因变量是否有显著影响。表面上看，方差分析是检验多个总体的均值是否相同，但本质上它所研究的是分类型自变量对数值型因变量的影响是否显著。

为了更好地理解方差分析的含义，下面通过一个例子说明方差分析的有关概念以及方差分析所要解决的问题。

【例 7.1】 消费者与产品生产者、销售者或服务的提供者之间经常发生纠纷。当发生纠纷后，消费者常常会向消费者协会投诉。为了对几个行业的服务质量进行评价，消费者协会在零售业、旅游业、航空公司、家电制造业分别抽取了不同的企业作为样本。其中零售业抽取 7 家，旅游业抽取 6 家，航空公司抽取 5 家，家电制造业抽取 5 家。每个行业中所抽取的这些企业，在服务对象、服务内容、企业规模等方面基本上是相同的。然后统计出最近一年中消费者对这 23 家企业投诉的次数，结果如表 7.1 所示。

表 7.1　消费者对四个行业的投诉次数

企业编号	零售业	旅游业	航空公司	家电制造业
1	57	68	31	44
2	66	39	49	51
3	49	29	21	65
4	40	45	34	77
5	34	56	40	58
6	53	51		
7	44			

一般而言，受到投诉的次数越多，说明服务的质量越差。消费者协会想知道这几个行业之间的服务质量是否有显著差异。

要分析四个行业之间的服务质量是否有显著差异，实际上也就是要判断“行业”对“被投诉次数”是否有显著影响，做出这种判断最终被归结为检验这四个行业被投诉次数的均值是否相等。如果它们的均值相等，就意味着“行业”对被投诉次数是没有影响的，也就是它们之间的服务质量没有显著差异；如果均值不全相等，则意味着“行业”对被投诉次数是有影响的，它们之间的服务质量应该有显著差异。

在方差分析中，所要检验的对象称为因素或因子。因素的不同表现称为水平或处理。每个因子水平下得到的样本数据称为观测值。

例如，在上面的例子中，要分析行业对投诉次数是否有影响。这里的“行业”是所要检验的对象，将其称为“因素”或“因子”；零售业、旅游业、航空公司、家电制造业是“行业”这一因素的具体表现，称为“水平”或“处理”；在每个行业下得到的样本数据(被投诉次数)称为观测值。由于这里只涉及“行业”一个因素，因此称为单因素四水平的试验。因素的每一个水平可以看作一个总体，如零售业、旅游业、航空公司、家电制造业可以看作四个总体，表 7.1 中的数据可以看作从这四个总体中抽取的样本数据，也就是观测值。

在只有一个因素的方差分析(称为单因素方差分析)中，涉及两个变量：一个是分类型自变量，一个是数值型因变量。当研究分类型自变量对数值型因变量的影响时，所用的方法就是方差分析。比如，在上面的例子中，要研究“行业”对被投诉次数是否有影响，这里的“行业”就是自变量，它是一个分类型变量，零售业、旅游业、航空公司、家电制造业就是“行业”这个自变量的具体取值，这里称为“行业”这个因素的水平或处理。“被投诉次数”是因变量，它是一个数值型变量，不同的被投诉次数就是因变量的取值。方差分析所要研究的问题就是分类型自变量对数值型因变量的影响。在上面的例子中，也就是研究“行业”对“被投诉次数”的影响。

二、方差分析的基本原理

如何判断行业对被投诉次数是否有显著影响？或者说，行业与被投诉次数之间是否有显著的关系？

从表 7.1 中的数据可以看出，不同行业被投诉的次数是有明显差异的，而且，即使是在同一个行业，不同企业被投诉的次数也明显不同。家电制造业被投诉的次数较高，而航空公司被投诉的次数较低。这表明行业与被投诉次数之间有一定的关系。如果行业与被投诉次数之间没有关系，那么它们被投诉的次数应该差不多相同。

但是，仅仅从观测值上观察，还不能提供充分的证据证明不同行业被投诉的次数之间有显著差异，也许这种差异是由于抽样的随机性所造成的。因此，需要有更准确的方法检验这种差异是否显著，也就是进行方差分析。之所以称为方差分析，是因为在判断均值之间是否有差异时需要借助于方差。这也表示：它是通过对数据误差来源的分析来判断不同总体的均值是否相等，进而分析自变量对因变量是否有影响。因此，进行方差分析时，需要考察数据误差的来源。下面结合表 7.1 中的数据说明数据之间存在的差异。

首先，在同一行业（同一个总体）下，样本的各观测值是不同的。例如，在零售业中，所抽取的 7 家企业之间被投诉的次数是不同的。由于企业是被随机抽取的，因此它们之间的差异可以看作随机因素的影响造成的，或者说是由于抽样的随机性所造成的，称为随机误差。

其次，在不同行业（不同总体）下，各观测值也是不同的。这种差异可能是由于抽样的随机性所造成的，也可能是由于行业本身所造成的，后者所形成的误差是由系统性因素造成的，称为系统误差。

数据的误差是用平方和表示的。衡量因素的同一水平（同一个总体）下样本数据的误差，称为组内误差，例如，零售业中所抽取的 7 家企业被投诉次数之间的误差。衡量因素的不同水平（不同总体）下各样本之间的误差，称为组间误差，例如，零售业、旅游业、航空公司、家电制造业之间被投诉次数的误差。

显然，组内误差只包含随机误差，而组间误差既包括随机误差，也包括系统误差。如果不同行业对被投诉次数没有影响，那么在组间误差中只包含随机误差，而没有系统误差。这时，组间误差与组内误差经过平均后的数值就应该很接近，它们的比值就会接近 1。反之，如果不同行业对被投诉次数有影响，在组间误差中除了包含随机误差外，还会包含系统误差。这时，组间误差平均后的数值就会大于组内误差平均后的数值，它们之间的比值就会大于1。当这个比值大到某种程度时，就可以说因素的不同水平之间存在着显著差异，也就是自变量对因变量有影响。因此，判断行业对被投诉次数是否有显著影响这一问题，实际上也就是检验被投诉次数的差异主要是由于什么原因所引起的。如果这种差异主要是系统误差，则不同行业对被投诉次数有显著影响。在方差分析的假定前提下，这一问题实际上也就是检验四个行业被投诉次数的均值是否相等的问题。

三、方差分析中的基本假定

方差分析中有三个基本的假定：

(1) 每个总体都应服从正态分布。也就是说，对于因素的每一个水平，其观测值是来自正态分布总体的简单随机样本。比如，在例 7.1 中，每个行业被投诉的次数必须服从正态分布。

(2) 各个总体的方差 σ^2 必须相同。也就是说，对于各组观测数据，是从具有相同方差的正态总体中抽取的。比如，在例 7.1 中，四个行业被投诉次数的方差都相同。

(3) 观测值是独立的。比如，在例 7.1 中，每个被抽中的企业被投诉的次数都与其他企业被投诉的次数独立。

实际应用中严格地满足这些假定，特别是对社会经济现象的分析，确实过于苛刻。但一般应近似地符合上述要求。在上述假定成立的前提下，要分析自变量对因变量是否有影响，实际上也就是要检验自变量的各个水平（总体）的均值是否相等。比如，判断行业对被投诉次数是否有显著影响，实际上也就是检验具有同方差的四个正态总体的均值（被投诉次数的均值）是否相等。

四、问题的一般提法

设因素有 k 个水平，每个水平的均值分别用 $\mu_1,\mu_2,\cdots,\mu_k$ 表示，要检验 k 个水平（总体）的均值是否相等，需要提出如下假设：

$H_0:\mu_1=\mu_2=\cdots=\mu_k$　　（自变量对因变量没有显著影响）

$H_1:\mu_1,\mu_2,\cdots,\mu_k$ 不全相等　　（自变量对因变量有显著影响）

比如，在例 7.1 中，设零售业被投诉次数的均值为 μ_1，旅游业被投诉次数的均值为 μ_2，航空公司被投诉次数的均值为 μ_3，家电制造业被投诉次的均值为 μ_4。为检验行业对被投诉次数是否有影响，需要提出如下假设：

$H_0:\mu_1=\mu_2=\mu_3=\mu_4$　　（行业对被投诉次数没有显著影响）

$H_1:\mu_1,\mu_2,\mu_3,\mu_4$ 不全相等　　（行业对被投诉次数有显著影响）

第二节　单因素方差分析

当方差分析中只涉及一个分类型自变量时，称为单因素方差分析。例如，要检验不同行业被投诉次数的均值是否相等，这里只涉及“行业”一个因素，也就是单因素方差分析，它所研究的是一个分类型自变量对一个数值型因变量的影响。

一、单因素方差分析的数据结构

进行单因素方差分析时，需要得到下面的数据结构，如表 7.2 所示。

表 7.2　单因素方差分析的数据结构

观测值(j)	因素(i)			
	A_1	A_2	…	A_k
1	x_{11}	x_{21}	…	x_{k1}
2	x_{12}	x_{22}	…	x_{k2}
⋮	⋮	⋮	⋮	⋮
n	x_{1n}	x_{2n}	…	x_{kn}

为叙述方便，在单因素方差分析中，用 A 表示因素，因素的 k 个水平（总体）分别用 A_1，A_2，…，A_k 表示，每个观测值用 x_{ij}（$i=1,2,\cdots,k;j=1,2,\cdots,n$）表示，即 x_{ij} 表示第 i 个水平（总体）的第 j 个观测值。比如 x_{21} 表示第 2 个水平的第 1 个观测值。其中，从不同水平中所抽取的样本容量可以相等，也可以不相等。

之所以对单因素方差分析的数据结构做出这样的规范，既满足了与下面方差分析中相关计算关系式的一致性，又与计算机中数据库的结构相一致，便于计算机处理。

二、单因素方差分析的步骤

为检验自变量对因变量是否有显著影响，首先需要提出“两个变量在总体中没有关系”的一个原假设，然后构造一个用于检验的统计量来检验这一假设是否成立。具体来说，方差分析包括提出假设、确定检验的统计量、决策分析等步骤。

1. 提出假设

在方差分析中，原假设所描述的是：在按照自变量的值分成的类中，因变量的均值相等。因此，检验因素的 k 个水平（总体）的均值是否相等，需要提出如下形式的假设。

$H_0: \mu_1 = \mu_2 = \cdots = \mu_k$ （自变量对因变量没有显著影响）

$H_1: \mu_1, \mu_2, \cdots, \mu_k$ 不全相等 （自变量对因变量有显著影响）

如果不拒绝原假设 H_0，则不能认为自变量对因变量有显著影响，也就是说，不能认为自变量与因变量之间有显著关系；如果拒绝原假设，则意味着自变量对因变量有显著影响，也就是自变量与因变量之间有显著关系。

需要注意的是，拒绝原假设 H_0 时，只是表明至少有两个总体的均值不相等，并不意味着所有的均值都不相等。

2. 构造检验的统计量

为检验 H_0 是否成立，需要确定检验的统计量。如何构造这一统计量呢？下面结合表7.2的数据结构说明其计算过程。

(1) 计算因素各水平（总体）的均值。假定从第 i 个总体中抽取一个容量为 n_i 的简单随机样本，令 $\bar{x}_i$ 为第 i 个总体的样本均值，则有：

$$\bar{x}_i = \frac{\sum_{j=1}^{n_i} x_{ij}}{n_i} \quad (i = 1, 2, \cdots, k) \tag{7.1}$$

式中　n_i——第 i 个总体的样本观测值个数。

(2) 计算全部观测值的总均值。它是全部观测值的总和除以观测值的总个数，令总均值为 $\bar{\bar{x}}$，则有：

$$\bar{\bar{x}} = \frac{\sum_{i=1}^{k}\sum_{j=1}^{n_i} x_{ij}}{n} = \frac{\sum_{i=1}^{k} n_i \bar{x}_i}{n} \tag{7.2}$$

式中 $n = n_1 + n_2 + \cdots + n_k$。

(3) 计算误差平方和。为构造检验的统计量，在方差分析中，需要计算三个误差平方和：

① 总误差平方和，简记为SST。它是全部观测值 x_{ij} 与总平均值 $\bar{\bar{x}}$ 的误差平方和，反映了全部观测值的离散状况。其计算公式为：

$$\text{SST} = \sum_{i=1}^{k}\sum_{j=1}^{n_i} (x_{ij} - \bar{\bar{x}})^2 \tag{7.3}$$

② 水平项误差平方和，简记为SSA，它是各组平均值 $\bar{x}_i$ 与总平均值 $\bar{\bar{x}}$ 的误差平方和，反映各总体的样本均值之间的差异程度，因此又称组间平方和。其计算公式为：

$$\text{SSA} = \sum_{i=1}^{k}\sum_{j=1}^{n_i} (\bar{x}_i - \bar{\bar{x}})^2 = \sum_{i=1}^{k} n_i (\bar{x}_i - \bar{\bar{x}})^2 \tag{7.4}$$

③ 误差项平方和，简记为SSE，它是每个水平或组的各样本数据与其组平均值误差的平方和，反映了每个样本各观测值的离散状况，因此又称为组内平方和或残差平方和。前面已经提到，该平方和实际上反映的是随机误差的大小。其计算公式为：

$$SSE = \sum_{i=1}^{k}\sum_{j=1}^{n_i}(x_{ij} - \overline{x}_i)^2 \tag{7.5}$$

上述三个平方和之间的关系为：

$$SST = SSA + SSE \tag{7.6}$$

(4) 计算统计量。因为各误差平方和的大小与观测值的多少有关，为了消除观测值多少对误差平方和大小的影响，需要将其平均，也就是用各平方和除以它们所对应的自由度，这一结果称为均方。三个平方和所对应的自由度分别是：

SST 的自由度为$(n-1)$，其中 n 为全部观测值的个数。

SSA 的自由度为$(k-1)$，其中 k 为因素水平(总体) 的个数。

SSE 的自由度为$(n-k)$。

由于主要是比较组间均方和组内均方之间的差异，所以通常只计算 SSA 的均方和 SSE 的均方。SSA 的均方(组间均方) 记为 MSA，其计算公式为：

$$MSA = \frac{SSA}{k-1} \tag{7.7}$$

SSE 的均方(组内均方) 记为 MSE，其计算公式为：

$$MSE = \frac{SSE}{n-k} \tag{7.8}$$

将上述的 MSA 和 MSE 进行对比，即得到所需要的检验统计量 F。当 H_0 为真时，二者的比值服从第一自由度为$(k-1)$、第二自由度为$(n-k)$ 的 F 分布，即

$$F = \frac{MSA}{MSE} \sim F(k-1, n-k) \tag{7.9}$$

3. 统计决策

计算出检验的统计量后，将统计量的值 F 与给定的显著性水平 α 的临界值 F_α 进行比较，从而做出对原假设 H_0 的决策。图 7.1 描述了 F 统计量的抽样分布以及在显著性水平 α 下的拒绝域。

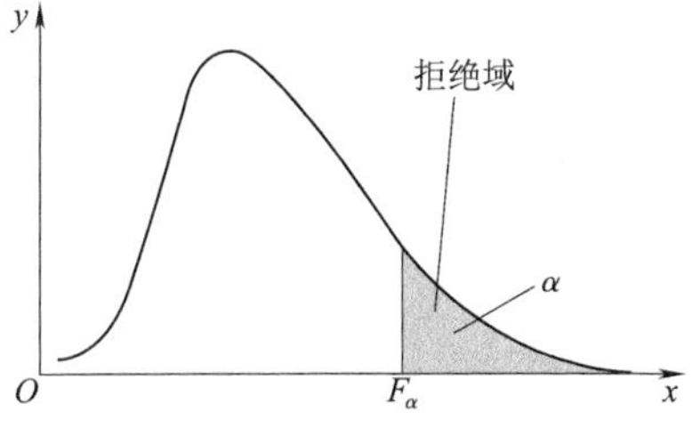

图 7.1　统计量 F 的抽样分布、拒绝域

根据给定的显著性水平 α，在 F 分布表中查找与第一自由度 $df_1 = k-1$、第二自由度 $df_2 = n-k$ 相应的临界值 $F_\alpha(k-1, n-k)$。

若 $F > F_\alpha$，则拒绝原假设 H_0，即 $\mu_1 = \mu_2 = \cdots = \mu_k$ 不成立，表明自变量对因变量有显著影响。

若 $F < F_\alpha$，则不拒绝原假设，没有数据表明多个总体均值之间有显著差异，也就是说，不能认为自变量对因变量有显著影响。

【例 7.2】 根据例 7.1 的资料，取 $\alpha=0.05$，试分析行业对被投诉次数的影响是否显著？

解　第一步：提出假设。

$H_0: \mu_1 = \mu_2 = \mu_3 = \mu_4$　　　　(行业对被投诉次数没有显著影响)

$H_1: \mu_1, \mu_2, \mu_3, \mu_4$ 不全相等　　　　(行业对被投诉次数有显著影响)

第二步：计算 F 统计量。

(1) 计算各行业的均值。

零售业均值 $\bar{x}_1 = \dfrac{\sum_{j=1}^{7} x_{1j}}{n_1} = \dfrac{57+66+49+40+34+53+44}{7} = 49$。

同理,旅游业均值 $\bar{x}_2 = 48$,航空业均值 $\bar{x}_3 = 35$,家电制造业均值 $\bar{x}_4 = 59$。

(2) 计算全部观测值的总均值。

$$\bar{\bar{x}} = \frac{\sum_{i=1}^{k}\sum_{j=1}^{n_i} x_{ij}}{n} = \frac{\sum_{i=1}^{k} n_i \bar{x}_i}{n} = \frac{7\times 49+6\times 48+5\times 35+5\times 59}{23} = 47.869\ 6$$

(3) 计算误差平方和。

$$\begin{aligned} \text{SST} &= \sum_{i=1}^{k}\sum_{j=1}^{n_i}(x_{ij}-\bar{\bar{x}})^2 \\ &= (57-47.869\ 6)^2+(66-47.869\ 6)^2+\cdots+(58-47.869\ 6)^2 \\ &= 4\ 164.608\ 7 \end{aligned}$$

$$\begin{aligned} \text{SSA} &= \sum_{i=1}^{k}\sum_{j=1}^{n_i}(\bar{x}_i-\bar{\bar{x}})^2 = \sum_{i=1}^{k} n_i(\bar{x}_i-\bar{\bar{x}})^2 = 7\times(49-47.869\ 6)^2 + \\ &\quad 6\times(48-47.869\ 6)^2+5\times(35-47.869\ 6)^2+5\times(59-47.869\ 6)^2 \\ &= 1\ 456.608\ 7 \end{aligned}$$

$\text{SSE} = \sum_{i=1}^{k}\sum_{j=1}^{n_i}(x_{ij}-\bar{x}_i)^2$,可分别计算各行业的组内误差平方和:

零售业:

$$\text{SSE}_1 = \sum_{j=1}^{7}(x_{1j}-\bar{x}_1)^2 = (57-49)^2+(66-49)^2+\cdots+(44-49)^2 = 700$$

同理,旅游业 $\text{SSE}_2 = 924$,航空业 $\text{SSE}_3 = 434$,家电制造业 $\text{SSE}_4 = 650$。

所以,$\text{SSE} = 700+924+434+650 = 2\ 708$。

另外,也可以根据 SST = SSA + SSE 推导出 SSE 的结果。

(4) 计算统计量。

$$\text{MSA} = \frac{\text{SSA}}{k-1} = \frac{1\ 456.608\ 9}{4-1} = 485.536\ 2$$

$$\text{MSE} = \frac{\text{SSE}}{n-k} = \frac{2\ 708}{23-4} = 142.526\ 3$$

$$F = \frac{\text{MSA}}{\text{MSE}} = \frac{485.536\ 2}{142.526\ 3} = 3.406\ 6$$

第三步:统计决策。

由于 $\alpha = 0.05$,则查 F 分布表可得,

$$F_\alpha(k-1, n-k) = F_{0.05}(3,19) = 3.127\ 4$$

由于 $F = 3.406\ 6 > F_{0.05}(3,19) = 3.127\ 4$,所以拒绝 H_0,表明四个总体均值之间有显著差异,因此,可以认为行业对被投诉次数有显著影响。

三、方差分析表

上面详细介绍了方差分析的计算步骤和过程。为了使计算过程更加清晰,通常将上述过程

的内容列在一张表内，这就是方差分析表。单因素方差分析如表 7.3 所示。

表 7.3　单因素方差分析表

误差来源	平方和 SS	自由度 df	均方 MS	F 值	P 值	F 临界值
组间	SSA	$k-1$	MSA			
组内	SSE	$n-k$	MSE	MSA/MSE		
总计	SST	$n-1$				

根据例 7.2 的分析结果列成方差分析表如表 7.4 所示。

表 7.4　例 7.2 方差分析表

误差来源	平方和 SS	自由度 df	均方 MS	F 值	P 值	F 临界值
组间	1 456.608 7	3	485.536 2			
组内	2 708	19	142.526 3	3.406 6	0.0387 6	3.127 4
总计	4 164.608 7	22				

在进行决策时，也可以直接利用方差分析表中的 P 值与显著性水平 α 的值进行比较。若 $P>\alpha$，则不能拒绝原假设 H_0；若 $P<\alpha$，则拒绝原假设 H_0。在本例中，$P=0.038\ 76<\alpha=0.05$，所以拒绝原假设，即行业对被投诉次数的影响是显著的。

四、关系强度的测度

例 7.2 中的方差分析结果显示，不同行业被投诉次数的均值之间有显著差异，这意味着行业（自变量）与被投诉次数（因变量）之间的关系是显著的。那么，它们之间的关系强度又如何呢？实际上，只要组间平方和 SSA 不等于 0，这就表明两个变量之间有关系（只是是否显著的问题）。当组间平方和比组内平方和 SSE（或残差平方和）大，而且大到一定程度时，就意味着两个变量之间的关系显著，大得越多，变量之间的关系就越强；反之，当组间平方和比组内平方和小时，就意味着两个变量之间的关系不显著，小得越多，两个变量之间的关系就越弱。因此，两个变量之间关系的强度可以用组间平方和 SSA 与总平方和 SST 的比例大小来反映，记为 R^2：

$$R^2=\frac{\mathrm{SSA}}{\mathrm{SST}} \tag{7.10}$$

其算术平方根为 R，则可以用来测量两个变量之间的关系强度（在第 8 章的相关分析与回归分析中，将 R^2 称为可决系数，R 被定义为相关系数）。

如例 7.2 中，行业与被投诉次数两个变量之间的关系强度为：

$$R^2=\frac{\mathrm{SSA}}{\mathrm{SST}}=\frac{1\ 456.608\ 7}{4\ 164.608\ 7}=34.975\ 9\%$$

这表明，行业（自变量）对被投诉次数（因变量）的影响效应占总效应的 34.975 9%，即行业对被投诉次数差异的解释比例达到近 35%。而其他因素（残差变量）所解释的比例为 65% 以上。进一步计算 $R=0.59$，这表明行业与被投诉次数之间有中等以上的关系（因为 R 没有负值，其变化范围是 $0\sim1$）。

第三节　双因素方差分析

一、双因素方差分析及其类型

单因素方差分析只是考虑一个分类型自变量对数值型因变量的影响。在对实际问题的研究中，有时需要考虑几个因素对试验结果的影响。例如，分析影响彩电销售量的因素时，需要考虑品牌、销售地区、价格、质量等多个因素的影响。当方差分析中涉及两个分类型自变量时，称为双因素方差分析。

【例 7.3】 有四个品牌的彩电在五个地区销售，为分析彩电的品牌（“品牌”因素）和销售地区（“地区”因素）对销售量是否有影响，对每个品牌在各地区的销售量取得以下数据，如表 7.5所示。试分析品牌和销售地区对彩电的销售量是否有显著影响？（$\alpha=0.05$）

表 7.5　不同品牌的彩电在各地区的销售量数据　　（单位：台）

品牌因素	地区因素				
	地区 1	地区 2	地区 3	地区 4	地区 5
品牌 1	365	350	343	340	323
品牌 2	345	368	363	330	333
品牌 3	358	323	353	343	308
品牌 4	288	280	298	260	298

在本例中，品牌和地区是两个分类型自变量，销售量是一个数值型因变量。同时分析品牌和销售地区对销售量的影响，分析究竟是一个因素在起作用，还是两个因素都起作用，或者是两个因素都不起作用，这就是一个双因素方差分析问题。

在双因素方差分析中，由于有两个影响因素，例如，彩电的“品牌”因素和“地区”因素，如果“品牌”因素和“地区”因素对销售量的影响是相互独立的，分别判断“品牌”因素和“地区”因素对销售量的影响，这时的双因素方差分析称为无交互作用的双因素方差分析，或称为无重复双因素分析；如果除了“品牌”因素和销售“地区”因素对销售量的单独影响外，两个因素的搭配还会对销售量产生一种新的影响效应，例如，某个地区对某种品牌的彩电有特殊偏好，这就是两个因素结合后产生的新效应，这时的双因素方差分析称为有交互作用的双因素方差分析，或称为可重复双因素分析。

二、无交互作用的双因素方差分析

1. 数据结构

在无交互作用的双因素方差分析中，由于有两个因素，在获取数据时，需要将一个因素安排在“行”的位置，称为行因素；另一个因素安排在“列”的位置，称为列因素。设行因素有 k 个水平：行 1，行 2，…，行 k；列因素有 r 个水平：列 1，列 2，…，列 r。行因素和列因素的每一个水平都可以搭配成一组，观察它们对试验指标的影响，共抽取 kr 个观察数据，其数据结构如表 7.6所示。

表 7.6 无交互作用双因素方差分析的数据结构

行因素(i) \ 列因素(j)	列 1	列 2	…	列 r	平均值 $\overline{x}_i$
行 1	x_{11}	x_{12}	…	x_{1r}	x_1
行 2	x_{21}	x_{22}	…	x_{2r}	x_2
⋮	⋮	⋮		⋮	⋮
行 k	x_{k1}	x_{k2}	…	x_{kr}	x_k
平均值 $\overline{x}_j$	$\overline{x}_1$	$\overline{x}_2$	…	x_r	$\overline{\overline{x}}$

表 7.6 中,行因素共有 k 个水平,列因素共有 r 个水平。每一个观测值 $x_{ij}(i=1,2,\cdots,k;j=1,2,\cdots,r)$ 看作由行因素的 k 个水平和列因素的 r 个水平所组合成的 kr 个总体中抽取的容量为 1 的独立随机样本。这 kr 个总体中的每个总体都服从正态分布,且有相同的方差。

其中,$\overline{x}_i$ 是行因素的第 i 个水平下各观测值的平均值,其计算公式为:

$$\overline{x}_i=\frac{\sum_{j=1}^{r}x_{ij}}{r}\quad(i=1,2,\cdots,k)\tag{7.11}$$

$\overline{x}_j$ 是列因素的第 j 个水平下的各观测数据的均值,其计算公式为:

$$\overline{x}_j=\frac{\sum_{i=1}^{k}x_{ij}}{k}\quad(j=1,2,\cdots,r)\tag{7.12}$$

$\overline{\overline{x}}$ 是全部 kr 个样本数据的总平均值,其计算公式为:

$$\overline{\overline{x}}=\frac{\sum_{i=1}^{k}\sum_{j=1}^{r}x_{ij}}{kr}\tag{7.13}$$

2. 分析步骤

与单因素方差分析类似,双因素方差分析也包括提出假设、确定检验的统计量、决策分析等步骤。

(1) 提出假设。为了检验两个因素的影响,需要对两个因素分别提出如下假设。

对行因素提出的假设为:

$H_0:\mu_1=\mu_2=\cdots=\mu_i=\cdots=\mu_k$ (行因素(自变量)对因变量没有显著影响)

$H_1:\mu_i(i=1,2,\cdots,k)$ 不完全相等 (行因素(自变量)对因变量有显著影响)

式中 μ_i—— 行因素的第 i 个水平的均值。

对列因素提出的假设为:

$H_0:\mu_1=\mu_2=\cdots=\mu_j=\cdots=\mu_r$ (列因素(自变量)对因变量没有显著影响)

$H_1:\mu_j(j=1,2,\cdots,r)$ 不完全相等 (列因素(自变量)对因变量有显著影响)

式中 μ_j—— 列因素的第 j 个水平的均值。

(2) 构造检验的统计量。为检验原假设是否成立,需要分别确定检验行因素和列因素的统计量。与单因素方差分析构造统计量的方法一样,也需要从总误差平方和的分解入手。

总误差平方和记为 SST,即:

$$\mathrm{SST}=\sum_{i=1}^{k}\sum_{j=1}^{r}(x_{ij}-\bar{\bar{x}})^2 \tag{7.14}$$

行因素所产生的误差平方和记为SSR,即:

$$\mathrm{SSR}=\sum_{i=1}^{k}\sum_{j=1}^{r}(\bar{x}_{i\cdot}-\bar{\bar{x}})^2 \tag{7.15}$$

列因素所产生的误差平方和记为SSC,即:

$$\mathrm{SSC}=\sum_{i=1}^{k}\sum_{j=1}^{r}(\bar{x}_{\cdot j}-\bar{\bar{x}})^2 \tag{7.16}$$

除行因素和列因素影响之外的剩余因素影响产生的误差平方和称为随机误差项平方和,记为SSE,即:

$$\mathrm{SSE}=\sum_{i=1}^{k}\sum_{j=1}^{r}(x_{ij}-\bar{x}_{i\cdot}-\bar{x}_{\cdot j}+\bar{\bar{x}})^2 \tag{7.17}$$

上述各平方和的关系是:

$$\mathrm{SST}=\mathrm{SSR}+\mathrm{SSC}+\mathrm{SSE} \tag{7.18}$$

在上述误差平方和的基础上,计算均方。也就是将各平方和除以相应的自由度,即为均方。与各误差平方和相对应的自由度分别是:

总误差平方和SST的自由度为$kr-1$;

行因素的误差平方和SSR的自由度为$k-1$;

列因素的误差平方和SSC的自由度为$r-1$;

随机误差平方和SSE的自由度为$(k-1)(r-1)$。

为构造检验统计量,需要计算下列各均方:

行因素的均方记为MSR,即:

$$\mathrm{MSR}=\frac{\mathrm{SSR}}{k-1} \tag{7.19}$$

列因素的均方记为MSC,即:

$$\mathrm{MSC}=\frac{\mathrm{SSC}}{r-1} \tag{7.20}$$

随机误差项的均方记为MSE,即:

$$\mathrm{MSE}=\frac{\mathrm{SSE}}{(k-1)(r-1)} \tag{7.21}$$

为检验行因素对因变量的影响是否显著,采用下面的统计量:

$$F_R=\frac{\mathrm{MSR}}{\mathrm{MSE}}\sim F[k-1,(k-1)(r-1)] \tag{7.22}$$

为检验列因素的影响是否显著,采用下面的统计量:

$$F_C=\frac{\mathrm{MSC}}{\mathrm{MSE}}\sim F[r-1,(k-1)(r-1)] \tag{7.23}$$

(3)统计决策。计算出检验的统计量后,根据给定的显著性水平α和两个自由度,查F分布表得到相应的临界值F_α,然后将F_R和F_C与F_α进行比较:

若$F_R>F_\alpha[k-1,(k-1)(r-1)]$,则拒绝原假设$H_0$,即$\mu_1=\mu_2=\cdots=\mu_i=\cdots=\mu_k$不成立,表明$\mu_i(i=1,2,\cdots,k)$之间的差异是显著的。也就是说,有$(1-\alpha)$的把握认为所检验的行因素对观测值有显著影响。

若 $F_C > F_\alpha[r-1,(k-1)(r-1)]$，则拒绝原假设 H_0，即 $\mu_1=\mu_2=\cdots=\mu_j=\cdots=\mu_r$ 不成立，表明 $\mu_j(j=1,2,\cdots,r)$ 之间的差异是显著的。也就是说，有 $(1-\alpha)$ 的把握认为所检验的列因素对观测值有显著影响。

上面讨论了双因素方差分析的计算步骤和过程。为了使计算过程更加清晰，通常将上述过程的内容列成方差分析表，如表 7.7 所示。

表 7.7　无交互作用的双因素方差分析表

误差来源	平方和 SS	自由度 df	均方 MS	F 值	P 值	F 临界值
行因素	SSR	$k-1$	MSR	F_R		
列因素	SSC	$r-1$	MSC	F_C		
误差	SSE	$(k-1)(r-1)$	MSE			
总计	SST	$kr-1$				

【例 7.4】 根据例 7.3 中的数据，试分析“品牌”和“地区”对销售量是否有显著影响？($\alpha=0.05$)

解　第一步：提出假设。

对行因素（品牌）提出的假设为：

$H_0:\mu_1=\mu_2=\mu_3=\mu_4$　　　　（品牌对销售量没有显著影响）

$H_1:\mu_i(i=1,2,\cdots,4)$ 不完全相等　　　　（品牌对销售量有显著影响）

对列因素（地区）提出的假设为：

$H_0:\mu_1=\mu_2=\mu_3=\mu_4=\mu_5$　　　　（地区对销售量没有显著影响）

$H_1:\mu_j(j=1,2,\cdots,5)$ 不完全相等　　　　（地区对销售量有显著影响）

第二步：计算统计量。

(1) 计算行因素（品牌）各水平均值。

$$\bar{x}_{i\cdot}=\frac{\sum_{j=1}^{r}x_{ij}}{r}\quad(i=1,2,\cdots,k)$$

$$\bar{x}_{1\cdot}=\frac{365+350+343+340+323}{5}=344.2$$

$$\bar{x}_{2\cdot}=\frac{345+368+363+330+333}{5}=347.8$$

$$\bar{x}_{3\cdot}=\frac{358+323+353+343+308}{5}=337$$

$$\bar{x}_{4\cdot}=\frac{288+280+298+260+298}{5}=284.8$$

计算列因素（地区）各水平均值。

$$\bar{x}_{\cdot j}=\frac{\sum_{i=1}^{k}x_{ij}}{k}\quad(j=1,2,\cdots,r)$$

$$\bar{x}_{\cdot 1}=\frac{365+345+358+288}{4}=339$$

$$\bar{x}_{\cdot 2}=\frac{350+368+323+280}{4}=330.25$$

$$\bar{x}_{\cdot 3}=\frac{343+363+353+298}{4}=339.25$$

$$\bar{x}_{\cdot 4}=\frac{340+330+343+260}{4}=318.25$$

$$\bar{x}_{\cdot 5}=\frac{323+333+308+298}{4}=315.5$$

(2) 计算全部观测值的总均值。

$$\bar{\bar{x}}=\frac{\sum_{i=1}^{k}\sum_{j=1}^{r}x_{ij}}{kr}=\frac{\sum_{i=1}^{k}r\bar{x}_{\cdot j}}{kr}=\frac{4\times(339+330.25+339.25+318.25+315.5)}{4\times 5}$$
$$=328.45$$

(3) 计算误差平方和。

$$\text{SST}=\sum_{i=1}^{k}\sum_{j=1}^{r}(x_{ij}-\bar{\bar{x}})^2=(365-328.45)^2+(350-328.45)^2$$
$$+\cdots+(298-328.45)^2=17\ 888.95$$

$$\text{SSR}=\sum_{i=1}^{k}\sum_{j=1}^{r}(\bar{x}_{i\cdot}-\bar{\bar{x}})^2=\sum_{i=1}^{k}r\,(\bar{x}_{i\cdot}-\bar{\bar{x}})^2=5\times(344.2-328.45)^2$$
$$+5\times(347.8-328.45)^2+5\times(337-328.45)^2$$
$$+5\times(284.8-328.45)^2=13\ 004.55$$

$$\text{SSC}=\sum_{i=1}^{k}\sum_{j=1}^{r}(\bar{x}_{\cdot j}-\bar{\bar{x}})^2=\sum_{j=1}^{r}k\,(\bar{x}_{\cdot j}-\bar{\bar{x}})^2=4\times(339-328.45)^2$$
$$+4\times(330.25-328.45)^2+4\times(339.25-328.45)^2+4\times(318.25-328.45)^2$$
$$+4\times(315.5-328.45)^2=2\ 011.7$$

$$\text{SSE}=\sum_{i=1}^{k}\sum_{j=1}^{r}(x_{ij}-\bar{x}_{i\cdot}-\bar{x}_{\cdot j}+\bar{\bar{x}})^2=(365-344.2-339+328.45)^2$$
$$+(350-344.2-330.25+328.45)^2+\cdots+(298-284.8-315.5+328.45)^2$$
$$=2\ 872.7$$

(4) 计算统计量

$$\text{MSR}=\frac{\text{SSR}}{k-1}=\frac{13\ 004.55}{4-1}=4\ 334.85$$

$$\text{MSC}=\frac{\text{SSC}}{r-1}=\frac{2\ 011.7}{5-1}=502.925$$

$$\text{MSE}=\frac{\text{SSE}}{(k-1)(r-1)}=\frac{2\ 872.7}{3\times 4}=239.39$$

所以，
$$F_R=\frac{\text{MSR}}{\text{MSE}}=\frac{4\ 334.85}{239.39}=18.107\ 77$$

$$F_C = \frac{\text{MSC}}{\text{MSE}} = \frac{502.925}{239.39} = 2.100\,85$$

第三步:统计决策。

由于 $\alpha = 0.05$,则查 F 分布表可得 $F_{0.05}[4-1,(4-1)(5-1)] = 3.490\,3$,$F_{0.05}[5-1,(4-1)(5-1)] = 3.259\,2$。

由于 $F_R = 18.107\,77 > F_{0.05}(3,12) = 3.490\,3$,所以拒绝原假设 H_0,即表明 μ_i 之间有显著差异,因此,可以认为品牌对销售量有显著影响。

由于 $F_C = 2.100\,85 < F_{0.05}(4,12) = 3.259\,2$,所以不能拒绝原假设 H_0,即表明 μ_j 之间没有显著差异,因此,不能认为地区对销售量有显著影响。

上述双因素方差分析也可以通过方差分析表来反映,如表 7.8 所示。

表 7.8　例 7.4 中无交互作用的双因素方差分析表

误差来源	平方和 SS	自由度 df	均方 MS	F 值	P 值	F 临界值
行因素	13 004.55	3	4 334.850	18.107 77	9.456E−05	3.490 3
列因素	2 011.7	4	502.925	2.100 85	0.143 66	3.259 2
误差	2 872.7	12	239.39			
总计	17 888.95	19				

也可以采用 P 值进行分析。从表 7.8 中可以发现,检验行因素的 P 值是 $9.456E-05 < \alpha = 0.05$,因此,拒绝原假设 H_0,即品牌对销售量有显著影响。检验列因素的 P 值是 $0.143\,66 > \alpha = 0.05$,因此,不拒绝原假设 H_0,即地区对销售量无显著影响。

3. 关系强度的测量

例 7.4 中的双因素方差分析结果显示,不同品牌的销售量均值之间有显著差异,这意味着行自变量(品牌)与因变量(销售量)之间的关系统计上是显著的;而不同地区的销售量的均值之间没有显著差异,表明列自变量(地区)与因变量(销售量)之间的关系统计上是不显著的,那么,两个变量合起来与销售量之间的关系强度究竟如何呢?

与单因素方差分析相似,自变量与因变量的关系强度可以用误差平方和来衡量,其中,行平方和度量了品牌这个自变量对因变量(销售量)的影响效应;列平方和度量了地区这个自变量对因变量(销售量)的影响效应。联合效应与总平方和的比值定义为 R^2,其算术平方根 r 则反映了这两个自变量合起来与因变量之间的关系强度,即

$$R^2 = \frac{\text{联合效应}}{\text{总效应}} = \frac{\text{SSR}+\text{SSC}}{\text{SST}}$$

如例 7.4 中,品牌与地区这两个自变量与销售量之间的关系强度为:

$$R^2 = \frac{\text{SSR}+\text{SSC}}{\text{SST}} = \frac{13\,004.55 + 2\,011.7}{17\,888.95} = 83.94\%$$

这表明,品牌因素和地区因素合起来总共解释了销售量差异的 83.94%,其他因素(残差变量)只解释了销售量差异的 16.06%。而 $r = \sqrt{R^2} = 0.916\,2$,表明品牌和地区两个因素合起来与销售量之间有较强的关系。

三、有交互作用的双因素方差分析

在前面的分析中,假定两个因素对因变量的影响是独立的,但如果两个因素交互作用则会

对因变量产生一种新的效应，这时就需要考虑交互作用对因变量的影响，这就是有交互作用的双因素方差分析。

【例 7.5】 城市道路交通管理部门为研究不同的路段和不同的时间段对行车时间的影响，让一名交通警察分别在两个路段和高峰期与非高峰期亲自驾车进行试验，通过试验共获得 20 个行车时间（分钟）的数据，如表 7.9 所示。试分析路段、时段以及路段和时段的交互作用对行车时间的影响。（$\alpha=0.05$）

表 7.9　不同时段和不同路段的行车时间　　（单位：分钟）

列变量（路段）	行变量（时段）	
	高峰期	非高峰期
1	26　24　27　25　25	20　17　22　21　17
2	19　20　23　22　21	18　17　13　16　12

设行变量有 k 个水平，比如，表 7.9 中的行变量（时段）有 2 个水平，即高峰期和非高峰期；列变量有 r 个水平，比如，表 7.9 中的列变量（路段）有 2 个水平，即路段 1 和路段 2；行变量中每一个水平的行数为 m，比如，表 7.9 中的行变量的每一个水平（即每一个样本）的行数各有 5 行；观察数据的总数为 n，比如，表 7.9 中共有，$n=20$ 个数据。

与前述方法类似，有交互作用的双因素方差分析也需要提出假设、构造检验的统计量、决策分析等步骤。提出假设时，需要对行变量、列变量和交互作用变量分别提出假设，方法与前述方法类似，这里不再赘述。但考虑到交互作用的影响，有交互作用的双因素方差分析的误差分解不同。

1. 误差分解

设：x_{ijl} 为对应于行因素的第 i 个水平和列因素的第 j 个水平的第 l 行的观察值；$\bar{x}_i$ 为行因素的第 i 个水平的样本均值；$\bar{x}_{\cdot j}$ 为列因素的第 j 个水平的样本均值；$\bar{x}_{ij}$ 为对应于行因素的第 i 个水平和列因素的第 j 个水平组合的样本均值；$\bar{\bar{x}}$ 为全部 n 个观测值的总均值；各平方和的计算公式如下：

总平方和（SST）：

$$\mathrm{SST}=\sum_{i=1}^{k}\sum_{j=1}^{r}\sum_{l=1}^{m}(x_{ijl}-\bar{\bar{x}})^2 \tag{7.24}$$

行变量平方和（SSR）：

$$\mathrm{SSR}=rm\sum_{i=1}^{k}(\bar{x}_{i\cdot}-\bar{\bar{x}})^2 \tag{7.25}$$

列变量平方和（SSC）：

$$\mathrm{SSC}=km\sum_{j=1}^{r}(\bar{x}_{\cdot j}-\bar{\bar{x}})^2 \tag{7.26}$$

交互作用平方和（SSRC）：

$$\mathrm{SSRC}=m\sum_{i=1}^{k}\sum_{j=1}^{r}(\bar{x}_{ij}-\bar{x}_{i\cdot}-\bar{x}_{\cdot j}+\bar{\bar{x}})^2 \tag{7.27}$$

误差项平方和（SSE）：

$$\mathrm{SSE}=\mathrm{SST}-\mathrm{SSR}-\mathrm{SSC}-\mathrm{SSRC} \tag{7.28}$$

2. 构造统计量

在上述误差平方和的基础上，计算均方。也就是将各平方和除以相应的自由度，即为均方。

与各误差平方和相对应的自由度分别是：

总误差平方和 SST 的自由度为 $n-1$；

行因素的误差平方和 SSR 的自由度为 $k-1$；

列因素的误差平方和 SSC 的自由度为 $r-1$；

交互作用平方和(SSRC) 的自由度为$(k-1)(r-1)$

随机误差平方和 SSE 的自由度为 $kr(m-1)$。

为构造检验统计量，需要计算下列各均方：

行因素的均方记为 MSR，即：

$$\mathrm{MSR}=\frac{\mathrm{SSR}}{k-1} \tag{7.29}$$

列因素的均方记为 MSC，即：

$$\mathrm{MSC}=\frac{\mathrm{SSC}}{r-1} \tag{7.30}$$

交互作用的均方记为 MSRC，即

$$\mathrm{MSRC}=\frac{\mathrm{SSRC}}{(k-1)(r-1)} \tag{7.31}$$

随机误差项的均方记为 MSE，即：

$$\mathrm{MSE}=\frac{\mathrm{SSE}}{kr(m-1)} \tag{7.32}$$

为检验行因素对因变量的影响是否显著，采用下面的统计量：

$$F_R=\frac{\mathrm{MSR}}{\mathrm{MSE}}\sim F[k-1,kr(m-1)] \tag{7.33}$$

为检验列因素的影响是否显著，采用下面的统计量：

$$F_C=\frac{\mathrm{MSC}}{\mathrm{MSE}}\sim F[r-1,kr(m-1)] \tag{7.34}$$

为检验交互作用的影响是否显著，采用下面的统计量：

$$F_{\mathrm{RC}}=\frac{\mathrm{MSRC}}{\mathrm{MSE}}\sim F[(k-1)(r-1),kr(m-1)] \tag{7.35}$$

3. 方差分析表

有交互作用的双因素方差分析表的数据结构与表 7.9 类似，其方差分析表的一般形式如表 7.10 所示。

表 7.10　有交互作用的双因素方差分析表

误差来源	平方和 SS	自由度 df	均方 MS	F 值	P 值	F 临界值
行因素	SSR	$k-1$	MSR	F_R		
列因素	SSC	$r-1$	MSC	F_C		
交互作用	SSRC	$(k-1)(r-1)$	MSRC	F_{RC}		
误差	SSE	$kr(m-1)$	MSE			
总计	SST	$n-1$				

根据例 7.5 资料，可以进行有交互作用的双因素方差分析。这里计算过程从略，仅列出有

交互作用的双因素方差分析表，如表 7.11 所示，感兴趣的读者可以自己进行计算与分析，这里仅就利用 P 值进行决策予以简要说明。

表 7.11 例 7.5 中有交互作用的双因素方差分析表

误差来源	平方和 SS	自由度 df	均方 MS	F 值	P 值	F 临界值
行因素	174.05	1	174.05	44.063 3	5.7E−06	4.494 0
列因素	92.45	1	92.45	23.405 1	0.000 2	4.494 0
交互作用	0.05	1	0.05	0.012 7	0.911 8	4.494 0
误差	63.20	16	3.95			
总计	329.75	19				

由表 7.11 可知，用于检验行因素(时段) 的 F 统计量的 P 值是 $5.7E-06<\alpha=0.05$，因此，拒绝原假设 H_0，表明不同时段的行车时间之间有显著差异，即时段对行车时间有显著影响;用于检验列因素(路段) 的 F 统计量的 P 值是 $0.000\,2<\alpha=0.05$，因此，拒绝原假设 H_0，表明不同路段的行车时间之间有显著差异，即路段对行车时间也有显著影响。交互作用反映的是行因素(时段) 与列因素(路段) 共同产生的对因变量(行车时间) 的影响，由于检验的 F 统计量的 P 值为 $0.911\,8>\alpha=0.05$，因此，不能拒绝原假设 H_0，即没有证据证明时段和路段的交互作用对行车时间有显著影响。

同样，也可以用各平方和占总平方和的比例(即 R^2) 来反映时段因素、路段因素、交互作用以及残差等对行车时间的关系强度，这里从略。

小　结

本章介绍了方差分析的有关知识。方差分析是检验多个总体均值是否相等的一种统计方法。根据所涉及的分类型自变量的多少分为单因素方差分析和双因素方差分析。

1. 单因素方差分析是研究一个分类型的自变量与一个数值型因变量之间的关系，双因素方差分析则是研究两个分类型的自变量同因变量之间的关系。当所研究的两个因素之间无交互作用时，称为无交互作用的双因素方差分析或无重复双因素方差分析;当所研究的两个因素之间有交互作用时，称为有交互作用的双因素方差分析或可重复双因素方差分析。

2. 方差分析主要是检验自变量对因变量是否有显著影响，因此，首先需要提出原假设，然后构造检验统计量来检验这一假设是否成立。方差分析包括提出假设、构造检验的统计量、决策分析等步骤。

思考与练习

1. 方差分析的基本原理是什么?
2. 方差分析有哪些类型?
3. 简述单因素方差分析中 SST、SSE、SSA 的含义及三者之间的关系。
4. 根据方差分析表说明方差分析的步骤。
5. 解释 R^2 的含义和作用。
6. 某家电制造公司准备购进一批 5 号电池，现有 A、B、C 三个电池生产企业愿意供货，为比较它们生产的电池质量，从每个企业各随机抽取 5 只电池，经试验得到其寿命数据资料如表 7.12所示。试分析 3 个家电生产企业的电池平均寿命之间有无显著差异。(α=0.05)

7. 五个地区每天发生交通事故的次数如表 7.13 所示。

表　7.12

试验编号	电池生产企业		
	A	B	C
1	50	32	45
2	50	28	42
3	43	30	38
4	40	34	48
5	39	26	40

表　7.13

东部	北部	中部	南部	西部
15	12	10	14	13
17	10	14	9	12
14	13	13	7	9
11	17	15	10	14
	14	12	8	10
			7	9

由于是随机抽样，有一些地区的样本容量较多(如南部和西部)，而有些地区样本容量较少(如东部)。试以 α=0.01 的显著性水平检验各地区平均每天交通事故的次数是否相等。

8. 将 24 家生产产品大致相同的企业，按资金分为三类，每个公司的每百元销售收入的生产成本如表 7.14 所示。这些数据能否说明三类公司的市场生产成本有差异？(α=0.05)

9. 某商品不同的装潢，在五个地区销售。销售资料如表 7.15 所示。

表　7.14

一类	二类	三类
69	75	77
72	76	80
70	72	75
76	70	86
72	80	74
72	68	86
66	80	80
72	74	83

表　7.15

地区(因素 B)	装潢(因素 A)		
	A1	A2	A3
B1	41	45	34
B2	53	51	44
B3	54	48	46
B4	55	43	45
B5	43	39	51

试以 α=0.05 的显著性水平检验该商品不同的装潢和在不同的地区销售数量之间是否有显著差异。

10. 某农科所试验在水溶液中种植西红柿，采用了三种施肥方式和四种不同的水温。三种施肥方式是：一开始就给以全部可溶性的肥料；每两个月给以 1/2 的溶液；每月给以 1/4 的溶液。水温分别为 4 ℃、10 ℃、16 ℃、20 ℃。试验结果的产量如表 7.16 所示。

取 α=0.05，问施肥的方式和水温对产量的影响各自是否显著。

11. 某企业机修车间有 4 个维修小组，负责该企业 8 种型号的主要生产设备的常规保养工作。为了了解这 4 个维修小组的工作状态，对各维修小组保养设备的时间进行了一次调查，其结果如表 7.17 所示。

表 7.16

水温	施肥方式		
	1次	2次	4次
冷(4 ℃)	20	19	21
凉(10 ℃)	16	15	14
温(16 ℃)	9	10	11
热(20 ℃)	8	7	6

表 7.17 (单位:h)

设备型号 \ 维修小组	1	2	3	4
1	255	231	304	291
2	201	245	205	254
3	254	212	207	261
4	198	209	249	204
5	188	198	257	245
6	154	185	254	289
7	229	198	281	244
8	201	178	227	252

要求:

(1)试采用单因素方差分析方法,在显著性水平 $\alpha=0.05$ 的情况下,判断 4 个维修小组和设备型号对保养设备时间的影响是否显著。

(2)试采用无交互作用的双因素方差分析方法,在显著性水平 $\alpha=0.05$ 的情况下,判断维修小组和设备型号对保养设备时间的影响是否显著。并与单因素方差分析比较,可以得出什么结论?

12. 一家超市连锁店进行一项研究,确定超市所在的位置和竞争者的数量对销售额是否有显著影响。通过调查而取得的销售额资料如表 7.18 所示。

表 7.18 (单位:万元)

超市位置	竞争者数量			
	0	1	2	≥3
市内居民小区	41	38	59	47
	30	31	48	40
	45	39	51	39
写字楼	25	29	44	43
	31	35	48	42
	22	30	50	53
郊区	18	22	29	24
	29	17	28	27
	33	25	26	32

要求:

(1)在显著性水平 $\alpha=0.05$ 的情况下,判断超市的位置、竞争者的数量以及二者的交互作用对销售额的影响是否显著。

(2)进一步判断超市的位置和竞争者的数量联合与销售额关系的强度。

第八章　统 计 指 数

本章主要阐述统计指数的理论与方法。通过本章学习，要求了解统计指数的基本概念、统计指数的编制原理；熟练运用综合指数和平均指数的编制方法；熟练掌握指数体系在因素分析中的应用；了解常用经济指数和综合评价指数的编制方法。

指数分析是时间序列分析的延伸，是时间序列分析在运用上的扩展。在对社会经济环境进行动态对比分析时，可直接对某一种产品的产量或商品的销售量直接对比，计算发展速度和增长速度。但当要研究多种产品产量或商品销售量总的变动程度时，就需要用统计指数方法加以研究。本章主要介绍总指数、综合指数、平均指数及指数体系和因素分析的基本理论及综合运用。

第一节　统计指数的概念和种类

一、统计指数的概念

指数有广义和狭义之分。从广义上讲，凡是表明社会经济现象总体数量变动的相对数，都是指数。因此，前面所述发展速度指标，亦可称为指数。例如，2005 年与 2004 年相比较，某地区粮食总产量和钢产量的发展速度分别为 101.7%和 112.7%，可以称粮食产量指数和钢产量指数分别为 101.7%和 112.7%。

指数作为一种特有的统计指标和方法，主要是研究狭义的指数。从狭义上讲，指数是表明复杂社会经济现象总体数量综合变动的相对数。所谓复杂社会经济现象总体是指那些由于各个部分的不同性质而在研究其数量特征时不能直接进行加总或直接对比的总体。例如，不同的产品或商品构成的总体，由于具有不同的使用价值和不同的计量单位，因而，在统计其实物产量、销售量、单位产品原材料消耗、单位成本、价格等数量方面时，是不能直接进行加总的。不能把 5 000 t 钢与 100 台机床直接相加，也不能直接计算钢和机床的平均单位成本、平均价格等。因此，由不同的产品或商品所组成的总体便是一个复杂总体，要反映复杂总体数量的综合变动便不能简单地采用一般相对数的方法，而应当有专门的、特殊的方法。指数就是反映复杂总体数量综合变动的方法。利用指数的原理和方法，通过编制实物产量指数、价格指数等，可以反映不同产品或商品的实物产量、价格等的综合变动情况。

在实际工作方面，指数的广义和狭义两种含义都被广泛应用。不过，在统计学中，指数理论主要是研究狭义指数的编制方法。阐述狭义指数的基本计算原理、原则和方法以及在分析中的应用，构成本章的主要内容。

二、统计指数的种类

统计指数是对有关现象进行比较分析的一种相对比率，这是所有指数的共性，但不同的指数往往还有一些不同的特性。通过对指数进行适当的分类，有助于人们更加深入地了解这些特性。统计指数的主要分类有：

1. 根据指数化指标的性质，分为“质量指标指数”与“数量指标指数”

所谓“指数化指标”就是在指数中反映其数量变化或对比关系的那种变量。例如，物价指数的指数化指标就是商品或产品的“价格”，销售量指数的指数化指标就是商品的“销售量”，成本指数的指数化指标就是“单位产品成本”，工业生产指数的指数化指标就是工业品的“产量”，股价指数的指数化指标就是上市交易的“股票价格”，等等。

如果一个指数的指数化指标具有质量指标的特征(也即表现为平均数或相对数的形式)，它就属于“质量指标指数”；如果一个指数的指数化指标具有数量指标的特征(即具有总量或绝对数的形式)，它一般就属于“数量指标指数”。例如，物价指数、股价指数和成本指数等都是质量指标指数，而销售量指数和生产指数等则是数量指标指数。

但是，诸如商品的销售额指数、产品的成本总额指数或总产值指数等，它们所对比的现象虽然都属于数量指标，却具有“价值总额”的特殊形式，这些价值总额通常可以分解为一个数量因子与一个质量因子的乘积，而相应的指数则反映了两个因子共同变化的影响。因此，在指数分析中，它们既不属于“数量指标指数”，也不属于“质量指标指数”，可以单独列为一类，通常称为“总值指数”。

2. 根据指数的考察范围和计算方法，分为“个体指数”与“总指数”

个体指数是考察总体中个别现象或个别项目的数量对比关系的指数。例如，市场上某种商品的价格指数或销售量指数就属于个体指数。个体指数实质上就是一般的相对数，包括动态相对数、比较相对数和计划完成相对数。这些相对数的计算和分析没有形成专门的指数方法，因而仅仅属于广义的指数概念；狭义的指数概念不包括这种个体指数，通常用于专指总指数。

总指数是考察整个总体现象的数量对比关系的指数。然而，正如后面的例子将会显示的，要考察总体现象的数量对比关系，常常就面临着总体中个别现象的数量不能直接加总或不能简单综合对比的问题(这样的总体一般称为“复杂现象总体”)。因此，总指数与个体指数的区别不仅在于考察范围不同，还在于考察方法的不同。总指数不能简单地沿用一般相对数的计算分析方法，也不一定能够具备一般相对数的某些直观分析性质。

总值指数(如某商场全部商品的销售额指数)作为一类特殊的指数，其考察范围与总指数一致，但计算方法和分析性质则与个体指数相同(它们都属于一般相对数的范畴)。因此，总值指数既可以视为总指数(就考察范围而言)，也可以视为个体指数(就计算分析而言)，这两种理解并不矛盾。

在总体分组的情形下，常常还需要编制“组指数(类指数)”。组指数是介于个体指数与总指数之间的概念，其考察范围比总指数窄，但比个体指数宽，其计算方法和分析性质则与总指数相似。

3. 根据指数的对比性质，分为“动态指数”与“静态指数”

动态指数又称时间指数，它是将不同时间上的同类现象水平进行比较的结果，反映现象在时间上的变化过程和程度。常见的零售物价指数、消费价格指数、股票价格指数、工业生产指数等，都属于动态指数。

静态指数又包括空间指数和计划完成情况指数两种。空间指数(地域指数)是将不同空间(如不同国家、地区、部门和企业等)的同类现象水平进行比较的结果，反映现象在空间上的差异程度。例如，地区间的价格比较指数，国际对比的购买力平价指数和人均 GDP 指数，等等。计划完成情况指数则是将某种现象的实际水平与计划目标对比的结果，反映计划的执行情况或完成与未完成的程度。例如，产品成本计划完成情况指数。

动态指数是出现最早、应用最多的指数，也是理论上最为重要的统计指数之一。其他指数则是动态指数方法原理的推广与发展。

除了上述分类之外，对于总指数，还存在着“综合指数”与“平均指数”的分类，以及“简单指数”与“加权指数”的分类，其划分依据是总指数的具体编制方式。下面将对这些分类逐步予以说明。

第二节　综合指数及其应用

综合指数是总指数的一种主要形式，它是按照加权综合的方法计算出两个综合的总量，并进行对比的结果。综合指数有数量指标综合指数与质量指标综合指数两种。

一、数量指标综合指数的编制

根据数量指标编制的综合指数，称为数量指标综合指数。它是在包含两个因素的综合指数中固定质量指标因素，只观察数量指标因素的变化情况。

编制数量指标综合指数的一般原则是采用基期的质量指标作同度量因素。这一原则有两层含义：一是编制数量指标指数应以质量指标作同度量因素；二是将同度量因素固定在基期。这一原则保证了相对分析和绝对分析一致的平衡关系。

综合指数计算公式如下：

$$\overline{K}_q = \frac{\sum q_1 p_0}{\sum q_0 p_0} \tag{8.1}$$

式中　$\overline{K}_q$—— 数量指标综合指数；

q_1—— 报告期数量指标；

q_0—— 基期数量指标；

p_0—— 基期质量指标。

【例 8.1】　某粮油零售市场销售资料如表 8.1 所示，试计算三种商品的销售量总指数。

表 8.1　某粮油零售市场三种商品销售资料

商品名称	计量单位	销售量		价格/元		销售额/元			
		q_0	q_1	p_0	p_1	q_0p_0	q_1p_1	q_1p_0	q_0p_1
甲	t	120	150	2 600	3 000	312 000	450 000	390 000	360 000
乙	t	150	200	2 300	2 100	345 000	420 000	460 000	315 000
丙	kg	1 500	1 600	9.8	10.5	14 700	16 800	15 680	15 750
合计	—	—	—	—	—	671 700	886 800	865 680	690 750

解　依据式(8.1)计算得到：

$$\overline{K}_q=\frac{\sum q_1p_0}{\sum q_0p_0}=\frac{865\ 680}{671\ 700}=128.88\%$$

上述计算结果表明，三种商品的销售量，各有不同的增长率；综合观察，销售量增长了28.88%，即平均增长28.88%。

从例8.1可以看出，用综合指数形式编制总指数有一个优点，它不仅可以综合地表明复杂总体变动的相对程度，而且由于用以对比的两个综合总量有着明确的经济内容，因而有利于从绝对量上分析指数指标变动所带来的绝对效果。在例8.1中不难看出，用以对比的两个总量（$\sum q_1p_0$ 和 $\sum q_0p_0$）是销售额指标，其中分母（$\sum q_0p_0$）是基期实际销售额，分子（$\sum q_1p_0$）是用报告期销售量和基期价格计算的理论销售额，两者之差（$\sum q_1p_0\sum q_0p_0$），也就是由于销售量的增加而增加的销售额。本例中，销售额增加了193 980元(865 680元－671 700元)。

二、质量指标综合指数的编制

根据质量指标编制的综合指数，称为质量指标综合指数。它是在包含两个因素的综合指数中固定数量指标因素，只观察质量指标因素的变化情况。

编制质量指标综合指数的一般原则是采用报告期的数量指标作同度量因素。这一原则有两层含义：一是编制质量指标指数应以数量指标作同度量因素；二是将同度量因素固定在报告期。这一原则保证了相对分析和绝对分析一致的平衡关系，综合指数计算公式如下：

$$\overline{K}_p=\frac{\sum p_1q_1}{\sum p_0q_1}\tag{8.2}$$

式中　$\overline{K}_p$——质量指标综合指数。

现以商品价格总指数的编制为例来说明质量指标综合指数编制的一般原则与方法。

【例8.2】　利用表8.1中三种商品的销售资料计算三种商品的价格总指数。

解　依据式(8.1)计算得到：

$$\overline{K}_p=\frac{\sum p_1q_1}{\sum p_0q_1}=\frac{886\ 800}{865\ 680}=102.44\%$$

上述计算结果表明，三种商品的价格中，甲、丙两种商品有不同程度的提高，乙商品略有下降；综合观察，价格上涨2.44%，即平均上涨2.44%。

用综合指数形式计算价格总指数，不仅表明了价格的综合变动程度，而且还可以从绝对量上分析由于价格的变动所带来的对销售额的影响。从计算过程不难看出，分子（$\sum p_1q_1$）是报告期实际销售额，分母（$\sum p_0q_1$）是用报告期销售量和基期价格计算的理论销售额。两者之差（$\sum p_1q_1 - \sum p_0q_1$）也就是由于价格的上涨而增加的销售额。本例中，由于三种商品价格总的上涨 2.44%，而使销售额增加了 21 120 元（886 800 元－865 680 元）。

从该例中如何来理解质量指标综合指数一般原则的意义呢?这可以从用不同时期的销售量作同度量因素的意义的比较分析中看出。虽然两者均可反映价格的综合变动程度，但从绝对量上看，则有着完全不同的意义。用报告期销售量作同度量因素计算的两个销售额（$\sum p_1q_1$、$\sum p_0q_1$），其差额可以理解为是观察报告期即现期所销售的商品，由于价格的变动而增加了多少销售额。如果用基期的销售量作同度量因素来计算销售额（$\sum p_1q_0$、$\sum p_0q_0$），则其差额的意义是观察在已经过去的时期（基期）所销售的商品，由于价格的变化而使销售额有什么变化。显然，在计算质量指标综合指数的时候，采用报告期的同度量因素更具有现实意义。

三、综合指数的其他类型

1. 拉氏指数

拉氏指数是最重要的加权综合指数公式之一，它的制定者是德国经济统计学家拉斯佩雷斯（E. Laspeyres），有关方法后来被推广到各种质量指标指数和数量指标指数的计算。该指数公式将同度量因素固定在基期水平上，故又称为“基期加权综合指数”。为便于识别，这里将拉氏指数简记为 L，相应的质量指标指数和数量指标指数的公式分别为：

$$L_p = \frac{\sum p_1q_0}{\sum p_0q_0} \tag{8.3}$$

$$L_q = \frac{\sum q_1p_0}{\sum q_0p_0} \tag{8.4}$$

【例 8.3】 利用表 8.1 中三种商品的销售资料计算三种商品拉氏形式的价格指数和销售量指数。

解　依据式（8.3）和式（8.4），计算得到：

$$L_p = \frac{\sum p_1q_0}{\sum p_0q_0} = \frac{690\ 750}{671\ 700} = 102.84\%$$

$$L_q = \frac{\sum q_1p_0}{\sum q_0p_0} = \frac{865\ 680}{671\ 700} = 128.88\%$$

这表明，三种商品综合起来，其价格平均上涨了 2.84%，销售量平均增长了 28.88%。同时，不难看出，式（8.4）与式（8.1）具有完全相同的经济内容，其计算结果完全相同。

同样，拉氏指数不仅可以反映现象的相对变动程度，通常还可以进行绝对数分析，即用于测定指数化指标变动所引起的相应总值的绝对变动差额。对于上面的资料可计算得到：

$$\sum p_1q_0 - \sum p_0q_0 = 690\ 750 - 671\ 700 = 19\ 050(\text{元})$$

$$\sum q_1 p_0 - \sum p_0 q_0 = 865\ 680 - 671\ 700 = 193\ 980(\text{元})$$

即由于价格上涨 2.84%，使销售额增加了 19 050 元；又由于销售量增长 28.88%，使销售额增加了 193 980 元。

2. 帕氏指数

与拉氏指数一样，帕氏指数也是最重要的加权综合指数公式之一。其制定者是另一位德国经济统计学家帕许(H. Paasche)。与拉氏指数不同，该指数公式将同度量因素固定在计算期水平上，故又称“计算期加权综合指数”。为便于识别，这里将帕氏指数简记为 P，相应的质量指标指数和数量指标指数的公式分别为：

$$P_p = \frac{\sum p_1 q_1}{\sum p_0 q_1} \tag{8.5}$$

$$P_q = \frac{\sum q_1 p_1}{\sum q_0 p_1} \tag{8.6}$$

【例 8.4】 利用表 8.1 中三种商品的销售资料计算三种商品帕氏形式的价格指数和销售量指数。

解 依据式(8.5) 和式(8.6)，计算得到：

$$P_p = \frac{\sum p_1 q_1}{\sum p_0 q_1} = \frac{886\ 800}{865\ 680} = 102.44\%$$

$$P_q = \frac{\sum q_1 p_1}{\sum q_0 p_1} = \frac{886\ 800}{690\ 750} = 128.38\%$$

这表明，三种商品综合起来，其价格平均上涨了 2.44%，销售量平均增长了 28.38%。同时，不难看出，式(8.5) 与式(8.2) 具有完全相同的经济内容，其计算结果完全相同。

类似地，依据帕氏指数也可以就价格和销售量的变化进行绝对数分析。对于上面的资料可计算得到：

$$\sum p_1 q_1 - \sum p_0 q_1 = 886\ 800 - 865\ 680 = 21\ 120(\text{元})$$

$$\sum q_1 p_1 - \sum q_0 p_1 = 886\ 800 - 690\ 750 = 196\ 050(\text{元})$$

即由于价格上涨 2.44%，使销售额增加了 21 120 元；由于销售量增长 28.38%，使销售额增加了 196 050 元。

3. 拉氏指数与帕氏指数的比较

观察上面拉氏指数和帕氏指数的计算结果，不难看出两者之间仍然存在明显的差异。那么，这种差异应该怎样解释？它们在经济分析上又有什么实际意义呢？为了便于深入理解，下面给予简要的讨论和说明。

首先，由于拉氏指数和帕氏指数各自选取的同度量因素不同，即使利用同样的资料编制指数，两者给出的计算结果一般也会存在差异。只有在两种特殊情形下，两者才会恰巧一致：① 如果总体中所有的指数化指标都按相同比例变化(即所有个体指数都相等)；或者 ② 如果总体中所有项目的同度量因素都按相同比例变化(即权数的结构保持不变)。但是，这毕竟是两种极为罕见的特殊情形。在其他情况下，拉氏指数与帕氏指数通常是不会相等的。

其次，拉氏指数与帕氏指数的同度量因素水平和计算结果的差异，表明它们具有不完全相同的经济分析意义。以价格指数为例，拉氏价格指数以基期商品销售量作为同度量因素，这说明它是在基期的销售数量和销售结构的基础上来考察各种商品价格的综合变动程度的；而帕氏价格指数以计算期商品销售量作为同度量因素，则说明它是在计算期的销售数量和销售结构的基础上来考察各种商品价格的综合变动程度的。尽管两者的基本作用都是反映价格水平的综合变动，但怎样反映、在什么基础上反映，两者又是存在差别的。

通常，人们认为，帕氏价格指数的分子与分母之差，即：

$$\sum p_1q_1 - \sum p_0q_1 = \sum (p_1 - p_0)q_1$$

能够表明计算期实际销售的商品由于价格变化而增减了多少销售额，因而较之拉氏价格指数具有更强的现实经济意义。不过，从另一角度看，拉氏价格指数的分子与分母之差，即：

$$\sum p_1q_0 - \sum p_0q_0 = \sum (p_1 - p_0)q_0$$

仍然是有意义的。它至少能够说明，消费者为了维持基期的消费水平或购买同基期一样多的商品，由于价格的变化将会增减多少实际开支。这种分析意义显然也是很现实的，甚至通常就是人们编制消费者价格指数的主要目的。可见，从经济分析意义的角度看，拉氏指数与帕氏指数孰优孰劣，其实并无绝对的判别标准，关键在于能够辨别两者的细微差异，并明确我们利用有关指数具体要说明什么样的问题。

最后，拉氏指数与帕氏指数之间的数量差别是有一定规则的，在现实经济生活中，依据同样一些现象的资料计算出的拉氏指数一般大于帕氏指数。例如，就上面两例中的计算结果而言，显然有：

$$L_p = 102.84\% > P_p = 102.44\%$$
$$L_q = 128.88\% > P_q = 128.38\%$$

这种规则成立的一般条件是，所考察的质量指标个体指数与数量指标个体指数之间存在着负相关关系，也即存在着下面的三种情况之一：① 当质量指标的水平绝对上升时，数量指标的水平绝对下降，或者相反，当数量指标的水平绝对上升时，质量指标的水平绝对下降；② 质量指标和数量指标的水平都上升，但当其中一个的上升速率加快时，另一个的上升速率则在减缓；③ 质量指标和数量指标的水平都下降，但当其中一个的下降速率加快时，另一个的下降速率则在减缓。

由于在现实经济生活中，质量指标与数量指标（如商品的价格与销售量、产品的单位成本与产量等）的变化之间通常存在着负相关关系，因而，拉氏指数一般总是大于帕氏指数。当然，这并不排除在特殊情况下可能出现帕氏指数大于拉氏指数。

拉氏指数和帕氏指数是两种基本的指数公式。由于同度量因素的固定方式不同，拉氏指数与帕氏指数之间通常存在差异，这种差异有时十分显著，甚至可能给出完全相反的结果。为了调和这种偏差，或者为了满足特殊分析的需要，经济学家与统计学家们试图对已有的这些指数公式加以改造，由此形成了各种新的综合指数公式。

4. 马歇尔 - 埃奇沃斯指数

该指数公式先后由英国著名经济学家马歇尔（A. Marshaii）和埃奇沃斯（FI Y. Edgeworth）等人于 1887 ～ 1890 年间提出。通常称为“埃奇沃斯指数”或“马歇尔 - 埃奇沃斯指数”。它是对拉氏指数与帕氏的权数（同度量因素）进行简单算术平均的结果，具体编制方法如下：

$$E_p = \frac{\sum p_1(q_0 + q_1)}{\sum p_0(q_0 + q_1)} \tag{8.7}$$

$$E_q = \frac{\sum q_1(p_0 + p_1)}{\sum q_0(p_0 + p_1)} \tag{8.8}$$

5. 费雪理想指数

该指数公式由美国经济学家沃尔什(G. M. Walsh) 和庇古(A. C. Pigou) 等人于 1901 ～1902 年间先后提出,后由著名经济学家费雪通过大量比较和筛选,验证了它所具有的一些优良性质,将其命名为“理想公式”。它是对拉氏指数与帕氏指数进行简单几何平均的结果,具体编制方法如下:

$$F_p = \sqrt{\frac{\sum p_1 q_0}{\sum p_0 q_0} \times \frac{\sum p_1 q_1}{\sum p_0 q_1}} \tag{8.9}$$

$$F_q = \sqrt{\frac{\sum q_1 p_0}{\sum q_0 p_0} \times \frac{\sum q_1 p_1}{\sum q_0 p_1}} \tag{8.10}$$

6. 鲍莱指数

该指数公式于 1901 年由统计学家鲍莱(A. L. Bowley) 等人提出。它是对拉氏指数和帕氏指数直接进行简单算术平均而得到,具体编制方法如下:

$$B_p = \frac{1}{2}\left(\frac{\sum p_1 q_0}{\sum p_0 q_0} + \frac{\sum p_1 q_1}{\sum p_0 q_1}\right) \tag{8.11}$$

$$B_q = \frac{1}{2}\left(\frac{\sum q_1 p_0}{\sum q_0 p_0} + \frac{\sum q_1 p_1}{\sum q_0 p_1}\right) \tag{8.12}$$

【例 8.5】 利用表 8.1 中三种商品的销售资料,分别采用埃奇沃斯指数公式、费雪理想指数公式和鲍莱指数公式编制价格指数。

解 利用式(8.7)、式(8.9) 和式(8.11),计算得到:

$$E_p = 102.61\%$$
$$F_p = 102.64\%$$
$$B_p = 102.64\%$$

可见,利用各种交叉指数公式得到的计算结果比较适中,能够调和不同权数所引起的偏差。

7. 固定加权综合指数

该种指数的同度量因素按特殊方式选取,一般是与基期和计算期没有直接关系的某种固定水平,具体编制方法如下:

$$I_p = \frac{\sum p_1 q_c}{\sum p_0 q_c} \tag{8.13}$$

$$I_q = \frac{\sum q_1 p_c}{\sum q_0 p_c} \tag{8.14}$$

其中，固定权数 q_c 和 p_c 一经选取，可以连续使用若干时期，便于保持各指数之间的衔接关系。

通常认为，英国学者扬格(A. Young) 和罗威(J. Lowe) 曾于 1812 ～ 1822 年间倡导并实践过按固定加权方法编制总指数的思想。因而，上述指数常常又称“扬格指数” 或“罗威指数”。

四、综合指数的主要应用

综合指数作为总指数的基本编制方式之一，在实践中获得了广泛应用。而在不同的场合，往往需要运用不同形式的综合指数。一般而言，人们选择综合指数形式的主要标准应该是指数的经济分析意义，但除此而外，有时还要考虑实际编制工作的可行性，或者是对指数分析性质的某些特殊要求。现以国内外常见的几种主要指数为例，对综合指数的应用加以介绍。

(一) 工业生产指数

工业生产指数概括反映一个国家或地区各种工业产品产量的综合变动程度，它是衡量经济增长水平的重要指标之一。世界各国都非常重视工业生产指数的编制，但采用的编制方法却不完全相同。

在我国，工业生产指数是通过计算各种工业产品的不变价格产值加以编制的。其基本编制过程是：首先，对各种工业产品分别制定相应的不变价格标准(记为 p_c)；然后，逐项计算各种产品的不变价格产值，加总起来就得到全部工业产品的不变价格总产值；将不同时期的不变价格总产值加以对比，就得到相应时期的工业生产指数。

记 t 时期的不变价格总产值为 $\sum q_t p_c (t = 0,1,2,3,\cdots)$，则该时期的工业生产指数就是固定加权综合指数的形式：

$$I_q = \frac{\sum q_t p_c}{\sum q_0 p_c} \quad 或 \quad I_q = \frac{\sum q_t p_c}{\sum q_{t-1} p_c}$$

采用不变价格法编制工业生产指数的特点是，只要具备了完整的不变价格产值资料，就能够很容易地计算出有关的生产指数；而且可以在不同层次上(如各地区、各部门、各企业等) 进行编制，满足各方面的分析需要。

然而，不变价格的制定和不变价格产值的计算本身却是一项非常浩繁的工作，这项工作又必须连续不断地、全面地展开，其难度可想而知。尤其是在市场经济条件下，要在整个工业生产领域内运用不变价格计算完整的产值资料，面临着很多实际问题。因此，我国工业生产指数编制方法的改革势在必行。

(二) 产品成本指数

产品成本指数概括反映生产各种产品的单位成本水平的综合变动程度，它是企业或部门内部进行成本管理的一个有用工具。记各种产品的产量为 q，单位成本为 p。则全部可比产品(即基期实际生产过且计算期仍在生产的产品) 的综合成本指数通常采用帕氏公式来编制：

$$P_p = \frac{\sum p_1 q_1}{\sum p_0 q_1}$$

该指数的分子与分母之差可以表示，由于单位成本水平的降低(或提高)，使得计算期所生产的那些产品的成本总额节约(或超支) 了多少。

类似地，在对成本水平实施计划管理的场合，还可以编制相应的成本计划完成情况指数，用以检查有关成本计划的执行情况。其编制方法可以采用帕氏公式：

$$P_p=\frac{\sum p_1q_1}{\sum p_nq_1}$$

式中　p_n—— 计划规定的单位成本水平。

该指数的分子与分母之差,可以说明计划执行过程中所节约或超支的成本总额。

不过,在同时制定了产量计划的条件下,则应该采用拉氏公式编制成本计划完成情况指数:

$$L_p=\frac{\sum p_1q_n}{\sum p_nq_n}$$

式中　q_n—— 计划规定的产量水平。

该指数可以在兼顾产量计划的前提下检查成本计划执行情况,即避免由于片面追求完成成本计划而破坏了产量计划。但在企业按照市场需求组织生产,没有制定产量计划,或不要求恪守产量计划指标的情况下,上面的拉氏指数就失效了。

(三)空间价格指数

空间价格指数又称地域性价格指数,用于比较不同地区或国家各种商品价格的综合差异程度。它是进行地区对比和国际对比的一种重要分析工具。与动态指数不同,空间指数的编制和分析有一些特殊的要求。

假定对 A、B 两个地区进行价格比较,如果以 B 地区为对比基准,采用拉氏公式编制价格指数,得到:

$$L_p^{A/B}=\frac{\sum p_Aq_B}{\sum p_Bq_B}$$

反过来,如果以 A 地区为对比基准,同样采用拉氏公式编制价格指数,又得到:

$$L_p^{B/A}=\frac{\sum p_Bq_A}{\sum p_Aq_A}$$

那么,这两个互换对比基准的地区价格指数彼此之间是否能够保持一致呢?答案一般是否定的。举例说,假如 A 地区的价格水平比 B 地区高出 25%,即 $L_p^{A/B}=125\%$,那么反过来,B 地区的价格水平就应该比 A 地区低 20%,即 $L_p^{B/A}=\frac{1}{1.25}=80\%$。但在实际上,互换对比基准之后的两个拉氏指数之间并不存在上面的联系,即:

$$L_p^{B/A}=\frac{\sum p_Bq_A}{\sum p_Aq_A}\neq\frac{\sum p_Bq_B}{\sum p_Aq_B}=\frac{1}{L_p^{A/B}}$$

帕氏价格指数也存在类似的问题。这在空间对比中是非常不利的,因为空间对比的基准往往是人为确定的,如果一种指数公式给出的结果会随着基准地区的改变而改变,那就不适用于空间对比目的了。因此,人们在编制空间价格指数时常常采用埃奇沃斯公式:

$$E_p^{A/B}=\frac{\sum p_A(q_A+q_B)}{\sum p_B(q_A+q_B)}$$

这样得到的对比结论不会受到对比基准变化的影响,而且,其同度量因素反映了两个对比地区的平均商品结构,具有实际经济意义。在国际经济对比中,该指数也获得了广泛应用。

（四）股票价格指数

在发育较为充分的市场经济条件下，股票价格的波动和走向是反映经济景气状况的重要方面，也是影响投资人的决策和行为的主要因素之一。股票价格指数（简称股价指数）可以衡量整个股票市场价格变动的基本趋势，人们形象地称为市场经济的“晴雨表”。股价指数的编制方法多种多样，各有所长，综合指数是其中的一种重要编制方法。

记入编指数的各种股票的价格为 p，相应股票的发行量（或交易量）为 q，则综合形式的股价指数为：

$$I_p = \frac{\sum p_1 q}{\sum p_0 q}$$

其中，同度量因素通常固定在基期水平上（即采用拉氏公式），为的是简便和可比；但也可以固定在计算期水平上（即采用帕氏公式）。

我国的上证指数、恒生指数，美国的SP 500指数等都是采用综合公式编制的。以美国的SP 500指数为例，该指数由美国的S&P（Standard &Poor）公司逐年、逐月编制，目前其入编股票共计500种，包括400种工业股、20种运输业股、40种金融业股和40种公用事业股，对比基期为1941至1943年，采用拉氏公式，权数为基期各种股票的发行量。该指数具有较强的代表性和广泛的影响力。

第三节　平均指数及其应用

平均指数是个体指数的平均数，它是从个体指数出发来编制总指数的。先算出数量指标个体指数，或质量指标个体指数，然后进行加权平均计算，以测定现象总的变动程度。数量指标如各种产品产量、各种商品销售量的指数，是不能直接加总起来计算平均数的；同样，质量指标如价格、成本等的指数，也是不能直接加总起来计算平均数的，必须用一种权数进行加权，因而平均指数都是个体指数的加权平均数。权数本身有一个特性，就是各权数之间应能够相互比较，能够直接加总，这就决定了计算个体指数的数量指标或质量指标不能作为本身的权数，而且那样做也是没有经济意义的。所以，就要选用一个恰当的总量指标作为权数，或者以比重作为权数。

平均指数是个体指数的加权平均数。常用的基本形式有两种，一是加权算术平均指数，另一个是加权调和平均指数。在每种平均指数中，又由于所用权数不同，可再分为综合指数变形权数和固定权数两种。

一、加权算术平均指数

（一）用综合指数变形权数计算的加权算术平均指数

加权平均指数的计算，有一个选择权数的问题。所用权数，既要考虑经济意义，又要考虑资料取得的可能性。拉斯佩雷斯理论主张用基期权数。于是，总产量指数用基期产值加权，销售量总指数用基期销售额加权，权数是 p_0q_0。在这种情况下，加权算术平均指数（用字母A表示）与综合指数之间才有变形的关系。即

$$A_q = \frac{\sum \frac{q_1}{q_0} p_0 q_0}{\sum q_0 p_0} = \frac{\sum q_1 p_0}{\sum q_0 p_0} = \overline{K}_q = L_q \tag{8.15}$$

$$A_p = \frac{\sum \frac{p_1}{p_0} p_0 q_0}{\sum p_0 q_0} = \frac{\sum p_1 q_0}{\sum p_0 q_0} = L_p \tag{8.16}$$

可见，只有用 p_0q_0 这个特定权数加权，加权算术平均指数才可能变为综合指数。反之，如果使用 p_0q_0 以外的任何其他权数加权，加权算术平均指数就不会等于综合指数。这就是平均指数独立意义之所在。

(二) 固定加权算术平均指数

在国内外广泛使用的加权算术平均指数中，所用权数不是 p_0q_0，而是某种固定权数 ω。ω 是经过调整计算的不变权数，常用相对数表示，它已经不是 p_0q_0，两者口径范围不一致。作公式表示如下：

$$A_q = \frac{\sum \frac{q_1}{q_0}\omega}{\sum \omega} \tag{8.17}$$

$$A_p = \frac{\sum \frac{p_1}{p_0}\omega}{\sum \omega} \tag{8.18}$$

ω 为固定起来的相对权数，也可以用百分点表示，用百分点表示下的式(8.18)为：

$$A_p = \frac{\sum \frac{p_1}{p_0}\omega}{100} \tag{8.19}$$

二、加权调和平均数指数

与加权算术平均指数相对应，加权调和平均指数也有两种加权方法。

(一) 用综合指数变形权数加权计算的加权调和平均指数

按照派许指数理论，计算总指数选用报告期权数加权，于是，总产量指数用报告期产值加权，销售量总指数用报告期销售额加权，权数是 p_1q_1。在这种情况下，加权调和平均指数(用字母 H 表示)可以变为派许的两个综合指数。

$$H_q = \frac{\sum p_1 q_1}{\sum \frac{q_0}{q_1} p_1 q_1} = \frac{\sum q_1 p_1}{\sum q_0 p_1} = P_q \tag{8.20}$$

$$H_p = \frac{\sum p_1 q_1}{\sum \frac{p_0}{p_1} p_1 q_1} = \frac{\sum p_1 q_1}{\sum p_0 q_1} = P_p \tag{8.21}$$

只有用 p_1q_1 这个特定权数加权时，加权调和平均指数才可变成综合指数；反之，如果用 p_1q_1 以外其他任何权数加权，这种变形关系是不存在的。

(二) 固定权数加权调和平均指数

如把权数改为某种固定权数 ω,加权调和平均指数公式可写成:

$$H_q = \frac{\sum \omega}{\sum \frac{q_0}{q_1}\omega} \quad 与 \quad H_p = \frac{\sum \omega}{\sum \frac{p_0}{p_1}\omega}$$

这个公式很少应用。使用较多的是用综合指数变形权数加权的调和平均指数与两种加权的算术平均数指数。

三、平均指数的主要应用

平均指数也是总指数的基本编制方式之一,在实际应用中,也有一个指数公式和编制方法的选择问题。下面举例说明平均指数的主要应用。

(一) 工业生产指数

前已说明,在我国,工业生产指数是通过计算不变价格总产值,以综合公式的形式来编制的。在国外,则较为普遍地采用平均指数的形式来编制工业生产指数。计算公式为:

$$I_q = \frac{\sum i_q p_0 q_0}{\sum p_0 q_0}$$

式中 i_q—— 各种工业品的个体产量指数;

$p_0 q_0$—— 相应产品的基期增加值。

编制这种工业生产指数的目的是说明工业增加值中物量因素的综合变动程度,其分析意义与一般的工业总产量指数是有所不同的。

在实践中,为了简化指数的编制工作,常常以各种工业品的增加值比重作为权数,并且将这种比重权数相对固定起来,连续地编制各个时期的工业生产指数:

$$I_q = \frac{\sum i_q \omega}{\sum \omega}$$

这里运用了"固定加权算术平均指数"。

(二) 消费者价格指数和零售物价指数

消费者价格指数(又称生活费用指数、居民消费价格指数)是综合反映各种消费品和生活服务价格的变动程度的重要经济指数,通常简记为 CPI。该指数可以用于分析市场物价的基本动态,调整货币工资以得到实际工资水平,等等。它是政府制定物价政策与工资政策的重要依据,世界各国都在编制这种指数。

我国的消费者价格指数是采用固定加权算术平均数方法来编制的。其主要编制过程和特点是:首先,将各种居民消费划分为八大类,包括食品、衣着、家庭设备及用品、医疗保健、交通和通信工具、文教娱乐用品、居住项目以及服务项目等,下面再划分为若干个中类和小类;其次,从以上各类中选定 325 种有代表性的商品项目(含服务项目)入编指数,利用有关对比时期的价格资料分别计算个体价格指数;再次,依据有关时期内各种商品的销售额构成确定代表品的比重权数,它不仅包括代表品本身的权数(直接权数),而且还包括该代表品所属的那一类商品中其他项目所具有的权数(附加权数),以此提高入编项目对于所有消费品的一般代表程度;最后,按从低到高的顺序,采用固定加权算术平均公式,依次编制各小类、中类的价格消费指数和价格消费总指数：

$$I_p = \frac{\sum i_p \omega}{\sum \omega} \quad 或 \quad I_p = \frac{\sum i_p \omega}{100}$$

【例 8.6】 给出居民消费价格指数计算表(见表 8.2)。已知各大类、交通工具和通信工具种类及其代表商品(代表规格品)的有关资料(有关数据均为假设),要求据以编制有关的价格指数,并填充表中空缺的数据。

表 8.2 某市居民消费价格指数计算表

类别及品名	规格等级	计量单位	平均价格/元		指数/%	权数	指数×权数
			基期	计算期			
总指数	—	—	—	—	102.69	100	—
一、食品类	—	—	—	—	104.15	42	43.743
二、衣着类	—	—	—	—	95.46	15	14.319
三、家庭设备及用品	—	—	—	—	102.70	11	11.297
四、医疗保健	—	—	—	—	110.43	3	3.313
五、交通和通信工具	—	—	—	—	98.53	4	3.941
1. 交通工具	—	—	—	—	104.37	{60}	62.622
摩托车	100 型	辆	8 450	8 580	101.54	(45)	45.693
自行车	660 m	辆	336	360	107.14	(50)	53.570
三轮车	普通	辆	540	552	102.22	(5)	5.111
2. 通信工具	—	—	—	—	89.77	{40}	35.908
电话机	中档	部	198	176	88.88	(80)	71.104
BP 机	中档	部	900	840	93.33	(20)	18.666
六、文教娱乐用品	—	—	—	—	101.26	5	5.063
七、居住项目	—	—	—	—	103.50	14	14.490
八、服务项目	—	—	—	—	108.74	6	6.524

解 利用表中的资料和上述公式,依次计算各类别消费价格指数和消费价格总指数。

(1) 计算交通工具和通信工具两个中类的价格指数。

交通工具价格指数为：

$$I_p = \frac{\sum i_p \omega}{100} = \frac{45.693 + 53.570 + 5.111}{100} = 104.37\%$$

通信工具价格指数为：

$$I_p = \frac{\sum i_p \omega}{100} = \frac{71.104 + 18.666}{100} = 89.77\%$$

(2) 计算交通和通信工具大类的价格指数。

$$I_p = \frac{\sum i_p \omega}{100} = \frac{62.622 + 35.908}{100} = 98.53\%$$

(3) 计算居民消费价格总指数。

$$I_p=\frac{\sum i_p\omega}{100}=\frac{43.743+14.319+11.297+3.313+3.941+5.063+14.49+6.524}{100}=102.69\%$$

我国的零售物价指数编制程序与消费者价格指数基本相同，也是采用固定加权算术平均数公式。目前，零售物价指数的入编商品共计353项，其中不包括服务项目(以往曾包含一部分对农村居民销售的农业生产资料，现已取消)。对商品的分类方式也与消费者价格指数有所不同。这些都决定了两种价格指数在分析意义上的差别：消费者价格指数综合反映城乡居民所采购的各种消费品和生产服务的价格变动程度；零售物价指数则综合反映城乡市场各种零售商品(不含服务)的价格变动程度。

(三)农副产品收购价格指数

农副产品收购价格指数旨在反映各种农副产品收购价格的综合变动程度，由此考察收购价格变化对农业生产者收入和商业部门支出的影响。

我国的农副产品收购价格指数的编制方法是，从11类农副产品中选择276种主要产品，以它们各自的计算期收购额作为权数，加权调和平均得到各类农副产品收购价格指数和农副产品收购价格总指数，计算式为：

$$H_p=\frac{\sum p_1q_1}{\sum \frac{p_1q_1}{i_p}}$$

式中 i_p—— 入编指数的各种农副产品的个体价格指数。

第四节 指数体系与因素分析

一、指数体系及其作用

在经济分析中，一个指数通常只能说明某一方面的问题，而实践中往往需要将多个指数结合起来加以运用，这就要求建立相应的“指数体系”。

指数体系可以有两种不同的含义。广义的指数体系类似于指标体系的概念，泛指由若干个内容上相互关联的统计指数所结成的体系。根据考察问题的需要，构成这种体系的指数可多可少。例如，工业品批发价格(或出厂价格)指数、农产品收购价格指数、消费品零售价格指数等构成了“市场物价指数体系”；国民经济运行的生产、流通和使用各环节以及国民经济各部门的多种经济指数构成了“国民经济核算指数体系”，其中除了上面列举的有关价格指数之外，还包括诸如国内总产出价格指数和物量指数、国内生产总值(GDP)价格指数和物量指数、投资价格指数和物量指数，以及资产负债存量价格指数，等等，其内容构成十分复杂。

狭义的指数体系仅指几个指数之间在一定的经济联系基础上所结成的较为严密的数量关系式。其最为典型的表现形式就是：一个总值指数等于若干个(两个或两个以上)因素指数的乘积。下面讨论这种形式的指数体系。例如：

销售额指数 = 销售量指数 × 销售价格指数

总产值指数 = 产量指数 × 产品价格指数

总成本指数 = 产量指数 × 单位产品成本指数

显然，这些指数体系都是建立在有关指数化指标之间的经济联系基础之上的，因而它们具有非常实际的经济分析意义。

指数体系的分析作用主要有两个方面：一是进行“因素分析”，即分析现象的总变动中各有关因素的影响程度；二是进行“指数推算”，即根据已知的指数推算未知的指数。

二、总量变动的因素分析

这里的总量变动即指绝对数的变动，包括个体现象的绝对数变动和总体现象的总量变动。对现象的总量变动进行因素分析的方法多种多样，通过建立指数体系进行因素分析则具有直观、明显的经济意义，因而在实践中获得了较为广泛的应用。

以两因素分析为例。当要考察多种商品的销售额变动及其因素影响时，如果都用拉氏公式编制销售量指数和价格指数，或者都用帕氏公式编制销售量指数和价格指数，那么，它们与销售额指数(属于总值指数，这里用 V 表示)之间就难以形成严密的指数体系，即：

$$L_q \cdot L_p = \frac{\sum q_1 p_0}{\sum q_0 p_0} \cdot \frac{\sum q_0 p_1}{\sum q_0 p_0} \neq \frac{\sum q_1 p_1}{\sum q_0 p_0} = V$$

$$P_q \cdot P_p = \frac{\sum q_1 p_1}{\sum q_0 p_1} \cdot \frac{\sum q_1 p_1}{\sum q_1 p_0} \neq \frac{\sum q_1 p_1}{\sum q_0 p_0} = V$$

为了同时满足相对数分析和绝对数分析的需要，可以有两种可供选择的方案：

(1) 将总值指数分解为拉氏数量指标指数和帕氏质量指标指数之乘积：

$$V = L_q \cdot P_p \text{，即} \quad V = \overline{K}_q \cdot \overline{K}_p$$

其分析顺序是：假定数量指标先变化，质量指标后变化，即：

$$\sum q_0 p_0 \xrightarrow{q\text{变化}} \sum q_1 p_0 \xrightarrow{p\text{变化}} \sum q_1 p_1$$

(2) 将总值指数分解为帕氏数量指标指数和拉氏质量指标指数之乘积：

$$V = P_q \cdot L_p$$

其分析顺序是：假定质量指标先变化，数量指标后变化，即：

$$\sum q_0 p_0 \xrightarrow{p\text{变化}} \sum q_0 p_1 \xrightarrow{q\text{变化}} \sum q_1 p_1$$

为了统一，通常采用第一种分析方案。这种指数体系的完整分析框架为：

$$\begin{cases} \dfrac{\sum p_1 q_1}{\sum p_0 q_0} = \dfrac{\sum q_1 p_0}{\sum q_0 p_0} \cdot \dfrac{\sum p_1 q_1}{\sum p_0 q_1} \\ \sum p_1 q_1 - \sum p_0 q_0 = \left(\sum q_1 p_0 - \sum q_0 p_0\right) + \left(\sum p_1 q_1 - \sum p_0 q_1\right) \end{cases} \tag{8.22}$$

【例 8.7】 试对表 8.1 中的全部三种商品进行销售额变动的因素分析。

解 利用式(8.22)，建立以下基本分析框架：

$$\underset{(V)}{\frac{886\ 800}{671\ 700}} = \underset{(L_q)}{\frac{865\ 680}{671\ 700}} \times \underset{(P_p)}{\frac{886\ 800}{865\ 680}}$$

进一步计算，就得到：

$$\begin{cases} 132.02\% = 128.88\% \times 102.44\% \\ 215\ 100 = 193\ 980 + 21\ 120(\text{元}) \end{cases}$$

计算结果表明，由于三种商品的销售量增长 28.88% 使销售额增加 193 980 元，而由于价格上涨2.44%又使销售额增加21 120元，两者共同影响的结果使销售额增长32.02%，即增加215 100元。

对总体现象也可以进行多因素分析，但要注意总体现象的特点。在对现象总量进行分解时，要适当考虑各因素的排序。

三、平均数变动的因素分析

在实际问题的研究中，常常需要就平均指标的变动进行对比分析。两个平均数的比值本来是一个相对数，属于广义的指数范畴，通常称为“平均指标指数”。但在总体分组的条件下，平均数的变动受到两个因素的影响：一是各组的变量水平；二是总体的结构，这通常表现为各组单位数占总体单位总数的比重(即分布数列的频率)。

$$\bar{x}_t=\frac{\sum x_t f_t}{\sum f_t}=\sum x_t \frac{f_t}{\sum f_t}\quad (t=0,1)$$

从而总平均数的变动就是这两个因素变动共同影响的结果：

$$\bar{x}_0 \rightarrow \bar{x}_1\begin{cases} x_0 \rightarrow x_1 \\ \dfrac{f_0}{\sum f_0} \rightarrow \dfrac{f_1}{\sum f_1}\end{cases}$$

借用指数体系和因素分析的方法，可以对平均数的变动及其各因素的影响进行更为深入的考察。这里，通常按下面的顺序进行连锁替换：

$$\frac{\sum x_0 f_0}{\sum f_0}\xrightarrow{\frac{f}{\sum f}\text{变化}}\frac{\sum x_0 f_1}{\sum f_1}\xrightarrow{x\,\text{变化}}\frac{\sum x_1 f_1}{\sum f_1}$$

也即先考察总体结构的变化，然后考察各组水平的变化。由此得到几个不同的平均指标指数：

(1) 结构变动影响指数，公式为：

$$I_{\text{结构}}=\frac{\sum x_0 f_1}{\sum f_1}\div\frac{\sum x_0 f_0}{\sum f_0}\tag{8.23}$$

该指数将各组水平固定在基期，单纯反映总体结构变化对总平均数的影响。

(2) 固定构成指数，公式为：

$$I_{\text{固定}}=\frac{\sum x_1 f_1}{\sum f_1}\div\frac{\sum x_0 f_1}{\sum f_1}\tag{8.24}$$

该指数将总体结构固定为报告期的，借以反映各组水平变化对总平均数的影响。

(3) 可变构成指数，公式为：

$$I_{\text{可变}}=\frac{\sum x_1 f_1}{\sum f_1}\div\frac{\sum x_0 f_0}{\sum f_0}\tag{8.25}$$

该指数综合反映结构和水平两个因素共同变化所引起的总平均数变动。

显然，依据连锁替换法，可变构成指数等于结构变动影响指数与固定构成指数的乘积，即

$$I_{\text{可变}}=I_{\text{结构}}\times I_{\text{固定}}\tag{8.26}$$

并且，以上三种平均指标指数的分子和分母都是平均数，因而它们各自的分子与分母之差，可

以说明有关因素变化对于平均数变动的绝对影响。据此，就得到以下的“平均指标指数体系”：

$$\begin{cases} \dfrac{\dfrac{\sum x_1 f_1}{\sum f_1}}{\dfrac{\sum x_0 f_0}{\sum f_0}} = \dfrac{\dfrac{\sum x_0 f_1}{\sum f_1}}{\dfrac{\sum x_0 f_0}{\sum f_0}} \times \dfrac{\dfrac{\sum x_1 f_1}{\sum f_1}}{\dfrac{\sum x_0 f_1}{\sum f_1}} \\ \left(\dfrac{\sum x_1 f_1}{\sum f_1} - \dfrac{\sum x_0 f_0}{\sum f_0}\right) = \left(\dfrac{\sum x_0 f_1}{\sum f_1} - \dfrac{\sum x_0 f_0}{\sum f_0}\right) + \left(\dfrac{\sum x_1 f_1}{\sum f_1} - \dfrac{\sum x_0 f_1}{\sum f_1}\right) \end{cases} \tag{8.27}$$

利用这一体系，可以从相对数和绝对差额两个方面，对总平均数的变动进行因素分析。

【例 8.8】 某公司 500 名员工在一次工资调整前后的有关资料如表 8.3 所示。试就全公司员工的平均工资变动进行因素分析。

表 8.3　某公司员工工资情况表

工资等级	月工资/元		员工数/人	
	基期	报告期	基期	报告期
1	800	850	50	40
2	1 000	1 050	100	85
3	1 200	1 300	200	170
4	1 500	1 600	70	125
5	2 000	2 150	50	55
6	2 500	2 650	30	25
合计	—	—	500	500

解　利用表 8.3 中资料，首先计算有关的平均数：

$$\bar{x}_0 = \frac{\sum x_0 f_0}{\sum f_0} = \frac{660\ 000}{500} = 1\ 320(\text{元})$$

$$\bar{x}_{\text{假定}} = \frac{\sum x_0 f_1}{\sum f_1} = \frac{681\ 000}{500} = 1\ 362(\text{元})$$

$$\bar{x}_1 = \frac{\sum x_1 f_1}{\sum f_1} = \frac{728\ 750}{500} = 1\ 457.5(\text{元})$$

依据式(8.26)，便形成以下基本分析框架：

$$\underset{(I_{\text{可变}})}{\frac{1\ 457.5}{1\ 320}} = \underset{(I_{\text{结构}})}{\frac{1\ 362}{1\ 320}} \times \underset{(I_{\text{固定}})}{\frac{1\ 457.5}{1\ 362}}$$

进一步计算，就得到：

$$\begin{cases} 110.42\% = 103.18\% \times 107.01\% \\ 137.5 = 42 + 95.5(\text{元}) \end{cases}$$

计算结果表明，由于员工工资分布的结构变化，使平均工资提高 3.18%，即增加了 42 元；而由于各等级工资水平的变化，使平均工资提高 7.01%，即增加了 95.5 元；两者共同影响，使得全公司员工的总平均工资提高 10.42%，即增加了 137.5 元。

第五节　综合评价指数

一、综合评价的基本思想

在经济管理和分析实践中，常常需要依据统计指标的实际水平对有关的经济活动或经济状况进行评价，如检查计划、考核评分、验收定级等，这些都属于统计评价。统计评价有时很简单，只需依据一项指标，通过适当对比就可以从某一侧面做出判断，这属于"单项评价"的问题；有时则比较复杂，需要依据多项指标，从多个不同的侧面对有关现象进行全面的综合判断，这属于"综合评价"问题。

例如，依据一个国家的人均国内生产总值考察其经济实力和发展水平，依据一个企业的职工劳动生产率考察其经济效益，依据一个城市的空气污染指数考察其环境状况，等等，这些都是单项评价。但是，一个国家的经济发展水平不仅表现为人均国内生产总值的高低，还表现在产业结构、居民福利、资源利用等许多方面；一个城市的环境生态状况不仅表现为空气污染指数的高低，还表现在水域污染和噪声污染的程度、城市绿化的水平、工业三废的治理和生活垃圾的处理、清洁生产的推行和清洁能源的利用等许多方面；一个企业的经济效益情况也不仅表现为劳动生产率的高低，还表现在产品销售率、资金利税率、成本利润率、增加值率以及资金周转速度等方面。要对这些问题做出全面判断，就必须运用综合评价的方法。综合评价是一个具有广泛性的问题，在日常生活中，人们也经常碰到类似的问题。例如，在体操比赛中，裁判给参赛者的评分就是一种综合评价，它也要综合考虑各方面的因素并将其归纳为单一的结果。

常规的综合评价方法有两种：一种是"简易计分法"，如体操比赛或歌唱竞赛中，裁判或评委给运动员或歌手评分时，多数就是采用这种方法。这种方法操作简单、快捷，适用性强，但对于所要评价的各个因素没有十分严格的量化标准和规范的综合程序，评分结果具有较大的主观随意性；为此，在实际运用中常常必须对多名裁判或评委的评分进行"掐头去尾"的处理（即去掉个别的最高分和最低分），然后计算平均分，借以减少综合评判结果的主观性和随意性。另一种常规方法是"参数指标法"，即首先选定综合评价所要考虑的几个方面主要的指标，然后以特定的方式将其结合起来，构成一个新的评价指标。例如，在综合评价一个国家或地区的"生活质量"时，需要考虑经济发展水平、劳动力就业状况以及人口的综合素质等因素，为此，人们常常计算以下综合评价参数指标：

$$\text{生活质量指数}=\frac{\text{人均 GDP 增长率}\times\text{就业率}\times\text{识字率}\times\text{平均预期寿命}}{\text{人口出生率}\times\text{婴儿死亡率}}$$

该指标由美国海外发展委员会和美国社会卫生组织提出并改进，后为许多国家和国际组织采纳运用。诸如此类的参数指标，只要选择适当、设计合理，也能起到一定的分析作用。但是，由于这种方法对于各指标因素之间的结构关系难以作出实质性解释，而且对不同的指标也没有区别轻重给予加权处理，故其评价形式存在很大灵活性，缺乏较为统一的标准，难以很好地反映客观实际，仍然属于一种比较粗略的综合评价方法。

较为规范的综合评价方法，是依据指数分析的原理对多项指标进行综合对比，最后得到概括性的单一评价指标，这种方法就是"综合评价指数法"。在这里，对于多项指标的综合评价是以单项评价为基础的，但是，由单项评价的结果并不能简单地归结出综合评价的结论，因为单项评价中各指标的性质特点存在很大差异，优劣情况也各不相同，它们通常不能直接加减、乘除或简单平均，需要将专门的数据处理技术与指数分析方法结合起来加以运用，才能适当地解决综合评价问题。

二、综合评价指数的构建

构建综合评价指数的具体方法很多，各种方法之间彼此存在一定差异，但其基本构造程序是共通的，它们都必须解决以下基本问题：

(1)建立综合评价指标体系。即根据具体评价问题和分析任务的需要，选择若干个指标，以便从不同角度、不同侧面对有关现象进行完整评价。

(2)确定各项指标的评价标准。综合评价中的各项指标一般只有通过对比才能实现无量纲化，为此，需要确定适当的对比标准。这可以简单地用各项指标的中等水平作为单一“标准值”，也可以确定有关的“阈值(界限值)”。对于不同的标准，采用相应的对比方法将原始数据无量纲化，就得到各项指标的个体指数。

(3)确定各项评价指标的权重。即依据各项评价指标的重要性程度赋予相应的权数，以便对上面得到的个体指数进行加权平均。

(4)选择评价指标的合成方法。即选择对个体指数进行加权平均的具体形式，通常可以考虑算术平均或几何平均。

以上四个问题，第一个问题(指标体系)决定了综合评价的实质内容，后面三个问题则共同决定了综合评价的方式方法。通过以上各步骤，解决了有关的各项问题，就能够构建出相应的综合评价指数。而对有关问题处理方式的不同，则将导致不完全相同的综合评价指数编制形式和评价结果。

依据实际资料和具体方法编制出来的综合评价指数，主要用于各种横向对比或纵向对比。前者指的是不同空间(不同企业、部门、地区或国家之间)的静态综合对比，后者指的则是不同时期的动态综合对比。通过综合评价的方式进行对比分析，可以更好地总结成绩，找出差距，发现问题，寻找对策，改进工作。因而，综合评价的方法在实践中应用十分广泛。

在编制综合评价指数的实践中，目前比较成熟、可行的方法主要有两种，即“标准比值法”和“功效系数法”。两者的区别，又主要表现为对比标准的确定方式不同。下面分别加以介绍。

三、综合评价指数的编制方法

(一)标准比值法

采用“标准比值法”编制综合评价指数的主要特点是：通过对各项参评指标分别确定单一的对比标准计算个体指数，然后将各个体指数加权平均得到综合评价指数。在这里，个体指数的计算方法为：

$$\text{个体指数}=\frac{\text{参评指标实际值}}{\text{相应指标标准值}}\times 100\% \tag{8.28}$$

这样得到的个体指数可以围绕着100%上下取值，最小值通常不能小于零，但理论上没有一定的取值上限。

我国长期采用的"工业经济效益综合指数"就是以这种方法编制的。依据国家统计局1993年修订颁布的《工业经济效益统计实施方案》中的有关规定:评定某个企业、部门或地区的工业经济效益水平,应该全面考虑其工业产品销售率、资金利税率、成本利润率、增加值率、全员劳动生产率(人均增加值)和资金周转率(流动资金周转次数)等六项指标,通过对各项指标的标准比值(个体指数)计算加权算术平均数,求得相应的工业经济效益综合指数。各项指标的标准值和权数按表 8.4 确定。

表 8.4 我国工业经济效益综合指数的标准值和权数

参评指标	计量单位	全国标准值	权数
产品销售率	%	97.48	15
资金利税率	%	13.55	30
成本利润率	%	8.41	15
增加值率	%	29.00	10
劳动生产率	元/人	6 205	10
资金周转率	次/年	1.83	20

【例 8.9】 给定某工业部门所属五个企业的各项经济效益指标资料如表 8.5 所示。试据以计算各企业的工业经济效益综合指数,并进行横向比较。

表 8.5 工业企业经济效益指标资料

参评指标	单位	*A* 企业	*B* 企业	*C* 企业	*D* 企业	*E* 企业
产品销售率	%	98.50	97.00	99.50	90.40	85.20
资金利税率	%	14.20	13.60	13.80	12.50	10.30
成本利润率	%	7.40	8.50	9.40	8.10	6.80
增加值率	%	26.03	27.00	30.00	25.50	26.20
劳动生产率	元/人	6 852	6 450	7 200	5 800	5 500
资金周转率	次/年	1.95	1.80	2.00	1.50	1.70

解 以 *A* 企业为例,依据式(8.28),列表计算其各项指标的个体指数和工业经济效益综合指数(见表 8.6),最后得到的结果为 101.13%。其他企业的计算方法类似,全部结果列示在表 8.7 中。通过比较可知,在所有参评的五个工业企业中,*C* 企业的综合经济效益最好,*E* 企业最差,*A* 企业名列第二。

表 8.6 A 企业经济效益综合指数计算表

参评指标	单位	标准值	实际值	个体指数/%	权数	指数×权数
产品销售率	%	97.48	98.50	101.05	15	15.157 5
资金利税率	%	13.55	14.20	104.80	30	31.440 0
成本利润率	%	8.41	7.40	87.99	15	13.198 5
增加值率	%	29.00	26.03	89.76	10	8.976 0
劳动生产率	元/人	6 205	6 852	110.43	10	11.043 0
资金周转率	次/年	1.83	1.95	106.56	20	21.312 0
合计	—	—	—	—	—	101.127 0

表 8.7　各企业经济效益综合指数一览表

参评指标	单位	标准比值或个体指数/%				
		A 企业	B 企业	C 企业	D 企业	E 企业
产品销售率	15	101.05	99.51	102.07	92.74	87.40
资金利税率	30	104.80	100.37	101.85	92.25	76.01
成本利润率	15	87.99	101.07	111.77	96.31	80.86
增加值率	10	89.76	93.10	103.45	87.93	90.34
劳动生产率	10	110.43	103.95	116.04	93.47	88.64
资金周转率	20	106.56	98.36	109.29	81.97	92.90
综合指数	—	101.13	99.57	106.44	90.57	84.52
排名	—	2	3	1	4	5

(二)功效系数法

采用“功效系数法”编制综合评价指数的主要特点是:通过对各项参评指标分别确定阈值,并运用“功效系数”的方法计算个体指数,然后将各个体指数加权平均得到综合评价指数。在这里,功效系数(个体指数)d 的计算方法为:

$$d_i = \frac{x_i - x_s}{x_h - x_s} \tag{8.29}$$

其中,x_h 和 x_s 分别为各项指标的满意值和不允许值。这样得到的功效系数一般应在 0 到 1 的范围内取值,不过,实际得到的结果也有可能超出这一范围。

确定满意值和不允许值的基本原则是:应该以某项指标可能达到的最佳值为满意值,而以该项指标不应出现的最差值为不允许值。实际操作时,如果理论上的满意值和不允许值难以确定,可以作适当的变通处理:① 以某项指标历史上曾经达到过的最佳值为满意值,而以该项指标曾经出现过的最差值为不允许值;② 以所有参评对象中某项指标的最大值和最小值分别作为该指标的满意值和不允许值。应该注意,在后一种情况下,对于“正指标”,满意值是最大值,不允许值是最小值;对于“逆指标”则相反,满意值是最小值,而不允许值是最大值,也即功效系数成为:

$$d_i = \frac{x_i - x_{\min}}{x_{\max} - x_{\min}} \quad (\text{正指标}) \tag{8.30}$$

$$d_i = \frac{x_i - x_{\max}}{x_{\min} - x_{\max}} \quad (\text{逆指标}) \tag{8.31}$$

这样得到的功效系数的取值范围是:$0 \leqslant d_i \leqslant 1$。

将各项指标的功效系数(个体指数)适当地加权平均,就可以得到最后的综合评价指数。通常采用的方法是几何平均法,但也可以采用算术平均等方法。如果采用几何平均法,则不允许任何一个功效系数的取值为零(因为这将使得几何平均数最后为零)。为了做到这一点,同时也为了使计算结果与人们平常习惯采用的百分制相符,可以运用如下“改进的功效系数”:

$$d'_i = \frac{x_i - x_s}{x_h - x_s} \times 40 + 60 \tag{8.32}$$

这样得到的改进的功效系数一般应在 60 ～ 100 分之间取值,当然,实际结果仍有可能超出这一范围。如果在确定上述改进功效系数的满意值和不允许值时,是按实际资料的最大值和最小值来近似的，则必有 $60 \leqslant d'_i \leqslant 100$。进一步采用几何平均法计算综合评价指数，就得到：

$$I = \sqrt[\sum \omega]{\prod (d'_i)^{w}} \tag{8.33}$$

式中 ω—— 给定的权数资料。

【例 8.10】 仍然利用前面给出的五个工业企业的各项经济效益指标资料，按改进的功效系数法计算各企业的工业经济效益综合指数，并进行横向比较。

解 依据有关公式，列表计算各企业的工业经济效益综合指数(见表 8.8)。通过比较，最后结论仍然是：C 企业的综合经济效益最好，E 企业最差，A 企业名列第二。

表 8.8 各企业经济效益综合指数一览表

参评指标	阈值		改进的功效系数					权数
	满意值	不允许值	A 企业	B 企业	C 企业	D 企业	E 企业	
产品销售率	99.50	85.20	97.20	93.01	100.00	74.55	60.00	15
资金利税率	14.20	10.30	100.00	93.85	95.90	82.56	60.00	30
成本利润率	9.40	6.80	69.23	86.15	100.00	80.00	60.00	15
增加值率	30.00	25.50	64.71	73.33	100.00	60.00	66.22	10
劳动生产率	7 200	5 500	91.81	82.35	100.00	67.06	60.00	10
资金周转率	2.00	1.50	96.00	84.00	100.00	60.00	76.00	20
综合指数	—	—	88.72	87.15	98.75	72.02	63.53	—
排名	—	—	2	3	1	4	5	—

就以上两种综合评价指数编制方法进行一番比较，可以了解到：

(1)标准比值法计算简便，得到的综合评价指数可以在 100%上下取值。大体上说，大于或等于 100%表示被评价者的各项指标平均起来达到或超过了规定的标准值水平；小于 100%则表示被评价者的各项指标平均起来没有达到规定的标准值水平。但因标准比值法给出的最后结果没有确定的上限，观察分析起来有时不太方便。

(2)功效系数法的计算过程稍稍复杂一点，其计算结果则有确定的取值范围(60～100 分之间)。按这种方法计算，综合评价指数越是靠近 100 分，表示被评价者的各项指标越是接近于总体的最好水平；越是靠近 60 分，则表示被评价者的各项指标越是接近于总体的最差水平。其分析意义较为直观、明确。

(3)在许多情况下，两种方法给出的综合评价基本结果(排名顺序)可能相同(如上例)或相近；但这并不排除在某些情况下，两种方法也有可能给出不同的综合评价排序结果。应该指出，由于两种评价方法的对比标准选择的不同，它们各自的评价结果也会具有不完全相同的分析意义。

实践中，综合评价的方法很多，各种方法给出的结果不可能完全相同，并且都带有一定的相对性和局限性。我们的目的，就是要尽可能地将主观因素的干扰减少到最低限度，提高评价结果的客观性和稳定性，同时兼顾评价方法的可操作性。从这个意义上说，综合评价指数法是一种较为可行的好方法。除此而外，还可以运用模糊数学的方法进行综合评价，即"模糊综合评价"。后者不仅可以处理各种量化的评价指标，而且也可以处理各种非量化的评价项目，因而具有更为广泛的适用性，但方法本身却更为复杂。

小　　结

统计指数是用来分析社会经济现象数量变动的对比性指标，狭义的统计指数是一种特殊的相对数，即用来说明不能直接相加的复杂社会经济现象综合变动程度的相对数。指数从不同的角度有不同的分类，在本章中，主要以各种数量指标指数和质量指标指数为例，着重介绍综合指数、平均指数的编制方法及其在统计分析中的应用。

1. 综合指数是总指数的基本形式，它是由两个总量指标对比形成的指数，其关键是寻找同度量因素和固定在不同的时期。拉氏指数是将同度量因素固定在基期水平，而帕氏指数是把同度量因素固定在报告期。通常情况下，数量指标指数以价格为同度量因素，按拉氏公式计算，而质量指标指数以销售量为同度量因素，按帕氏公式计算。

2. 平均指数是个体指数的加权平均数，常用的基本形式有两种，一是加权算术平均指数，二是加权调和平均指数。在每种平均指数中，由于使用的权数不同，可再分为综合指数变形权数和固定权数的平均数指数两种。通常情况下，算术平均指数用基期总值来加权，而调和平均指数用报告期总值来加权。

3. 指数法在实践中获得了广泛应用，经济分析实践中常用的统计指数有生产指数、物价指数、股价指数、成本指数等。但在不同场合，往往需要运用不同的指数形式。一般而言，选择指数形式的标准是指数的经济分析意义、实际编制工作的可行性以及对指数分析性质的某些特殊要求。

4. 指数体系是指经济上有联系，在数量上保持一定关系的三个或三个以上的指数。因素分析的基本思想是，通过分析总值指数变动中各因素的影响方向和程度，可以对总值指数进行分解，从相对数与绝对数两个方面进行测定。通常情况下，指数体系中数量指标指数一般用基期指标作为同度量因素，而质量指标指数要用报告期指标作为同度量因素。

5. 指数法还是综合评价分析的一种重要工具。通过适当编制和运用综合评价指数，可以依据多项指标，从多个不同的侧面对有关现象进行全面的综合判断，增进人们的认识水平和决策能力。

思考与练习

1. 广义指数与狭义指数有何差异？

2. 与一般相对数比较，总指数所研究的现象总体有何特点？

3. 什么是同度量因素？它所起的作用是什么？如何确定同度量因素的时期？

4. 有人认为，不同商品的销售量是不同度量的现象，因为它们的计量单位可以不同；而不同商品的价格则是同度量的现象，因为它们的计量单位相同，都是货币单位。这种看法是否正确？为什么？

5. 总指数有哪两种基本编制方式？它们各自又有何特点？

6. 从计算范围和编制方法两个角度考虑，总值指数究竟是属于总指数，还是个体指数？你能给予适当解释吗？

7. 综合指数的同度量因素也是一种"权数"。它与平均指数的权数有何不同?

8. 在总指数中,指数化指标、同度量因素和权数三者之间是何种关系?

9. 什么是拉氏指数与帕氏指数?它们各有何特点?

10. 有人认为,在编制价格指数时,采用帕氏公式计算得到的结果"现实经济意义"较强,因而不能采用拉氏公式。对此,你有何看法?

11. 在实际经济生活中,为什么对于同一种现象分别采用拉氏公式和帕氏公式编制指数,前者的结果通常大于后者?在什么情形下会出现相反的结果?

12. 在一定条件下,综合指数与平均指数相互之间可能存在着"变形"关系。为什么说它们两者仍然是相对独立的总指数编制方法?

13. 在编制商品价格的平均指数时,对个体指数通常采用有关的价值量指标 pq 加权平均。试问,如果采用价格 p 或数量 q 作为权数,又将会引起什么问题?

14. 与时间(动态)指数相比,空间(地域)指数在编制分析上有什么特殊要求?通过什么方式可以满足这种要求?

15. 居民消费价格指数如何编制?它有哪些作用?

16. 什么是指数体系?如何进行因素分析?

17. 根据指数体系的内在联系,人们常常利用已知的指数去推算未知的指数,后者称为前者的"暗含指数"。试问,拉氏价格指数所暗含的指数是什么?拉氏物量指数所暗含的指数又是什么?

18. 平均指标指数是总指数还是一般相对数?可变构成指数、固定构成指数和结构变动影响指数三者在分析意义上有何区别,在数量上又有何联系?

19. 什么是综合评价?与单项评价相比,它有何特点?

20. 举一个在日常生活中运用常规方法进行综合评价的例子,并对其中存在的问题给予必要的剖析?

21. 构建综合评价指数的基本问题有哪些?解决这些问题的实际意义何在?

22. 给出某市场上四种蔬菜的销售资料如表 8.9 所示。

表　8.9

品种	销售量/kg		销售价格/(元/kg)	
	基期	报告期	基期	报告期
白菜	550	560	1.60	1.80
黄瓜	224	250	2.00	1.90
萝卜	308	320	1.00	0.90
西红柿	168	170	2.40	3.00
合计	1 250	1 300	—	—

要求:(1)用拉氏公式编制四种蔬菜的销售量总指数和价格总指数;

(2)用帕氏公式编制四种蔬菜的销售量总指数和价格总指数;

(3)比较两种公式编制出来的销售量总指数和价格总指数的差异。

23. 依据上题的资料,试分别采用埃奇沃斯公式、理想公式和鲍莱公式编制销售量指数;然后,与拉氏指数和帕氏指数的结果进行比较,看看它们之间有什么关系。

24. 某企业共生产三种不同的产品,有关的产量、成本和销售价格资料如表 8.10 所示。

表 8.10

产品种类	计量单位	基期产量	报告期		
			产量	单位成本	销售价格
A产品	件	270	340	50	65
B产品	台	32	35	800	1 000
C产品	t	190	150	330	400

要求:

(1)分别以单位产品成本和销售价格为同度量因素,编制该企业的帕氏产量指数;

(2)试比较说明两种产量指数具有何种不同的经济分析意义。

25. 某市场上四种蔬菜的销售资料如表 8.11 所示。

表 8.11

品种	销售额/元		个体价格指数/%
	基期	报告期	
白菜	880.0	1 008	112.50
黄瓜	448.0	475	95.00
萝卜	308.0	288	90.00
西红柿	403.2	510	125.00
合计	2 039.2	2 281	—

要求:

(1)用基期加权的算术平均指数公式编制四种蔬菜的价格总指数;

(2)用计算期加权的调和平均指数公式编制四种蔬菜的价格总指数;

(3)再用基期加权的几何平均指数公式编制四种蔬菜的价格总指数;

(4)比较三种公式编制出来的销售价格总指数的差异。

26. 利用第 22 题的资料和计算结果,试建立适当的指数体系,并就蔬菜销售额的变动进行因素分析。

27. 已知某地区 2017 年的农副产品收购总额为 360 亿元,2018 年比 2017 年的收购总额增长 12%,农副产品收购价格总指数为 105%。试考虑,2018 年与 2017 年对比:

(1)农民因销售农副产品共增加多少收入?

(2)农副产品收购量增加了百分之几? 农民因此增加了多少收入?

(3)由于农副产品收购价格提高 5%,农民又增加了多少收入?

(4)验证以上三方面的分析结论能否保持协调一致。

28. 某城市三个市场上有关同一种商品的销售资料如表 8.12 所示。

表　8.12

市场	销售价格/(元/kg)		销售量/kg	
	基期	报告期	基期	报告期
A 市场	2.50	3.00	740	560
B 市场	2.40	2.80	670	710
C 市场	2.20	2.40	550	820
合计	—	—	1 960	2 090

要求：

(1)分别编制该商品总平均价格的可变构成指数、固定构成指数和结构变动影响指数；

(2)建立指数体系，从相对数的角度进行总平均价格变动的因素分析；

(3)进一步综合分析销售总量变动和平均价格变动对该种商品销售总额的影响。

第九章　相关分析与回归分析

了解相关关系的概念及种类，相关分析与回归分析的联系和区别；掌握相关分析的内容和方法，重点掌握相关系数的计算方法及相关系数的取值含义；掌握回归分析的原理，用最小二乘法拟合回归方程的方法及应用，重点掌握简单线性回归方程的拟合及应用，明确直线回归方程中待定参数的含义。

第一节　相关分析与回归分析的基本概念

在自然界和社会现象中事物的联系是普遍的。因此，客观世界中的许多事物之间都存在着相互影响、相互制约、相互关联的关系。客观现象尤其是社会经济现象之间的这种相互联系，都可以通过一定的数量关系表现出来。例如，商品价格与商品需求量之间、产品产量与成本之间、家庭收入与消费支出之间、广告费和商品的销售量之间等，都存在着一定的依存关系。又如圆的面积和半径之间，销售量和销售额之间等。当我们进一步分析会发现现象之间的这种数量关系大致可以区分为两种不同的类型：函数关系与相关关系。

一、函数关系和相关关系

（一）函数关系

函数关系是指现象之间存在的确定性的数量依存关系。在这种关系中，当某一变量或某些变量取任意一个值时，另一变量都会有一个确定值与之严格相对应，并且这种对应关系可以用一个数学表达式来反映。例如，当圆的半径为 r 时，圆的面积 s 与半径 r 之间的数量关系为：$s=\pi\cdot r^2$，s 与 r 值之间存在着严格的一一对应关系，圆的面积随半径而变动，半径一旦确定，圆的面积也随之确定。现实世界中，这样的函数关系十分广泛地存在着，社会经济现象中，同样也存在着这种关系。例如，商品的销售额 = 销售量 × 价格，当销售价格不变时，销售量发生变化，就有一个确定的销售额与其对应，等等。两个变量 x 与 y 之间的函数关系一般可以表示为：$y=f(x)$。

（二）相关关系

相关关系是指现象之间存在的非确定性的数量依存关系。即现象之间虽然存在着数量依存关系，一个现象发生数量上的变化时，另一个现象数量也会相应地发生变化。但这种数量变化关系并不是严格一一对应的，当一个变量数值确定时，另一个变量可能有许多个可能的取值与之相对应，这些数值围绕在它们的平均数上下波动。例如，商品价格与商品需求量之间存在着数量变动关系，价格升高，需求量一般会减少。但在价格相同的情况下未必有相同的商品需求量，而是会有多个不同的数值。这是因为商品价格不是决定商品需求量的唯一因素，商品需求量还受消费者收入状况、消费习惯、地区差异、替代品和互补品的价格变化、季节变化等众多因素的影响。因此，商品价格与商品需求量之间的关系是相关关系。一般认为，若变量 y 与变量 x 为相关关系，则 y 除受主要因素 x 的影响外，还受其他因素影响，由于这些因素对 y 的影响相比之下较小且具有随机性，因此把它们看作随机因素。相关关系的数学一般形式为：$y = f(x) + \varepsilon$，其中 ε 为随机误差项。用于反映随机因素对 y 的影响。相关关系在现实世界中广泛存在。但相关关系不能通过个别现象体现出其关系的规律性，必须在大量现象中才能得到体现。

由相关关系与函数关系的基本概念可以看出，相关关系和函数关系有区别，但是它们之间也有联系。它们的联系主要体现在两个方面。一方面，对于具有函数关系的现象，在实际中由于观察或测量误差等原因，往往呈现出相关关系的特征；另一方面，现象间的相关关系通常要利用相应的函数关系式来表现。在具有相互依存关系的两个变量中，作为根据的变量称为自变量，用 x 表示，发生对应变化的变量称为因变量，用 y 表示。当变量之间存在前因后果的关系时，自变量与因变量的确定较为容易。如前述产品产量、家庭收入、广告费用是自变量；产品成本、消费支出、商品销售量是因变量。当变量之间互为因果时，则要根据研究目的来确定哪个是自变量，哪个是因变量，如商品需求量与商品价格水平之间就属于这种情况。

二、相关关系的种类

现象之间的相关关系错综复杂，可以表现为不同的类型和多种形态。通常从以下方面来划分相关关系的类型：

1. 按照相关程度不同，可以分为完全相关、不完全相关和不相关

若一个现象的数量变化完全由另一个现象的数量变化所决定，这种依存关系称为完全相关。如 $S = \pi \cdot r^2$，圆的面积 s 完全取决于它的半径 r，在这种情况下，相关关系即成为函数关系，也可以说函数关系是相关关系的一个特例。若两个现象的数量变化各自独立，互不影响，则称为不相关。例如，股票价格和天气温度，一般是不相关的。若现象之间的关系介于完全相关与不相关之间，则称为不完全相关。通常所说的相关关系即指这种不完全相关。社会经济现象之间的关系大多是这种不完全相关关系。

2. 按照相关关系涉及的因素(变量)多少，可分为单相关和复相关

两个因素之间的相关关系称为单相关，又称一元相关。三个或三个以上因素之间的相关关系称为复相关或多元相关。在复相关中，如果将其他自变量固定不变而只研究因变量与其中某一个自变量之间的相关关系，这种相关关系称为偏相关。

3. 按照相关关系的表现形式不同，可分为线性相关与非线性相关

线性相关又称直线相关，即当 x 值发生变动，y 值随着发生大致均等的变化(增加或减少)，从图形上看，其观察点的分布近似地表现为直线。这样的相关为直线相关。例如，人均收入与人均消费水平通常呈线性相关。非线性相关又称为曲线相关，当 x 值发生变动，y 值随着发生变动，但这种变动不是均等的，如果画在图上，其观察点的分布表现为各种不同的曲线，这种相关关系通常称为曲线相关。如抛物线、指数曲线、对数双曲线等。

4. 对于单相关中，按照现象数量变化的方向不同，可分为正相关和负相关

若自变量 x 数值增加时，因变量 y 的数值也随之相应增加，这称为正相关。例如，家庭的消费支出随收入的增加而增加，随着产量的增加，产品成本也随之增加，等等。若自变量 x 数值增加时，因变量 y 的数值随之减少，这称为负相关。例如产品单位成本与劳动生产率之间随着劳动生产率的提高，单位成本会下降，市场商品销售量随着价格下降而增加等。

三、相关分析与回归分析

研究变量之间的相关关系时，首先需要分析它们是否存在相关关系，然后要明确其相关关系的类型，而且还应计量其相关关系的密切程度，在统计学中这种研究称为相关分析。相关分析主要是用一个指标（相关系数）去表明现象间相互依存关系的性质和密切程度。不过相关分析并不能说明变量间相关关系的具体形式，也不能从一个变量的变化去推测另一个变量的具体变化。如果要具体测定变量之间相关关系的数量形式，还需要运用回归分析的方法。

回归分析是关于一个变量对另一个或另外多个变量依存关系的研究，用适当的数学模型去近似地表达或估计变量之间的平均变化关系，其目的是要根据已知的或固定的自变量的数值，去估计因变量的总体平均值。

相关分析与回归分析的研究目的和研究方法是有明显区别的。从研究目的上看，相关分析是用一定的数量指标（相关系数）度量变量间相互联系的方向和程度；回归分析却是要寻求变量间联系的具体数学形式，是要根据自变量的固定值去估计和预测因变量的值。从对变量的处理来看，相关分析对称地对待相互联系的变量，不区分自变量和因变量，相关的变量均视为随机变量；回归分析是在变量因果关系分析的基础上研究其中的自变量的变动对因变量的具体影响，必须明确划分自变量和因变量，回归分析中对变量的处理是不对称的，在回归分析中通常假定自变量是取固定值的非随机变量，只有因变量是随机变量。

应当强调的是，相关分析和回归分析只是从数据出发定量地分析变量间相互联系的手段，并不能揭示现象之间的本质联系。现象间内在的本质联系，决定定于事物的客观规律性，需要结合实际经验去分析，并要由实质性科学去加以说明。如果对本来没有内在联系的现象，仅凭数据进行相关分析和回归分析，这样不仅没有实际意义，而且会导致错误的结论。所以开展相关与回归分析时应注意与定性分析相结合，才能得到有实际意义的结果。

第二节　相关分析——相关表、相关图、相关系数

判断现象之间有没有相关关系，是进行相关分析的前提和出发点。其次要判断现象之间是怎样的相关关系。判断方法是，在研究相关关系时，应根据一定的经济理论和实践经验的总结，对社会经济现象进行科学的定性分析，以判断它们之间是否具有相关关系以及相关关系的类型。只有在定性分析的基础上，才能进一步从数量上来测定现象之间的相关关系及相关的密切程度。这是判断相关关系的一种重要方法，也是相关分析的重要前提。

具体来说，相关分析的内容有：

（1）判断确定现象之间有无关系以及相关关系的具体表现形式。在进行相关分析时，首先通过理论定性的方法或利用相关表和相关图观察的方法，判断现象之间是否有关系，现象之间

有关系，进行相关分析才有意义。其次判断现象之间相关关系的形态，以便在之后的分析中选择相应的分析方法。

(2) 确定相关关系的密切程度。根据变量数据的类型，选择适当的方法，计算出相关系数，确定现象之间相关关系的密切程度，为进一步的分析提供依据。

(3) 检验现象相关关系的显著性，包括检验相关关系的存在性、检验相关关系强度是否达到一定水平，检验两对现象相关程度的差异性，估计相关系数的取值。

一、相关表和相关图

若经过调查已获得现象的数据资料，可通过编制相关表和绘制相关图来分析数据变动的规律，判断现象之间的相关性。将两个现象的变量值一一对应地填列在同一张表格上，这种表称为相关表，如表 9.1 所示。

从表 9.1 可以直观地看出，随着国内生产总值的增加，财政收入呈现增长的趋势。显然，国内生产总值与财政收入之间存在着相关关系。将表 9.1 中的数据绘制成相关图，如图 9.1 所示。

表 9.1　某地区 2009—2018 年国内生产总值与财政收入相关表

单位：万亿元

年份	国内生产总值	财政收入
2009	1.87	0.29
2010	2.18	0.31
2011	2.69	0.35
2012	3.53	0.43
2013	4.82	0.52
2014	6.08	0.62
2015	7.12	0.74
2016	7.90	0.87
2017	8.44	0.98
2018	8.96	1.14

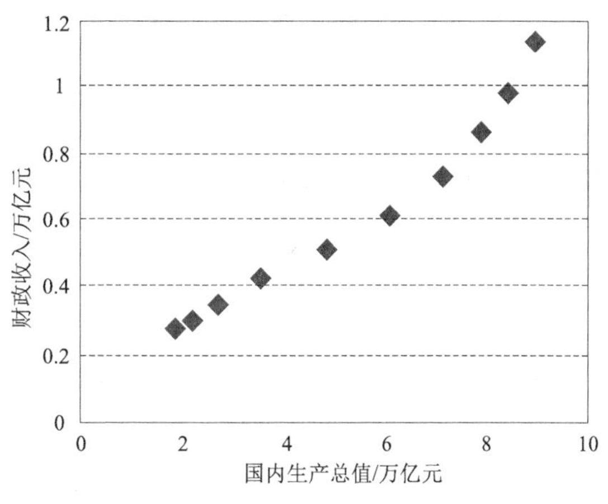

图 9.1　2009—2018 年某地区国内生产总值与财政收入散点图

从图 9.1 可以看到，图中各个点虽不完全在一条直线上，但可以认为，国内生产总值与财政收入之间有较强的直线相关关系。

二、相关系数的测定

(一)相关系数的计算

通过相关表和相关图可以了解现象之间是否具有相关关系，但要想更具体地了解现象之间的相关密切程度，必须进一步测定相关系数。相关系数就是描述两个变量之间线性相关密切程度和相关方向的统计分析指标。相关系数测定的方法最简单的一种是积差法，其计算公式为：

$$r=\frac{s_{xy}^2}{s_x s_y} \tag{9.1}$$

式中　r——直线相关系数；

s_x——变量 x 的标准差，$s_x=\sqrt{\dfrac{\sum(x-\overline{x})^2}{n}}$；

s_y——变量 y 的标准差，$s_y=\sqrt{\dfrac{\sum(y-\overline{y})^2}{n}}$；

s_{xy}^2——变量 x 与 y 的协方差，$s_{xy}^2=\dfrac{\sum(x-\overline{x})(y-\overline{y})}{n}$。

据此，式(9.1)可以写成：

$$r=\frac{\sum(x-\overline{x})(y-\overline{y})}{\sqrt{\sum(x-\overline{x})^2\sum(y-\overline{y})^2}} \tag{9.2}$$

式中的分子和分母可以分别按下式计算：

$$\sum(x-\overline{x})(y-\overline{y})=\sum xy-\frac{1}{n}\sum x\sum y=L_{xy}$$

$$\sum(x-\overline{x})^2=\sum x^2-\frac{1}{n}\left(\sum x\right)^2=L_{xy}$$

$$\sum(y-\overline{y})^2=\sum y^2-\frac{1}{n}\left(\sum y\right)^2=L_{xy}$$

据此，式(9.2)可以写成：

$$r=\frac{\sum xy-\frac{1}{n}\sum x\sum y}{\sqrt{\sum x^2-\frac{1}{n}\left(\sum x\right)^2}\sqrt{\sum y^2-\frac{1}{n}\left(\sum y\right)^2}}=\frac{L_{xy}}{\sqrt{L_{xx}L_{yy}}} \tag{9.3}$$

现根据表9.1中的资料来说明相关系数的计算过程。计算过程如表9.2所示。

表 9.2　相关系数的计算表

年份	国内生产总值 x	财政收入 y	x^2	y^2	xy
2009	1.87	0.29	3.497	0.084 1	0.542 3
2010	2.18	0.31	4.752	0.096 1	0.675 8
2011	2.69	0.35	7.236	0.122 5	0.941 5
2012	3.53	0.43	12.461	0.184 9	1.517 9
2013	4.82	0.52	23.232	0.270 4	2.506 4
2014	6.08	0.62	36.966	0.384 4	3.757 2
2015	7.12	0.74	50.694	0.547 6	5.268 8
2016	7.90	0.87	62.410	0.756 9	6.873 0
2017	8.44	0.98	71.234	0.960 4	8.271 2
2018	8.96	1.14	80.282	1.299 6	10.214 4
合计	53.59	6.25	352.764	4.706 9	40.568 5

根据表 9.2 可知：

$n=10, \sum x = 53.59, \sum y = 6.25, \sum x^2 = 352.764, \sum y^2 = 4.7069, \sum xy = 40.5685$

代入式(9.3)得，

$$r=\frac{40.5685-\frac{1}{10}\times 53.59\times 6.25}{\sqrt{352.764-\frac{1}{10}\times 53.59^2}\sqrt{4.7069-\frac{1}{10}\times 6.25^2}}=0.9764$$

（二）直线相关系数 r 的统计检验

上述相关系数是基于样本计算的，是对总体相关系数的估计。因此需要对相关系数的显著性进行统计检验。检验的内容包括两部分：一是总体线性相关的存在性检验，即检验总体线性相关系数是否为零；二是总体线性相关差异性检验，检验某一总体线性相关程度是否等于（或者单侧检验大于或小于）某一指定值，以及检验两个相关系数是否来自同一相关总体。本节只讨论第一种情况。

设随机变量(x,y)服从于正态分布。总体相关系数记为 ρ。则对于由样本资料$(x_i,y_i)(i=1,2,\cdots,n)$计算的相关系数 r，需要检验以下原假设与备择假设：

$$H_0:\rho=0 \quad H_1:\rho\neq 0$$

在 H_0 成立的情况下，有以下 t 统计量：

$$t=\frac{r\sqrt{n-2}}{\sqrt{1-r^2}}\sim t(n-2)$$

在给定显著性水平下，$|t|>t_{\alpha/2}(n-2)$，即表示总体线性相关系数显著不等于零，即线性相关关系（在一定程度上）是存在的。

（三）直线相关系数 r 的取值含义

(1)r 的取值有一定的范围，在 -1 和 $+l$ 之间，即 $-1\leqslant r\leqslant 1$。

(2)r 的正负号只表示相关的方向，不表示相关程度的大小，即 $r>0$ 表示正相关，$r<0$ 表示负相关。

(3) 相关程度的大小要看相关系数绝对值的大小。$|r|$ 越接近于 1，表示相关密切程度越强，$|r|$ 越接近于 0，表示相关密切程度越弱，当 $r=\pm 1$ 时，表示变量之间为完全相关；$r=0$ 表示完全不相关。

(4) 为了使判断有一定的标准，一般将相关程度设为以下几个强弱不同的等级：相关系数在 0.3 以下为不相关；0.3 ～ 0.5 为低度相关；0.5 ～ 0.8 为中度相关；0.8 以上为高度相关。但这个标准并非是一成不变的，与样本量有很大的关系，只有当样本量较大时（如大样本情况），这一判断才成立，因此实践中需要根据具体情况进行判断。

(5) 直线相关系数是一种线性（直线）相关程度的度量。因此，比较、判断现象的相关系数 r 时，务必要注意这一点：两个变量的相关系数低，只能表示它们之间线性相关程度很低，不表示它们之间其他形式的相关密切程度低，因为现象之间的关系也许是非线性的。因此，$r=0$ 表示两个变量之间没有线性关系，但不是没有任何关系。

第三节　回归分析的基本问题

一、回归分析的概念

如前所述，在社会经济现象中，各种经济变量相互联系，相互制约。通过相关分析，可以分析现象之间相关关系的方向和相关的密切程度。但相关分析不能判断现象之间具体的数量变动依存关系，也不能根据相关系数估计或预测因变量 y 可能发生的数值。因此为了探求经济变量之间的具体数量变动关系，一般在相关分析的基础上再进行回归分析。回归分析就是，对具有相关关系的两个或两个以上变量之间数量变化的一般关系进行测定，确定因变量和自变量之间数量变动关系的数学表达式，以便对因变量进行估计或预测的统计分析方法。显然，相关分析的主要任务是研究变量间相关关系的表现形式和密切程度，而回归分析是在相关分析的基础上，进一步研究现象之间的数量变化规律。

如果设变量 $x_1, x_2, x_3, \cdots, x_p$ 与随机变量 y 之间存在较显著的相关关系，则有以下回归模型：

$$y = f(x_1, x_2, x_3, \cdots, x_p) + \varepsilon$$

其中，y 称为因变量或被解释变量，$x_1, x_2, x_3, \cdots, x_p$ 称为自变量或解释变量，ε 为随机变量。

常用的回归模型是以下线性形式：

$$y = \beta_0 + \beta_1 x_1 + \beta_2 x_2 + \cdots + \beta_p x_p + \varepsilon$$

对于样本量为 n 的调查数据，即第 i 组数据 $(y_i, x_{1i}, x_{2i}, \cdots, x_{pi})(i = 1, 2, \cdots, n)$ 线性模型可表示为：

$$y_i = \beta_0 + \beta_1 x_{1i} + \beta_2 x_{2i} + \cdots + \beta_p x_{pi} + \varepsilon_i$$

为了估计参数的需要，古典线性回归模型总是假设 ε_i 服从均值为零、方差是常数（等方差）、两两独立（不相关）的正态分布，即 $\varepsilon \sim N(0, \sigma^2)$。

二、回归分析的主要内容

(1) 根据研究目的和现象之间的内在联系，确定自变量和因变量。现象之间除了有相关关系，还存在着因果关系。作为原因的变量为自变量，作为结果的变量为因变量；或者说影响因素为自变量，被影响因素为因变量。做回归分析时，应该首先从理论出发进行定性分析，根据现象的内在联系确定变量之间的因果关系，从而确定哪个为自变量，哪个为因变量。

(2) 确定回归分析模型的类型及数学表达式。根据现象之间的内在影响机制或通过对具体变量数据描点分析，找出最适合的回归分析模型，再通过计算求出模型的待估参数，得到回归方程。估计方法最常用的是最小二乘法。

(3) 对回归分析模型进行评价与诊断。得到具体的回归方程以后，要对其进行统计检验。如对回归方程计算一些检验统计量，如 t 值、F 值、估计标准误差、判决系数等，来对回归方程的代表性及拟合程度进行评价。例如，要检验判断回归模型基本假设是否合理、是否满足，并做相应改进。

(4) 根据给定的自变量数值确定因变量的数值。回归方程可以用于统计估计或预测，即可根据给定的自变量数值估计因变量的数值或置信区间，以及利用回归模型进行回归控制。

三、回归分析的特点

(1) 在两个或两个以上变量中，必须根据研究目的确定其中一个为因变量，其余为自变量。这一点和相关分析不一样，相关分析可以不必区分自变量和因变量。

(2) 在相关分析中，两个变量要求都是随机的；而在回归分析中，要求因变量是随机的，而自变量的值则是给定的。

(3) 若变量之间互为因果，或是没有明显因果关系，则可以求出两个回归方程。即 y 倚 x 的回归方程（y 为因变量）和 x 倚 y 的回归方程（x 为因变量），两个方程的含义是不同的。对于相关分析来说，两个变量之间只能求出一个相关系数。

(4) 回归方程有较强的应用性。根据回归方程的参数可以得出变量之间的具体数量变动关系，即自变量变动一个单位，因变量会变动多少。回归方程也可以用于估计推断，即根据给定的自变量的数值来估计因变量的可能值，或以限定的因变量取值范围推断自变量取值应控制在什么范围内。

四、回归分析的种类

1. 简单回归与多元回归

回归分析按照具有相关关系的变量个数划分，可分为简单回归分析和多元回归分析。简单回归分析是指只有一个自变量和一个因变量的回归分析。多元回归分析又称复回归分析，是指由多个自变量和一个因变量组成的回归分析。它与简单回归分析相比，增加了自变量的个数，是对简单回归分析的拓展。此外，还有多个自变量对多个因变量的回归分析。

2. 线性回归与非线性回归

回归分析按照变量间相互关系的形态来分，可分为线性回归分析和非线性回归分析。当变量之间关系的形态表现为线性相关时，拟合的模型称为线性回归分析模型，其模型表达式为线性回归方程；当变量之间相互关系的形态表现为某种曲线趋势时拟合的模型称为非线性回归分析模型，其模型表达式为某种曲线回归方程。

除上述分类外，根据简单回归和多元回归与直线回归和非直线回归的交叉结合，还可以进一步细分为简单线性回归和简单非线性回归，多元线性回归和多元非线性回归等不同类型。

第四节　线性回归分析

一、简单线性回归分析

（一）简单线性回归方程

在社会经济现象中，许多相互关联的两个变量之间存在着线性关系。例如，家庭消费支出与家庭收入之间基本上是一种线性相关关系。虽然在很多情况下，影响因变量的因素不止一个，但在实际工作中，往往因客观条件的限制，或者出于研究的目的，需要突出其中某一个最重要因素，即只研究某一个自变量对因变量的影响。这是对经济过程的一种抽象，抓住主要矛盾，得到最有意义的结论。简单线性回归分析是所有回归分析的基础，多元回归分析和非线性回归分析都是从简单回归分析的基本理论上延伸发展起来的。

相关分析中,通过计算相关系数,可以判断两个变量之间直线相关的紧密程度,但不能说明它们之间因果的数量关系。简单线性回归就是对具有显著线性相关的两个变量间数量变化的一般关系进行测定,拟合一个直线回归方程,以便于估计或预测的统计方法。

简单线性回归分析中只有一个因变量和一个自变量,是线性方程中变量最少、最简单的一种。它在平面坐标图上表现为一条直线,所以又称简单直线回归方程。简单线性回归方程的理论模型与估计模型可分别写成:

理论模型:
$$y = \alpha + \beta x + \varepsilon \tag{9.4}$$

估计模型:
$$y_c = a + bx \tag{9.5}$$

在数学分析中,上式中的α、β为回归参数或待定系数,a、b为相应的估计值。a、b值确定后,估计的直线方程就确定了。

式(9.5)称为y对x的直线回归方程。由该回归方程确定的直线称为回归直线,其中a是直线的截距,b是直线的斜率。将给定的自变量x值代入上述方程中,可求出因变量y的估计值y_c。但这个估计值不是一个实际的变量数值,而是y的许多可能取值的平均数,所以用y_c表示。

在x和y互为因果关系的资料中,还可以求出另一条回归直线,该回归方程为:

$$x_c = c + dy$$

即x对y的直线回归方程。

(二)参数估计

拟合回归直线的主要任务是估计待定参数a、b的值,常用的方法就是最小二乘法,用这种方法求出的回归直线是原始数据的"最佳"拟合直线。最小二乘法的原理是使实际值y与估计值y_c的离差平方和最小。据此拟合直线方程的具体方法如下:

$$Q = \sum (y - y_c)^2 = \text{最小值} \tag{9.6}$$

将直线方程$y_c = a + bx$代入式(9.6)中得:

$$Q = \sum (y - a - bx)^2 = \text{最小值}$$

分别求Q关于a和Q关于b的偏导并令它们等于零:

$$\begin{cases} \dfrac{\partial Q}{\partial a} = \sum 2(y - a - bx)(-1) = 0 \\ \dfrac{\partial Q}{\partial b} = \sum 2(y - a - bx)(-x) = 0 \end{cases}$$

整理可得出以下两个方程式组成的标准方程组:

$$\begin{cases} \sum y = na + b\sum x & (9.7) \\ \sum xy = a\sum x + b\sum x^2 & (9.8) \end{cases}$$

解得:

$$b = \frac{n\sum xy - \sum x\sum y}{n\sum x^2 - \left(\sum x\right)^2} \tag{9.9}$$

$$a = \frac{\sum y - b\sum x}{n} = \bar{y} - b\bar{x} \tag{9.10}$$

回归系数b是回归直线的斜率,其含义为:自变量x每增加(或减少)一个单位,因变量y将平均增加(或减少)b个单位。

如果 x 和 y 互为因果关系，还可以求出 x 对 y 回归方程中的参数：

$$d=\frac{n\sum yx-\sum y\sum x}{n\sum y^2-\left(\sum y\right)^2},c=\frac{\sum x-d\sum y}{n}=\overline{x}-d\overline{y}$$

【例 9.1】 现根据表 9.3 中的资料建立以财政收入为因变量，国内生产总值为自变量的回归方程。

表 9.3　线性回归方程计算表　　（单位：万亿元）

年份	国内生产总值 x	财政收入 y	x^2	y^2	xy	y_c	$(y-y_c)^2$
2009	1.87	0.29	3.497	0.084 1	0.542 3	0.248 6	0.001 866 24
2010	2.18	0.31	4.752	0.096 1	0.675 8	0.282 0	0.000 784
2011	2.69	0.35	7.236	0.122 5	0.941 5	0.339 3	0.000 114 49
2012	3.53	0.43	12.461	0.184 9	1.517 9	0.435 7	0.000 032 49
2013	4.82	0.52	23.232	0.270 4	2.506 4	0.566 9	0.002 199 61
2014	6.08	0.62	36.966	0.384 4	3.757 2	0.728 0	0.006 855 84
2015	7.12	0.74	50.694	0.547 6	5.268 8	0.815 0	0.005 625
2016	7.90	0.87	62.410	0.756 9	6.873 0	0.899 2	0.000 852 64
2017	8.44	0.98	71.234	0.960 4	8.271 2	0.957 5	0.000 506 25
2018	8.96	1.14	80.282	1.299 6	10.214 4	1.013 6	0.015 976 96
合计	53.59	6.25	352.764	4.706 9	40.568 5	6.25	0.034 813 52

解　根据表 9.3 计算的数据，由式(9.9)和式(9.10)得：

$$b=\frac{n\sum xy-\sum x\sum y}{n\sum x^2-\left(\sum x\right)^2}=\frac{10\times 40.5685-53.59\times 6.25}{10\times 352.764-53.59^2}=0.1079$$

$$a=\overline{y}-b\overline{x}=\frac{6.25}{10}-0.1079\times\frac{53.59}{10}=0.0468$$

估计的 y 对 x 的回归方程式为：

$$y_c=0.0468+0.1079\,x$$

计算表明，该回归直线的斜率为 0.107 9，即国内生产总值每增加 1 万亿元，财政收入平均增加 0.107 9 万亿元。

根据这一方程，可以根据自变量 x 的值计算因变量 y 的估计值 y_c，见表 9.3。从表中可以看出，$\sum y_c=\sum y=6.25$，即 $\sum(y-y_c)=0$；每个 y_c 与 y 之间都有误差，其误差平方和为0.034 56，但在所有可能拟合的直线中，这个值为最小值，也就是说这条回归线是最能代表所有观测点的直线。

根据得到的线性回归方程，可以绘制回归直线，如图 9.2 所示。

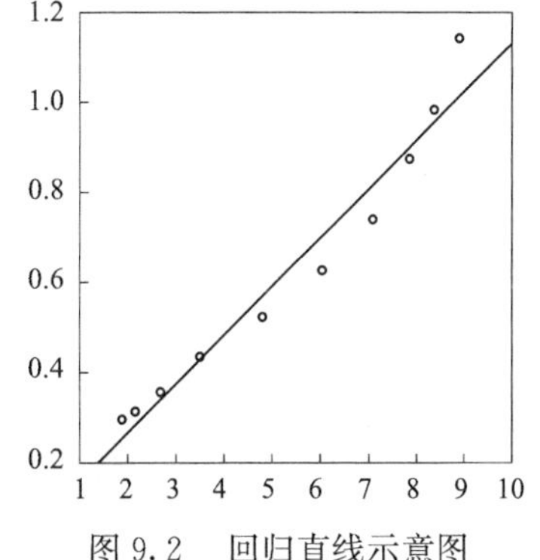

图 9.2　回归直线示意图

（三）估计标准误差

如图 9.2 所示，在散点图上可以拟合一条与各观测点配合最佳的直线。但这些观测点所代表的若干对观测值，只是从总体中抽取的一个样本，所以由观测值求出的回归直线 $y_c = a + bx$ 又称样本回归直线，它只是总体回归直线：$y = \alpha + \beta x + \varepsilon$ 的估计线（ε 为随机误差）。由于总体的真值是未知的，只能以样本回归系数 a、b 作为总体回归系数 α、β 的估计量，以样本回归直线推断总体回归直线。而这种推断就存在样本对总体的代表问题，因此在做回归分析时需要对拟合的回归方程的代表性进行衡量。

在求得简单线性回归方程之后，可推算出各个估计值 y_c，然而这些估计值的准确性如何呢？在表 9.3 中，因变量估计值 y_c 与实际观测值 y 是不等的，其估计误差为 $y - y_c$。估计误差的大小能反映估计值的准确性。但我们要观察的不是某一个变量值与估计值的误差，而是所有数据整体的误差情况。由于实际值 y 与估计值 y_c 离差之和 $\sum (y - y_c) = 0$ 为零，所以要真实反映整体的误差情况，必须用离差平方和的平均数来反映。把离差平方和的平均数称为剩余方差，记为 s_{yx}^2 即：

$$s_{yx}^2 = \frac{\sum (y - y_c)^2}{n-2} \tag{9.11}$$

式中，$n-2$ 为自由度，这是因为按最小二乘法求解两个参数 a 和 b，受到两个正规方程的约束，失去了两个自由度。对剩余方差开方即得到回归估计标准误差，又称估计标准误差，它是衡量回归估计精确度高低或回归方程代表性大小的统计分析指标。其计算公式为

$$s_{yx} = \sqrt{\frac{\sum (y - y_c)^2}{n-2}} \tag{9.12}$$

式中，s_{yx} 的下标 yx 这是以 y 为因变量的回归估计标准误。

根据表 9.3 的资料，可计算回归估计标准误为

$$s_{yx} = \sqrt{\frac{\sum (y - y_c)^2}{n-2}} = \sqrt{\frac{0.034\ 813\ 52}{10-2}} = 0.065\ 97（万亿元）$$

结果表明，回归直线估计的财政收入的标准误差为 0.065 97 万亿元。

从式(9.12) 中 s_{yx} 的定义以及上述算例可以看出，回归估计标准误差是给定 x 值时，y 的实际观测值对其估计值 y_c 的平均离差，显然，s_{yx} 的数值越小，说明估计值的代表性越大，观测点越靠近回归直线，其离散程度就越小。特殊地，当 $s_{yx} = 0$，说明 y 和 y_c 完全一致，在散点图上表现为所有的观测点都落在回归直线上。反之，s_{yx} 越大，说明观测点的离散程度越大，回归直线方程的代表性越差，回归估计结果就越不精确。

式(9.12) 的含义比较明确，但计算手续比较烦琐，如果已经求得直线回归方程的参数。a 和 b 的值，就可以利用以下简捷公式计算回归估计标准误：

$$s_{yx} = \sqrt{\frac{\sum y^2 - a\sum y - b\sum xy}{n-2}} \tag{9.13}$$

事实上，由

$$\begin{aligned} \sum (y - y_c)^2 &= \sum (y^2 - 2yy_c + y_c^2) \\ &= \sum y^2 - 2\sum yy_c + \sum y_c^2 \end{aligned} \tag{9.14}$$

式(9.14) 第三项：

$$\begin{aligned}\sum y_c^2 &= \sum (a+bx)^2 = \sum (a^2+2abx+b^2x^2) \\ &= na^2+2ab\sum x+b^2\sum x^2 = na^2+ab\sum x+ab\sum x+b^2\sum x^2 \\ &= a(na+b\sum x)+b(a\sum x+b\sum x^2) \\ &= a\sum y+b\sum xy\end{aligned}$$

式(9.14)第二项：

$$2\sum yy_c = 2\sum y(a+bx) = 2a\sum y+2b\sum xy$$

将以上推导结果代入$\sum (y-y_c)^2$可得：

$$\begin{aligned}\sum (y-y_c)^2 &= \sum y^2-2a\sum y-2b\sum xy+a\sum y+b\sum xy \\ &= \sum y^2-a\sum y-b\sum xy\end{aligned}$$

代入式(9.12)即得简化公式。

根据表9.3中的数据，已计算得到$\sum y=6.25$，$\sum xy=40.568\,5$，$a=0.046\,8$，$b=0.107\,9$，$\sum y^2=4.706\,9$，代入式(9.13)得：

$$s_{yx}=\sqrt{\frac{4.706\,9-0.046\,8\times 6.25-0.107\,9\times 40.568\,5}{10-2}}=0.065\,79$$

（四）回归方程判定系数

在直线回归中，实际观察值y的大小是围绕其平均值$\bar{y}$上下波动的，y的这种波动现象称为变差。这种变差产生的原因有两方面：一是受自变量x的影响，x取值不同会引起y取值不同。二是受其他因素（包括随机因素和观测误差）的影响。对每个观察值来说，变差的大小可以通过离差$y-\bar{y}$来表示，而全部n个观察值的总变差则可由这些离差的平方和表示。

由于

$$y-\bar{y}=(y-y_c)+(y_c-\bar{y})$$

两边同时平方：

$$\begin{aligned}(y-\bar{y})^2 &= [(y-y_c)+(y_c-\bar{y})]^2 \\ &= (y-y_c)^2+2(y-y_c)(y_c-\bar{y})+(y_c-\bar{y})^2\end{aligned}$$

两边同时求和有：

$$\begin{aligned}\sum (y-\bar{y})^2 &= \sum [(y-y_c)+(y_c-\bar{y})]^2 \\ &= \sum (y-y_c)^2+2\sum (y-y_c)(y_c-\bar{y})+\sum (y_c-\bar{y})^2\end{aligned}$$

其中

$$2\sum (y-y_c)(y_c-\bar{y})=0 \quad \text{（证明略）}$$

所以

$$\sum (y-\bar{y})^2=\sum (y-y_c)^2+\sum (y_c-\bar{y})^2 \tag{9.15}$$

把$\sum (y-\bar{y})^2$称为总变差（通常记为SST），$\sum (y_c-\bar{y})^2$是由x变动造成的离差，称为回归离差（通常记为SSR），$\sum (y-y_c)^2$是随机因素引起的离差，称为随机离差或剩余离差（通常记为SSE）。

即　　总变离差＝剩余离差＋回归离差

SST＝SSR＋SSE

离差分解图如图9.3所示。

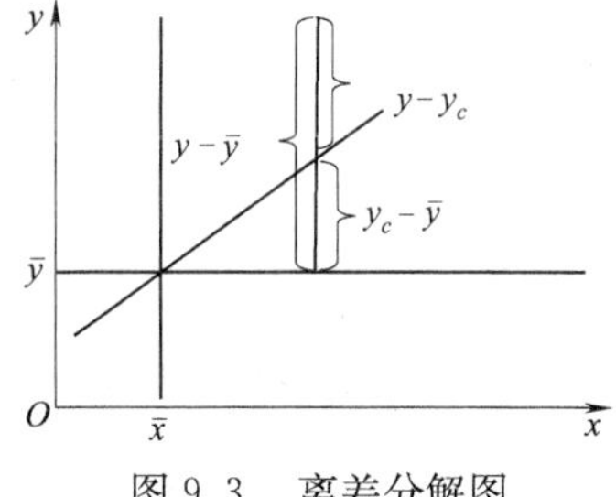

图9.3　离差分解图

若对式(9.15)等号两边同时除以$\sum(y-\overline{y})^2$,则有:

$$1=\frac{\sum(y-y_c)^2}{\sum(y-\overline{y})^2}+\frac{\sum(y_c-\overline{y})^2}{\sum(y-\overline{y})^2}$$

显然,回归离差在总离差中所占的比重$\sum(y_c-\overline{y})^2/\sum(y-\overline{y})^2$愈大,则剩余离差在总离差中所占比重$\sum(y-y_c)^2/\sum(y-\overline{y})^2$愈小,所有观测点距离回归直线就愈近,说明回归方程由自变量x估计因变量y的误差就愈小,此时x与y之间的相关程度就愈大。由此可见,回归离差占总离差的比值,可以作为衡量两个变量之间相关程度大小的统计指标,记作R^2:

$$R^2=\frac{\sum(y_c-\overline{y})^2}{\sum(y-\overline{y})^2}=1-\frac{\sum(y-y_c)^2}{\sum(y-\overline{y})^2}$$

R^2称为判定系数,又称可决系数,它是相关系数r的平方。它表明自量x的方差对因变量y的方差的解释程度,换句话说,它表明y的方差中有多大程度是由x原因所引起的,判定系数一般用来反映回归方程的拟合程度。

在大样本条件下:

$$s_{yx}=\sqrt{\frac{\sum(y=y_c)^2}{n}},\text{即}\quad \sum(y-y_c)^2=ns_{yx}^2$$

$$s_y=\sqrt{\frac{\sum(y-\overline{y})^2}{n}},\text{即}\quad \sum(y-\overline{y})^2=ns_y^2$$

$$R^2=1-\frac{ns_{yx}^2}{ns_y^2}=1-\frac{s_{yx}^2}{s_y^2}$$

$$s_{yx}=s_y\sqrt{1-R^2}$$

由此可见,估计标准误差与相关系数在数值大小上表现为相反的关系。

$|r|$值越大,说明相关程度越密切,这时s_{yx}值越小,也就是观测点离回归直线越近。当$r=\pm1$时,$s_{yx}=0$,此时,所有的观测点都在回归直线上,也就是完全相关。反之$|r|$越小,则s_{yx}越大。

(五)回归方程的统计检验

对于所拟合的回归方程,需要检验其合理性。检验的内容包括:方程的参数取值含义是否符合经济意义,方程的参数在统计意义上是否显著,方程整体的拟合效果是否理想,方程的假设条件是否满足。

1. 方程整体拟合效果的显著性检验

如果设实际观察值为y_i,拟合的理论值(预测值)为y_{ic},观察值的平均值为$\overline{y}$,则在最小平方法之下$\overline{y}_c$与$\overline{y}$是相等的。根据方差分析原理,即

$$\sum(y-\overline{y})^2=\sum(y-y_c)^2+\sum(y_c-\overline{y})^2$$

或

$$\text{SST}=\text{SSR}+\text{SSE}$$

在误差项为服从正态分布的情况之下,应该有:

$$\text{SSR}\sim\chi^2(1),\text{SSE}\sim\chi^2(n-2)$$

所以，有 F 统计量：

$$F=\frac{\mathrm{SSR}/1}{\mathrm{SSE}/(n-2)}\sim F(1,n-2)$$

显然，回归方程拟合效果越好，表明方程解释部分所占比重越大，SSR 与 SSE 相比的值也越大，F 统计量也越大。因此，方程整体显著性检验的假设为：

$H_0:\alpha=\beta=0$(回归方程整体是不显著的)

$H_0:\alpha\neq0$ 或 $\beta\neq0$(回归方程整体是显著的)

在给定显著性水平 α 下，若：

$F>F_\alpha(1,n-2)$ 拒绝原假设，认为回归方程整体是显著的。

由于相关系数的平方是判定系数，是误差平方和SSR占总离差平方和SST的比重，因此 F 检验也可通过判定系数的假设检验来实现。

2. 方程参数显著性的检验

方程参数显著性检验主要是判断每个自变量对于回归方程是否必要。在一元线性回归分析中，主要是检验方程系数理论值 α 和 β 是否显著地等于零。若 α 等于零，则意味着方程的截距项可舍去，构造无截距回归模型，若 β 等于零，则意味着方程中的自变量对于回归方程是不显著或不重要的。

如果模型的误差项符合建模假设，则有：

$$a\sim N\left[\alpha,\left(\frac{1}{n}+\frac{\overline{x}^2}{\sum(x-\overline{x})^2}\right)\sigma_{yx}^2\right]$$

$$b\sim N\left(\beta,\frac{\sigma_{yx}^2}{\sum(x-\overline{x})^2}\right)$$

因此，截距项 t 的检验为：

$$H_0:\alpha=0,\quad H_1:\alpha\neq0$$

在原假设成立时，t 统计量为：

$$t=\frac{a}{\hat{\sigma}_{yx}\sqrt{\frac{1}{n}+\frac{\overline{x}^2}{\sum(x-\overline{x})^2}}}\sim t(n-2)$$

式中　$\hat{\sigma}_{yx}$——σ_{yx} 的无偏估计量，公式为：

$$\hat{\sigma}_{yx}=\sqrt{\frac{1}{n-2}\sum(y-y_c)^2}$$

显然，$\hat{\sigma}_{yx}$ 即是前述 s_{yx} 在给定的显著性水平 α 下，若该 t 统计量值大于 $t_{\alpha/2}(n-2)$，则拒绝原假设，认为截距项显著。否则，应该考虑拟合无截距项的直线回归模型。

同样地，回归系数 t 的检验为：

$$H_0:\beta=0,\quad H_1:\beta\neq0$$

在原假设成立时，t 统计量为：

$$t=\frac{b}{\hat{\sigma}_{yx}\sqrt{\frac{1}{\sum(x-\overline{x})^2}}}\sim t(n-2)$$

式中，$\hat{\sigma}_{yx}$ 含义同上。若该 t 统计量值大于 $t_{\alpha/2}(n-2)$，则拒绝原假设，认为回归系数对方程的影响是显著的,或自变量是重要的。否则,说明该参数显著为零,该自变量对模型的影响不重要,应该考虑更换或变换该变量。

(六)因变量的区间估计

根据回归方程和回归估计标准误,可以进一步用来对因变量 y 进行估计或预测,其中最常用的就是根据给定的 x 值来估计 y 的数值,称为置信区间估计。

按照误差为正态分布的原理,当样本容量 n 大于 30 时,可以作以下假定:

(1)y 的实际观测值在对应的每个估计值 y_c 周围都是正态分布的;

(2)所有正态分布都具有相同的标准差,即所谓的同方差性。

根据以上两条假设,如果观测值的点在回归直线两侧呈正态分布,则约有 68.27% 的点落在回归直线 $\pm s_{yx}$ 范围内;约有 95.45% 的点落在回归直线 $\pm 2s_{yx}$ 范围内;约有 99.73% 的点落在回归直线 $\pm 3s_{yx}$ 范围内。

置信区间估计的步骤为:由样本数据 x 求出估计值 y_c 及其标准差 s_{yx} 以后,再利用标准化正态分布曲线下的面积查对表,就可在一定的概率保证下对总体估计值作出置信区间估计。

置信区间的公式为:

$$y_c - ts_{sy} \leqslant y \leqslant y_c + ts_{yx}$$

以表 9.3 中的资料为例,在 95.45% 的概率保证下,求国内生产总值为 9 万亿元,财政收入的置信区间。

因为 $y_c = 0.046\ 8 + 0.107\ 9x$,当 $x = 9$ 时,

$$y_c = 0.046\ 8 + 0.107\ 9 \times 9 = 1.017\ 9$$

已算得 $s_{yx} = 0.065\ 79$,又知当 $f(t) = 95.45\%$ 时,$t = 2$,所以:

$$1.017\ 9 - 2 \times 0.065\ 79 \leqslant y \leqslant 1.017\ 9 \times 2 + 0.065\ 79$$

得

$$0.885\ 96 \leqslant y \leqslant 1.149\ 84$$

即在 95.45% 的概率保证下,国内生产总值为 9 万亿元时,财政收入的置信区间为0.885 96 ~ 1.149 84 万亿元。应该指出,这只是一个举例,结果并不很精确,因为所采用的是小样本,要涉及 t 分布问题。

二、多元线性回归分析

前面介绍的简单线性回归分析,是指一个自变量 x 与一个因变量 y 之间的线性回归。实际上在复杂的经济现象中,对因变量产生影响的自变量往往不止一个,而是有多个。因此仅仅以一个自变量来解释因变量往往是不全面的,需要建立一个因变量与多个自变量的联系模型进行分析,才能获得较全面、准确的分析结果。例如,企业的获利能力,不仅取决于生产技术水平,还取决于企业管理水平及市场需求总量;一国的国内生产总值水平,不仅受该国的投资总量影响,还受该国的消费总量、进出口差额等因素的影响。所以,在对一些复杂经济现象进行分析时,就涉及比简单线性回归更为复杂的多元回归问题。研究在线性相关条件下,两个或两个以上自变量对一个因变量的数量变动关系,称为多元线性回归,表现这个数量关系的数学公式称为多元线性回归方程。

多元线性回归分析是对一元线性回归分析的拓展,其步骤、方法和一元线性回归分析基本类似,只是在计算上相对比较复杂一些。为了便于理解,下面先介绍二元线性回归模型,即两个自变量 x_1 和 x_2 对一个因变量 y 的线性回归,其方程表达式为:

$$y_c = a + b_1 x_1 + b_2 x_2$$

式中　y_c——y 的复回归估计值；

b_1、b_2—— 两个自变量各自的回归系数，又称偏回归系数。

三个参数 a、b_1、b_2 的确定，也可通过最小二乘法来求解，使 $\sum(y-y_c)^2$ 为最小值。通过对三个参数分别求偏导，并使偏导都为零，从而得到联立方程组：

$$\begin{cases} \sum y = na + b_1 \sum x_1 + b_2 \sum x_2 \\ \sum x_1 y = a \sum x_1 + b_1 \sum x_1^2 + b_2 \sum x_1 x_2 \\ \sum x_2 y = a \sum x_2 + b_1 \sum x_1 x_2 + b_2 \sum x_2^2 \end{cases} \tag{9.16}$$

根据样本数据，由以上三个方程式就可以解出三个参数 a、b_1、b_2，最后得到具体的二元回归方程，即 $y_c = a + b_1 x_1 + b_2 x_2$。

【例 9.2】 某城市某种商品的销售量、商品的价格和该城市每个居民的月平均收入如表 9.4所示，根据资料以人均收入和该商品的价格为自变量，以销售量为因变量拟合二元回归方程。

表 9.4　二元回归方程计算表

年次	销售量 y/千件	人均收入 x_1/千元	价格 x_2/百元	x_1^2	x_2^2	x_1x_2	x_1y	x_2y
1	10	5	2	25	4	10	50	20
2	10	7	3	49	9	21	70	30
3	15	8	2	64	4	16	120	30
4	13	9	5	81	25	45	117	65
5	14	9	4	81	16	36	126	56
6	20	10	3	100	9	30	200	60
7	18	10	4	100	16	40	180	72
8	24	12	3	144	9	36	288	72
9	19	13	5	169	25	65	247	95
10	23	15	4	225	16	60	345	92
合计	166	98	35	1 038	133	359	1 743	592

解　将表 9.4 的数据代入式(9.16)得以下方程组：

$$\begin{cases} 166 = 10a + b_1 98 + b_2 35 \\ 1\ 743 = a98 + b_1 133 + b_2 359 \\ 592 = a35 + b_1 359 + b_2 133 \end{cases}$$

解得：

$$\begin{cases} a = 4.587\ 5 \\ b_1 = 1.868\ 5 \\ b_2 = -1.799\ 6 \end{cases}$$

由此得到回归方程为：$y_c = 4.587\ 5 + 1.868\ 5\ x_1 - 1.799\ 6\ x_2$

假设该市人均收入为 16 千元，商品价格为 6 百元，则该商品预计销售量为：

$$y_c = 4.587\ 5 + 1.868\ 5 \times 16 - 1.799\ 6 \times 6$$

$$y_c = 23.69(\text{千件})$$

由二元线性回归容易推广到有三个或三个以上自变量的多元线性回归。多元线性回归的方程式为：

$$y_c = a + b_1x_1 + b_2x_2 + b_3c_3 + \cdots + b_nx_n$$

式中 a、$b_i(i = 1,2,3,\cdots,n)$ 为参数，同样根据最小二乘法原理，可得参数的求解方程组：

$$\begin{cases} \sum y = na + b_1\sum x_1 + b_2\sum x_2 + L + b_n\sum x_n \\ \sum x_1y = a\sum x_1 + b_1\sum x_1^2 + b_2\sum x_1x_2 + L + b_n\sum x_1x_n \\ \sum x_2y = a\sum x_2 + b_1\sum x_1x_2 + b_2\sum x_2^2 + L + b_n\sum x_2x_n \\ \cdots\cdots \\ \sum x_ny = a\sum x_n + b_1\sum x_1x_n + b_2\sum x_2x_n + L + b_n\sum x_n^2 \end{cases}$$

对于这种多元线性回归分析，一般都要用统计软件计算参数，得到最后的多元线性回归模型。

第五节　非线性回归分析

实践中，经常遇到的问题是经济变量之间的关系并非线性关系，而是呈现出某种曲线关系。此时就必须根据具体数据情况为两个变量配合一个恰当的曲线回归模型。对于非线性回归，通常采用变量代换法将非线性模型线性化，从而将曲线回归问题转换为线性回归问题，再按照线性模型的方法来处理。

一、指数曲线方程

当自变量 x 做等差的增加或减少时，因变量 y 随之做等比的增加或减少，则 x 与 y 之间的关系为指数函数关系，可以拟合指数曲线模型，其回归方程为：

$$y_c = ab^x \tag{9.17}$$

式中　a、b—— 待估参数。

对式(9.17)两边取对数，即：

$$\lg y_c = \lg a + \lg b$$

设 $\lg y_c = y'_c$，$\lg a = a'$，$\lg b = b'$，则可得到简单线性模型：

$$y'_c = a' + b'x$$

再根据最小二乘法原理，得到：

$$\begin{cases} \sum y' = na' + b'\sum x \\ \sum xy' = a'\sum x + b'\sum x^2 \end{cases}$$

其中，将 $y' = \lg y$ 代入数据即可求解出 a' 和 b' 的值。由于 $\lg a = a'$，$\lg b = b'$，所以对 a' 和 b' 分别求反对数即可得到指数曲线方程的 a 和 b。

【例 9.3】 某地区 12 个同类企业月产量和单位成本资料如表 9.5 所示。根据表 9.5 资料，画出月产量与单位成本的散点图，如图 9.4 所示。从图中可以看出，随着产量的增加，单位产品成本不断降低，但降低的幅度越来越小。图中观测点的分布形态与指数曲线的形态接近，由此判断两个变量之间可以拟合一条指数曲线。月产量与单位成本之间是否具有指数曲线的形式，对资料需要做进一步的验证：计算自变量 x 的一级逐项差值（或逐期增长量），计算因变量 y 的逐项之比（环比发展速度）若自变量 x 的一级逐项差值接近于一个常数，而因变量 y 的逐项之比也接近一个常数，则符合指数曲线的特点，否则不能拟合指数曲线。见表 9.5 指数曲线判别计算表。

表 9.5　指数曲线判别计算表

序号	产量 x/千吨	单位成本 y/万元	x_i-x_{i-1}	y_i/y_{i-1}
1	10	160	—	—
2	16	151	6	0.943 8
3	20	114	4	0.755 0
4	25	128	5	1.122 8
5	31	85	6	0.664 1
6	36	91	5	1.070 6
7	40	75	4	0.824 2
8	45	76	5	1.013 3
9	51	66	6	0.868 4
10	56	60	5	0.909 1
11	60	61	4	1.016 7
12	65	60	5	0.983 6

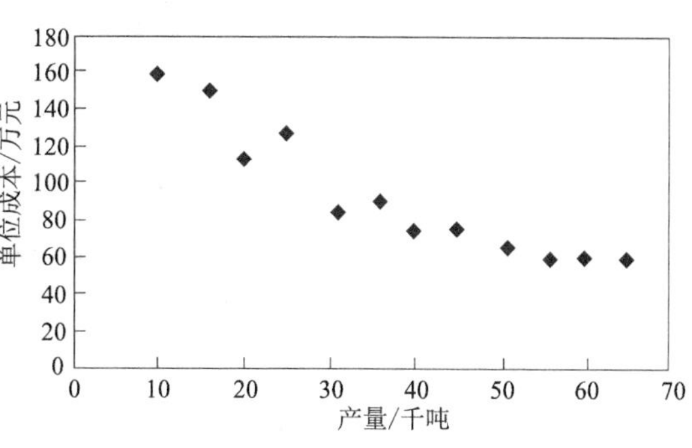

图 9.4　产量与单位成本散点图

解　从表 9.5 中可以看出，x_i-x_{i-1} 接近于一个常数 5，y_i/y_{i-1} 接近于常数 1。因此，对于表 9.5的资料可以用指数曲线来拟合。计算过程如表 9.6 所示。

表 9.6　指数曲线计算表

编号	x	y	x^2	$y'=\lg y$	xy'	$y_c'=\lg y_c$	xy
1	10	160	100	2.204 12	22.041 20	2.178 003 330	150.661 9
2	16	151	256	2.178 98	34.863 68	2.128 152 648	134.323 7
3	20	114	400	2.056 91	41.138 20	2.094 918 860	124.428 2
4	25	128	625	2.107 21	52.680 25	2.053 376 625	113.077 6
5	31	85	961	1.929 42	59.812 02	2.003 525 943	100.815 2
6	36	91	1 296	1.959 04	70.525 44	1.961 983 708	91.618 6
7	40	75	1 600	1.875 06	75.002 40	1.928 749 920	81.869 2
8	45	76	2 025	1.880 81	84.636 45	1.887 207 685	77.127 2
9	51	66	2 601	1.819 54	92.796 54	1.837 357 003	68.763 4
10	56	60	3 136	1.778 15	99.576 40	1.795 814 768	62.490 6
11	60	61	3 600	1.785 32	107.119 20	1.762 558 098	57.887 0
12	65	60	4 225	1.778 15	115.579 75	1.721 038 745	52.606 4
合计	455	1 127	20 825	23.352 71	855.771 53	23.352 710 220	1 119

计算得出：$n=12,\sum x=455,\sum x^2=208\,25,\sum y'=23.352\,71,\sum xy'=855.771\,53.$

代入公式
$$\begin{cases}\sum y'=na'+b'\sum x\\ \sum xy'=a'\sum x+b'\sum x^2\end{cases}$$

得
$$\begin{cases}23.352\,71=12a'+b'455\\ 855.771\,53=a'455+b'208\,25\end{cases}$$

得
$$b'=-0.008\,308\,447,\quad a'=2.261\,1$$

最后，分别求 a' 和 b' 的反对数得

$$b=0.981\,05,\quad a=182.43$$

指数曲线方程为
$$y_c=182.43\times 0.981\,05^x$$

分别将 x 代入上式，即可得到相对应的 y_c 值。

大部分常见非线性回归模型基本上都可以找到相应的变量转换方法，使之转换为线性回归方程再对参数求解。其他几种曲线模型转换为线性方程后参数的求解方法可参照指数曲线。

二、对数曲线方程

对数曲线回归方程为：

$$y_c=a+b\lg x$$

令 $x'=\mathrm{Lg}x$，则可得到线性回归方程为 $y_c=a+bx'$。

三、双曲线模型

双曲线回归方程为：

$$\frac{1}{y_c}=a+b\frac{1}{x}$$

令 $y_c'=\frac{1}{y_c},x'=\frac{1}{x}$，则线性回归方程为 $y_c'=a+bx'$。

四、幂函数曲线模型

幂函数曲线回归方程为：

$$y_c=ax^b$$

两边同时取对数
$$\lg y_c=\lg a+b\lg x$$

令 $y_c'=\lg y_c,x'=\lg x,a'=\lg a$，则线性回归方程为：$y_c'=a'+bx'$

五、抛物线模型

抛物线回归方程为：

$$y_c=a+bx+cx^2$$

令 $x_1=x,x_2=x^2$，则线性回归方程为 $y_c=a+bx_1+cx_2$。

这是一个二元线性回归模型，按照前面所述二元线性回归模型的参数求解方法，即可得到拟合的抛物线回归方程。

小　结

本章主要以定性分析为基础，利用相关图、相关表和相关系数来研究事物之间的相关关系，并在此基础上借用数学模型近似反映事物之间的数量关系，即进行回归分析，包括一元线性回归分析、多元线性回归分析和非线性回归分析。

1. 客观现象之间的数量联系可以归纳为函数关系和相关关系两种类型。函数关系是指变量之间存在的严格确定的依存关系；相关关系是指变量之间客观存在的非严格确定的依存关系。按相关关系涉及变量的多少可分为单相关、复相关和偏相关。按变量之间相关关系的密切程度不同，可分为完全相关、不完全相关和不相关。按相关关系的表现形态不同可分为线性相关和非线性相关。线性相关中按相关的方向可分为正相关和负相关。

2. 相关分析是指研究一个变量与另一个变量或另一组变量之间相关方向和相关密切程度的统计分析方法。通常编制相关表、相关图计算相关系数反映变量之间的线性相关程度。

3. 回归分析是指根据相关关系的具体形态，选择一个合适的数学模型来近似地表达变量间平均变化关系的统计分析方法。在回归分析中，最简单的模型是只有一个因变量和一个自变量的一元线性回归模型。在线性相关条件下，研究两个或两个以上自变量对一个因变量的数量变化关系，称为多元线性回归分析。如果自变量与因变量之间存在的是非线性关系，建立的模型称为非线性回归模型。回归分析的主要任务就是根据样本数据建立能够近似反映真实总体回归模型的样本回归模型。通常采用最小二乘法求得总体回归模型参数α和β的估计值a和b。a和b分别是α和β的最佳线性无偏估计值。为了反映回归直线对样本观测值拟合优度，则应计算样本判定系数，它是指总体离差平方和中回归离差平方和所占比重。

4. 非线性回归分析必须解决两个主要问题：一是如何确定非线性回归方程的具体形式；二是如何估计方程中的参数。非线性回归分析中最常用的参数估计方法仍然是最小二乘估计法，但需要根据方程的不同类型进行适当变换，先将非线性方程转换为线性方程，再利用最小二乘法估计参数。非线性回归的主要形式为抛物线、双曲线、幂函数、指数曲线、对数曲线等。

思考与练习

1. 简述相关关系与函数关系的概念及二者的区别与联系。
2. 简述相关分析与回归分析的区别和联系。
3. 如何利用相关系数判断现象之间的相关关系？
4. 简述最小二乘法配合回归方程的条件并写出公式。
5. 什么叫估计标准误差？估计标准误差有哪些作用？
6. 简述回归方程中回归系数a、b的经济意义。
7. 为什么对回归方程进行检验？
8. 在回归方程中，ε的含义是什么？
9. 某地区八个企业月产量与生产费用资料如表9.7所示。

表 9.7

月产量 x/千吨	1.2	2.0	3.1	3.8	5.0	6.1	7.2	8.0
生产费用 y/万元	62	86	80	110	115	132	135	160

要求：

(1)以产量为自变量、生产费用为因变量，绘制散点图，说明二者之间的相关关系。

(2)计算两个变量之间的线性相关系数。

(3)利用最小二乘法求出一元回归方程，并解释回归系数的实际意义。

(4)计算判定系数，并解释其意义。

(5)如果月产量 9 千吨，以 95%的概率保证程度估计生产费用的置信区间。

10. 某城市连续 9 年国内生产总值、固定资产投资额和消费品零售额资料如表 9.8 所示。

表 9.8 （单位：亿元）

国内生产总值	47.8	512	55.0	59.2	66.2	75.5	86.8	102.8	120.1
固定资产投资额	13.8	15.0	17.6	21.0	24.7	30.3	37.5	49.3	57.5
零售额	14.4	14.8	15.9	17.3	19.4	22.1	25.5	28.8	33.7

要求：

(1)以国内生产总值为因变量，以固定资产投资额和消费品零售额为自变量的二元回归方程。

(2)固定资产投资额为 60 亿元，零售额为 50 亿元则国内生产总值预计为多少？

11. 某商店各时期的商品销售额和流通费用率资料如表 9.9 所示。

表 9.9

商品零售额/万元	9.5	11.5	13.5	15.5	17.5	19.5	21.5	23.5	25.5	27.5
流通费用率/%	6.0	4.6	4.0	3.2	2.8	2.5	2.4	2.3	2.2	2.1

要求：绘制散点图，拟合商品零售额和流通费用率的双曲线。

12. 某地区 8 个同类企业生产性固定资产价值和增加值资料如表 9.10 所示。

表 9.10 （单位：万元）

生产性固定资产	20.0	40.9	41.5	50.2	31.4	121.0	102.2	122.5
增加值	63.8	81.5	91.3	92.8	60.5	151.6	121.9	162.4

要求：

(1)计算相关系数，说明两个变量相关的方向和程度。

(2)建立以增加值为因变量的直线回归方程，说明方程参数的经济意义。

(3)计算估计标准误差。

(4)在 95.45%的概率把握下，估计生产性固定资产为 150 万元时，增加值的置信区间。

第十章　时间数列

理解时间数列的概念、种类、构成及编制原则；掌握时间数列的水平指标、速度指标的计算方法，特别是平均发展水平的计算；理解时间数列的构成因素及分析模型；掌握长期趋势和季节变动的含义及测定方法。

社会经济现象总是随着时间的推移而变化，呈现动态性。统计对社会经济现象的研究，不仅要从静态上揭示研究对象在具体时间、地点、条件下的数量特征和数量关系，而且要从动态上反映其发展变化过程及规律性，统计对事物进行动态研究的基本方法是编制时间数列，计算动态分析指标，对时间数列进行分解分析。

第一节　时间数列的概念和种类

一、时间数列的概念

将某一统计指标在各个不同时间上的数值按时间先后顺序编制排列形成的数列称为时间数列，时间数列又称动态数列。表 10.1 列举了 2005—2014 年我国国民经济主要统计指标的时间数列。

表 10.1　2005—2014 年我国国民经济主要统计指标

年份	国内生产总值/亿元	人均国内生产总值/亿元	年末人口/万人	城镇人口占的比重/%
2005	185 895.8	14 259	130 756	42.99
2006	217 656.6	16 602	131 448	44.34
2007	268 019.4	20 337	132 129	45.89
2008	316 751.7	23 912	132 802	46.99
2009	345 629.2	25 963	133 450	48.34
2010	408 903.0	30 567	134 091	49.95
2011	484 123.5	36 018	134 735	51.27
2012	534 123.0	39 544	135 404	52.57
2013	588 018.8	43 320	136 072	53.72
2014	636 138.7	46 629	136 782	54.77

资料来源：国家统计局网站。

从表 10.1 可以看出，时间数列由两个基本因素构成：一个是被研究现象所属时间，另一个是反映该现象一定时间条件下数量特征的指标数值。时间构成要素按反映时间单位的不同，可以是年、季、月、日等。表 10.1 中，4 个指标均以年为时间单位顺序进行排列，称年份时间数列；若以季、月、日为序排列，则称季、月、日时间数列。

时间数列是进行动态分析的依据，具体作用可概括为以下几个方面：

(1)通过时间数列本身可以反映现象在不同时间的发展水平和趋势。

(2)计算各种水平指标和速度指标，考察社会经济现象发展变化的方向、速度。

(3)用于建立数学模型，描述社会经济现象发展变化的特征与趋势，揭示其变动规律，对未来发展状况进行预测。

二、时间数列的种类

时间数列按照其构成要素中统计指标值的表现形式，分为绝对数时间数列、相对数时间数列和平均数时间数列三种类型。其中绝对数时间数列是原始数列，相对数和平均数时间数列是派生数列。

(一)绝对数时间数列

时间数列中，统计指标表现为总量指标(即绝对数)，为绝对数时间数列。绝对数时间数列按指标的时间状况不同，又可分为时期数列和时点数列。表 10.1 中的国内生产总值和年末人口数列，前者是时期数列，后者是时点数列。

1. 时期数列

时期数列中，每一指标值反映现象在一段时期内发展的结果，即“过程总量”。其主要特点如下：

(1)可加性。数列中各时间上的指标值可以相加，结果表示现象在更长一段时间内的“过程总量”。如我国 2005—2014 期间各年国内生产总值相加等于十年国内生产总值。

(2)指标值大小与所属时间长短有直接联系。由于时期数列中，每一指标值反映现象在一段时期内发展的结果，故每一指标数值所属的时间越长，指标数值越大；反之，指标数值越小。

(3)指标数值采用连续登记的方式取得。时期数列中，各指标反映现象在一段时间内发展的结果，因而必须把该时段内现象所发生的数量逐一登记，并进行累计，这样才能得到所需的指标数值。

2. 时点数列

时点数列中，每一指标值反映现象在一定时点上的瞬间水平。如年末移动电话用户的时间数列中，各个指标数值说明在各年年末这一时点上移动电话用户所达到的水平。其主要特点是：

(1)不可加性。数列中不同时点上的指标值不能相加，因为各时点上的指标数值只表明现象在该时点上所处的状态，相加后的数值并不能代表现象在这几个时点上的状态，故相加是没有意义的。

(2)指标值数的大小与其时点间隔的长短没有直接联系。在时点数列中，两个相邻指标数值所属时间的距离称为时点间隔。时点数列不具有可加性，时点间隔的长短对指标数值没有直接影响，例如年末的人口数未必比月底的人口数大，但间隔时间长指标数值本身的变动幅度大。编制时点数列时决定时点间隔长短的因素是现象的变动状况，变动较大或较快的现象，间隔应短些；否则，间隔可以长些，以能反映现象的变化过程为宜。

(3)指标数值采用间断登记的方式获得。依照时点数列的性质，只要在某一时点进行统计，取得的资料就代表现象在该时点上的数量水平；不同时点上的资料用以反映现象的发展过程，无须对两个时点间现象所发生的数量逐一登记。

(二)相对数和平均数时间数列

由同类相对数或平均数指标按时间先后顺序排列形成的数列。表 10.1 中，城镇人口占的比重是相对数时间数列。从形式上看人均国内生产总值则是平均数时间数列。相对数和平均数时间数列是由绝对数时间数列派生出来的。它们是由两个有联系的绝对数时间数列相应项对比得来。

应当注意的是，无论是相对数时间数列还是平均数时间数列，各项指标值均不能相加。

三、时间数列的编制原则

编制时间数列，最重要的是遵循可比性原则。所谓可比性，指的是数列中对应于不同时间的指标数值可以相互比较；符合这一性质的时间数列才能够正确反映社会经济现象的变动过程和规律。贯彻可比性原则的具体要求是：

(1)时间数列中每个指标数值所属时间应当统一。对于时期数列，即各指标数值所属的时间长度要相同；对于时点数列，各指标数值对应的时点间隔要相同；相对数和平均数时间数列各指标的时间间隔最好相同。

(2)总体范围应一致。指标数值的大小都与现象总体范围有关系。如果随着时间的推移，现象总体范围发生了变化，例如地区的行政区划或部门隶属关系变更，那么在变化发生前后，指标的计算范围不同，指标数值不能直接对比。只有经过适当调整保持了总体范围的一致性，进行动态比较才有意义。

(3)经济内容应一致。指标的经济内容是由其理论内涵所决定的，随着社会经济条件的变化，同一名称的指标，其经济内容也会发生改变。编制时间数列时不注意这一问题，对经济内容已发生变化的指标数值不加区别和调整，就可能导致错误的分析结论。

(4)计算方法要一致。对于指标名称、总体范围和经济内容都相同的指标，计算方法不同也会导致极大的数值差异。因此，时间数列中，各个指标数值的计算方法要统一。

(5)计算价格和计量单位要一致。统计指标的计算价格种类很多，有现行价格与不变价格之分；不变价格为了适应客观经济条件的变化也不断调整，形成了多个时期的不变价格。编制时间数列遇到前后时期所用的计算价格不同，计量单位不同，都要进行调整。

第二节　时间数列的水平分析指标

在编制时间数列的基础上，计算时间数列的水平分析指标和速度分析指标，便可以对社会经济现象进行发展水平分析和发展速度分析。这里先介绍时间数列的水平分析指标。

一、发展水平与平均发展水平

(一)发展水平

发展水平是时间数列中对应于具体时间的指标数值，即时间数列指标数值本身就是发展水平。在绝对数时间数列中，发展水平就是绝对数；在相对数和平均数时间数列中，发展水平表现为相对数或平均数。因此，发展水平区分为绝对水平、相对水平、平均水平。

计算发展水平指标，首先要区分几个关于水平指标的不同概念。时间数列中第一项指标(y_0)称为最初水平；数列中最末项的指标(y_n)称最末水平；而处于二者之间的各期指标(y_1，y_3，…，y_{n-1})称为中间水平。根据各期指标数值在计算动态分析指标时的作用来划分，又可以分为基期水平和报告期水平。基期水平是作为对比的基础时期的水平；而报告期水平则是所要反映与研究时期的水平。

(二)平均发展水平

平均发展水平又称序时平均数或动态平均数，是对时间数列中各时期发展水平加以平均而计算的平均数。序时平均数作为一种平均数，与一般(静态)平均数有相同点，那就是它们都把现象之间的差别给抽象化了，以反映现象的一般水平。但二者又有明显区别，主要表现在：序时平均数抽象的是现象在不同时间上的数量差异，因而它能够从动态上说明现象在一定时期内发展变化的一般趋势；一般(静态)平均数抽象的是总体各单位某一数量标志值在同一时间上的差异，因此，它是从静态上说明现象总体各单位的一般水平。时间数列区分为绝对数时间数列、相对数时间数列、平均数时间数列，绝对数时间数列又有时期数列与时点数列之分，它们在计算序时平均数时，方法各有不同。

1. 绝对数时间数列序时平均数的计算

(1)由时期数列计算序时平均数。时期数列具有可加性，其计算序时平均数的方法就比较简单，常用简单算术平均法。用公式表示为：

$$\bar{y}=\frac{y_1+y_2+\cdots+y_n}{n}=\frac{\sum_{i=1}^{n}y_i}{n} \tag{10.1}$$

式中 $\bar{y}$——序时平均数；

y_i——第 i 个时期的指标数值；

n——为时期数列的项数。

例如，根据表 10.1 中 2005—2014 年国内生产总值数列，计算 10 年期间平均。

每年国内生产总值为：

$$\bar{y}=\frac{185\ 895.8+217\ 656.6+\cdots+636\ 138.7}{10}=398\ 525.97(亿元)$$

(2)由时点数列计算序时平均数。时点数列的指标数值反映现象在某一时点上的瞬间水平，要正确计算其平均数，从理论上说，应当掌握每一时点上的指标数值，然后计算平均单位时点的指标数值。实际中要掌握每个时点上的指标数值是很难做到的，在社会经济统计中一般是将一天看作一个时点，即以“天”作为最小时间单位。这样便有连续时点数列和间断时点数列的区分。资料逐日登记的是连续时点数列；资料不是逐日登记，而是间隔较长一段时间(月、季或年)后再登记一次，然后依序排列的是间断时点数列。这两种时点数列的类型不同，计算序时平均数的方法也有所不同。

①由连续时点数列计算。又分为两种情形。一种是资料逐日登记且逐日排列，即已掌握了整段考察时期内连续性的时点数据，故可采用简单算术平均数方法计算序时平均数，按式(10.1)计算。

【例 10.1】 某企业一星期的库存记录资料如表 10.2 所示。

表 10.2　某企业库存资料表

星期	一	二	三	四	五
库存量/件	330	408	520	360	280

求该企业平均每天的库存量。

解　由式(10.1)得：

$$\bar{y}=\frac{y_1+y_2+\cdots+y_n}{n}=\frac{330+408+520+360+280}{5}=379.6(\text{件})$$

另一种情形是，资料登记的时间单位仍然是 1 天，但实际上只在指标值发生变动时才记录一次。此时需采用加权算术平均数的方法计算序时平均数，权数是每一指标数值的持续天数。计算公式如下：

$$\bar{y}=\frac{y_1f_1+y_2f_2+\cdots+y_nf_n}{f_1+f_2+\cdots+f_n}=\frac{\sum_{i=1}^{n}y_if_i}{\sum_{i=1}^{n}f_i} \tag{10.2}$$

式中　f_i——指标数值持续的天数。

【例 10.2】　某企业六月份在册职工人数变动资料如表 10.3 所示。

表 10.3　某企业六月份职工人数统计表

日期	1～4	5～7	8～13	14～20	21～23	24～28	29～30
职工人数/人	1 580	1 567	1 488	1 500	1 502	1 506	1 510

求该企业六月份职工平均在册人数。

解　由式(10.2)得：

$$\bar{y}=\frac{1\,580\times4+1\,567\times3+1\,488\times6+1\,500\times7+1\,502\times3+1\,506\times5+1\,510\times2}{4+3+6+7+3+5+2}=1\,516(\text{人})$$

②由间断时点数列计算。间断时点数列有两种登记方式：一种是每隔一定的时间登记一次，每次登记的间隔相等；另一种是每隔一定的时间登记一次，每次登记的间隔不相等。

间隔相等的时点数列。间隔相等的时点数列计算序时平均数一般采用两次平均法。计算时假定指标值在两个时点之间均匀变动，先求两个时点指标值的平均，再根据这些平均数进行简单算术平均，求得序时平均数。计算公式为：

$$\bar{y}=\frac{\frac{y_1+y_2}{2}+\frac{y_2+y_3}{2}+\cdots+\frac{y_{n-1}+y_n}{2}}{n-1}$$

$$=\frac{\frac{y_1}{2}+y_2+y_3+\cdots+y_{n-1}+\frac{y_n}{2}}{n-1} \tag{10.3}$$

式中　n——时点数列的项数，这种方法又称“首末折半”法。

【例 10.3】　某企业 2018 年各季度末应收账款余额资料如表 10.4 所示。

表 10.4　某企业 2010 年各季度应收账款资料

时间	一季度末	二季度末	三季度末	四季度末
应收账款余额/万元	326	330	408	360

另外，2018 年初应收账款余额为 368 万元。求 2018 年各季度应收账款平均占用的资金。

解 由式(10.3)得：

$$\bar{y}=\frac{\frac{368+326}{2}+\frac{326+330}{2}+\frac{330+408}{2}+\frac{408+360}{2}}{5-1}$$

$$=\frac{\frac{368}{2}+326+330+408+\frac{360}{2}}{5-1}=357(\text{万元})$$

解决这一问题的思路是：首先求出各季的平均应收账款数，然后再对各季平均应收账款计算平均数。求各季平均应收账款数时，按道理应计算该季内平均每天的应收账款数，但由于未能掌握该季内每日的应收账款数资料，所以只能在一定的假定条件下推算：即把本季末的应收账款数看作下季初的应收账款数，并假定各季内应收账款数的变动是均匀的。这样，可计算出 2018 年该企业平均每季应收账款数额。

间隔不相等的时点数列。对于间隔不等的间断时点数列，求序时平均数的计算也采用“两次平均”的思路，且第一次的平均计算与间隔相等的间断数列相同；进行第二次平均时，由于各间隔不相等，所以应当用间隔长度作为权数，计算加权算术平均数，计算公式为：

$$\bar{y}=\frac{\frac{y_1+y_2}{2}f_1+\frac{y_2+y_3}{2}f_2+\cdots+\frac{y_{n-1}+y_n}{2}f_{n-1}}{f_1+f_2+f_{n-1}} \tag{10.4}$$

式中 f_i——相邻指标间隔的时间。

【例 10.4】 某地区各年第三产业从业人员年底数如表 10.5 所示。求该地区每年第三产业平均从业人数。

表 10.5 某地区 2005—2015 年第三产业从业人员数

年份	2005	2008	2012	2014	2015
年底人数/万人	964	1 028	1 057	1 085	1 097

解 由式(10.4)得：

$$\bar{y}=\frac{\frac{964+1\,028}{2}\times3+\frac{1\,028+1\,057}{2}\times4+\frac{1\,057+1\,085}{2}\times2+\frac{1\,085+1\,097}{2}\times1}{3+4+2+1}$$

$$=1\,039.1(\text{万人})$$

2. 相对数时间数列序时平均数的计算

相对数时间数列通常是派生数列，它可以是两个时期数列或两个时点数列的相应项对比的结果，也可以是时期数列和时点数列相应项对比的结果。因此要计算相对数时间数列的序时平均数，不能就数列中的相对数直接进行平均计算，而必须分别求出分子指标和分母指标时间数列的序时平均数，然后再进行对比。用公式表示为

$$\bar{c}=\frac{\bar{a}}{\bar{b}} \tag{10.5}$$

式中 $\bar{c}$——相对数时间数列的序时平均数；

$\bar{a}$——分子指标时间数列的序时平均数；

$\bar{b}$——分母指标时间数列的序时平均数。

【例 10.5】　某地区 2012—2016 年旅客运输总量和旅客铁路运输总量资料如表 10.6 所示。求 2012—2016 年铁路客运量占总旅客运输量的平均比重。

表 10.6　某地区 2012—2016 年旅客运输总量和旅客铁路运输总量资料

项目	2012 年	2013 年	2014 年	2015 年	2016 年
旅客运输总量/亿人次	200.8	223.7	239.7	297.7	328.0
其中:铁路运输量/亿人次	12.6	13.6	14.6	15.2	16.8
铁路客运量占的比重/%	6.27	6.08	6.09	5.11	5.12

解　由式(10.5)得:

$$\bar{b}=\frac{200.8+223.7+239.7+297.7+328}{5}=257.98(\text{亿人次})$$

$$\bar{a}=\frac{12.6+13.6+14.6+15.2+16.8}{5}=14.56(\text{亿人次})$$

$$\bar{c}=\frac{\bar{a}}{\bar{b}}=\frac{14.56}{257.98}=5.64\%$$

3. 平均数时间数列序时平均数的计算

对于平均数时间数列的两种类型,一般(静态)平均数时间数列和序时平均数时间数列,其序时平均数的计算方法不完全相同。构成第一类平均数时间数列的分子指标是总体标志总量,分母指标则是总体单位总量,它们均是总量指标的时间数列,序时平均数的计算方法与相对数时间数列完全相同,按式(10.5)计算即可。构成第二类平均数时间数列的各个指标值本身已是按序时平均法计算的结果,因此,当时间间隔相等时,可直接采用简单算术平均法计算其平均数;当时间间隔不相等时则采用加权算术平均法计算其平均数,权数为相应的间隔期。

【例 10.6】　某企业总产值、职工人数资料如表 10.7 所示。另外,2013 年末工人数为 1 823人,计算该企业 2014—2018 年的年平均劳动生产率。

表 10.7　某企业工业总产值和工人数资料

项目	2014 年	2015 年	2016 年	2017 年	2018 年
总产值/万元	4 558	4 678	4 756	4 932	5 120
年末工人数/人	1 830	1 835	1 923	1 942	1 987
劳动生产率/(万元/人)	2.50	2.55	2.53	2.55	2.61

解　根据指标的含义,劳动生产率=总产值/平均工人数,显然分子是时期数列,分母是时点数列,所以该企业年平均劳动生产率为:

$$\bar{c}=\frac{\bar{a}}{\bar{b}}=\frac{\dfrac{4\,558+4\,678+4\,756+4\,932+5\,120}{5}}{\dfrac{\dfrac{1\,823}{2}+1\,830+1\,835+1\,923+1\,942+\dfrac{1\,987}{2}}{6-1}}=\frac{4\,808.8}{1\,887}=2.548(\text{万元/人})$$

如果表 10.7 中年末人数改为每年的平均人数,显然分子是时期数列,分母是序时平均数数列,该企业年平均劳动生产率为:

$$\bar{c}=\frac{\bar{a}}{\bar{b}}=\frac{\dfrac{4\,558+4\,678+4\,756+4\,932+5\,120}{5}}{\dfrac{1\,830+1\,835+1\,923+1\,942+1\,987}{5}}=\frac{4\,808.8}{1\,903.4}=2.526(\text{万元/人})$$

二、增长量和平均增长量

(一)增长量

增长量是报告期发展水平与基期发展水平之差,反映报告期比基期增加(减少)的绝对数量。用公式表示为:

增长量=报告期水平-基期水平

由于采用的基期不同,增长量可分为逐期增长量和累计增长量。

1. 逐期增长量

逐期增长量是报告期水平与前一期水平之差,用公式表示为:

逐期增长量=报告期水平-前期水平

即 $y_i - y_{i-1}$,它表明现象逐期增加(减少)的绝对数量。

2. 累计增长量

累计增长量是报告期水平与某一固定时期水平(通常是时间数列最初水平)之差,用公式表示为:

累计增长量=报告期水平-最初水平

即 $y_i - y_0$,它表明报告期比该固定时期增加(减少)的绝对数量。易于看出,同一时间数列中,累计增长量等于相应时期逐期增长量之和,即:

$$y_n - y_0 = (y_1 - y_0) + (y_2 - y_{i1}) + \cdots + (y_n - y_{n-1}) \tag{10.6}$$

3. 年距增长量

对于按月(季)编制的时间数列,为了消除季节变动的影响,还可以计算年距增长量,它等于本期发展水平比上年同期发展水平增加(减少)的数量。即:

年距增长量=报告期某月(季)发展水平-上年同月(季)发展水平

(二)平均增长量

平均增长量是时间数列中逐期增长量的序时平均数,它表明现象在一定时段内平均每期增加(减少)的数量。其计算公式为:

$$\text{平均增长量} = \frac{\text{逐期增长量之和}}{\text{逐期增长量个数}} \tag{10.7}$$

根据逐期增长量与累计增长量之间的数量关系,平均增长量还可以用下式表现:

$$\text{平均增长量} = \frac{\text{累计增长量}}{\text{时间数列的项数}-1} \tag{10.8}$$

【例 10.7】 我国 2006—2010 年普通高校招生人数如表 10.8 所示,计算普通高校招生人数的逐年增长量、累计增长量和年平均增长量。

表 10.8 我国 2006—2010 年普通高校招生人数

项目	2006 年	2007 年	2008 年	2009 年	2010 年
普通高校招生数/万人	546	566	608	640	662
逐期增长量/万人	—	20	42	32	22
累计增长量/万人	—	20	62	94	116

资料来源:国家统计局网站

解　由式(10.7)和式(10.8)得：

$$\text{年平均增长量}=\frac{20+42+32+22}{4}=29(\text{万人})$$

$$\text{年平均增长量}=\frac{116}{5-1}=29(\text{万人})$$

第三节　时间数列的速度分析指标

一、发展速度与增长速度

(一)发展速度

发展速度是以相对数形式表示的两个不同时期发展水平的比值，表明报告期水平是基期水平的百分之几或若干倍。计算公式为：

$$\text{发展速度}=\frac{\text{报告期水平}}{\text{基期水平}}$$

由于基期选择的不同，发展速度有定基发展速度与环比发展速度之分。

1. 定基发展速度

定基发展速度是报告期水平与某一固定时期水平(通常是最初水平)的比值，它说明社会经济现象相对于某个基础水平，在一定时期内总的发展速度，因此又称为总速度。用公式表示则有

$$\text{定基发展速度}=\frac{\text{报告期水平}}{\text{最初水平}}$$

即：

$$\frac{y_1}{y_0},\frac{y_2}{y_0},\frac{y_3}{y_0},\cdots,\frac{y_n}{y_0} \qquad (10.9)$$

2. 环比发展速度

环比发展速度是报告期水平与其前一期水平的比值，它说明所研究现象相邻两个时期(逐期)发展变化的程度。用公式表示则有

$$\text{环比发展速度}=\frac{\text{报告期水平}}{\text{前期水平}}$$

即：

$$\frac{y_1}{y_0},\frac{y_2}{y_1},\frac{y_3}{y_2},\cdots,\frac{y_n}{y_{n-1}} \qquad (10.10)$$

由式(10.9)和式(10.10)可知，定基发展速度与环比发展速度的关系是：

(1)定基发展速度等于相应时期内各环比发展速度的连乘积，即：

$$\frac{y_n}{y_0}=\frac{y_1}{y_0}\times\frac{y_2}{y_1}\times\frac{y_3}{y_2}\times,\cdots,\times\frac{y_n}{y_{n-1}}$$

(2)两个相邻时期定基发展速度之比等于相应时期的环比发展速度，即：

$$\frac{y_n}{y_0}\div\frac{y_{n-1}}{y_0}=\frac{y_n}{y_{n-1}}$$

实际工作中，经常利用上述关系式对发展速度指标进行推算或换算。

3. 年距发展速度

类似于年距发展水平指标，对于按月(季)编制的时间数列，可计算年距发展速度，用公式表示为：

$$年距发展速度=\frac{某年某月(季)发展水平}{前一年同月(季)发展水平}$$

它消除了季节变动的影响，表明本期水平相对于上年同期水平发展变化的方向与程度，是实际统计分析中经常应用的指标。

(二)增长速度

增长速度是报告期增长量与基期水平的比值，表明报告期水平比基期增长(或降低)了百分之几或若干倍。计算公式为：

$$增长速度=\frac{增长量}{基期水平}=\frac{报告期水平-基期水平}{基期水平}$$
$$=\frac{报告期水平}{基期水平}-1=发展速度-1$$

由于基期选择的不同，增长速度也有定基增长速度与环比增长速度之分。若增长量为累计增长量，则计算的是定基增长速度；若增长量为逐期增长量，则计算的是环比增长速度。

$$定基增长速度=\frac{累计增长}{最初水平}=\frac{报告期水平-最初水平}{最初水平}$$
$$=\frac{报告期水平}{最初水平}-1=定基发展速度-1$$

即
$$\frac{y_i-y_0}{y_0}=\frac{y_i}{y_0}-1 \quad (i=1,\cdots,n)$$

$$环比增长速度=\frac{逐期增长}{前期水平}=\frac{报告期水平-前期水平}{前期水平}$$
$$=\frac{报告期水平}{前期水平}-1=环比发展速度-1$$

即
$$\frac{y_i-y_{i-1}}{y_{i-1}}=\frac{y_i}{y_{i-1}}-1 \quad (i=1,\cdots,n)$$

此外，实际中还经常计算年距增长速度，计算公式为：

$$年距增长速度=\frac{年距增长量}{前一年同月(季)发展水平}=年距发展速度-1$$

该指标消除了季节变动，表明本期比上年同期增长(降低)了百分之几或若干倍。

发展速度与增长速度是对社会经济现象进行动态分析的基本指标，应用中要注意的问题是：定基增长速度与环比增长速度不能像定基发展速度与环比发展速度那样互相推算，因为定基增长速度不等于相应时期内各环比增长速度的连乘积；两个相邻时期定基增长速度的比率也不等于相应时期的环比增长速度。定基增长速度与环比增长速度之间的推算，必须通过定基发展速度和环比发展速度才能进行。

(三)增长1%的绝对值

速度指标的数值与基数的大小有密切关系。环比增长速度时间数列中，各期的基数不同。因此，运用这一指标反映现象增长的快慢时，往往要结合水平指标的分析才能得出正确结论。增长1%的绝对值是进行这一分析的指标。它反映同样的增长速度，在不同时间条件下所包含的绝对水平。计算公式为：

$$增长1\%的绝对值=\frac{逐期增长量}{环比增长百分比}=\frac{前期水平}{100}$$

用符号表示可以将上式化简：

$$增长1\%的绝对值=\frac{y_i-y_{i-1}}{\frac{y_i-y_{i-1}}{y_{i-1}}\times 100}=\frac{y_{i-1}}{100}$$

环比增长速度是相对数，一般用百分数表示，上式推导中分母指标乘以 100，就是将其还原为绝对数，这样才能与分子指标对比计算。

【例 10.8】 我国 2005—2010 年全社会固定资产投资额如表 10.9 所示，根据这些资料计算发展速度、增长速度及增长 1%的绝对值。

表 10.9　我国 2005—2010 年全社会固定资产投资额及速度指标

项目		2005 年	2006 年	2007 年	2008 年	2009 年	2010 年
发展水平/亿元		88 604	109 998	137 324	172 828	224 599	278 140
发展速度/%	定基	100	124.15	154.99	195.06	253.49	313.91
	环比	—	124.15	124.84	125.85	129.96	123.84
增长速度/%	定基	—	24.15	54.99	95.06	153.49	213.91
	环比	—	24.15	24.84	25.85	29.69	23.84
增长 1%的绝对值/亿元		—	886.04	1 099.98	1 373.24	1 728.28	2 245.99

资料来源：国家统计局网站。

二、平均发展速度和平均增长速度

平均发展速度和平均增长速度是两个非常重要的平均速度指标。前者反映现象在一定时期内逐期平均发展变化的程度；后者则反映现象在一定时期内逐期平均增长（降低）变化的程度。因此，这两个指标在国民经济管理和统计分析中有广泛应用，是编制和检查计划的重要依据，还可以用于一个国家或地区不同阶段发展状况的比较，以及同一时期不同国家或地区发展状况的比较。

就计算方法来说，讨论的重点是平均发展速度指标。因为平均增长速度既不能由各期的环比增长速度求得，也不能根据一定时期的总增长速度计算。平均增长速度是通过它与平均发展速度之间的数量关系：

$$平均增长速度=平均发展速度-1$$

由平均发展速度的计算结果求得的。

由于平均发展速度是一定时期内各期环比发展速度的序时平均数，各时期对比的基础不同，所以不能采用一般序时平均数的计算方法，目前计算平均发展速度的方法主要有几何平均法和高次方程法。

1. 几何平均法

几何平均法又称水平法。采用这一方法的原理是：一定时期内现象发展的总速度等于各期环比发展速度的连乘积；根据平均数的计算原理，就应当按连乘法，即几何平均数公式计算各指标数值的平均数。即：

$$\frac{y_n}{y_0}=\frac{y_1}{y_0}\times\frac{y_2}{y_1}\times\frac{y_3}{y_2}\times\cdots\times\frac{y_n}{y_{n-1}}$$

$$\frac{y_n}{y_0}=b_1\times b_2\times\cdots\times b_n$$

$$\bar{b}=\sqrt[n]{b_1\times b_2\times\cdots\times b_n} \tag{10.11}$$

$$\bar{b}=\sqrt[n]{\prod_{i=1}^{n} b_i} \tag{10.12}$$

$$b=\sqrt[n]{\frac{y_n}{y_0}} \tag{10.13}$$

式中 b_i——表示环比发展速度($i=1,2,\cdots,n$);

$\prod$——表示连乘号;

$\bar{b}$——表示平均发展速度。

上述式(10.11)、式(10.12)、式(10.13)都是平均发展速度几何平均法的计算公式,可以根据资料的掌握情况选择应用。若已知逐期环比发展速度可用式(10.11)计算;若掌握总速度可以用式(10.12)计算;若资料是最初水平和最末水平,宜用式(10.13)计算。

进一步,还可以将式(10.13)写成:

$$y_0\bar{b}=y_n$$

不难看出,平均发展速度的几何平均法隐含着一个假设:即从时间序数列的最初水平 y_0 出发,以数列的平均发展速度代替各期环比发展速度。计算出的期末理论值水平应与期末实际水平相一致。

【例 10.9】 根据表 10.9 的资料计算 2006—2010 年固定资产投资额的年平均发展速度和平均增长速度。

解 由式(10.11)、式(10.12)和式(10.13)得平均发展速度为:

$$\bar{b}=\sqrt[n]{b_1\times b_2\times\cdots\times b_n}=\sqrt[5]{124.15\%\times124.84\%\times125.85\%\times129.96\%\times123.84\%}$$

$$=\sqrt[5]{313.91\%}=125.71\%$$

$$\bar{b}=\sqrt[n]{\prod_{i=1}^{n} b_i}=\sqrt[5]{313.91\%}=125.71\%$$

$$b=\sqrt[n]{\frac{y_n}{y_0}}=\sqrt[5]{\frac{278\ 140}{88\ 604}}=125.71\%$$

$$平均增长速度=平均发展速度-1=25.71\%$$

2. 高次方程法

高次方程法又称累计法。采用这一方法的原理是:从时间数列的最初水平 y_0 出发,平均每期的发展速度 $\bar{b}$ 为多少,才能达到各期发展水平的累积总和,即按平均发展速度计算的各期水平之和等于实际各期水平之和。

根据这一方法的原理则要求:

$$y_0\bar{b}+y_0\bar{b}^2+\cdots+y_0\bar{b}^n=y_1+y_2+\cdots+y_n$$

$$y_0(\bar{b}+\bar{b}^2+\cdots+\bar{b}^n)=\sum_{i=1}^{n} y_i$$

$$\bar{b}+\bar{b}^2+\cdots+\bar{b}^n=\frac{\sum_{i=1}^{n} y_i}{y_0} \tag{10.14}$$

解这个高次方程,所得到的正根就是平均发展速度。但是,直接求解式(10.14)是比较复杂的。实际应用中可以查找事先编好的《平均增长速度查对表》，得到的就是平均增长速度。查表的主要步骤有：

（1）计算 $\dfrac{\sum_{i=1}^{n} y_i}{y_0}$ 的值。

（2）判断现象的发展类型。

当 $\dfrac{\sum_{i=1}^{n} y_i}{y_0} > n$，判断现象为递增型，在表中的递增部分查找，即为平均增长速度。

当 $\dfrac{\sum_{i=1}^{n} y_i}{y_0} < n$，判断现象为递减型，在表中的递减部分查找，即为平均递减速度。

其中，n 为环比发展速度的个数。

3. 计算与应用平均速度指标应注意的问题

（1）几何平均法与高次方程法是目前计算平均发展速度的基本方法。但两种方法的侧重点不同，前者是从最末水平出发进行研究；后者则是从各其水平累计总和出发进行研究。因此，它们的应用条件也不同，同一统计资料，两种方法计算的结果也不相同。所以在计算平均发展速度时要根据研究现象的性质、研究目的选择合适的方法。

（2）根据事物发展动态应用分段平均发展速度补充说明全时期的总平均速度。因为总平均速度仅能笼统地反映现象在较长时间内逐期平均发展的程度，而掩盖了这种现象在不同时期的波动状况。

（3）在应用几何平均法计算平均发展速度时，还要注意与环比发展速度结合进行分析。因为几何平均法计算的平均速度只考虑了最末水平与最初水平，中间各期水平无论怎样变化，对平均速度的高低都无影响。如果中间各期水平出现了特殊高低变化或者最初、最末水平受到特殊因素的影响，就会降低甚至失去平均速度的意义。

（4）注意平均速度指标与原时间数列的发展水平、增长量、平均水平等指标的结合应用，以便对研究现象做出比较确切和全面的认识。

第四节　时间数列的分解分析

一、时间数列的构成因素和分析模型

时间数列中每个指标数值的变化都是许多因素共同作用的结果，对这些影响因素进行分析有两种方法。一种是精确的分析方法，找出影响时间数列指标数值变化的具体因素，建立数学回归模型。但这只能在一定条件下应用，因为社会经济现象是错综复杂的，有时难以确定影响时间数列变化的具体因素，即使找到了这些主要因素也可能因为缺乏必要的统计资料而无法建立回归模型。统计分析中还有另一种简化、直接分析方法，在没有找出影响时间数列变化的具体因素时，把各种因素分别看作一种作用力，时间数列每个指标数值的变化，是这些作用力共同作用的结果，是一种合力。这些作用力，按作用的特点和影响效果将其归为四类。长期趋势、季节变动、循环变动、不规则变动。

1. 长期趋势

长期趋势是指现象在一段相当长的时期内所表现的沿着某一方向的持续发展变化。长期趋势可能呈现为不断增长的态势，也可能呈现为不断降低的趋势，或者还可能呈现为不变的水平趋势。长期趋势是受某种长期的起根本性作用的因素影响的结果。例如，中国改革开放以来经济持续增长，表现为国内生产总值逐年增长的态势，又如，一些疾病的发病率呈下降态势。

2. 季节变动

本来意义上的季节变动是指受自然因素的影响，在一年中随季节的更替而发生的有规律的变动。现在对季节变动的概念有了扩展，对一年内由于社会、政治、经济、自然因素的影响，形成的以一定时期为周期的有规律的重复变动，都可称为季节变动。因此，所谓季节变动不仅仅是指随一年中四季而变动，而是泛指一年内有规律的、按一定周期(年、季、月、周、日)重复出现的变化。季节变动的原因通常与自然条件有关，同时也可能是由于生产条件、节假日、风俗习惯等社会经济因素所致。季节变动在现实生活中经常会遇到。例如，商业活动中的“销售旺季”和“销售淡季”，农产品和以农产品为原料的某些工业生产的产量和销售量，旅游业的“旅游旺季”和“旅游淡季”，等等

3. 循环变动

循环变动是指以若干年为周期涨跌起伏的周期波动。时间数列有时呈现出沿着长期趋势的上下波动，时间间隔超过一年的环绕长期趋势的上下波动，可归结为循环变动。经济增长中繁荣—衰退—萧条—复苏—繁荣的循环又称商业周期，是最常见的循环变动。循环变动与长期趋势不同，它不是单一方向的持续变动，而是有涨有落的交替波动。循环变动与季节变动也不同，循环变动的周期长短很不一致，不像季节变动那样有明显的按月或按季的固定周期规律，循环变动的规律性不甚明显。从波动的成因来看，季节变动主要是由自然因素和制度性因素引起的；循环变动则是由经济系统内部的因素引起的，如投资的周期性波动导致的经济总量增长出现的周期性波动。

4. 不规则变动

不规则变动是时间数列分离了长期趋势、季节变动、循环变动以后的波动。不规则变动是由那些影响时间数列的短期的、不可预期的和不重复出现的众多偶然因素引起的，呈现为无规律的随机变动。如突发的自然灾害、意外事故、重大政治事件所引起的急剧变动，也包括大量无可名状的随机因素干扰造成的起伏波动。

时间数列变动的四类构成因素，按照它们影响方式的不同，可以设定为不同的组合模型，其中最常用的有乘法模型和加法模型。

以 Y 表示时间数列的指标数值；T 表示长期趋势；S 表示季节变动；C 表示循环变动；I 表示不规则变动。乘法模型和加法模型表现形式为：

$$加法模型:Y=T+S+C+I$$

加法模型是假定四个因素的影响是独立的，时间数列各期发展水平是各个构成因素的总和。

$$乘法模型:Y=T\times S\times C\times I$$

乘法模型是假定四种因素之间存在着交互作用，时间数列各个时期的发展水平是各个构成因素的乘积。

需要说明的是，时间数列组合模型中包含了四类成分，这是时间数列的完备模式，但是并非在每个时间数列中都同时存在这四类成分。一般说来，在时间数列中，长期趋势是经常存在

的，季节变动因素和循环变动因素则不一定存在。当季节变动成分或循环变动成分不存在时，在乘法模型中，S 或 C 取值为 1，在加法模型中，S 或 C 取值为 0。时间数列分析的任务之一，就是对数列中的这几种构成要素进行统计测定和分析，从中划分出各种要素的具体作用，揭示其变动的规律和特征，为认识和预测事物的发展提供依据。要分别研究各种构成因素的变动规律以及对时间数列的影响，就需要从时间数列中把各种构成因素分解出来。只有这样，才能识别某种构成因素是否存在，也才能分别描述各种构成因素的变动规律。

二、长期趋势的测定

长期趋势是指现象在一段相当长的时期内所表现的态势。长期趋势是就一个较长的时期而言的，一般地说，分析长期趋势所选的时期越长越好。对长期趋势的测定和分析，是时间数列分析的重要工作，其主要目的有三个：一是为了认识现象随时间发展变化的趋势和规律性；二是为了对现象未来的发展趋势做出预测；三是为了从时间数列中剔除长期趋势成分，以便于分解出其他类型的影响因素。时间数列长期趋势的测定方法有许多种，最常用的有时距扩大法、移动平均法和趋势模型法。

(一)时距扩大法测定长期趋势

这是测定长期趋势最原始最简便的方法。它将时间数列指标所属的时间单位予以扩大，然后对新的时间单位内的指标进行合并，便得到一个扩大了时距的时间数列，其作用是消除较小时距单位的偶然因素的影响，显示现象变动的趋势。

【例 10.10】 某地区 1999—2010 年某种产品产量见表 10.10。产品产量受各种因素的影响有波动，但若把时间单位扩大为 3 年，合并计算出时距为 3 年的产量，其持续增长的基本趋势就非常明显，如表 10.10 所示。

表 10.10　某地区 1999—2010 年某种产品产量及变动趋势　　(单位：万 t)

年份	产品产量	产量变动趋势	年份	产品产量	产量变动趋势
1999	40.7		2005	43.4	
2000	37.9	107.7	2006	43.5	131.1
2001	39.1		2007	44.2	
2002	40.2		2008	45.6	
2003	39.4	120.7	2009	44.4	135.6
2004	40.7		2010	45.6	

应用时距扩大法需要注意的问题：

(1)这一方法只适用于时期数列，因为只有时期数列的发展水平才具有可加性。

(2)扩大的时距多大为宜取决于现象自身的特点。对于呈现周期波动的数列，扩大的时距应与波动的周期相吻合；对于一般的时间数列，则要逐步扩大时距，以能够显示趋势变动的方向为宜，时距扩大太大，将造成信息的损失。

(3)扩大后的时距要一致，相应的发展水平才具有可比性。

(二)移动平均法测定长期趋势

移动平均法是测定时间数列趋势变动的基本方法。它在时间数列中按一定项数逐项移动计算平均数，达到对原始数列进行修匀的目的。修匀的原理与时距扩大法一样，即从较长时期看，短期数据由于偶然因素影响而形成的差异，在加总过程中会相互抵消，故移动平均数列能够显示原时间数列的基本趋势。移动平均法有多种形式，常用的有简单移动平均法和加权移动平均法。

用于测定时间数列长期趋势的移动平均法又称中心移动平均法，指的是计算出的移动平均数必须代表移动平均中项的趋势测定值。当移动平均的项数取奇数和偶数的不同形式时中心化的处理方式是不同的，所以移动平均法有奇数项(3 项、5 项、7 项等)和偶数项(4 项、6 项、8 项、12 项等)移动平均法之分。

【例 10.11】 根据表 10.11 中某公司 2007—2018 年产品销售额的资料，采用简单移动平均(3 项和 4 项)法求出反映趋势变动的新数列。

表 10.11 某公司 2007—2018 年产品销售额移动平均数列

年份	实际销售额/万元	移动平均数	
		$N=3$	$N=4$
2007	34.3	—	—
2008	41.3	42.60	—
2009	52.2	46.53	45.35
2010	46.1	48.97	47.325
2011	48.6	46.07	46.575
2012	43.5	45.37	45.65
2013	44.0	44.8	46.925
2014	46.9	49.63	49.775
2015	58.0	53.93	52.80
2016	56.9	56.57	55.55
2017	54.8	56.6	—
2018	58.1	—	—

以上采用的是简单移动平均法。可以看出，3 项移动平均在很大程度上消除了各种偶然因素对销售额的影响，但 4 项移动平均数更明显地揭示了销售额的增长趋势。

移动平均法具有如下特点：

(1)移动平均对原数列有修匀或平滑的作用，使得原数列的上下波动被削弱了，而且平均的时距项数 N 越大，对数列的修匀作用越强。

(2)移动平均时距项数 N 为奇数时，只需一次移动平均，其移动平均值作为移动平均项数的中间一期的趋势代表值；而当移动平均项数 N 为偶数时，移动平均值代表的是偶数项的中间位置的水平，无法对正某一时期，则需再进行一次相邻两项平均值的移动平均，这样才能使平均值对正某一时期，这称为移正平均，又称中心化的移动平均数。表 10.11 的 4 项移动平均如下：

$$\text{第一次移动平均数}=\frac{y_1+y_2+y_3+y_4}{4},\frac{y_2+y_3+y_4+y_5}{4},\cdots$$

$$\text{第二次移动平均数}=\frac{\dfrac{y_1+y_2+y_3+y_4}{4}+\dfrac{y_2+y_3+y_4+y_5}{4}}{2}$$

$$=\frac{\dfrac{y_1}{2}+y_2+y_3+y_4+\dfrac{y_5}{2}}{5-1}$$

由此可见。偶数项简单移动平均法测定趋势变动，必须在时间数列中一次取 $N+1$ 项（4 项简单移动平均取 5 项，6 项移动取 7 项，…），采用“首末折半法”计算移动平均数。

（3）当数列包含季节变动时，移动平均时距项数 N 应与季节变动长度一致（如 4 个季度或 12 个月），才能消除其季节变动；若数列包含周期变动时，平均时距项数 N 应和周期长度基本一致，才能较好地消除周期波动。

（4）移动平均以后，其数列的项数较原数列减少，当 N 为奇数时，新数列首尾各减少 $(N-1)/2$ 项；N 为偶数时，首尾各减少 $N/2$ 项。所以移动平均会使原数列失去部分信息，而且平均项数越大，失去的信息越多。因此，移动平均的项数不宜过大。

（5）简单移动平均法适用于线性趋势的测定，如果社会经济现象发展呈非线性趋势变动，就要考虑用加权平均法进行修匀。加权移动平均法是对各期指标数值进行加权后计算移动平均数。在中心化移动平均中，移动平均数代表移动平均中项时期的长期趋势值。因此，加权移动平均法中，一般计算奇数项加权移动平均数，各期权数以二项展开式为计算基础，使得中间项时期指标值的权数最大，两边对称，逐渐减小。奇数项加权移动平均的项数为 N，则取 $N-1$ 次二项展开式的系数作为权数。例如，对于三项加权移动平均，即 $N=3$，应以二项二次展开式 $(a+b)^2=(a^2+2ab+b^2)$ 前的系数进行加权，系数为（1，2，1）。对于其他奇数项加权移动平均可依此类推。

（三）趋势模型法测定长期趋势

趋势模型法测定长期趋势就是给时间数列配合一条恰当的趋势线，从而表现出现象发展的总趋势。趋势线配合法的原理是最小二乘法，即原有数列的实际值与趋势值的离差之和为 0，即 $\sum_{i=1}^{n}(y_i-\hat{y}_t)=0$，原有时间数列的实际值与趋势值的离差平方和为最小值，即 $\sum_{i=1}^{n}(y_i-\hat{y}_t)^2=$ 最小值。

1. 线性趋势模型法

时间数列的长期趋势可分为线性趋势和非线性趋势。当时间数列的长期趋势近似地呈现为直线，每期的增减数量大致相同时，则称时间数列具有线性趋势。线性趋势的特点是其逐期变化量或趋势线的斜率基本保持不变。设趋势方程为：

$$\hat{y}_t=\hat{a}+\hat{b}t$$

式中 $\hat{y}_t$——时间数列的长期趋势值；

t——时间数列中指标所属的时间；

$\hat{a}$、$\hat{b}$——直线回归方程的两个参数。

应用最小二乘法有：

$$\begin{cases}\sum y = n\hat{a}+\hat{b}\sum t \\ \sum ty = \hat{a}\sum t+\hat{b}\sum t^2\end{cases}$$

得

$$\begin{cases}\hat{b} = \dfrac{n\sum ty-\sum t\sum y}{n\sum t^2-\left(\sum t\right)^2} \\ \hat{a} = \bar{y}-\hat{b}\bar{t}\end{cases}$$

【例 10.12】 某企业 2008—2018 年实际销售额如表 10.12 所示，根据表中资料，拟合直线趋势方程，计算趋势值，并预测 2020 年的销售额。

表 10.12 某企业 2008—2018 年实际销售额及其趋势值

年份	t	销售额 y/万元	ty	t^2	趋势值 $\hat{y}_t$
2008	1	61.6	61.6	1	71.72
2009	2	77.6	155.2	4	78.66
2010	3	85.0	255.0	9	85.60
2011	4	116.0	464.0	16	92.54
2012	5	105.2	526.0	25	99.48
2013	6	99.8	598.8	36	106.42
2014	7	114.2	799.4	49	113.36
2015	8	115.6	924.8	64	120.30
2016	9	113.6	1 022.4	81	127.24
2017	10	122.0	1 220.0	100	134.18
2018	11	160.0	1 760.0	121	141.20
合计	66	1 170.6	7 787.2	506	1 170.6

解 通过散点图(图 10.1)，可以看出销售额呈不断上升的线性趋势，应拟合直线方程。

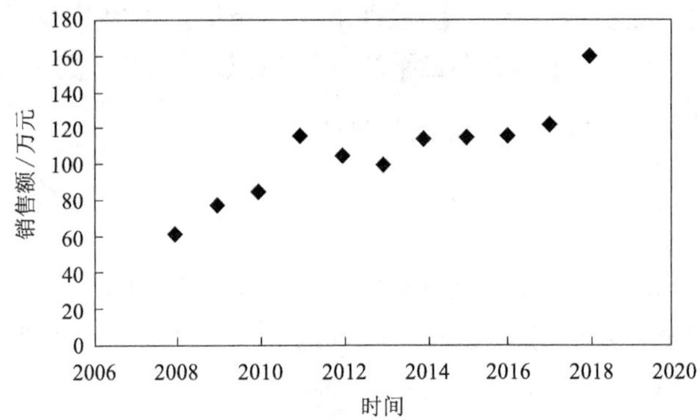

图 10.1 2008—2018 年某企业销售额分布散点图

$$\hat{y}_t=\hat{a}+\hat{b}t$$

由表中资料得：

$$\hat{b}=\frac{11\times 7\ 787.2-66\times 1\ 170.6}{11\times 506-66^2}=\frac{8\ 399.6}{1\ 210}=6.94$$

$$\hat{a}=\bar{y}-b\bar{t}=\frac{1\ 170.6}{11}-6.94\times\frac{66}{11}=64.78$$

代入趋势方程为：

$$\hat{y}_t=64.78+6.94t$$

将时间序号 t 代入方程 $\hat{y}_t=64.78+6.94t$，即求得时间数列的趋势值，见表 10.12。根据趋势方程可预测 2020 年的销售额为：

$$\hat{y}_t=64.78+6.94\times 13=155.00(\text{万元})$$

根据 t 的取值不同，可以采用简便方法计算：以时间数列的中间时期为原点，则$\sum t=0$，即有：

$$\begin{cases} \bar{b}=\dfrac{\sum ty}{\sum t^2} \\ \hat{a}=\bar{y} \end{cases}$$

但使用简便方法要注意，在预测时 t 的取值与例 10.12 中 t 的值有所不同。

2. 非线性趋势模型法

现象的长期趋势并不一定呈现为线性趋势，也就是说时间数列各时期的变化率或趋势线的斜率有明显变动但又有一定规律时，现象的长期趋势将不再是线性的，这时现象的长期趋势可能是非线性趋势。有规律的非线性趋势常呈现为某种形态的曲线变化，又称曲线趋势。非线性趋势变动的形式多种多样，这里只介绍较常用的抛物线和指数曲线。

(1)抛物线趋势模型法。当时间数列的散点图呈弯曲变化或二次增长量大致相同时，可配合抛物线方程。趋势方程为：

$$\hat{y}_t=\hat{a}+\hat{b}\,t+ct^2$$

根据最小二乘法原理，得方程组：

$$\begin{cases} \sum y=n\hat{a}+\hat{b}\sum t+\hat{c}\sum t^2 \\ \sum ty=\hat{a}\sum t+\hat{b}\sum t^2+\hat{c}\sum t^3 \\ \sum t^2y=\hat{a}\sum t^2+\hat{b}\sum t^3+\hat{c}\sum t^4 \end{cases}$$

当取时间数列中间值为原点是，则$\sum t=0$，方程组简化为：

$$\begin{cases} \sum y=na+c\sum t^2 \\ \sum ty=b\sum t^2 \\ \sum t^2y=a\sum t^2+c\sum t^4 \end{cases}$$

【例 10.13】 某企业某种产品的销售量见表 10.13，通过进一步列表计算可知，二次增长量大致相同，可配合抛物线方程。

表 10.13　某企业 2008—2018 产品销售量及趋势值

年份	序号 t	销售量 y	逐期增长量	二级增长量	t^2	t^4	ty	t^2y	趋势值 $\hat{y}_t$
2008	−5	1 000	—	—	25	625	−5 000	25 000	999.95
2009	−4	1 200	200	—	16	256	−4 800	19 200	1 199.33
2010	−3	1 440	240	40	9	81	−4 320	12 960	1 440.08
2011	−2	1 721	281	41	4	16	−3 442	6 884	1 720.41
2012	−1	2 040	319	38	1	1	−2 040	2 040	2 040.92
2013	0	2 402	362	43	0	0	0	0	2 401.61
2014	1	2 803	401	40	1	1	2 803	2 803	2 802.48
2015	2	3 243	440	39	4	16	6 486	12 972	3 243.53

续表

年份	序号 t	销售量 y	逐期增长量	二级增长量	t^2	t^4	ty	t^2y	趋势值 $\hat{y}_t$
2016	3	3 725	482	42	9	81	11 175	33 525	3 724.76
2017	4	4 246	521	39	16	256	16 984	67 936	4 246.76
2018	5	4 808	562	41	25	625	24 040	12 022	4 807.75
合计	0	28 628	—	—	110	1 958	41 886	303 520	28 628.00

解 由表 10.13 中资料得：

$$\begin{cases} 28\,628=11a+110c \\ 41\,886=110b \\ 303\,520=110a+1\,958c \end{cases}$$

解方程组得：

$$\begin{cases} a=2\,401.61 \\ b=380.78 \\ c=20.09 \end{cases}$$

则销售量的趋势方程为：

$$\hat{y}_t=2\,401.61+380.78t+20.09t^2$$

将时间序号 t 代入方程 $\hat{y}_t=2\,401.61+380.78t+20.09t^2$，即求得时间数列的趋势值，见表 10.13。

(2)指数曲线趋势模型法。当现象的长期趋势大体上按相同的增长速度变化时，即各个时期环比增长速度基本相同时，可拟合指数曲线方程。趋势方程为：

$$\hat{y}_t=ab^t$$

指数曲线方程可转换为线性方程，趋势方程 $\hat{y}_t=ab^t$，两边取对数得：

$$\lg \hat{y}_c=\lg a+t\lg b$$

令 $Y_t=\lg y_t$；$A=\lg a$，$B=\lg b$，则得：

$$\hat{Y}_t=A+Bt$$

对直线方程 $\hat{Y}_t=A+Bt$，用最小平方法求出参数 A、B，若以时间数列的中点为原点，$\sum t=0$ 则：

$$A=\frac{\sum Y_t}{n}=\frac{\sum \lg y_t}{n} \tag{10.15}$$

$$B=\frac{\sum tY_t}{\sum t^2}=\frac{\sum t\lg y_t}{\sum t^2} \tag{10.16}$$

然后再用反对数求出参数 a、b，代入指数曲线方程 $\hat{y}_t=ab^t$ 即得指数曲线模型。

【例 10.14】 某地区年末人口数见表 10.14 所示，从表中可以看出其环比增长速度大致相同，可利用指数曲线方程拟合其长期趋势。

表 10.14　某地区年末人口数指数曲线计算表

年份	人口数 y_t	序号 t	环比增长速度/%	$Y_t=\lg y_t$	t^2	$tY_t=t\lg y_t$	$\hat{y}_t$
2014	116	−2	—	2.064 5	4	−4.129	116.72
2015	118.9	−1	2.05	2.075 2	1	−2.075 2	119.23
2016	121.84	0	2.47	2.085 8	0	0	121.80
2017	124.8	1	2.43	2.096 2	1	2.962	124.42
2018	127.8	2	2.45	2.106 5	4	4.213	127.09
合计	606.34	0	—	10.428 2	10	0.105	606.34

解　由式(10.15)和式(10.16)得，

$$A=\frac{\sum Y_t}{n}=\frac{\sum \lg\ y_t}{n}=\frac{10.428\ 2}{5}=2.085\ 64$$

$$B=\frac{\sum tY_t}{\sum t^2}=\frac{\sum t\lg\ y_t}{\sum t^2}=\frac{0.105}{10}=0.010\ 5$$

$$a=121.797\ 9$$

$$b=1.024\ 4$$

代入指数曲线：$\hat{y}_t=121.797\ 9\times1.024\ 5^t$，将时间序号 t 代入方程 $\hat{y}_t=121.797\ 9\times1.024\ 5^t$，即求得时间数列的趋势值，见表 10.14。

长期趋势模型的拟合，需要判断现象发展的基本规律和态势，要求选择最适合的模型，事实上这是比较困难的。在对实际时间数列拟合其长期趋势方程时，必须进行定性分析，分析现象的一般规律从而对现象的长期趋势作出基本判断。

三、季节变动的测定

季节变动是指社会经济现象由于受季节更替、生产条件和自然因素的影响，而形成一年以内重复出现的有规律的周期变动。如服装销售量、农副产品产量、铁路客运量等都具有明显的季节性变动。总之，经济现象有规律的、短期的周期变动，均可称为季节变动。

季节变动常会给人们的社会经济生活带来某种影响。测定季节变动的意义主要在于通过分析与测定过去的季节变动规律，为当前的决策提供依据；此外，也是为了对未来现象的季节变动做出预测，以便提前做出合理的安排；同时，当需要不包含季节变动因素的数据时，能够消除季节变动对时间数列的影响，以便更好地分析其他因素。

测定季节变动的方法很多，从是否考虑长期趋势的影响看可分为两种：一是不考虑长期趋势的影响，根据原始时间数列直接测定季节变动；二是根据剔除长期趋势后的数据测定季节变动。当时间数列的长期趋势近似于水平趋势时，测定时间数列的季节变动可以不考虑长期趋势的影响，直接用按月(季)平均法。测定季节变动至少要有 3 至 5 年每年每月(季)的发展水平资料。

(一)按月(季)平均法

按月(季)平均法又称原始资料平均法。这是对原始时间数列数据不剔除长期趋势因素，直接计算季节比率的方法，其基本步骤为：

(1)计算历年(至少 3 年)同月(或同季)的平均数 $\overline{y}_i$，其目的消除各年同一季节数据上的不规则变动。

(2)计算月或季的总平均 $\overline{y}$,即时间数列所有发展水平总平均数,其目的是找出整个数列的水平趋势。

(3)计算季节比率 s_i,$s_i=\frac{\overline{y_i}}{\overline{y}}$,即同月或同季平均数/总平均数。

可见,季节比率实际上是各年的同期平均数相对于整个数列平均水平变动的程度,又称季节指数,可用相对比率或百分比表示。在乘法模型中,季节比率有一个特性,这就是其总和等于季节周期(12 或 4)。

【例 10.15】 某地区 2014—2018 年国内旅游收入如表 10.15 所示,用按月(季)平均法计算季节比率。

表 10.15 某地区 2014—2018 年国内旅游收入季节比率计算表 (单位:万元)

年份	第一季	第二季	第三季	第四季
2014	50.4	34.2	25.2	38.6
2015	48.8	36.8	28.2	37.8
2016	47.6	38.8	27.6	42.0
2017	52	38.2	31.4	43.2
2018	50.2	37.2	30.2	41.6
同季平均	49.8	37.04	28.52	40.64
季节比率/%	127.692 3	94.974 4	73.128 2	104.205 1

解 表 10.15 中季节比率的计算是以全部月或季资料的平均数为基础计算的,如果时间数列不受季节变动的影响,各季的季节比率应等于 100%,而各季的比率之和应为 400%,如果季节比率大于 100%,该季是旺季,如果指数小于 100%,则为淡季。因此,季节比率可以清楚地表明旅游收入的变动规律,通过季节比率可看出该地区旅游第一季、第四节为旺季,其他为淡季。

这种方法计算简便,但在计算中并没有考虑长期趋势影响。当时间数列存在明显的长期趋势时,该方法计算的季节指数不够准确。当时间数列的长期趋势或循环波动不明显时,应用该方法较好。

(二)趋势剔除法

如果数列包含有明显的上升(或下降)趋势,为了更准确地计算季节比率,就应当首先设法从数列中消除趋势因素,然后再用平均的方法消除不规则变动,从而较准确地分解出季节变动成分。数列的长期趋势可用移动平均法或趋势方程拟合法测定。时间数列的各影响因素是以乘法模型组合,其结构为:$Y=T\times S\times C\times I$,以移动平均法为例,确定季节变动的方法和步骤如下:

(1)对原数列计算平均项数等于季节周期(如 12 个月或 4 个季度)中心化移动平均数,以消除季节变动 S 和不规则变动 I 的影响,移动平均的结果只包含了趋势变动 T 和循环变动 C。

(2)为了剔除原数列中的趋势变动 T 和循环变动 C,将原数列各项数据除以移动平均数列对应时间的各项数据,即得到消除趋势变动 T 和循环变动 C 的数列为

$$\frac{T\times S\times C\times I}{T\times C}=S\times I$$

(3)这里的各影响因素是以乘法模型组合,上一步所计算的 $S\times I$ 是比率,将消除趋势变动和循环变动的 $S\times I$,各年同月(或同季)的比率数据平均,以消除不规则变动 I,再分别除以全部数据 $S\times I$ 的总平均数,即得季节比率(又称季节指数)S。

(4)对季节比率的调整。季节比率的总和$\sum S_i$应等于季节周期的长度(12 或 4),如果计算的季节比率总和接近于季节周期长度 12 或 4,则不必调整。但计算的季节比率总和有时不一定等于 12 或 4,这时需要进行调整。调整的方法是以$\frac{400\%}{\sum S_i}$或$\frac{1\ 200\%}{\sum S_i}$作为调整系数,将其误差分摊到各期的季节比率中去,经调整的季节比率为$S_i\ \frac{4}{\sum S_i}$或$S_i\ \frac{12}{\sum S_i}$。

【例 10.16】 某地区 2014—2018 年国内旅游收入如表 10.16 所示。用趋势剔除法计算季节比率。见表 10.16 和表 10.17。

表 10.16　某地区 2014—2018 年国内旅游收入季节比率计算表　(单位:万元)

年份	季度	旅游收入	四项移动平均值	$(y/y_t)/\%$
2014	1	50.4	—	—
	2	34.2	—	—
	3	25.2	36.9	68.29
	4	38.6	37.025	104.25
2015	1	48.8	37.725	129.36
	2	36.8	38.00	96.84
	3	28.2	37.75	74.70
	4	37.8	37.85	99.87
2016	1	47.6	38.025	125.18
	2	38.8	38.475	100.84
	3	27.6	39.55	69.79
	4	42.0	40.025	104.93
2017	1	52.0	40.425	128.63
	2	38.2	41.05	93.06
	3	31.4	40.975	76.63
	4	43.2	40.625	106.34
2018	1	50.2	40.35	124.41
	2	37.2	40.00	93.00
	3	30.2	—	—
	4	41.6	—	—

表 10.17　某地区 2014—2018 年国内旅游收入季节比率计算表

年份	第一季	第二季	第三季	第四季	合计
2014	—	—	68.29	104.25	172.54
2015	129.36	96.84	74.70	99.87	400.77
2016	125.18	100.84	69.79	104.93	400.74
2017	128.63	93.06	76.63	106.34	404.66
2018	124.41	93.00	—	—	217.41
合计	507.58	383.74	289.41	415.39	1 596.12
同季平均数	126.895	95.935	72.352 5	103.847 5	399.03
季节比率/%	127.20	96.17	75.53	104.10	400

四、循环变动的测定

如前所述，循环变动的规律性不如季节变动明显，成因也较为复杂。同一经济现象在各个时期的循环变动具有其自身的特点，各个周期长度往往很不相同。因而大部分循环变动的研究不仅依赖于统计分析，而且依赖于经济分析，最终可能还要归结于平均周期的研究。从统计分析的角度来说，循环变动的测定方法多种多样，不同的方法得出的结论可能有差异。究竟选择哪一种方法更为合理，就需要对各种测定方法的基本原理、前提条件、特点以及局限性有足够的了解。下面介绍两种常用方法。

（一）直接测定法

该方法直接计算现象的年距发展速度，得到循环变动和不规则变动的相对数：

$$\frac{y_t}{y_{t-4}}=C\times I$$

或

$$\frac{y_t}{y_{t-12}}=C\times I$$

上述两式分别适用于分季资料和分月资料。运用直接法，将每年各期数值与上一年的同期数值进行比较，可以大致消除趋势变动和季节变动的影响。该方法的最大优点是简单易行、直观明了，但较粗糙。其主要局限性是：在消除时间数列长期趋势的同时，相对放大了年度发展水平的影响，当某期发展水平偏低时，不仅该期的 $C\times I$ 值偏低，而且会引起下一年同期 $C\times I$ 值偏高；反之亦然。这使得循环波动值的振幅被拉大。因此，同一序列用直接法测定的循环变动，其波峰、波谷与其他方法测定的波峰、波谷相比较，往往有一定的水平位差。

（二）剩余法

剩余法是在时间数列中剔除长期趋势和季节变动，再对此结果消除不规则变动，从而得到反映循环变动的循环指数。

根据长期趋势和季节变动被剔除的先后顺序不同，剩余法有以下三种基本形式。

(1)先求季节指数，剔除季节变动

$$\frac{y}{S}=\frac{T\times S\times C\times I}{S}=T\times C\times I$$

再剔除趋势变动

$$\frac{T\times C\times I}{T}=C\times I$$

(2)先求趋势变动值，并从原始序列中剔除

$$\frac{y}{T}=\frac{T\times S\times C\times I}{T}=S\times C\times I$$

再剔除季节变动

$$\frac{S\times C\times I}{S}=C\times I$$

(3)分别从原始数列中求季节指数和趋势变动值，同时将它们剔除

$$\frac{y}{T\times S}=C\times I$$

剩余法的最大优点是能够识别时间数列的各个构成因素，而且，如果识别同一种构成因素

所用的方法相同，则上述三种形式下计算的循环指数相同。例如，求季节指数时都用同期平均法或者都用移动平均趋势剔除法；求线性趋势值时都采用线性趋势方程，等等。实际应用中可根据资料特点决定所要采用的形式，但以第一种形式较为多见。因为季节变动的周期性明显，用季节周期长度进行移动平均能够方便地消除季节变动；而从原始序列中直接求趋势变动值有时会有一定困难，原因是原始数列中循环变动、季节变动交织在一起，各期数据跌宕起伏，趋势变动的形态可能被掩盖。

小　　结

1. 将某一统计指标在各个不同时间上的数值按时间先后顺序编制排列形成的数列称为时间数列，时间数列又称动态数列。其是由两个基本要素构成的指标数值及其所属时间。时间数列的种类有三种：绝对数时间数列、相对数时间数列、平均数时间数列。绝对数时间数列又区分为时期数列和时点数列。在这三种时间数列中绝对数时间数列是最基本的时间数列，相对数、平均数时间数列是绝对数时间数列的派生数列。编制时间数列应遵循的基本原则是可比性的原则。

2. 时间数列的水平分析指标有：发展水平、平均发展水平、增长量和平均增长量等。时间数列中各期水平加以平均得到的平均数称为平均发展水平又称序时平均数，即发展水平的平均数为序时平均数，它与静态平均数是有区别的。不同性质的时间数列，其序时平均数的计算方法有很大区别。增长量是报告期发展水平与基期发展水平之差，由于基期选择的不同可分为逐期增长量与累计增长量，逐期增长量之和等于相应的累积增长量。平均增长量是指逐期增长量的序时平均数。

3. 时间数列的速度指标有发展速度、增长速度、平均发展速度、平均增长速度等。发展速度是报告期水平与基期水平之比，表明报告期水平是基期水平的百分之几或若干倍。按基期不同可分为环比发展速度与定基发展速度。环比发展速度的连乘积等于相应的定基发展速度；相邻两个定基发展速度之比即为相应的环比发展速度。发展速度减 1 后就是增长速度。按基期不同增长速度也分为环比增长速度与定基增长速度。平均发展速度是环比发展速度的平均数，常用的计算方法有水平法(几何平均法)和累计法(方程式法)两种，二者侧重点与适用条件不同。平均增长速度是环比增长速度的平均数，计算时必须注意，只能在平均发展速度的基础上减去 100%之后确定。

4. 时间数列的构成因素包括：长期趋势、季节变动、循环变动、不规则变动。四个因素对时间数列的影响提出两种假设模型，即加法模型 $Y=T+S+C+I$；乘法模型 $Y=T\times S\times C\times I$，最常用的是乘法模型。

5. 测定长期趋势有许多方法，时距扩大法、移动平均法与趋势模型法是最常用的方法。时距扩大法只适合于时期数列。移动平均法的重要因素是移动项数，项数可以是奇数项也可以是偶数项，偶数项需要两次平均，实践中应该根据具体情况选择移动项数。

采用趋势模型拟合现象发展趋势的基本方法是最小二乘法。一般应该根据时间数列变化特点选择适当的趋势模型。如果现象逐期增长量大致相同，可选择直线趋势方程；如果现象二级增长量大致相同，可选择二次曲线趋势方程；如果现象环比增长速度大致相同，可选择指数曲线趋势方程。

6. 测定季节变动的基本指标是季节比率或季节指数。若时间数列中没有明显增长或下降趋势，可采用按月(季)平均法计算季节比率，否则需要先计算趋势值(可采用移动平均或数学模型测算)，再从实际值剔除趋势变动，呈现其中的季节性规律。最后作进一步的统计平均，即可测得相应的季节比率。

7. 循环变动的测定也是基于时间数列乘法模型进行的，即在测得趋势变动和季节变动的基础上，从实际观察值中消除这两项变动，剥离出循环与不规则变动，再通过统计平均来确定相应循环系数。

思考与练习

1. 简述时间数列的概念、构成、种类及编制原则。
2. 简述时期数列与时点数列的区别。
3. 时间数列采用的水平分析指标与速度分析指标有哪些?
4. 简述逐期增长量与累计增长量之间的关系。
5. 简述定基发展速度与环比发展速度之间的关系。
6. 什么是平均发展速度? 简述水平法和方程法两种计算方法的区别。
7. 什么是长期趋势? 测定长期趋势的目的是什么? 测定的方法有哪些?
8. 最小二乘法配合趋势模型的数学条件是什么? 写出公式。
9. 什么是季节变动? 测定季节变动的目的是什么? 测定季节变动的方法有哪些?
10. 时间数列的构成因素有哪些? 循环变动与季节变动的区别是什么?
11. 我国 2005—2010 年普通高校招生人数资料如表 10.18 所示。

表　10.18

年份	2005	2006	2007	2008	2009	2010
招生人数/万人	505	546	566	608	640	662

计算：

(1)招生人数的逐期增长量和累计增长量及平均增长量；

(2)招生人数的环比发展速度和定基发展速度及各自的增长速度及增长百分之一的绝对值；

(3)2006—2010 年平均每年的招生人数；

(4)2006—2010 年招生人数的平均增长速度。

12. 某企业 2000 年某种产品产量 3 175 万台，2008 年是 5 799 万台，求平均每年递增速度。

13. 某种产品单位成本从 2008 年到 2018 年下降了 20%，求每年平均递减速度。

14. 某地区 2000 年国民生产总值 2.4 万亿元，预计到 2020 年将达到 10 万亿元，问这几年国民生产总值翻几番。

15. 某商店 2019 年 1～4 月份商品销售额及销售人员数资料如表 10.19 所示。

表　10.19

月份	1	2	3	4
销售额/万元	502	530	456	448
月初人员数/人	90	115	95	90

计算：

(1)该商店第一季度平均每月的销售额；

(2)该商店第一季度平均销售人员数；

(3)第一季度平均每个售货员的销售额；

(4)第一季度平均每月每个售货员的销售额。

16. 某大型超市2018年各季度商品销售额与季初库存额资料如表10.20所示。

表　10.20　　单位：万元

季度	1	2	3	4
商品销售额	120	220	350	380
季初商品库存额	50	70	90	100

计算：

(1)2018年各季度平均销售额；

(2)2018年各季度平均库存额(2018年末商品库存额为100万元)；

(3)2018年各季度平均商品流转次数。

17. 某种股票2018年各统计时点的收盘价如表10.21所示。

表　10.21　　单位：元

统计时点	1月1日	3月1日	7月1日	10月1日	12月31日
收盘价	15.2	14.2	17.6	16.3	15.8

计算：该种股票2018年的平均价格。

18. 如表10.22所示，运用时间数列分析指标间的相互关系并填空。

表　10.22

年份	产量/万吨	与上年比较			
		增长量/万吨	发展速度/%	增长速度(5)	增长1%的绝对值
2013	9 520				
2014		480			
2015			104.0%		
2016				5.8	
2017					115
2018		700			

19. 某企业销售额资料如表10.23所示。

表 10.23 （单位:万元）

年份	2009	2010	2011	2012	2013	2014	2015	2016	2017	2018
销售量	49.9	57.1	57.8	56.8	61.0	80.0	85.0	74.4	72.6	75.5

要求:用最小平方法拟合趋势直线方程并计算各年销售额的趋势值,预测 2019 年销售额。

20. 某地区 2010—2018 年某种产品产量资料如表 10.24 所示。

表 10.24 （单位:万吨）

年份	2010	2011	2012	2013	2014	2015	2016	2017	2018
产量	30	32	34	41	46	51	55	58	62

要求:根据资料配合指数曲线方程,计算 2010—2018 年产量的趋势值,并绘制指数曲线图。

21. 某企业 2015—2018 年各季度销售量资料如表 10.25 所示。

表 10.25 （单位:万吨）

年份	一季度	二季度	三季度	四季度
2015	13	5	8	18
2016	14	6	10	18
2017	16	8	12	23
2018	19	15	17	25

要求:

(1)用移动平均法(项数 4)对该时间数列进行修匀,测定该时间数列的趋势值。

(2)用按月(季)平均法计算季节比率,预计 2019 年该产品的销售量为 96 万吨,按季节比率,各季度的销售量大约为多少?

第十一章　国民经济核算体系

通过本章的学习，了解国民经济运行、国民经济核算以及核算体系的基本内容，熟悉我国新的国民经济核算体系及其基本结构和主要内容，正确理解国民经济统计中主要指标的内涵，并能计算和应用国民经济统计中的一些主要指标。

第一节　国民经济核算概述

国民经济核算又称国民经济统计，它是以国民经济为整体的核算，是制定国民经济计划的重要依据，是对国民经济进行宏观调控的重要手段。若干年来，在联合国组织领导下制定的国民经济核算体系——SNA 体系，广泛应用于世界各国。我国经过十几年的努力，根据 SNA 体系的要求并结合我国的实际情况，制定了我国新国民经济核算体系，并开始实施。

一、国民经济运行

（一）国民经济

国民经济是指一个国家或地区各经济部门、社会再生产各环节的经济活动所构成的有机整体。这种经济活动，从横向看，它是由在社会经济活动中承担着不同社会经济职能的各经济部门所构成，如农业、工业、建筑业、运输业、商业、文教、卫生、国家管理等部门，其本身的社会经济活动及其相互间的社会经济联系，就构成了国民经济活动。从纵向看，它是指社会再生产的生产、分配、流通、使用四个环节不断运行的总过程。各部门的社会经济活动始终处于社会再生产的各个环节之中，同时也为实现社会再生产而进行着各种各样经济活动，而社会再生产的各环节又必须通过各经济部门的社会经济活动来实现。

总之，国民经济是一个复杂的有机整体，国民经济各部门之间、社会再生产各环节之间及各生产要素之间形成了纵横交错、相互依存、相互制约的一个完整而又复杂的运行系统及运行机制。

（二）国民经济运行的含义

国民经济运行是指社会再生产各环节运动的循环过程。这种循环过程也是一种更新过程。从国民经济运行角度看，社会产品生产出来后即形成两种运动：一是实物运动，二是价值运动。实物运动形态是从生产领域开始的，通过各种流通渠道最终进入使用领域，在流通领域形成社会总供给。价值运动形态也是从生产领域开始的，通过分配领域进入使用领域，在分配领域通过分配和再分配形成社会各部门、各单位和居民个人的收入，用于购买商品和支付服务费用等消费或用于储蓄与投资等用于扩大再生产，从而形成社会总需求。社会总供给与社会总需求之间的联系，形成了整个国民经济在平衡与不平衡的统一中不间断地运行。

二、国民经济核算

（一）国民经济核算的含义

国民经济核算是以整个国民经济或社会再生产的全过程为对象的宏观经济核算，是最高层次的宏观经济核算。国民经济核算是借助于一系列的统计指标体系，综合应用统计、会计、现代数学方法和计算机技术等手段，对整个国民经济的发展条件、规模、水平、比例关系、速度和效益等宏观经济情况进行科学的测定与估算，从而完整地反映社会再生产的主要过程、主要方面及其相互联系，从整体上反映整个国民经济的运行状况及其规律。

国民经济核算体系，是指为进行国民经济核算而制定的一整套标准规范。它以一定经济理论为基础，明确规定一系列核算概念和核算原则，制定一套反映国民经济运行的指标体系分类标准和核算方法以及相应表现形式。它为国民经济核算提供一套逻辑一致、结构完整的核算框架；其次它也是全面、系统反映国民经济运行的数据体系，是遵循一定的国民经济核算体系的标准和规范对国民经济进行核算所取得的整套国民经济核算资料。通过具有内在联系的总量数据和分部门数据，系统地反映从生产、分配到交换、使用这一经济循环的全貌以及各部门在社会再生产中的地位和相互联系，为国家宏观管理提供科学依据。

国民经济核算体系是对国民经济运行过程的总量与结构数量特征进行全面系统反映的统计体系，它不仅提供了国民经济活动的统一分类及反映国民经济运行全过程及其内部结构与联系的一系列统计指标体系，而且提供一套较为完整、系统、一致的宏观经济运行的综合统计资料及规范、协调各种经济部门专业统计之间和微观经济基层各种核算形式之间的核算方法和制度，因此它是国家对国民经济进行现代化管理的重要工具。它既为宏观决策和制定国民经济发展计划提供了科学依据，也为宏观经济分析提供基础数据，并起到监测宏观运行的作用。

（二）国民经济核算的任务

1. 为国民经济进行宏观管理和决策提供依据

为了满足我国完善社会主义市场经济体系和进行宏观管理和决策的需要，就必须有一整套的国民经济核算制度和方法，准确、及时、全面地反映国民经济运行的全貌和全过程的速度、再生产各环节间的比例关系及其经济效益，以便为国家进行宏观管理和决策提供依据。

2. 组织协调整个国民经济的核算工作

经济核算是统计核算、会计核算和业务核算的总称。国民经济核算是最高层次的三大核算的统一，它不同于专业核算和基层核算，但它又必须来源于专业核算和基层核算，所以组织、协调好三大核算及专业核算和基层核算就构成了国民经济核算的重要任务之一。

（三）国民经济核算的内容

1. 国内生产总值及其使用核算

国内生产总值核算是整个国民经济核算的中心。国内生产总值及其使用核算，概括反映了我国整个国民经济在一定时期内所生产的社会产品和社会最终产品的总量、价值构成及其使用情况。

2. 投入产出核算

投入产出核算是在国内生产总值及其使用核算的基础上，向生产部门之间流量核算的扩展与延伸，它全面、系统地反映了国民经济各部门之间的投入产出关系，揭示了生产过程中各部门之间相互依存和相互制约的技术经济联系。

3. 资金流量核算

资金流量核算是指对社会资金流量的核算。它是以国内生产总值为起点，向分配和金融领域的扩展与延伸，反映各种收入通过多种分配渠道最后形成消费与投资的资金运动过程，以及金融机构对资金运动的调节作用。

4. 国际收支核算

国际收支核算是对国内生产总值核算中的货物与服务的进出口部分的扩展与延伸，全面地反映我国与国外经济往来关系，从而反映出国内与国外的经济联系。

5. 资产负债核算

资产负债核算全面反映核算期间流量变化所导致的某一时点上资产和负债存量的状况，使流量与存量二者紧密地联系起来。

上述五大核算是国民经济核算的主要内容。五大核算紧密、有机地结合起来，形成了国民经济核算体系。它是宏观经济信息系统，是整个经济信息系统的核心，为各部门提供全面、系统的国民经济运行的统计资料。

(四)国民经济核算体系的层次

国民经济核算体系的首要目的是满足宏观经济分析所提出的各种统计资料的要求。因此，为适应宏观经济分析的需要，将国民经济核算体系设计为三个层次：最高层从国民经济整体出发，描述宏观经济循环过程上的总量特征；中间层从部门出发，对生产、分配、消费、积累和国外往来全部经济活动过程的系统描述。它既揭示宏观经济运行过程中的结构特征，又反映具体经济主体的经济活动特征；最低层是专门的统计描述，主要的是对前两层描述中不足与进行专门经济问题分析资料的补充，如产业结构、货币供求、经济效益统计等。国民经济核算体系描述的三个层次是有机联系的，而并非内容的重复或平行设置。因此，三层次又成为国民经济核算过程的三个重要环节。

第二节　我国新国民经济核算体系

国民经济核算体系是指为进行国民经济核算，而制定的一系列由核算的概念、分类标准、核算目的、核算原则、指标体系、核算内容、核算方法、核算结果所构成的整体。

一、目前世界存在的两大核算体系

由于各国经济运行机制和经济管理体制不同，形成了不同的国民经济核算体系。目前，由联合国公布和推荐的国民经济核算标准有两种：一是世界大多数资本主义发达国家和发展中国家采用的国民账户体系(SNA)，另一是苏联和东欧等国家曾实行过的物质产品平衡表体系(MPS)，又称国民经济平衡表体系。两者都是适应国家宏观经济管理需要而建立发展起来的国民经济核算体系，共同点在于：都是为了反映各自国家国民经济运行和发展的全貌，并对运行状况及其内部结构作出判断、分析和评价。但两者又是不同经济体制和经济运行机制下的产物，因此在核算范围、核算内容和核算方法上各不相同。

MPS是与过去苏联和东欧等国家高度集中的计划经济体系相适应的核算体系，它是以物质产品的生产、分配、交换和使用为主线，侧重反映物质产品再生产过程的主要方面。核算范围主要包括农业、工业、建筑、货物运输及邮电业、商业等物质生产部门；汇集分类指标和指标体系的模式基本上采用一系列国民经济平衡表。这套反映社会再生产过程和条件的国民经济平衡表体系对于计划经济国家开展国民经济综合平衡工作、进行宏观经济调控发挥了应有作用。

SNA是适用于市场经济条件下的国民经济核算体系。它以全面生产的概念为基础，把整个国民经济各行业纳入核算范围。将社会产品分为货物和服务两种表现形式，完整反映全社会生产活动成果及其分配和使用的过程。建立了一系列宏观经济循环账户和核算表式，组成结构严谨、逻辑严密的体系，保证了对国民经济总量核算的完整性和再生产各核算环节的协调一致。

由于两种核算体系适应于不同的经济体制和经济运行机制，因而在诸多方面存在很大差异：

(1)两种核算体系所依据的理论不同。MPS体系以限制性生产理论为依据，将国民经济活动划分为物质生产部门和非物质生产部门，并只承认只有物质生产部门产品的生产活动才是生产活动。依据这一理论，在整个国民经济活动中，只有农业、工业、建筑业以及为生产服务的交通运输业和商业才属于物质生产部门，对国民经济的统计，只限于前三个行业和后两个行业的一部分。

SNA体系以全面生产理论为依据，认为物质产品生产和非物质产品生产均属于生产，社会产品既包括具有实物形态的物质产品，也包括不具有实物形态的非物质产品，如服务。认为在整个国民经济中凡是能创造收入的活动均属于生产活动，即SNA体系所统计的范围是整个国民经济领域。

(2)对国民经济的分类不同。MPS体系是按物质产品生产和非物质产品生产、社会再生产过程的各环节以及经济类型对国民经济进行分类。SNA体系主要是按国民经济活动主体，即国民经济行业和国民经济机构部门对国民经济进行分类，并注重对国民经济运行中的实物运动与价值运动两种形态进行分类研究。

(3)对国民经济统计核心指标的设置不同。MPS体系统计核心指标是国民收入，从价值运动形态看，指全社会物质生产部门的劳动者在一定时期内，新创造的价值总量；从使用价值看，是新创造的物质产品的总和。SNA体系统计核心指标是国内生产总值，从最终产品角度看，是各生产部门在一定时期内生产的可供社会最终使用的产品总量；从价值运动形态看，是产品价值中的新创造价值加上固定资产折旧；从使用价值看，是各种消费品、服务及可以用于投资的产品总和。

(4)统计方法不同。MPS体系采用平衡表统计法。SNA体系采用会计账户统计法。

可见，MPS体系的缺陷主要表现在以下几方面：①不能全面反映整个国民经济的运行状况；②不利于国家实行对整个国民经济的宏观调控；③不能全面反映国民经济循环的全貌及再生产各环节之间的衔接情况；④不能适应我国扩大对外开放的需要。总之，改革我国原有的国民经济核算制度，建立、健全我国新的国民经济核算体系并与国际接轨，是发展我国社会主义市场经济、深化改革、扩大对外开放、加强宏观管理、实行科学决策的客观需要。

二、新国民经济核算体系的指导思想和特征

1. 新国民经济核算体系的指导思想

我国新国民经济核算体系的指导思想是:从发展我国社会主义市场经济的实际出发,以马克思主义理论为指导,在总结我国实践经验的基础上,吸取国际上科学的核算方法和有益经验,建立一套适合中国国情的新国民经济核算体系。

2. 新国民经济核算体系的特征

(1)核算范围为全面生产理论所划定的生产范围。这里所指的生产范围是将旧体制的五大物质生产部门扩大到包括物质生产部门和非物质生产部门,即国民经济各行各业。生产成果由原来的物质产品扩大到包括物质产品和服务在内的各种形态的产品。

(2)核算内容包括了国民经济全部运动过程。核算内容既包括了社会再生产条件和再生产过程,同时也包括了社会再生产结果。核算体系把经济循环中的实物运动与价值运动、经济流量与存量、国内交易与国外交易相结合,扩大了整个核算体系的功能。

(3)强化了国民经济综合价值量的核算。新核算体系强调了从生产、流通、分配到使用等各环节的价值量核算,尤其是全社会资金运动的核算得到了进一步的加强,这对于从价值运动角度研究国民经济运行的全过程及其各经济活动主体之间、各要素之间及社会再生产各环节之间的内在联系十分有益。

(4)将多种核算方法结合应用。将账户、矩阵和平衡表等核算方法结合应用,既可以提高整个国民经济核算水平,又能提供一系列宏观经济总量与结构等数据。

(5)具有较强的国际对比和国内历史对比的功能。新体系在指标体系和账户的确定、分类和标准的设置上,基本上采用联合国 SNA 体系中国际通用的核算原则与核算方法,但同时也保留了原 MPS 体系中的核算口径与内容。在有关核算表中采用积木式、板块化结构,通过拼装组合可以完成不同核算的数据交换,既可以方便地与国际对比,也可以方便地与我国历史资料对比。

三、新国民经济核算体系的基本结构和主要内容

我国新国民经济核算体系是把整个国民经济作为一个有机联系的整体,对整个国民经济的运行进行完整描述,它由社会再生产核算表和经济循环账户两部分组成。

1. 社会再生产核算表

社会再生产核算表采用平衡表和矩阵式平衡表,反映社会再生产全过程及各环节、各部门的经济活动,由五张基本表和八张补充表组成。

基本表是对国民经济总体运行情况进行全面、综合、系统的价值量核算的表式。

(1)国内生产总值及其使用表。国内生产总值及其使用表以国内生产总值为核心指标,并设置与此相关的最终使用指标,科学地反映国民经济发展的规模及其消费和投资状况,为研究和制定国民经济发展目标及与之相配套的方针和政策提供依据。该表还分为物质生产部门和非物质生产部门,分别反映这两个部门的生产,反映物质产品和服务的使用。

(2)投入产出表。投入产出表全面、系统地反映国民经济各部门之间的投入产出关系,揭示了生产过程中各部门之间相互依存和相互制约的经济技术联系,为研究产业结构、生产和使用的平衡状况,尤其是为制定和检查国民经济计划、研究价格政策及其执行情况、进行各种定量分析提供依据。

(3)资金流量表。资金流量表是关于社会资金的核算,分为收入与分配及金融交易两部分,侧重反映包括国家、集体和个人在内的全社会各种资金在各部门之间的分配流向和流量以及各部门投资资金的筹集情况,反映金融部门对资金的调节作用,为制定分配政策、财政政策和金融政策,加强宏观调控提供依据。

(4)国际收支平衡表。国际收支平衡表反映国家对外经济往来,包括进出口贸易、收入转移和资本往来以及储备资产的增减变动情况。它是研究我国经济实力的有力工具,也是研究和制定对外经济政策的依据。

(5)资产负债表。资产负债表对全社会固定资产、流动资产以及金融资产的存量规模及其在各部门的分布状况进行全面核算,为搞清国民财产的“家底”、调整产业结构、研究和制定投资政策提供依据。

上述五张基本表相互衔接、融为一体,既可以从总体上对社会再生产的全过程进行系统全面的描述,又可各自独立,分别反映各自领域的状况。其中,前四张表是流量核算,侧重反映国民经济各部门在一定时期内生产及使用物质产品和服务的状况,以及各种资金在各部门(包括国外)之间的流向和流量;第五张表则反映某一时点上的实物资产和金融资产(负债)的存量状况。这五张表以国内生产总值及其使用表为核心,它对社会生产、分配、消费、投资、进出口等基本总量指标都进行核算,同时又对其他表中的有关总量指标起着制约作用。

补充表共有八张,其内容分为两种类型:一是社会再生产基本条件的核算,包括人口、劳动力、自然资源等平衡表;二是对基本表的扩展和补充,包括主要商品资源与使用平衡表、企业部门产出表(V 表)、企业部门投入表(U 表)、财政信贷资金平衡表、综合价格指数表等。

2. 经济循环账户

经济循环账户采用 T 型账户和复式记账法,把基本核算表中的各种流量和存量的基本数据连接起来,形成一个逻辑严密、结构严谨的核算账户体系,系统地描述国民经济循环过程中各环节、各部门间的内在联系。经济循环账户由国民经济账户、机构部门账户、产业部门账户和经济循环矩阵四部分组成。

(1)国民经济账户。国民经济账户是经济循环账户中最高层次的账户。它是以国民经济为对象,系统地描述生产、收入和支出、投资、消费和对外经济往来等基本经济总量及其相互联系,包括国内生产总值账户、国民可支配收入及支出账户、投资账户、对外交易账户、资产负债账户。它是机构部门账户的汇总。

(2)机构部门账户。机构部门账户将国民经济分为企业、金融机构、行政事业、居民和国外五个部门分别核算,并按社会再生产过程系统描述这五个部门各自经济活动的全过程。

(3)产业部门账户。产业部门账户是按国民经济行业设置的,只反映生产和收入的初次形成过程。

(4)经济循环矩阵。经济循环矩阵是将各个账户的基本内容用矩阵连接起来,是账户关系的另一种表现形式。

基本表与经济循环账户之间既相互联系,又各具特点,它们都是对国民经济运行状态的描述,但侧重点不同。基本表中的每一张表都是对国民经济某一个方面的完整描述,并可根据需要和可能进行比较精细的核算,提供比经济循环账户更为丰富和精细的内容,以满足经济管理中的某些特殊需要。但是由于各基本表的部门划分因观察角度的不同而不尽一致,使各表相关指标之间不完全具有严格的对等关系。

经济循环账户侧重对经济循环过程的核算，其中各个账户是严格地按生产、分配、消费、积累过程构造的，每个账户通过平衡项相互衔接，既完整地反映了经济循环过程中每个环节的基本内容，又清楚地反映了经济循环过程中每个环节间的相互联系。它强调了各环节以及各个总量之间的联系，其内部关系如口径、部门分类及计算方法是完全协调一致的，从而弥补了基本表的不足。基本表反映的各方面情况比较详细，循环账户则更为系统地反映各种总量之间的关系，二者互为补充。

3. 国民经济核算中的基本概念

(1)生产范围。国民经济核算是以一国的国民收入统计核算为中心的核算体系。通过建立一致的概念体系和指标体系将所有经济主体的全部交易按照经济循环过程(即生产、分配、消费和积累的社会再生产过程)进行系统综合，以说明宏观经济活动的全过程。因此，国民经济生产、分配、消费和积累环节不仅相互独立，而且紧密联系、相互制约。由于整体平衡的制约，几方面的统计口径、范围具有统一性，根据国民经济核算的平衡原则，生产范围界限划在哪里，初次分配和再分配就在哪里分界，中间消耗与最终使用也在哪里分界。因此，合理确定生产范围，就成为整个体系核算范围的划定和保证经济循环各环节核算的口径的一致性的关键。国民经济核算体系生产范围的内容是：供市场交换生产的产品和服务，而不管采取货币支付的交换，还是易物交易；能够在市场提供交易产品的生产，其中包含生产者留为自用部分；政府用于社会公共消费的服务，或免费或以名义价格提供其他单位的服务。

我国新国民经济核算体系所定义的生产是指各种货物和服务的生产。货物和服务都是通过人类劳动并能进行交换或使用的产品，但二者有不同的形态和特点。货物具有实物形态，它的生产和使用过程二者分离，能形成库存并可进行多次交换；服务则是直接用于满足使用者某种需要的无形产品，其生产和使用过程同时进行，生产结束也就是使用的完成，故不能形成库存也不能进行多次交换。

(2)常住单位。国民经济的核算体系是对所有交易主体的交易活动的核算，常住单位的概念严格规定了一国国民经济核算的交易主体的范围。而划分常住与非常住，SNA采用的是领土原则。常住单位是指在一国经济领土上具有经济利益的中心经济单位。一国经济领土是指该由政府控制或拥有的地理领土，即由该国的地理领土再加上该国驻外使领馆、科研站、新闻办事处、援外机构等，并相应扣除外国驻该国的上述机构。因此，一个经济单位在一国经济领土上拥有一定的活动场所(住宅、厂房或其他建筑物等)，从事一定的经济活动，并超过一定时期(一年以上)，就称其为常住单位。

(3)流量和存量。流量是指按一定时期测算的量，它具有时间量纲。例如，收入是某一时期的货币流量，产值为某一时期的产品流量。在现实经济活动中，需要核算各种各样的流量。

存量是指某一时点上测算的量，它没有时间量纲。例如，一定时点上的资产或负债，一定时点上的商品库存量，一定时点上的存款余额，等等。在现实经济活动中，也需要计算各种各样的存量。

流量和存量之间的关系十分密切，一般说来，存量来自流量，而流量在一定程度上取决于存量的大小。期初存量加上本期流量等于期末存量。

(4)交易和无偿转让。交易是指两个实体之间能用货币度量的经济活动。我国的国民经济核算要求将所有经济活动都按交易来处理，即使不是纯粹意义上的交易也都视同为交易，并按交易的形式予以核算。

无偿转让是一种单方面转移，即没有得到相应的价值补偿的一种经济活动。无偿转让在性质上既是非契约性的又是非交换性的、所转让的资金和货物既不是为交换自愿购买的一定数量的货物或服务，也不是为支付一笔货款或合同的债务。

(5)虚拟计算。虚拟计算是国民经济核算中一个特定的概念，它是指对一些实际存在着的、但未发生货币交易的经济流量进行的价值估算。如易货贸易、自产自用的农副产品、自制设备、自有住房服务等，均需对其虚拟一个货币价值，以便将货币交易和非货币交易进行统一核算。

(6)权责发生制。权责发生制是指凡是本期实际发生的权益和债务的变化，都作为本期的实际交易加以核算，而不论款项是否在本期收付。国民经济核算原则上遵循权责发生制，其目的在于准确、真实地反映本期经济活动的投入产出及资产负债的变化。

(7)复式记账法和四式记账。国民经济核算形式是采用账户与矩阵相结合的表达形式，在核算时账户形式采用复式记账法，即根据每一经济事项(每笔交易)的内容，以相等的金额分别在两个(或两个以上)对应账户的借方(左方)和贷方(右方)进行登录，通过账户和复式记账法所反映的对应关系，能将表明国民经济运行各总量及其组成成分联系成一个完整严密的体系。

如果把国民经济核算作为一个整体来考虑的话，可以看到国民核算账户对大多数交易通常由涉及的两个交易者记录两次，其遵循的是四式记账原则。复式记账和四式记账原则将反映国民经济运行的基本指标有机联系起来，从而使经济循环账户能够系统、严密地反映国民经济运行中各个部门和各个环节之间的内在联系和规律性。

(8)价格标准。在 SNA 核算体系中，主要有两种不同的估价标准。一是按要素成本价值，其包括雇员报酬、营业盈余和固定资本消耗的价值，不包括间接税净额；二是市场价格，包括生产者价格和购买者价格，生产者价格等于商品的基本价值加商品税净额，是商品第一次进入商品市场的价格。购买者价格又称消费者价格，它包括生产者价格加商业费用和运输费用。

在国民经济核算体系的各个核算环节，使用的价格标准不同。如在生产核算时，产出通常按生产者价格进行估价；中间消耗按购买者价格进行估价；在收支和积累核算中总消费和总投资核算一般采用购买者价格进行估价。

4. 国民经济活动分类

(1)国民经济活动分类的意义。国民经济活动分类是指按一定的标志，对整个国民经济活动进行不同层次的划分与归类。

只有对国民经济从不同角度分类，才能深入研究各类经济活动的特点、规律及各种经济活动间的平衡比例关系，研究国民经济的内部结构及其状态，才能通过宏观调控使整个国民经济保持结构合理、比例协调、高速、持续地发展。

(2)我国国民经济常用的几种分类。

①国民经济行业分类。国民经济行业分类，是按企业、事业单位从事的生产或其他社会经济活动的性质进行分类，即按产业部门划分的交易主体进行分类。这种分类是从生产角度对交易者进行的分类，其目的在于更好地进行生产分析。产业部门是指具有某一同质性的所有具有生产经营权的基层单位的集合体。

按照国家标准《国民经济行业分类与代码》(GB/T 4754—2017)的规定，共分门类、大类、中类和小类四级，划分 16 个门类、92 个大类、368 个中类、848 个小类。

我国国民经济行业的 16 个门类如下：

A. 农、林、牧、渔业。

B. 采掘业。

C. 制造业。

D. 电力、煤气及水的生产和供应业。

E. 建筑业。

F. 地质勘查业、水利管理业。

G. 交通运输、仓储及邮电通信业。

H. 批发和零售贸易、餐饮业。

I. 金融、保险业。

J. 房地产业。

K. 社会服务业。

L. 卫生、体育和社会福利业。

M. 教育、文化艺术及广播电影电视业。

N. 科学研究和综合技术服务业。

O. 国家机关、政党机关和社会团体。

P. 其他行业。

②国民经济三次产业分类。三次产业分类是在按行业分类的基础上，按产业的发展时序进行分类，是目前国际上使用最广泛的一种分类。我国三次产业划分为：

第一产业：农业(包括种植业、林业、牧业、渔业等)。

第二产业：工业(包括采掘业、制造业、自来水、电力、蒸汽、热水、煤气等)和建筑业。

第三产业：除上述第一和第二产业以外的所有行业。由于范围广、行业多，为了便于管理，又划分为两个部门四个层次。其分别为：

第一层次：流通部门，包括交通运输业、邮电通信业、商业饮食业、物资供销和仓储业。

第二层次：为生活服务的部门，包括金融业、保险业、地质勘查业、房地产业、公用事业、居民服务业、旅游业、咨询信息服务业和各类技术服务业。

第三层次：为提高科学文化水平和居民的素质而服务的部门，包括教育、文化艺术及广播电影电视业、科学研究事业、卫生、体育和社会福利事业等。

第四层次：为社会公共需要服务的部门，包括国家机关、政党机关、社会团体以及军队警察等。

③国民经济机构(或制度)部门分类。国民经济机构(或制度)部门分类是从收入与支出的角度对交易主体进行的分类。这种分类的目的在于进行收入分配及资金流量和存量分析。

机构部门是指具有同质的机构单位的集合。而机构单位主要是指那些有权拥有和处理资产、承担负债，能从事经济活动并与其他经济实体进行交易的单位。目前，我国将独立核算单位视为机构单位。

机构部门分类是我国新国民经济核算体系中重要的分类，具体分为：企业部门、金融机构、政府及事业部门、居民部门和国外部门。

企业部门(非金融企业)主要由从事非金融活动的所有常住独立核算的企业组成，包括国有、集体、各种形式的合资、合作经营及外商独资的常住工商企业、建筑企业、运输邮电及其他从事非金融活动的服务企业。但个体企业由于其资产负债、财务收支等方面很难独立于居民户的消费活动，所以通常将其划入居民部门。

金融机构(金融企业)主要由从事金融活动的所有常住独立核算的企业组成,包括中央银行、专业银行、信用社、保险公司、信托投资机构等。

政府及事业部门主要由政府及各种行政事业单位组成,其中包括军事单位和行政事业单位所属的非独立核算的企业。

居民部门由所有常住居民组成,其中包括为住户拥有的个体经营单位。

国外部门是指与我国常住单位发生经济往来的所有非常住单位的总体。

④国民经济活动其他分类。按经济类型分类。按国家统计局、国家工商行政管理局 1992 年 10 月联合发布的《关于经济类型划分的暂行规定》将经济类型划分为:国有经济;集体经济;私营经济;个体经济;联营经济;股份制经济;外商投资经济;港、澳、台投资经济;其他经济。

按生产领域不同分类。物质生产领域:包括农业、工业、建筑业、运输邮电业(不含客运业)、商业(含饮食业和物资供销业);非物质生产领域:包括运输客运业;房地产管理和公用事业;居民服务和咨询服务业;卫生、体育和社会福利事业;教育、文化艺术和广播电影电视业;科学研究和综合技术服务业;金融、保险业;政府机关和社会团体等。

按生产要素密集程度分类。劳动密集型行业;资金密集型行业;技术密集型行业。

第三节　国民经济核算主要统计指标

反映我国国民经济运行的指标体系框架由人口与就业,宏观经济,产业,教育、科技、文化,家庭、生活与环境保护等五大类指标组成,其中反映宏观经济的指标由国民经济核算、固定资产投资、财政、外债、利用外资、物价总指数、能源生产与消费等 7 组指标构成;产业涉及农业、工业、建筑业、交通运输业、邮电通信业、国内商业、对外贸易、实际利用外资额、货物进出口、国际旅游及金融业。这些指标全面地反映了我国国民经济和社会发展的规模、速度、结构、比例和效益。下面仅就几个主要指标的内涵及其计算进行简单介绍。

一、国内生产总值

(一)国内生产总值的含义

国内生产总值(gross domestic product,GDP)是按国土原则计算的一个国家(或地区)所有常住单位在一定时期生产和提供最终使用的产品和劳务的货币表现。它不包括中间消耗的产品和劳务的价值。这些最终产品和劳务,不论是本国居民投资、本国居民生产的,还是外国居民投资、外国居民生产的,只要是在这个国家的领土范围之内,就全部计入这个国家(或地区)的国内生产总值。因此,在理解这个指标时,应着重注意以下几点:①国内生产总值的统计范围是根据一国的常住单位界定的。所谓常住单位,是指在一国领土上长期(通常为 1 年以上)从事社会经济活动的经济实体,它包括外国在本国投资的企业、单位,而不包括本国在外国投资的企业、单位。一个省的国民经济核算还把省辖区以外单位看作非常住单位。②国内生产总值是社会最终产品的价值,而不是社会总产品的价值。所谓最终产品价值,是指本期内不再加工、可供社会最终使用的产品价值,是社会总产品价值扣除中间投入后的余额。③国内生产总值所反映的社会最终产品价值,涵盖国民经济各行各业,既包括各种实物产品的价值,也包括各种服务的价值。按国际通行的划分,第一、二产业生产的产品称为货物,整个第三产业的产品称为服务(或劳务)。

国内生产总值因其涵盖国民经济各个行业，在价值构成上避免了中间产品的重复计算，因而能全面地、确切地反映全社会经济活动的最终成果，并具有国际可比性，所以成为衡量国民经济发展规模、速度，分析经济结构、宏观效益的核心指标。

（二）按现价计算名义 GDP

名义 GDP 即名义国内生产总值，是指按产品和劳务的当年销售价格计算的国内生产总值，它既包括产量的变动，又包括物价水平的变动。

名义 GDP 有三种表现形态，即价值形态、收入形态和产品形态。从价值形态看，它是所有常住单位在一定时期内生产的全部货物和服务价值超过同期中间投入的全部非固定资产货物和服务价值的差额，即所有常住单位的增加值之和；从收入形态看，它是所有常住单位在一定时期内创造并分配给常住单位和非常住单位的初次收入分配之和；从产品形态看，它是所有常住单位在一定时期内最终使用的货物和服务价值与货物和服务净出口价值之和。因此，国内生产总值有三种计算方法，即生产法、收入法和支出法，三种方法分别从不同的角度反映国民经济生产活动成果。

1. 生产法

生产法是从生产过程中创造的货物和服务价值入手，剔除生产过程中投入的中间货物和服务价值，得到增加价值的一种方法。国民经济各产业部门生产法增加值计算公式如下：

增加值＝总产出－中间投入

国内生产总值＝各产业部门增加值之和

上式中的总产出是指常住单位在一定时期内生产的所有货物和服务的价值，既包括新增价值，也包括转移价值。它反映常住单位生产活动的总规模，按生产者价格计算。中间投入是指常住单位在一定时期内生产过程中消耗和使用的非固定资产货物和服务的价值，又称中间消耗，反映用于生产过程中的转移价值，一般按购买者价格计算。计入中间投入的货物和服务必须具备两个条件，一是与总产出的计算范围保持一致；二是本期一次性使用的。各部门各单位的总产出减去中间投入后的差额就是其增加值，反映一定时期内各产业部门生产经营活动的最终成果，也是其在国内生产总值中所占的份额。所以生产法计算的国内生产总值不仅反映经济发展总规模，而且其分行业的构成可以反映国民经济的产业结构。

2. 收入法

收入法又称分配法，从生产过程形成收入的角度，对常住单位的生产活动成果进行核算。国民经济各产业部门收入法增加值由劳动者报酬、生产税净额、固定资产折旧和营业盈余四部分组成。计算公式为：

增加值＝劳动者报酬＋生产税净额＋固定资产折旧＋营业盈余

国内生产总值＝各产业部门增加值之和

上式中的劳动者报酬是指劳动者从事生产活动所应得的全部报酬，包括劳动者应得的工资、奖金和津贴，既有货币形式的，也有实物形式的，还有劳动者所享受的公费医疗和医药卫生费、上下班交通补贴和单位为职工缴纳的社会保险费等。对于个体经济来说，其所有者所获得的劳动报酬和经营利润不易区分，这两部分统一作为劳动者报酬处理。在计算劳动者报酬时，需要注意作为劳动者报酬的实物性收入与中间消耗的界限。如果生产单位向从事生产活动的劳动者提供的货物或服务，可以满足劳动者在闲暇时间里的需要，并可改善和提高他们的实际生活水平，同时，其他普通消费者也可以在市场上购买到这些货物和服务，那么这部分货物和服务就属于劳动者的实物收入。生产单位为了生产能正常进行，为劳动者购买的货物和提供的服务，如因特殊工作需要提供的服装或鞋、因公出差提供的运输和旅馆服务费用等，属于中间投入。

生产税净额是生产税减生产补贴后的差额。生产税指政府对生产单位从事生产、销售和经营活动以及因从事生产活动使用某些生产要素，如固定资产、土地、劳动力所征收的各种税、附加费和规费，包括销售税金及附加、增值税、管理费中开支的各种税、应缴纳的养路费、排污费和水电费附加、烟酒专卖上缴政府的专项收入等。生产补贴与生产税相反，是政府对生产单位单方面的转移支付，因此视为负生产税处理，包括政策性亏损补贴、价格补贴等。

固定资产折旧是指一定时期内为弥补固定资产损耗按照核定的固定资产折旧率提取的固定资产折旧，或按国民经济核算统一规定的折旧率虚拟计算的固定资产折旧，它反映了固定资产在当期生产中的转移价值。各种类型企业和企业化管理的事业单位的固定资产折旧指实际计提的折旧费；不计提折旧的单位，如政府机关、非企业化管理的事业单位和居民住房的固定资产折旧则是按照统一规定的折旧率和固定资产原值计算的虚拟折旧。原则上，固定资产折旧应按固定资产的重置价值来计算，但是我国目前尚不具备对全社会固定资产进行重新估价的基础，所以暂时只能采用上述方法来计算。

营业盈余是指常住单位创造的增加值扣除劳动者报酬、生产税净额和固定资产折旧后的余额，大致相当于企业的营业利润，但要扣除利税后项目中支付的工资、福利及公益金等。它反映企业参与增加值创造而应得到的原始收入份额。

3. 支出法

支出法国内生产总值是从最终使用的角度反映一个国家一定时期内生产活动最终成果的一种方法。最终使用包括最终消费、资本形成总额及净出口三部分，计算公式为：

支出法国内生产总值＝最终消费＋资本形成总额＋净出口

式中：

(1)最终消费是一定时期最终用于居民消费和政府消费的货物和服务的价值。其中，居民消费是指常住居民在一定时期内对于货物和服务的全部最终消费。包括居民以货币直接购买的各种消费品和直接支付的房租、交通、医疗、文教等各种服务费支出；居民本期自产自用的消费品和自有住房的虚拟消费；居民以实物工资形式获得的各种生活消费品等，但不包括居民用于购买房屋和生产的支出。政府消费是指政府部门的总产出扣除其销售收入后的价值，也就是指社会公共服务部门将其生产活动总成果提供给政府，由政府部门购买并提供给全社会享用的社会消费支出。

(2)资本形成总额是同期用于固定资本形成和存货增加的价值之和。

(3)净出口是同期货物和服务出口价值减去进口价值后的净额。出口包括常住单位向非常住单位出售或无偿转让的各种货物和服务的总值；进口包括常住单位从非常住单位购买或无偿得到的各种货物和服务的总值。由于服务活动提供与使用同时发生，因此服务的进出口业务并不发生出入境现象，应把常住单位从国外得到的服务作为进口，反之，非常住单位从我国得到的服务作为出口。

以上三种方法计算的GDP(增加值只有前两种算法)在理论上应当相等，称为三面等值。但由于资料来源等原因，有可能三种算法的结果会有一些误差，称为统计误差。

试根据表 11.1 资料分别按收入法和支出法计算广东省地区生产总值。

表 11.1　2006 年广东省地区生产总值　　（单位：亿元）

收入		支出	
项目	金额	项目	金额
地区生产总值	26 204.47	地区生产总值	26 204.47
劳动者报酬	10 139.03	最终消费支出	12 892.81
固定资产折旧	4 146.68	其中：居民消费	10 015.29
市场税净额	3 751.41	政府消费	2 877.52
营业余额	8 203.35	资本形成总额	9 621.48
		其中：固定资本形成总额	8 465.26
		存货增加	1 156.22
		货物和服务净出口	3 690.18

解　(1)收入法：

地区生产总值＝10 139.03＋4 146.68＋3 715.41＋8 203.35＝26 204.47(亿元)

(2)支出法：

地区生产总值＝12 892.81＋9 621.48＋3 690.18＝26 204.47(亿元)

还须指出，国内生产总值在概念上并不等同于新创造的价值，因为它包括了固定资产折旧，这部分价值属于固定资产在使用过程中磨损而转移到产品中的价值。如要反映某一时期新创造的价值，可通过计算国内生产净值(net domestic product，NDP)指标来反映，即：

国内生产净值＝国内生产总值－固定资产折旧

另外，还经常看到人均 GDP 这一指标，它是指一定时期内国内生产总值与同期人口平均数的比值。我国规定，人口平均数应当采用同期平均常住人口数，常住人口数是指在本地居住一年以上的人口数，可在户籍人口数的基础上，减去流出本地加上流入本地 1 年以上的人口数得到。目前，我国 GDP 总量虽位居世界前列，但人均 GDP 水平仍较低。

(三)按可比价计算实际 GDP

名义 GDP 可以反映现实的经济规模、结构和比例关系。但现行价格在不同时期会发生变动，按现行价格计算的国内生产总值包含了价格因素变动的影响，不能真实反映国民经济的发展速度和经济福利水平。因此，还需按可比价格来计算实际的国内生产总值，即实际 GDP，以剔除价格变动的影响，只反映生产产量的变动。按可比价格计算有两种方法：一种是直接用于产品产量乘其不变价格；一种是指数法换算。

我国按可比价计算的实际国内生产总值，一般采用指数法换算(又称价格指数紧缩法)，即将现价计算的国内生产总值换算为按基期价格计算的国内生产总值，然后再与基期的国内生产总值对比计算其发展速度。

可比价国内生产总值＝现价国内生产总值÷国内生产总值价格指数

即：

$$\sum q_1 p_1 \div \frac{\sum q_1 p_1}{\sum q_1 p_0}$$

国内生产总值发展速度＝报告期可比价国内生产总值÷基期国内生产总值×100％

即：

$$\frac{\sum q_1 p_0}{\sum q_0 p_0} \times 100\%$$

按价格指数紧缩现价计算国内生产总值，因国内生产总值的计算方法不同而有以下两种做法（收入法国内生产总值一般不按可比价计算）：

1. 对生产法计算的国内生产总值采用双紧缩法

即先对各行业的报告期现价总产出分别按相应的产出价格指数紧缩为可比价总产出，再对各行业现价中间投入也分别按其中间投入价格指数紧缩为可比价中间投入，然后用各行业可比价总产出减去其可比价中间投入，求得各行业可比价增加值，将各行业可比价增加值相加就是可比价国内生产总值。即：

$$\text{某行业可比价增加值}=\frac{\text{现价总产出}}{\text{总产出价格指数}}-\frac{\text{现价中间投入}}{\text{中间投入价格指数}}$$

2. 对支出法计算的国内生产总值采用单紧缩法

先分别计算居民消费、政府消费、固定资本形成、存货增加及出口、进口的价格指数，再逐一将这些现价支出项目换算为可比价，然后相加求得可比价国内生产总值。即：

$$\begin{aligned}\text{支出法可比价国内生产总值}=&\frac{\text{居民消费}}{\text{居民消费价格指数}}+\frac{\text{政府消费}}{\text{政府消费价格指数}}+\\&\frac{\text{固定资产形成}}{\text{固定资产形成价格指数}}+\frac{\text{存货增加}}{\text{存货价格指数}}+\\&\left(\frac{\text{货物、服务出口}}{\text{出口价格指数}}-\frac{\text{存货、服务进口}}{\text{进口价格指数}}\right)\end{aligned}$$

这两种计算法计算的结果会有一些差异，如差异过大则说明数据质量有问题，应找出原因加以改进。

二、国民总收入

国民总收入（GNI）即国民生产总值，指一个国家（或地区）所有常住单位在一定时期内收入初次分配的最终结果。一国常住单位从事生产活动所创造的增加值在初次分配中主要分配给该国的常住单位，但也有一部分以生产税及进口税（扣除生产和进口补贴）、劳动者报酬和财产收入等形式分配给非常住单位；同时，国外生产所创造的增加值也有一部分以生产税及进口税（扣除生产和进口补贴）、劳动者报酬和财产收入等形式分配给该国的常住单位，从而产生了国民总收入的概念。它等于国内生产总值加上来自国外的净要素收入。所谓净要素收入，就是本国（常住单位）从国外（非常住单位）获得的劳动者报酬、进口税和财产收入（利润、红利、利息等），减去支付给国外（非常住单位）相应项目后的净额。与国内生产总值不同，国民总收入是个收入概念，而国内生产总值是个生产概念。其计算公式为：

国民总收入＝国内生产总值＋来自国外的要素收入－支付给国外的要素收入

＝国内生产总值＋来自国外的净要素收入

例如，我国 2006 年的国内生产总值为 210 871 亿元，来自国外的净要素收入为 937 亿元，则国民总收入为：

210 871＋937＝211 808(亿元)

国民总收入是与国内生产总值相对应的反映收入分配的指标。按收入法计算的国内生产总值，其构成项目都属于初次分配收入，即原始收入。除此之外，初次分配收入项目还有财产收入。这些收入项目可分别归入居民、企业(分为非金融企业和金融企业)、政府部门，其中劳动者报酬为居民所得，固定资产折旧和营业盈余为企业所得，生产税净额为政府所得。财产收入在国内部门之间互相抵消，一个部门获得的财产收入就是对应部门的支出，所以只改变部门之间收入分配数量，不增加原始收入总量。国民总收入是把初次分配范围扩展到非常住单位，相应地要从国外获得一部分非常住单位创造的原始收入。国内生产总值经过这样的调整后，其构成项目和分部门的数额都会有增减变化。根据国民总收入及其部门构成，可以更确切地反映政府、企业、居民三者之间的初次分配关系。

国民总收入扣除固定资产折旧后，就是国民净收入(NNI)。

三、国民可支配收入

国民可支配收入是指本国一定时期的原始收入经过分配和再分配后，可作为社会最终使用的收入，反映国民收入最终分配的结果。原始总收入的初次分配在国民总收入指标的项目构成中已作介绍，在此基础上所进行的再分配，是指经常转移收支。转移收支是单位之间无偿的即没有相应回报的收支，经常转移收支主要包括所得税、财产税、社会补助和福利、社会保险与赔偿、无偿捐赠等。居民、企业、政府部门原始收入加上经常转移收入，减去经常转移支出后，形成各部门的可支配收入，反映经过再分配后各部门可供最终使用的收入。但国内各部门之间的经常转移是互相抵消的，如所得税是政府部门的转移收入，居民部门和企业部门的转移支出，因此国内经常转移收支不改变国民可支配收入的总量。计算国民可支配收入只包括本国(常住单位)与国外(非常住单位)之间的经常转移，如向国外征收或缴纳收入税，与国际组织和外国政府之间相互援助和捐赠，以及本国居民与国外亲友之间相互赠款，等等。国民可支配收入既可按总额计算，也可扣除固定资产折旧后按净收入计算。其计算公式为：

国民可支配总收入＝国民总收入＋来自国外的经常转移－支付给国外的经常转移

国民可支配净收入＝国民净收入＋来自国外的经常转移－支付给国外的经常转移

四、城乡居民家庭可支配收入

城乡居民家庭可支配收入是反映城乡居民收入水平的指标，收入水平高低是衡量人民生活水平的主要标志之一，所以它具有重要的社会经济意义。这类指标一般分别以城镇和乡村计算并按人口平均表示，现行指标主要有城镇居民家庭人均可支配收入和农村居民家庭人均纯收入。

1. 城镇居民人均可支配收入

城镇居民人均可支配收入是将城镇居民可支配收入与城镇居民平均人口数对比计算。而城镇居民可支配收入是指城镇家庭成员得到可用于最终消费支出和其他非义务性支出以及储蓄的总和，即居民家庭可以用来自由支配的收入，它是家庭总收入扣除交纳的所得税、个人交纳的社会保障支出以及记账补贴后的收入。其中城镇家庭总收入是指家庭成员得到的工薪收入、经营净收入、财产性收入、转移性收入之和，不包括出售财物收入和借贷收入；记账补贴是国家统计局或财政局为了更好地统计个人家庭收入，对那些坚持自行记账核算自家收入的人士给予的补贴，这不是每个人都可以享有的，必须具备家庭条件有代表性、记账核算完整、记账时间持续才可能得到。因此，计算公式为：

城镇居民人均可支配收入＝城镇居民可支配收入÷城镇居民平均人口数

城镇居民可支配收入＝家庭总收入－交纳所得税－个人交纳的社会保障支出－记账补贴
＝（工薪收入＋经营净收入＋财产性收入＋转移性收入）－交纳所得税
－个人交纳的社会保障支出－记账补贴

2. 农村居民人均纯收入

农村居民人均纯收入是按农村居民人口平均的农村居民纯收入，反映的是一个地区或一个农户农村居民的平均收入水平。农村居民纯收入是指农村住户当年从各个来源得到的总收入相应的扣除所发生的费用后的收入总和。计算方法为：

农村居民人均纯收入＝农村居民纯收入÷农村居民平均人口数

农村居民纯收入＝总收入－家庭经营费用支出－税费支出－生产性固定资产折旧－赠送
农村外部亲友支出－记账补贴

其中，总收入包括农村住户成员的工资性收入、家庭经营收入、财产性收入和转移性收入。工资性收入指农村住户成员受雇于单位或个人，靠出卖劳动而获得的收入；家庭经营收入指农村住户以家庭为生产经营单位进行生产筹划和管理而获得的收入；财产性收入指金融资产或有形非生产性资产的所有者向其他机构单位提供资金或将有形非生产性资产供其支配，作为回报而从中获得的收入；转移性收入指农村住户和住户成员无须付出任何对应物而获得的货物、服务、资金或资产所有权等，不包括无偿提供的用于固定资本形成的资金。农村居民的纯收入主要用于再生产投入和当年生活消费支出，也可用于储蓄和各种非义务性支出。

我国历年城乡居民人均收入水平及生活质量如表 11.2 所示。

表 11.2　我国历年城乡居民人均收入水平及生活质量

指标名称	1990	2000	2004	2005	2006
收入					
城镇居民人均可支配收入/元	1 510	6 280	9 422	10 493	11 759
农村居民人均纯收入/元	686	2 253	2 936	3 255	3 587
生活质量					
居民家庭恩格尔系数/%					
城镇	54.2	39.4	37.7	36.7	35.8
农村	58.8	49.1	47.2	45.5	43.0

小　　结

国民经济统计就是将国民经济作为一个整体来研究社会再生产活动，它是社会经济统计中最综合的部分。国民经济统计中的主要指标作为国家宏观经济决策与科学管理的依据，发挥着越来越重要的作用。本章首先介绍国民经济运行、国民经济核算以及核算体系，其次介绍了 MPS 和 SNA 两种核算体系，并进行了比较，第三介绍了我国新的国民经济核算体系及其基本结构和主要内容，最后介绍了我国新的国民经济核算体系的主要统计指标，包括国内生产总值、国民总收入、国民可支配收入、城乡居民家庭可支配收入统计指标。

1. 国民经济核算又称国民经济统计，它是以国民经济整体为对象而进行的一种统计核算，可以从数量角度研究国民经济运行的条件、过程、结果及其内在联系。

2. 国民经济核算是以整个国民经济或社会再生产的全过程为对象的宏观经济核算，是最高层次的宏观经济核算。国民经济核算的内容包括国内生产总值及其使用核算、投入产出核算、资金流量核算、国际收支核算、资产负债核算。上述五大核算是国民经济核算的主要内容。五大核算紧密、有机地结合起来，形成了国民经济核算体系。

3. 国民经济核算体系是指为进行国民经济核算，而制定的一系列由核算的概念、分类标准、核算目的、核算原则、指标体系、核算内容、核算方法、核算结果所构成的整体。我国新国民经济核算体系的指导思想是：从发展我国社会主义市场经济的实际出发，以马克思主义理论为指导，在总结我国实践经验的基础上，吸取国际上科学的核算方法和有益经验，建立一套适合中国国情的新国民经济核算体系。我国新国民经济核算体系是把整个国民经济作为一个有机联系的整体，对整个国民经济的运行进行完整的描述，它由社会再生产核算表和经济循环账户两部分组成。

4. 反映我国国民经济运行的指标体系框架由人口与就业，宏观经济，产业，教育、科技、文化，家庭、生活与环境保护等五大类指标组成。主要指标国内生产总值、国民总收入、国民可支配收入、城乡居民家庭可支配收入具有确定的内涵及其相应的计算方法。

一、判断题（正确的打"√"，错误的打"×"）

1. 国民经济是指一个国家或地区各经济部门、社会再生产各环节的经济活动所构成的有机整体。（　　）

2. 国内生产总值核算是整个国民经济核算的中心。（　　）

3. MPS适用于市场经济条件下的国民经济核算体系。（　　）

4. 经济循环账户由国民经济账户、机构部门账户和产业部门账户三部分组成。（　　）

5. 收入法是根据生产要素在生产过程中得到的收入份额计算国内生产总值。（　　）

二、选择题

1. 经济核算包括（　　）。

A. 统计核算　　B. 业务核算　　C. 绩效核算　　D. 会计核算

2. 五大国民经济核算包括（　　）。

A. 国际收支核算　　B. 投入产出核算

C. 经济效益核算　　D. 国内生产总值核算

3. 国民经济账户包括（　　）。

A. 投资账户　　B. 资产负债账户

C. 国民收入账户　　D. 对外贸易账户

4. 机构部门分类中的部门包括（　　）。

A. 金融机构　　B. 保险部门　　C. 居民部门　　D. 政府部门

三、简答题

1. MPS与SNA有什么区别?
2. 简述新国民经济核算体系的特征。
3. 生产法与分配法有什么不同与联系?
4. 什么是国内生产总值?如何计算?
5. 什么是国民可支配收入?如何计算?它与国民总收入有什么关系?

第十二章　统计分析与统计报告

通过本章的学习，了解统计分析的概念、形式和统计分析的一般步骤；熟悉统计分析的各种方式；掌握统计分析报告的含义和作用，了解统计分析报告的结构，并能结合实际资料撰写统计分析报告。

第一节　统计分析概述

一、统计分析的概念和特点

1. 统计分析的概念

统计分析，就是运用各种统计综合指标和方法，将丰富的统计资料和生动的具体情况结合起来，对社会经济现象的各个方面进行分析研究，从而揭示其发展变化的规律性，提出解决问题的办法的一种逻辑思维活动。

2. 统计分析的作用

统计分析是整个统计工作的一个重要阶段，是统计工作的最终环节，是充分发挥统计整体职能的关键环节，其好坏直接影响统计的质量。在统计实践中，只有开展统计综合分析，才能更好地发挥统计的作用，为各级领导和有关方面的公众提供有数据、有分析的资料，为制订计划和规划，实行宏观调控，决定有关方针、政策，提供科学依据。具体表现在以下几个方面。

(1)全面、准确地反映客观情况。统计分析从数量上、总体上认识客观事物，既是人们认识上的需要，使认识更加清晰、明确，又可以避免以偏概全，使我们的认识较为全面和正确。

(2)深入地把握社会经济现象的规律性。只有对客观现象总体的数量方面进行分析，才能获得规律性的认识。

(3)参与社会经济管理。统计分析把数据、情况、问题、建议等融为一体，既有定量分析，又有定性分析，比一般统计数据更集中、更系统、更清楚地反映客观实际，又便于研究、理解和利用，因而是发挥统计信息、咨询、监督作用的主要手段。与此同时，也提高了统计工作的社会地位。

3. 统计分析的特点

(1)以统计数据为基础，定量与定性分析相结合。统计数字是统计分析最主要的源泉，是统计分析的主要语言。一篇好的统计分析报告通常是自始至终利用统计数字进行分析。

(2)综合运用多种分析方法。统计分析要采用分组分析法、对比分析法、集中趋势分析法、离中趋势分析法、指数因素分析法、相关分析法、综合评价分析法等多种统计方法进行分析。

(3)统计分析要将数字与实际情况相结合,不能离开实际情况单纯地罗列数字,不能就数字论数字。有些情况不可能用统计数字来反映,若单凭统计数字进行分析,往往难于把问题说清楚,也不易把问题产生的原因和情况弄明白,因此,要密切结合数字背后的实际情况进行分析,以便得出具体而确切的分析结论。

(4)统计分析要具有时效性,这是保证统计信息价值的重要条件,不适时统计分析是无意义的活动。

二、统计分析的形式

1. 按照研究的内容划分,有综合分析和专题分析

综合分析是从整体上对研究对象的各个方面带有全局性的问题进行的系统性分析研究,如国民经济综合分析、部门综合分析、地区综合分析、企业综合分析等。专题分析是对社会经济发展的某一方面、某一环节的现象中重大问题或关键问题所进行的专门分析和研究,如某企业的销售分析、某地区可持续发展分析等。

2. 按照研究对象的层次划分,有宏观、中观和微观统计分析

宏观分析主要是指对国民经济的发展目标和总任务、战略重点、战略步骤、总量变动及发展规律等问题所进行的分析。国民经济要保持长期、稳定、协调、持续的发展,要有长远规划;地区、部门的发展也要有长远规划和目标,统计分析通过对大量、全面的资料的研究,可以对制定、检查战略和各项有关方针政策提供依据,促进各项事业的发展。微观分析主要是指对个别消费者、生产者、企业和单位的经济活动的数量变化和发展规律所进行的统计分析。在实际工作中,运用最广泛的是对企业经营管理、产品营销和经济效益方面的分析研究。

3. 按照观察时间不同划分,有定期分析和预计分析

定期分析是指在一定时期内对生产经营活动情况的全面分析。预计分析是指在报告期尚未结束前,根据计划完成进度,结合主客观条件,预计到计划期结束前任务完成情况的一种分析。

此外,按照分析的类型划分,还可以分为调查型、说明型、情报型、公报型、研究型、预测型和报道型等;按照统计认识作用的层次不同,可分为状态分析、规律分析和前景分析。统计分析的不同形式,反映的统计分析的内容和要求都不一样,因此,应根据不同情况做好分析研究,写好分析报告,体现统计分析的广泛性和多样性特征,防止统计分析的公式化和固定化。

三、统计分析的一般步骤

统计分析的一般步骤如下。

1. 选择并确定研究课题

选择课题是指从客观存在的现实和大量的统计资料中选择出所要研究和反映的对象,确定研究目的和范围,规划主题思想和基本内容。准确地选择研究课题,是统计分析成功的关键。选题准确可以提高统计分析的价值,并为以后的取材、构思、表达等打下一个良好的基础。

选题必须坚持两条基本原则,即价值原则和可行性原则。从实际工作来看,选题可以围绕以下方面确定:一是抓领导关心的问题,特别是领导亲自出的题目;二是要抓具有现实意义的和全局性工作有密切联系的课题;三要抓经济社会发展中带有苗头性、突发性的问题;四要抓改革开放和经济建设中的新情况、新问题、新经验；五要抓各方面有不同看法的重大问题；六要配合中心工作、重要会议提供的材料。

统计分析的题材可以分为三种：①任务题，即领导交办或上级部门布置的题目；②固定题，即结合日常工作或统计报表进行的定期分析，如生产单位定期的生产进度分析、气象部门定期的天气形势分析等；③自选题，即作者自选的题目。

2. 拟订分析提纲

分析提纲要紧扣分析目的和分析题目，分析提纲一般包括下列内容。

(1)统计分析的目的和要求。

(2)从哪些方面进行分析，要列出分析大纲及分析的细目。

(3)从哪些方面收集资料，以及资料的来源。

(4)收集资料的方式和方法。

分析提纲是进行统计分析的依据，但也不要受分析提纲的限制。在分析过程中可不断修改和补充分析提纲，使之更加完善。

3. 搜集、鉴别与整理资料

统计分析的依据和语言是统计资料，选择客观、详尽、代表性强、有说服力的统计资料，是做好统计分析的又一重要前提。对于这些资料，需要分析人员注意通过收集抄录、现场调查、日常观察、广泛阅读等方法获取。

统计分析所使用的资料内容广泛，来源渠道多，包括：①统计资料。②调查情况。指在统计调查中取得的活动情况，有文字记载的，也有文字没有记载，需要统计分析人员去记录的。③见闻资料。④政策法规和有关名人言论等。

在整理资料时，要注意收集的资料是否符合客观实际，是否新颖，是否具有普遍意义。而且要注意数字资料的时效性、可比性、完整性等。对于由于种种条件的限制，不能直接取得而分析又必须使用的数字资料，可用统计中的各种估算方法，如平衡关系推算法、因素关系推算法、比例关系推算法、抽样推算法、平均发展速度内插推算法、线性插值法等来补全。由于这部分有些内容已经在本书相关章节中详细介绍，这里不再赘述。

4. 运用各种方法进行系统周密的分析

运用各种统计分析方法进行系统而严密的分析研究，如综合指标法、分组法、因素分析法、动态分析法等方法对资料加工整理、归纳分析，从定量入手，以求达到对质的认识。

5. 得出结论，提出建议

通过对现象和事物的解析，并进行各种各样的比较分析后，应对所分析的问题，作出实事求是的结论，结合有关的数据、综合比较的结果，从中揭示其发展演变的规律性，对存在的问题提出建议。

6. 根据分析结果形成分析报告

统计分析报告是在对统计资料和有关情况进行研究的基础上，用简洁明确的文字叙述研究过程、表述分析研究结果的一种主要形式。

第二节　统计分析方法综述

一、统计分析方法概述

前面有关章节介绍的各种分析方法，如分组法、静态指标法、动态分析法、指数法、相关法和方差分析法等属于传统的统计分析方法。科学地在统计分析工作中运用这些方法，对现象进行综合分析研究，能够全面、深入地认识问题。现从分析综述角度对常用分析方法作概要说明。

1. 对比分析法

对比分析法是把客观事物加以比较，以达到认识事物的本质和规律并做出正确的评价。对比分析法通常是把两个相互联系的指标数据进行比较，从数量上展示和说明研究对象规模的大小、水平的高低、速度的快慢，以及各种关系是否协调。在对比分析中，选择合适的对比标准是十分关键的步骤，选择合适，才能做出客观的评价，选择不合适，评价可能得出错误的结论。对比标准存在以下几种选择。

(1)时间标准：即选择不同时间的指标数值作为对比标准，最常用的是与上年同期比较即"同比"，还可以与前一时期比较，此外还可以与达到历史最好水平的时期或历史上一些关键时期进行比较。

(2)空间标准：即选择不同空间指标数据进行比较。①与相似的空间比较，如本市与某些条件相似的城市比较。②与先进空间比较，如我国与发达国家比较。③与扩大的空间标准比较，如我市水平与全国平均水平比较。

(3)经验或理论标准：经验标准是通过对大量历史资料的归纳总结而得到的标准，如衡量生活质量的恩格尔系数、反映社会收入差距程度的基尼系数等；理论标准则是通过已知理论经过推理得到的依据。

(4)计划标准：即与计划数、定额数、目标数对比，市场经济并不排斥科学合理的计划，因此，计划标准对统计评价仍有一定意义。

相联系的两个指标对比，表明现象的强度、密度、普遍程度，如人均国内生产总值、人口密度、人均收入以及某些技术经济指标等。

对比分析按说明的对象不同可分为单指标对比，即简单评价；多指标对比，即综合评价。在进行对比分析时应掌握的原则如下。

(1)指标的内涵和外延可比；

(2)指标的时间范围可比；

(3)指标的计算方法可比；

(4)总体性质可比。

2. 结构分析法

结构分析法是在统计分组的基础上，计算各组成部分所占比重，进而分析某一总体现象的内部结构特征、总体的性质、总体内部结构依时间推移而表现出的变化规律性的统计方法。结构分析法的基本表现形式，就是计算结构指标，这是指总体各个部分占总体的比重，因此总体中各个部分的结构相对数之和等于100%。

通过结构分析可以认识总体构成的特征，例如，某地区近五年来高新技术产品比重第一年占20%，第三年占32%，第五年占51%，表明产业结构向高新技术产业的转变。结构分析也可以揭示现象之间的依存关系，如研究商业企业中商品销售额与流通费用的依存关系，可将各商品销售额分组，计算每个组相应的商品流通费用。例如，某市年销售额300万元以上的企业占15%，每万元商品销售额中的流通费为6.0元，而300万元以下的企业占85%，每万元商品销售额中的流通费为8.5～11.2元，说明销售规模越大的企业流通费用越少。

3. 平均和变异分析法

平均和变异分析法是利用平均指标和变异指标分析社会经济现象的一般水平及差异的方法。

平均指标是同质总体中各单位某一指标值的平均数字，反映总体在一定时间、地点条件下的一般水平，如平均工资、单位产品成本、单位面积产量、平均单价等。变异指标则说明总体各单位标志值差异程度的指标，常用的变异指标是标准差和标准差系数。使用平均和变异分析法应注意以下几点。

(1)正确地计算平均指标，必须是同质总体的平均数。

(2)平均指标与变异指标结合运用，全面认识和评价总体，既能说明总体的一般水平，又能说明总体内部差异的程度。例如，甲单位月平均工资 1 600 元，标准差为 60 元，标准差系数为 3.75%，乙单位月平均工资为 800 元，标准差为 40 元，标准差系数为 5%，说明甲单位工资水平高于乙单位，差异程度低于乙单位，平均工资的代表性高于乙单位。

(3)用组平均数补充总平均数，正确认识总体结构对平均水平的影响。

(4)结合典型事例进行分析。

4. 动态分析法

动态分析法是以客观现象所显现出来的数量特征为标准，判断被研究现象是否符合正常发展趋势的要求，探求其偏离正常发展趋势的原因并对未来的发展趋势进行预测的一种统计分析方法。

动态分析法主要包括两个方面。第一，编制时间数列，观察客观现象发展变化的过程、趋势及其规律，计算相应的动态指标用以描述现象发展变化的特征；第二，编制较长时期的时间数列，在对现象变动规律性判断的基础上，测定其长期趋势、季节变动的规律，并据此进行统计预测，为决策提供依据。

观察编制好的时间数列，可以看出现象变化的大致过程和趋势，但要给予定量分析，必须计算各种动态分析指标：一类是动态比较指标，主要有增长量、发展速度、增长速度；一类是动态平均指标，主要有平均发展水平、平均发展速度、平均增长速度。时间数列的形成是各种不同影响事物发展变化的因素共同作用的结果，为了便于分析事物发展变化规律，通常将时间数列形成因素归纳为以下四类：长期趋势、季节变动、循环波动、不规则变动。

5. 平衡分析法

所谓平衡就是各个互相联系的因素之间，在数量上保持一定的合理的对应关系。平衡分析法是分析事物之间相互关系的一种方法。它分析事物之间发展是否平衡，揭示出事物间出现的不平衡状态、性质和原因，指引人们去研究积极平衡的方法，促进事物的发展。统计平衡分析的主要方法有编制平衡表和建立平衡关系式。

平衡表与一般统计表的区别在于：指标体系必须包括收入与支出、来源与使用两个对应平衡的指标。平衡表的主要形式有三种，即收付式平衡表、并列式平衡表和棋盘式平衡表，前两种形式如资产负债表、能源平衡表，后一种形式如投入产出表。

平衡关系式是用等式表示各相关指标间平衡关系的式子。例如，期初库存＋本期入库＝本期出库＋期末库存，资产＝负债＋所有者权益，增加值＝总产出－中间投入。

统计中的平衡分析基本要求和特点是：①通过有联系指标数值的对等关系来表现经济现象之间的联系；②通过有联系指标数值的比例关系来表现经济现象之间的联系；③通过任务的

完成与时间进度之间的正比关系来表现经济现象的发展速度；④通过各有关指标的联系表现出全局平衡与局部平衡之间的联系。

6. 相关分析法

相关分析法是测定经济现象之间相关关系的规律性，并据以进行预测和控制的分析方法。实践中进行相关分析主要是依次解决以下问题。

(1)确定现象之间有无相关关系以及相关关系的类型。对不熟悉的现象，则需收集变量之间大量的对应资料，用绘制相关图的方法做初步判断。从变量之间相互关系的方向看，变量之间有时存在着同增同减的同方向变动，是正相关关系；有时变量之间存在着一增一减的反方向变动，是负相关关系。从变量之间相关的表现形式看有直线相关和曲线相关，从相关关系涉及变量的个数看，有一元相关或简单相关关系和多元相关或复相关关系。

(2)判定现象之间相关关系的密切程度，通常是计算相关系数 R，必要时应对 R 进行显著性检验，相关系数绝对值在 0.8 以上表明高度相关。

(3)拟合回归方程，如果现象间相关关系密切，就根据其关系的类型，建立数学模型，用相应的数学表达式——回归方程来反映这种数量关系，这就是回归分析。

(4)判断回归分析的可靠性，要用数理统计的方法对回归方程进行检验。只有通过检验的回归方程才能用于预测和控制。

(5)根据回归方程进行内插外推预测和控制。

7. 综合评价分析法

随着统计分析活动的广泛开展，评价对象越来越复杂，简单评价方法的局限性也越来越明显。经常会出现从这几个指标看甲单位优于乙单位，从那几个指标看，乙单位优于丙单位，从其他指标看，丙单位又优于甲单位的情况，使分析者难以评价谁优谁劣，因此通过对实践活动的总结，逐步形成了一系列运用多个指标对多个参评单位进行评价的方法，称为多变量综合评价方法，简称综合评价方法。其基本思想是将多个指标转换为一个能够反映综合情况的指标进行评价。如不同国家的经济实力，不同地区的社会发展水平，企业经济效益评价等，都可以应用这种方法。

综合评价法的特点表现为：评价过程不是按逐个指标顺次完成的，而是通过一些特殊方法将多个指标的评价同时完成；在综合评价过程中，一般要根据指标的重要性进行加权处理，评价结果不再是具有具体含义的统计指标，而是以指数或分值表示参评单位“综合状况”的排序。

综合评价法的步骤：①确定综合评价指标体系，这是综合评价的基础和依据；②收集数据，并对不同计量单位的指标数据进行同度量处理；③确定指标体系中各指标的权数，以保证评价的科学性；④对经过处理后的指标进行汇总，计算出综合评价指数或综合评价分值；⑤根据评价指数或分值对参评单位进行排序，并由此得出结论。

综合评价分析指标值的计算方法很多，主要有打分综合法、打分排队法、综合指数法、功效系数法等。

8. 因素分析法

因素分析法是用来测定受多种因素影响的某种经济现象总变动中各个因素的影响方向和影响程度的一种统计分析方法。常用的因素分析方法主要有以下几种。

(1)相关联因素的剖析，其特点不是借助于数字模型，而是根据相关因素的性质，表明其数量变化对所研究现象变动的影响关系与制约关系，它从本质上讲属于经验方法。

(2)指数体系及其因素分析。在经济上有联系、在数字上存在等式关系的三个或三个以上的指数,称为指数体系。利用指数体系测定各影响因素对某种经济现象总体变动的方向和程度所产生的影响就是因素分析,主要有以下几种类型:对总量指标变动进行二因素分析、对总量指标变动进行多因素分析、平均指标的因素分析、指数因素分析法的扩展运用。

(3)相加因素的分析方法。

在社会经济现象中,有一些现象的变动是由其总体内各个组成部分(又称构成因素)变动影响的结果。如工业总产值的变动是由轻工业与重工业共同变动影响的结果。由此可见,相加因素是指现象变动是各个组成因素变动的总和,常采用比重法和差额法测定总体各个组成部分的变动。

比重法是根据某因素在基数中所占比重与该因素报告期与基期的相对离差确定某因素变动对现象总量变动的影响程度。

差额法是指某因素的报告期绝对量与基期绝对量的离差与基数对比,确定某因素变动对现象总量变动的影响程度,公式是

$$\text{某因素变动对现象变动的影响程度}=\frac{\text{某因素报告期绝对数}-\text{该因素基期绝对数}}{\text{研究现象基期总量}}$$

9. 景气分析法

景气是对经济发展状况的一种综合性描述,用以说明经济活跃的程度。所谓经济景气,是指总体经济呈上升发展趋势,呈现市场繁荣、经济总量增长速度加快的景气状态。经济不景气是指总体经济呈下滑的发展趋势,绝大部分经济活动处于收缩或半收缩状态,出现市场疲软、经济增长速度停止或迟缓、许多企业破产或倒闭、失业人数增加等现象。

景气分析法是统计分析中的一项重要内容,其研究对象是市场经济条件下宏观经济的波动,即经济运行过程中交替出现的扩张和收缩、繁荣与萧条、高涨与衰退现象。这种分析可以帮助宏观决策部门把握国民经济运行态势;帮助生产经营部门判断宏观经济走势;还可以帮助社会公众监测宏观和微观经济运行状况。

景气分析的方法主要采用时间序列分析方法、调查分析法、经济计量学方法和直接度量法等分析方法,还采用灵活多样的景气调查方法作为总量分析方法的补充。

二、各种统计分析方法的综合运用

在对社会经济现象进行分析时,对于同一问题的分析,有时用一种方法分析即可,有时则要综合运用多种分析方法,并且,更多的情况下是各种分析方法的综合运用。因为只有从不同侧面、不同角度入手,运用各种不同的方法进行综合分析,才能对事物做出全面、准确的客观评价,才能真正发挥统计分析的认识社会、管理社会的作用。

第三节　统计分析报告

统计分析报告就是根据统计学的基本原理和方法,运用大量统计数据来研究和反映社会经济活动的状况、成因、规律和结论的一种报告。因此,统计分析报告可以从三个方面来理解。首先,统计分析报告是一种“报告”,从写作角度看,“报告”是一种文体,它是对某种特定的客观现象,经过某种形式研究后得出的结论性认识的文字表述;其次,统计分析报告是一种“分析”

报告，这种文体，将把某种特定的客观现象的分析过程和结论表达出来；再次，统计分析报告是“统计”分析报告，“统计”一词实际上反映了统计分析报告的质的规定性。

一、统计分析报告的特点

1. 运用一整套统计特有的科学分析方法

运用的方法如对比分析法、动态分析法、因素分析法、统计推断等，同时结合统计指标体系，全面、深刻地研究和分析社会经济现象的发展变化。

2. 运用数字语言

运用数字语言（包括运用统计表和统计图）来描述和分析社会经济现象的发展情况，让统计数字来说话，通过确凿、翔实的数字和简练、生动的文字进行说明和分析。

3. 注重定量分析

利用统计部门的优势，从数量方面来表现事物的规模、水平、构成、速度、质量、效益等情况，并把定量分析与定性分析结合起来。

4. 具有很强的针对性

针对各级党政领导和社会各界普遍关心的难点、热点、焦点问题进行分析，只有这样才能有的放矢，针对性强。

5. 注重准确性和时效性

准确性是统计分析报告乃至整个统计工作的生命，统计分析报告的准确性除了数字准确，不能有丝毫差错，情况真实，不能有虚假之外，还要求论述有理，不能违反逻辑；观点正确，不能出现谬误；建议可行，不能脱离实际。

统计分析报告具有很强的时效性。失去了时效性，也就失去了实用性，统计分析报告写得再好，也成了无效劳动。要保证统计分析报告的时效性，统计人员要有“一叶知秋”“见微知著”的敏感，要有争分夺秒的时间观念。争取“雪中送炭”，避免“雨后送伞”，把统计分析报告提供在领导决策之前和社会各界需要之时。

6. 具有很强的实用性

统计分析报告是统计工作的最终成果，它不但包含了统计数据反映的信息，更为重要的是，它还能进行分析研究，能进行预测，能指出工作中的不足和问题，能提出有益于今后工作的措施和建议，从而直接满足党政领导和社会各界在了解形势、制订政策、编制计划、经营管理、检查监督、总结评比、科研教学等方面的实际需要。

二、统计分析报告的作用

1. 衡量统计工作水平的综合标准

一般来说，高质量的统计分析报告，来自高质量的统计设计、统计调查、统计整理、统计分析和统计分析写作。但是，如果仅有较好的写作水平，统计设计、统计调查、统计整理和统计分析都是低质量的，也不可能产生高质量的统计分析报告，因此，统计分析报告写不好，当然是统计工作水平不高的表现。

2. 传播统计信息的有效工具

现代社会是信息的时代，信息已成为重要资源。统计信息又是社会信息的主体，而且是最全面、最稳定、较准确的信息。统计信息要通过载体传播，而统计分析报告是主要载体之一，适合在报纸杂志上发表，传播条件比较简便，具有较大的信息覆盖面，是传播统计信息的有效工具。

3. 决策的重要依据

现代社会经济管理必须科学决策，而科学的决策又必须依据准确、真实的统计数据。统计分析报告把原始资料信息加工成决策信息，它比一般的统计资料更能深入地反映客观实际，更便于党政领导和社会各界接受利用，因而，统计分析报告是党政领导决策的重要依据。

4. 统计服务与统计监督的主要手段

统计分析报告把数据、情况、问题、建议等融为一体，既有定量分析，又有定性分析，比一般的统计数据更集中、更系统、更鲜明、更生动地反映了客观实际，又便于人们阅读、理解和利用，是表现统计成果的好形式与传播统计信息的有效工具，自然也就成了统计服务与统计监督的主要手段。

三、统计分析报告的分类

统计分析报告的应用是很广泛的，由于它主要是报告社会经济情况的一种文体，因而属于应用文范畴。统计分析报告可以从不同角度来划分种类，有许多种。

（1）按统计领域分，可分为工业、农业、商业、科技、教育、文化、卫生、体育、人口、财政、金融、政法、人民生活、国民经济综合、核算等统计分析报告。

（2）按写作对象的层次划分，可分为微观、中观和宏观统计分析报告。对于微观、中观、宏观的划分，目前尚无统一的标准。一般来讲，基层企事业单位、村、家庭及个人，属于社会经济的“细胞”，可视为“微观”；乡镇、县一级可视为“中观”；而地（市）及地（市）以上的地区和部门，由于地域较广，社会经济门类比较复杂，需要较多地注意平衡关系，可视为“宏观”。

（3）按内容范围分，可分为综合与专题统计分析报告。综合统计分析报告，是研究和反映一个地区、部门或单位的全面情况的分析报告，这种分析报告，一般是定期的。所谓综合，既包括各方面的意思，也包含着综合方法的意思。专题统计分析报告，是研究和反映某一方面或某个专门问题的分析报告。专题统计分析报告有定期的，也有不定期的，而以不定期的为多。

（4）按照时间长度分，可分为定期与不定期的统计分析报告。定期统计分析报告，一般是利用当年的定期统计报表制度的统计资料来定期研究和反映社会经济情况，根据期限不同，定期统计分析报告又可分为日、周、旬、半月、月度、季度、上半年、年度等统计分析报告。不定期的统计分析报告，主要是用于研究和反映不需要经常性定期调查的社会经济情况。

（5）按写作类型分，可分为说明型、快报型、计划型、总结型、公报型、调查型、分析型、研究型、预测型、资料型、信息型、微型、综合型、文学型、系列型等15种类型的统计分析报告。

四、统计分析报告的结构

统计分析报告的结构大致包括：标题、导语、主体、结尾四部分。

1. 标题

恰当地选定标题，是进行统计分析的重要一步。常见的标题的拟定形式如下。

（1）论点题。这种题目能揭示主题，摆明观点，如《我省在全国经济发展中的战略地位和作用》《调整产业结构是农村富裕的必由之路》等。

（2）设问题。这种题目能引起读者疑问、思考，刺激读者的阅读欲望，如《住房为什么紧张?》等。

(3)比喻、对比、加重语气题。这种题目能通过对比引人注意,如《"骨之不强",肉将焉附?——谈投资结构问题》,显得新颖别致,醒目强烈。

2. 导语

导语是统计分析报告内容的引导,是整个分析报告的开头。它是关系到分析报告成效的一个重要因素,因此,对导语的基本要求,一是要能够吸引读者,使读者有读下去的兴趣;二是要为全文的展开理清脉络,牵出头绪,确定格局;三是要短、精、新。统计综合分析报告中常用的导语形式如下。

(1)开门见山,揭示主题。其特点是简明扼要,直叙入题,这种导语是统计分析报告最常用的形式之一。例如,"根据全国人大财经委的通知要求,现对当前全国经济运行的主要特点、存在问题及发展趋势作一简要分析,供参考。"

(2)总览全文的观点。例如,"4 月份,江苏省货币信贷运行特征变动明显:各项贷款平稳增长,储蓄存款大幅下降,企业存款定期化增强;各项贷款增势明显回落……流动性水平略降。"

(3)交代写作的目的或动机。这也是目前常用的开头方式之一。这种开头的主要特点是:起因线索完整,时间、地点俱在,分析动机清楚,命题明显自然。例如,深入研究这一时期我市工业性投资的发展状况及存在的问题,将对我市在实现 GDP 千亿元规划目标的过程中,如何合理确定工业性投资的规模、结构以及与其他投资的比例关系提供有益的借鉴。为此,我们对"七五"以来我市工业性固定资产投资情况进行了如下分析。

(4)突出矛盾,造成悬念。这是指在分析问题或阐述观点之前,先有意提出一个问题,以引起读者的注意和思考。例如,"……然而,从目前的情况来看,达到全国平均水平的任务较为艰巨。那么,究竟需要多长时间才能实现这一目标,两个五年计划?还是更长一些时间?对此,我们在全面分析某某省与全国人均 GDP 差距的基础上,就达到全国平均水平所需的时间和速度进行了初步测算,并对某省经济实现赶超的发展思路进行梳理,以期为省领导和有关经济管理部门指导经济工作提供参考。"

(5)设靶论战,即有意识地设置"对立面",把不同观点列举出来,然后加以评论。例如,"这几年来,国民经济增长速度不断趋缓,引起国内外社会各界对我国未来经济发展趋势的极大关注。我国经济究竟是由快速进入低速发展呢?还是继续保持快速发展?双方各持己见,分歧很大,对此,本文就这一问题作一初步分析。"

此外,统计综合分析报告也可不写导语,直接进入主体部分。

3. 主体

主体结构的形式具体体现在层次、段落上。层次即指内容的先后次序,常见的有如下几类。

(1)叙时连贯式,即按事物发展经过和时间顺序安排层次,各层意思之间是连贯关系。

(2)叙事递进式,即指文章各部分内容,按事理的发展顺序排列。它可以是先因后果,或先果后因的因果叙事式;也可以是按事理发展的连续性,每一阶段一个层次;也可以是按事理意义上的一层进一层,层层深入的递进关系的递进式。

(3)总分式,即先总起来说,然后分开说;或者先分开说,后总起来说;或者前后都有总说,中间分开说。因分述内容的不同,可以是平行总分式、对比总分式、递进总分式和序时总分式。

(4)平列式。即各部分内容相对独立,各层意思之间是平行并列关系。这种结构形式可以是同事平列式,也可以是异事平列式。

(5)简要式。一般是篇幅短小、层次简单的分析报告,多用于快报、信息、简讯。

4. 结尾

结束语是统计综合分析报告的结尾,它是文章思想内容的必然归宿,一个好的文章结尾,可以帮助读者明确题旨、加深认识,引起读者的联想和思考,对结尾的要求是自然、简短有力。统计综合分析报告的结尾写法没有硬性规定,主要由文章内容决定,要不落俗套,不断创新。

统计综合分析报告结尾常见的写法如下。

(1)总括全文,照应开头。即报告在论证观点、结束全文之时予以归纳总结,突出中心思想,呼应主题。例如,“通过对以上经济效益指标的定量分析,说明工业品出厂价格和燃料购进价格的变动已成为影响工业经济效益的主要因素。因此,逐步理顺工业品的价格关系,已成为当前一个十分重要的问题。”

(2)强调看法和建议。以建议结束全文也是统计综合分析报告常见的方式,或没有结尾段,以最后一个层次的若干建议来收笔,或专门有一个建议结尾段,用总结建议内容的方式收尾。例如,“既然在10.2%的增长速度下经济增长的产业协调性还有所增强,经济增长的动力仍具有可持续性,经济发展的瓶颈约束还有所减缓,经济增长的效益又明显提高,经济增长的金融环境整体平稳,那就不要轻言10.2%的增长速度“过热”了,更不要草率做出宏观调控政策需要紧缩的结论。”

(3)对未来进行展望。即以积极的心态提出新问题,展示发展前景,预测未来发展趋势。例如,我们认为,只要趋利避害,操作得当,2008年我国国民经济仍可望继续保持“高增长、低通胀”的良好运行格局。

小　　结

统计分析,就是运用各种统计综合指标和方法,将丰富的统计资料和生动的具体情况结合起来,对社会经济现象的各个方面进行分析研究,从而揭示其发展变化的规律性,提出解决问题的办法的一种逻辑思维活动。统计分析是整个统计工作的一个重要阶段,是统计工作的最终环节,是充分发挥统计整体职能的关键环节,其好坏直接影响统计的质量。在统计实践中,只有开展统计综合分析,才能更好地发挥统计的作用,为各级领导和有关方面的公众提供有数据、有分析资料,为制订计划和规划,实行宏观调控,决定有关方针、政策,提供科学依据。

1. 统计分析按照研究的内容划分,有综合分析和专题分析;按照研究对象的层次划分有宏观、中观和微观统计分析;按照观察时间不同划分,有定期分析和预计分析。

2. 统计分析的一般步骤:选择并确定研究课题;拟订分析提纲;搜集、鉴别与整理资料;运用各种方法进行系统周密的分析;得出结论,提出建议;根据分析结果形成分析报告。

3. 科学地在统计分析工作中运用各种方法,对现象进行综合分析研究,能够全面、深入地认识问题。常用分析方法主要有对比分析法、结构分析法、平均和变异分析法、动态分析法、平衡分析法、相关分析法、综合评价分析法、因素分析法、景气分析法。

4. 统计分析报告就是根据统计学的基本原理和方法,运用大量统计数据来研究和反映社会经济活动的状况、成因、规律和结论的一种文章。统计分析报告的应用是很广泛的,由于它主要是报告社会经济情况的一种文体,因而属于应用文范畴。统计分析报告可以从不同角度来划分种类。

5. 统计分析报告的结构大致包括:标题、导语、主体、结尾四部分。

思考与练习

一、名词解释

统计分析　对比分析法　结构分析法　平均和变异分析法　动态分析法　平衡分析法　相关分析法　综合评价分析法　因素分析法　景气分析法　统计分析报告

二、问答题

1. 统计分析报告从不同角度可以分为哪些类型?
2. 统计分析报告的写作步骤有哪些?
3. 统计分析有哪些方式?
4. 试搜集有关资料写一篇统计分析报告。
5. 登录国家统计局网站或者省、市统计局网站阅读统计分析报告文章,并结合本章有关理论进行分析。

附录A　Excel在统计中的应用

一、利用Excel作频数分布表并绘制直方图

(一)简介

直方图工具,用于计算数据的个别和累积频率,再根据有限集中某个数值元素的出现次数建立图表。例如,某行业管理局所属40家企业2002年的产品销售收入数据如附表A.1所示。

附表　A.1　　(单位:万元)

销售收入	152	124	129	116	100	103	92	95	127	104
	105	119	114	115	87	103	118	142	135	125
	117	108	105	110	107	137	120	136	117	108
	97	88	123	115	119	138	112	146	113	126

这40个数据可以通过直方图确定销售收入的分布情况,它会给出销售收入出现在指定收入区间的企业个数,而用户必须把存放分段区间的单元地址范围填写在直方图工具对话框中的“接收区域”文本框中。

(二)操作步骤(这里结合附表A.1数据介绍)

(1)将附表A.1的数据输入到Excel表格中(附表A.2中A1:B20单元格区域);确定接收区域(附表A.2中D6:D11单元格区域,这是根据C6:C12单元格区域的这一具体分组情况而定的)。

附表　A.2

	A	B	C	D	E	F
1	152	103				
2	105	103				
3	117	137				
4	97	138				
5	124	92				
6	119	118	90以下	89		
7	108	120	90～100	99		
8	88	112	100～110	109		
9	129	95	110～120	119		
10	114	142	120～130	129		
11	105	136	130～140	139		

续表

	A	B	C	D	E	F
12	123	146	150 以上			
13	116	127				
14	115	135				
15	110	117				
16	115	113				
17	100	104				
18	87	125				
19	107	108				
20	119	126				

(2)选择“工具”→“数据分析”命令。用鼠标双击数据分析工具中的“直方图”选项。

(3)弹出“直方图”对话框,对话框内主要选项的含义如下:

输入区域:在此输入待分析数据区域的单元格范围(A1:B20)。

接收区域(可选):在此输入接收区域的单元格范围(D6:D11),该区域应包含一组可选的用来计算频数的边界值,即各组的上限值。这些值应当按升序排列。只要存在的话,Excel 将统计在各个相邻边界值之间的数据出现的次数。如果省略此处的接收区域,Excel 将在数据组的最小值和最大值之间创建一组平滑分布的接收区间。需要注意的是,Excel 在作频数分布表时,每一组的频数包括该组的上限值,这也就是为什么本例中的接收区域数值是 89、99、109、119、129、139 而不是 90、100、110、120、130、140 的原因所在。另外,最后一组尤其最后一组还是开口组时,其上限值可以不输入到接收区域数组中,输出结果中“其他”组即为最后一组。

标志:如果输入区域的第一行或第一列中包含标志项,则选中此复选框;如果输入区域没有标志项,则清除该复选框,Excel 将在输出表中生成适宜的数据标志。

输出选项:根据需要,可选择输出区域或新工作表或新工作簿,这里选择新工作表组。

输出区域:在此输入结果输出表的左上角单元格的地址,用于控制计算结果的显示位置。如果输出表将覆盖已有的数据,Excel 会自动确定输出区域的大小并显示信息。

新工作表组:单击此选项,可在当前工作簿中插入新工作表,并由新工作表的 A1 单元格开始存放计算结果。如果需要给新工作表命名,则在右侧文本框中输入名称。

新工作簿:单击此选项,可创建一新工作簿,并在新工作簿的新工作表中存放计算结果。

柏拉图:选中此复选框,可以在输出表中同时显示按降序排列频率数据。如果此复选框被清除,Excel 将只按升序排列数据。

累积百分比:选中此复选框,可以在输出结果中添加一列累积百分比数值,并同时在直方图表中添加累积百分比折线。如果清除此选项,则会省略以上结果。

图表输出:选中此复选框,可以在输出表中同时生成一个嵌入式直方图表。

按需要填写完“直方图”对话框之后,单击“确定”按钮即可,输出结果见附表 A.3。

(4)如果要对图形进行适当的修改与完善,拖动鼠标至图表区,右击后选择相应命令进行修改与完善。

附表 A.3

	A	B	C	D	E	F
1	接收	频数	累积 %			
2	89	2	5.00%			
3	99	3	12.50%			
4	109	9	35.00%			
5	119	12	65.00%			
6	129	7	82.50%			
7	139	4	92.50%			
8	其他	3	100.00%			
9						
10						
11	直方图					
12						
13	频数 15 10 5 0 / 150.00% 100.00% 50.00% 0.00%					
14	图例：频率；累积%					
15	89 99 109 119 129 139 其他					
16	接收					
17						
18						

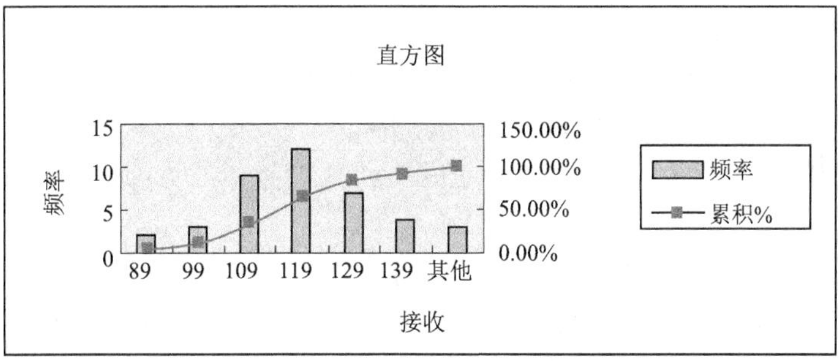

(三)结果说明

完整的结果包括三列数据和一个频数分布图，第一列是数值的区间范围，第二列是数值分布的频数，第三列是频数分布的累积百分比。可以按照频数分布表编制的要求，将输出的频数分布表转换为易于阅读的形式。

二、利用 Excel 绘制散点图

(一)简介

散点图是观察两个变量之间关系程度最为直观的工具之一，利用 Excel 的图表向导，可以非常方便地创建并且改进一个散点图，也可以在一个图表中同时显示两个以上变量之间的散点图。

(二)操作步骤

如附表 A.4 所示数据，可按如下步骤建立变量 x—y、x—z 的散点图。

附表 A.4

	A	B	C
1	x	y	z
2	68	68	312
3	71	69	323

续表

	A	B	C
4	72	70	345
5	70	81	366
6	76	85	378
7	77	86	390
8	76	100	411
9	78	108	434
10	79	114	449
11	81	120	469
12	88	133	480

(1)拖动鼠标选定数值区域 A2:C12,不包括数据上面的标志项。

(2)选择“插入”→“图表”命令,进入图表向导。

(3)选择“图表类型”为“散点图”,单击“下一步”按钮。

(4)确定用于制作图表的数据区。Excel 将自动把第 1 步所选定数据区的地址放入图表数据区域内。

(5)在此例之中,需要建立两个系列的散点图,一个是 $x-y$ 系列的散点图,一个是 $x-z$ 系列的散点图,因此,必须选择“系列”选项卡,确认系列 1 的“x 值”文本框与“数值”文本框中分别输入了 x、y 数值的范围,在系列 2 的“x 值”文本框与“数值”文本框中分别输入了 x、z 数值的范围。在此例中,这些都是 Excel 已经默认的范围,所以,通常情况下,直接单击“下一步”按钮即可。

(6)填写图表标题为“X-Y 与 X-Z 散点图”,X 轴坐标名称为“X”与 Y 轴坐标名称“Y/Z”,然后单击“下一步”按钮。

(7)选择图表输出的位置,然后单击“完成”按钮即生成附表 A.5。

附表 A.5

	A	B	C	D	E
1	X	Y	Z		
2	68	68	312		
3	71	69	323		
4	72	70	345		
5	70	81	366		
6	76	85	378		
7	77	86	390		
8	76	100	411		
9	78	108	434		
10	79	114	449		
11	81	120	469		

续表

	A	B	C	D	E
12	88	133	480		

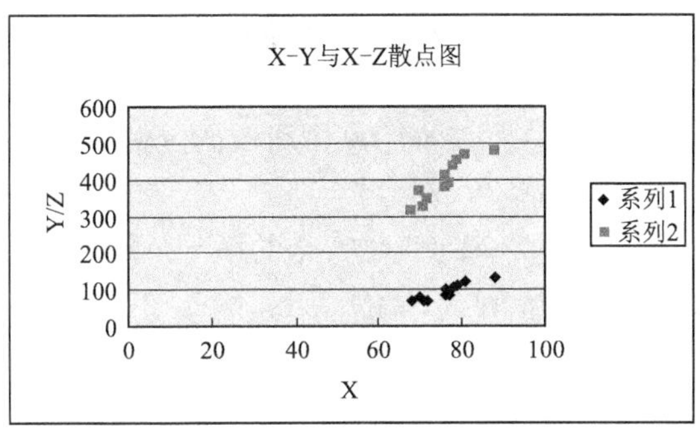

(三)结果说明

如附表 A.5 所示,Excel 中可同时生成两个序列的散点图,并分为两种颜色显示。通过散点图可观察出两个变量的关系,为变量之间建立数学模型作准备。

三、利用 Excel 计算描述统计量

(一)简介

此分析工具用于对输入区域中数据的单变量分析,并提供数据趋中性和易变性等有关信息。

(二)操作步骤

为了说明方便,这里给出样本容量为 16 的一个随机样本,观测值如下:

1 510　1 450　1 480　1 460　1 520　1 480　1 490　1 460

1 480　1 510　1 530　1 470　1 500　1 520　1 510　1 470

假定已将 16 个数据输入 Excel 工作表的 A1:A16 单元格区域中。

(1)选择"工具"→"数据分析"命令,双击数据分析工具中的"描述统计"选项。

(2)弹出"描述统计"对话框,对话框内各选项的含义如下:

输入区域:在此输入待分析数据区域的单元格范围(A1:A16)。一般情况下 Excel 会自动根据当前单元格确定待分析数据区域。

分组方式:如果需要指出输入区域中的数据是按行还是按列排列,则单击"行"或"列","描述统计"工具可以同时对多列或多行数据进行统计分析。

标志位于第一行/列:如果输入区域的第一行中包含标志项(变量名),则选中"标志位于第一行"复选框;如果输入区域的第一列中包含标志项,则选中"标志位于第一列"复选框;如果输入区域没有标志项,则不需要选择该复选框,Excel 将在输出表中生成适宜的数据标志。

输出区域:在此框中可填写输出结果表左上角单元格地址(C1),用于控制输出结果的存放位置。整个输出结果分为两列,左边一列包含统计标志项,右边一列包含统计值。根据所选择的"分组方式"选项的不同,Excel 将为输入表中的每一行或每一列生成一个两列的统计表。

新工作表:单击此选项,可在当前工作簿中插入新工作表,并由新工作表的 A1 单元格开始存放计算结果。如果需要给新工作表命名,则在右侧编辑框中输入名称。

新工作簿:单击此选项,可创建一新工作簿,并在新工作簿的新工作表中存放计算结果。

汇总统计:指定输出表中生成下列统计结果,则选中此复选框。这些统计结果有:平均值、标准误差、中位数、众数、标准差、方差、峰度、偏度、区域(全距)、最小值、最大值、总和、样本个数。

均值置信度:若需要输出由样本均值推断总体均值的置信区间,则选中此复选框,然后在右侧的编辑框中输入所要使用的置信度(95%)。

第 k 个最大/小值:如果需要输出每个区域数据的第 k 个最大或最小值,则选中此复选框,然后在右侧的编辑框中,输入 k 的数值。

(3)填写完"描述统计"对话框之后,单击"确定"按钮即生成附表 A.6。

附表 A.6

	A	B	C	D	E
1	1 510		列 1		
2	1 450				
3	1 480		平均	1 490	
4	1 460		标准误差	6.191 392	
5	1 520		中位数	1 485	
6	1 480		众数	1 510	
7	1 490		标准差	24.765 57	
8	1 460		方差	613.333 3	
9	1 480		峰度	−1.272 1	
10	1 510		偏度	0.030 096	
11	1 530		区域	80	
12	1 470		最小值	1 450	
13	1 500		最大值	1 530	
14	1 520		求和	23 840	
15	1 510		观测数	16	
16	1 470		最大(1)	1 530	
17			最小(1)	1 450	
18			置信度(95.0%)	13.196 64	
19					

(三)结果说明

描述统计工具可生成以下统计指标,按从上到下的顺序其中包括样本的平均值($\bar{x}$)、标准误差($S/\sqrt{n}$)、中位数(Medium)、众数(Mode)、样本标准差(S)、样本方差(S^2)、峰度值、偏度值、极差(Max—Min)、最小值(Min)、最大值(Max)、样本总和、样本个数(n)和一定显著水平下总体均值的置信区间(本例为 1 490±13.196 64)。

四、利用 Excel 计算移动平均数

所谓移动平均，是选择一定的用于平均的时距项数 N，采用对序列逐项递移的方式，对原序列递移的 N 项计算一系列序时平均数。下面结合一个例子来说明移动平均数计算的具体操作步骤。

例：某市某客运站旅客运输量如附表 A.7 所示，试计算其四项移动平均数。

附表　A.7

	A	B	C	D
1	年份	季度	客运量	四项移动平均
2	2000	一	100	
3		二	95	
4		三	98	
5		四	107	100.00
6	2001	一	110	102.50
7		二	105	105.00
8		三	107	107.25
9		四	115	109.25
10	2002	一	123	112.50
11		二	115	115.00
12		三	120	118.25
13		四	125	120.75

具体操作步骤为：

(1)选择“工具”→“数据分析”命令。

(2)在分析工具中双击“移动平均”选项。

(3)当弹出对话框后：

在“输入区域”文本框内输入“C2:C13”。

在“间隔”文本框内输入“4”。

在“输出选项”中选择输出区域并在文本框内输入“D2”(可选)。

(4)填写完对话框后，单击“确定”按钮，即得到四项移动平均的结果，如附表 A.7 中 D 列所示。

说明：由于四项移动平均结果的数据位于相邻两时期的中间，为了使数据与有关时期相对应，还需要做移正平均，只需对四项移动平均的结果再做“间隔”为“2”的移动平均即可。

五、利用 Excel 计算趋势方程的参数

时间序列的长期趋势可分为线性趋势和非线性趋势。对于线性趋势和非线性趋势可以时间为解释变量，分别用不同的模型去拟合。线性趋势方程的一般形式为：$\hat{Y}_t=a+bt$，其参数 a、b 的计算方法与后面介绍的利用 Excel 进行线性回归分析方法相同。关于非线性趋势方程，这

里以抛物线趋势方程为例介绍其参数的计算步骤。

例:某企业各季度某种产品的销售量如附表 A.8 所示。

附表 A.8

	A	B	C	D
1	时间/(年/季)	序号 t	t * t	销售量 Y/万件
2	Jan—97	−5	25	928
3	Feb—97	−4	16	2 845
4	Mar—97	−3	9	3 238
5	Apr—97	−2	4	4 942
6	Jan—98	−1	1	4 555
7	Feb—98	0	0	6 278
8	Mar—98	1	1	6 485
9	Apr—98	2	4	6 852
10	Jan—99	3	9	6 849
11	Feb—99	4	16	7 317
12	Mar—99	5	25	7 023

通过进一步判断,该产品销售量可用抛物线方程拟合其长期趋势,二次曲线方程的一般形式为:

$$\hat{Y}_t = a + bt + ct^2$$

其中,参数 a、b、c 计算的具体操作步骤如下:

(1)选择“工具”→“数据分析”命令。

(2)在分析工具中双击“回归” 选项。

(3)当弹出对话框后:

在“Y 值输入区域”文本框中输入“D2:D12”。

在“X 值输入区域”文本框中输入“B2:C12”。

在“输出选项”中选择“新工作表组”(可选)。

(4)填写完对话框后,单击“确定”按钮,即得到回归结果,如附表 A.9 所示(部分结果)。

附表 A.9

	A	B	C	D
1	SUMMARY OUTPUT			
2				
3	回归统计			
4	Multiple R	0.985 659 6		
5	R Square	0.971 524 9		
6	Adjusted R Square	0.964 406 1		
7	标准误差	396.613 1		

续表

	A	B	C	D
8	观测值	11		
9				
10	方差分析			
11		df	SS	MS
12	回归分析	2	42 935 118	21 467 559.01
13	残差	8	1 258 416	157 301.952 1
14	总计	10	44 193 534	
15				
16		Coefficients	标准误差	t Stat
17	Intercept	5 941.580 4	180.648 1	32.890 355 4
18	X Variable 1	590.418 18	37.815 58	15.613 095 26
19	X Variable 2	−73.139 86	13.540 15	−5.401 703 143

由附表 A.9 可知：$a=5\ 941.580\ 4$

$b=590.418\ 18$

$c=-73.139\ 86$

也就是说拟合的该企业某种产品销售量的二次曲线方程为：

$$\hat{Y}_t=5\ 941.580\ 4+590.418\ 18t-73.139\ 86t^2$$

六、利用 Excel 求置信区间

用 Excel 的函数工具以及使用者自己输入公式等组合方式，可以构造出专门用于区间估计的 Excel 工作表。下面结合一个例子说明具体的操作步骤。

1. 正态总体，σ^2 未知，总体均值的区间估计（小样本）

下面通过一个例子说明用 Excel 构造置信区间的过程。

例：某零件加工企业生产一种螺丝钉，对某天加工的零件每隔一定时间抽出一个，共抽取 12 个，测得其长度（单位：mm）数据如附表 A.10 中的 A2：A13。假定零件长度服从正态分布，试以 95％的置信水平估计该企业生产的螺丝钉平均长度的置信区间。

为构造区间估计的工作表，我们应在工作表中输入下列内容：A 列输入样本数据，B 列输入变量名称，C 列输入计算公式。

附表　A.10

	A	B	C	D
1	样本数据	计算指标	计算公式	
2	10.94	样本数据个数	=COUNT(A2:A13)	12
3	11.91	样本均值	=AVERAGE(A2:A13)	11.074 167
4	10.91	样本标准差	=STDEV(A2:A13)	0.272 746
5	10.94	抽样平均误差	=C4/SQRT(C2)	0.078 735

续表

	A	B	C	D
6	11.03	置信水平	0.95	0.95
7	10.97	自由度	=C2−1	11
8	11.09	t 值	=TINV(1−C6,C7)	2.200 986
9	11.00	误差范围	=C8 * C5	0.173 294
10	11.16	置信下限	=C3−C9	10.900 872
11	10.94	置信上限	=C3+C9	11.247 461
12	11.03			
13	10.97			

说明：

(1)本表 D 列为 C 列的计算结果，当输入完公式后，即显示出 D 列结果，这里只是为了让读者看清楚公式，才给出了 C 列的公式形式。

(2)对于不同的样本数据，只要输入新的样本数据，再对 C 列公式中的样本数据区域略加修改，置信区间就会自动给出。如果需要不同的置信水平，填入相应的数值即可。

(3)对于本例，我们有 95%的把握认为该企业生产的螺丝钉的平均长度为 10.900 872～11.247 461 mm。

2. 正态总体，σ^2 已知，总体均值的区间估计

σ^2 已知时采用正态分布统计量构造置信区间，此时不用计算样本标准差，直接使用总体标准差；B8 单元格改为 Z 值；C8 单元格改为“=NORMSINV((1−C6)/2)”即可。该方法同样适用于其他大样本条件下的区间估计。

七、利用 Excel 进行一个总体参数的假设检验

(一)简介

假设检验是统计推断中的重要内容。以下例子利用 Excel 的正态分布函数 NORMSDIST、判断函数 IF 等，构造一张能够实现在总体方差已知情况下进行正态总体均值假设检验的 Excel 工作表。

(二)操作步骤

假设检验 Excel 工作表的构造方法与区间估计 Excel 工作表的构造方法大体相同，只是 B 列、C 列的具体内容略有差异(见附表 A.11)。

附表 A.11

	A	B	C	D
1	样本数据	计算指标	计算公式	
2	28.5	样本数据个数	=COUNT(A2:A11)	10
3	26.4	样本均值	=AVERAGE(A2:A11)	31.4
4	33.5	总体标准差	5.56	5.56
5	34.3	总体均值假设值	35	35

续表

	A	B	C	D
6	35.9	置信水平	0.95	0.95
7	29.6	抽样平均误差	=C4/SQRT(C2)	1.758 226 379
8	31.3	计算 Z 值	=(C3−C5)/C7	−2.047 517 909
9	31.1	单侧 Z 值	=NORMSINV(1−C6)	−1.644 853 627
10	30.9	检验结果	=IF(ABS(C8)>ABS(C9),"拒绝 H_0","接受 H_0")	拒绝 H_0
11	32.5	单侧 P 值	=1−NORMSDIST(ABS(C8))	0.020 303 63
12		双侧 Z 值	=NORMSINV((1−C6)/2)	−1.959 963 985
13		检验结果	=IF(ABS(C8)>ABS(C12),"拒绝 H_0","接受 H_0")	拒绝 H_0
14		双侧 P 值	=IF(C8>0,2*(1−NORMSDIST(C8)),2*NORMSDIST(C8))	0.040 607 26

(三)结果说明

(1)如附表 A.11 所示,该例子的检验结果不论是单侧检验还是双侧检验均为拒绝原假设 H_0。所以,根据样本的计算结果,在 5%的显著水平之下,拒绝总体均值为 35 的假设。同时由单侧 P 值的计算结果还可以看出:在总体均值是 35 的假设之下,样本均值小于或等于 31.4 的概率仅为 0.020 303 63<0.05,小概率事件居然发生,所以,同样得出在 5%的显著水平下,拒绝总体均值为 35 的假设的结论。

(2)该方法同样适用于其他大样本条件下的假设检验。只是当总体标准差 σ 未知时,用样本标准差 S 来替代,B4 单元格改为样本标准差,C4 单元格改为样本标准差的计算公式。

八、利用 Excel 进行两个总体参数的假设检验

(一)两个总体均值之差的检验(独立样本):σ_1^2、σ_2^2 已知,大样本

为了表述上的方便,下面结合一个例子来说明在大样本且 σ_1^2、σ_2^2 已知条件下,两个总体均值之差检验(独立样本)的操作步骤。

例:为了评价两个学校的教学质量,分别在两个学校抽取样本,在 A 学校抽取 30 名学生,在 B 学校抽取 40 名学生,对两个学校的学生同时进行了一次英语标准化考试,成绩如附表 A.12所示。

附表　A.12

学校 A						学校 B							
70	97	85	87	64	73	76	91	57	62	89	82	93	64
86	90	82	83	92	74	80	78	99	59	79	82	70	85
72	94	76	89	73	88	83	87	78	84	84	70	79	72
91	79	84	76	87	88	91	93	75	85	65	74	79	64
85	78	83	84	91	74	84	66	66	85	78	83	75	74

假定学校 A 考试成绩的方差为 64，学校 B 考试成绩的方差为 100。检验两个学校的教学质量是否有显著差异($\alpha=0.05$)。

假定将表 A.12 中学校 A 的数据输入到工作表中的 A1:A30，学校 B 的数据输入到工作表中的 B1:B40。检验的步骤如下：

(1)选择“工具”→“数据分析”命令。

(2)在分析工具中选择“Z—检验:双样本平均差检验”选项。

(3)当弹出对话框后：

在“变量 1 的区域”文本框中输入“A1:A30”。

在“变量 2 的区域”文本框中输入“B1:B40”。

在“假设平均差” 文本框中输入“0”。

在“变量 1 的方差” 文本框中输入“64”。

在“变量 2 的方差” 文本框中输入“100”。

在“α” 文本框中输入“0.05”。

在“输出选项”中选择“新工作表组”(可选)。

(4)填写完对话框后，单击“确定”按钮，输出结果如附表 A.13 所示。

附表　A.13

	A	B	C
1	Z—检验：双样本均值分析		
2			
3		变量 1	变量 2
4	平均	82.5	78
5	已知的方差	64	100
6	观测值	30	40
7	假设平均差	0	
8	z	2.090 575	
9	P(Z<=z) 单尾	0.018 283	
10	z 单尾临界	1.644 854	
11	P(Z<=z) 双尾	0.009 142	
12	z 双尾临界	1.959 961	

由于 $Z=2.090\ 575>Z_{0.025}=1.959\ 961$，所以拒绝原假设 H_0，即两个学校的教学质量有差异。或由于“$P(Z<=z)$双尾”值为 0.009 142 小于 $\alpha=0.05$，同样拒绝原假设 H_0，即两个学校的教学质量有差异。

(二)两个总体均值之差的检验(独立样本)：σ_1^2、σ_2^2 未知，但 $\sigma_1^2=\sigma_2^2$，小样本

下面结合一个例子来说明在小样本且 σ_1^2、σ_2^2 未知但 $\sigma_1^2=\sigma_2^2$ 条件下，两个总体均值之差检验(独立样本)的操作步骤。

例：甲乙两台机床同时加工某种同类型的零件，已知两台机床加工的零件直径(单位：cm)分别服从正态分布 $N(\mu_1,\sigma_1^2)$、$N(\mu_2,\sigma_2^2)$，并且有 $\sigma_1^2=\sigma_2^2$。为比较两台机床的加工精度有无显著差异，分别独立抽取了甲机床加工的 8 个零件和乙机床加工的 7 个零件，通过测量得到的数

据如附表 A. 14 所示。

附表　A. 14

机床	零件直径							
甲	20. 5	19. 8	19. 7	20. 4	20. 1	20. 0	19. 0	19. 9
乙	20. 7	19. 8	19. 5	20. 8	20. 4	19. 6	2. 02	

在 $\alpha=0.05$ 的显著性水平下，样本数据是否提供证据支持“两台机床加工的零件直径不一致”的看法？

假定将表 A. 14 中机床甲的数据输入到工作表中的 A1:A8 单元格区域，机床乙的数据输入到工作表中的 B1:B7 单元格区域。检验的步骤如下：

(1)选择“工具”→“数据分析”命令。

(2)在分析工具中选择“t—检验:双样本等方差假设”选项。

(3)当弹出对话框后：

在“变量 1 的区域”文本框中输入“A1:A8”。

在“变量 2 的区域”文本框中输入“B1:B7”。

在“假设平均差” 文本框中输入“0”。

在“α” 文本框中输入“0. 05”。

在“输出选项”中选择“新工作表组”(可选)。

(4)填写完对话框后，单击“确定”按钮，输出结果如附表 A. 15 所示。

附表　A. 15

	A	B	C
1	t—检验：双样本等方差假设		
2			
3		变量 1	变量 2
4	平均	19. 925	20. 142 857 14
5	方差	0. 216 428 571	0. 272 857 143
6	观测值	8	7
7	合并方差	0. 242 472 527	
8	假设平均差	0	
9	df	13	
10	t Stat	−0. 854 848 035	
11	P(T<=t) 单尾	0. 204 056 849	
12	t 单尾临界	1. 770 933 383	
13	P(T<=t) 双尾	0. 408 113 698	
14	t 双尾临界	2. 160 368 652	

由于 $|t|=0.854\ 848\ 035<2.160\ 368\ 652$，所以不拒绝原假设。也就是说，在 0. 05 的显著性水平下，没有理由认为甲、乙两台机床加工的零件直径不一致。

(三)两个总体均值之差的检验(独立样本):σ_1^2、σ_2^2 未知,且 $\sigma_1^2 \neq \sigma_2^2$,小样本

下面结合一个例子说明在小样本且 σ_1^2、σ_2^2 未知并 $\sigma_1^2 \neq \sigma_2^2$ 条件下,两个总体均值之差检验(独立样本)的操作步骤。

例:为估计两种方法组装产品所需时间的差异,分别对两种不同的组装方法各随机安排12个工人,每个工人组装一件产品所需的时间(分钟)如附表 A.16 所示。

附表 A.16

方法 1	方法 2	方法 1	方法 2
28.3	27.6	36.0	31.7
30.1	22.2	37.2	26.0
29.0	31.0	38.5	32.0
37.6	33.8	34.4	31.2
32.1	20.0	28.0	33.4
28.8	30.2	30.0	26.5

假定两种方法组装产品的时间服从正态分布,但方差未知且不相等。取显著性水平 $\alpha=0.05$,能否认为方法 1 组装产品的平均时间显著地高于方法 2?

假定将表 A.16 中方法 1 的数据输入到工作表中的 A1:A12 单元格区域,方法 2 的数据输入到工作表中的 B1:B12 单元格区域。检验的步骤如下:

(1)选择"工具"→"数据分析"命令。

(2)在分析工具中选择"t—检验:双样本异方差假设"选项。

(3)当弹出对话框后:

在"变量 1 的区域"文本框中输入"A1:A12"。

在"变量 2 的区域"文本框中输入"B1:B12"。

在"假设平均差" 文本框中输入"0"。

在"α" 文本框中输入"0.05"。

在"输出选项"中选择"新工作表组"(可选)。

(4)填写完对话框后,单击"确定"按钮,输出结果如附表 A.17 所示。

附表 A.17

	A	B	C
1	t—检验:双样本异方差假设		
2			
3		变量 1	变量 2
4	平均	32.5	28.8
5	方差	15.996 363 64	19.358 181 82
6	观测值	12	12
7	假设平均差	0	
8	df	22	
9	t Stat	2.155 607 659	

续表

	A	B	C
10	P(T<=t) 单尾	0.021 158 417	
11	t 单尾临界	1.717 144 335	
12	P(T<=t) 双尾	0.042 316 835	
13	t 双尾临界	2.073 873 058	

由 t=2.155 607 659>1.717 144 335，所以拒绝原假设。也就是说，在 0.05 的显著性水平下，有理由认为方法 1 组装产品的平均时间显著地高于方法 2。

（四）两个总体均值之差的检验（匹配样本）：小样本

下面结合一个例子说明在小样本条件下，两个总体均值之差检验（匹配样本）的操作步骤。

例：某饮料公司开发研制出一种新产品，为比较消费者对新老产品口感的满意程度，该公司随机抽选一组消费者（8 人），每个消费者先品尝一种饮料，然后再品尝另一种饮料，两种饮料的品尝顺序是随机的，然后每个消费者要对两种饮料分别进行评分（0～10 分），评分结果如附表 A.18 所示。

附表　A.18

消费者编号		1	2	3	4	5	6	7	8
评价等级	旧款饮料	5	4	7	3	5	8	5	6
	新款饮料	6	6	7	4	3	9	7	6

取显著性水平 α=0.05，该公司是否有证据认为消费者对两种饮料的评分存在显著差异？

假定两个总体配对差值构成的总体服从正态分布，同时假定将表 A.18 中旧款饮料的数据输入到工作表的 A1:A8 单元格区域，新款饮料的数据输入到工作表中的 B1:B8 单元格区域。检验的步骤如下：

（1）选择“工具”→“数据分析”命令。

（2）在分析工具中选择“t—检验：平均值的成对二样本分析” 选项。

（3）当弹出对话框后：

在“变量 1 的区域”文本框中输入“A1:A8”。

在“变量 2 的区域”文本框中输入“B1:B8”。

在“假设平均差” 文本框中输入“0”。

在“α” 文本框中输入“0.05”。

在“输出选项”中选择“新工作表组”（可选）。

（4）填写完对话框后，单击“确定”按钮，输出结果如附表 A.19 所示。

附表　A.19

	A	B	C
1	t—检验：成对双样本均值分析		
2			
3		变量 1	变量 2

续表

	A	B	C
4	平均	5.375	6
5	方差	2.553 571 429	3.428 571 429
6	观测值	8	8
7	泊松相关系数	0.724 206 824	
8	假设平均差	0	
9	df	7	
10	t Stat	−1.357 241 785	
11	P(T<=t) 单尾	0.108 418 773	
12	t 单尾临界	1.894 578 604	
13	P(T<=t) 双尾	0.216 837 546	
14	t 双尾临界	2.364 624 251	

由 $|t|=1.357\,241\,785<2.364\,624\,251$，所以不拒绝原假设。也就是说，在 0.05 的显著性水平下，没有足够的证据支持“消费者对两种饮料的评分存在显著差异”。

（五）两个总体方差比的检验

下面结合一个例子说明两个总体方差比检验的操作步骤。

例：一家房地产开发公司准备购进一批灯泡，该公司打算在两个供货商之间选择一家购买，两家供货商生产的灯泡平均使用寿命差别不大，价格也很相近，考虑的主要因素就是灯泡使用寿命的方差大小。如果方差相同，就选择距离较近的一家供货商进货。为此，公司管理人员对两家供货商提供的样品进行了检测，得到的数据如附表 A.20 所示。

附表　A.20　　（单位：h）

供货商	检测数据									
1	650	569	622	630	596	637	628	706	617	624
	563	580	711	480	688	723	651	569	709	632
2	568	681	636	607	555	496	540	539	529	562
	589	646	596	617	584					

试以 $\alpha=0.05$ 的显著性水平检验两家供货商的灯泡使用寿命的方差是否有显著差异？

说明：使用 Excel 提供的检验程序“F—检验：双样本方差”对两个总体方差比进行检验时，Excel 只给出了单侧检验程序。当 $S_1^2/S_2^2<1$ 时，做的是左侧检验：

$$H_0:\frac{\sigma_1^2}{\sigma_2^2}\geqslant 1,H_1:\frac{\sigma_1^2}{\sigma_2^2}<1$$

检验的拒绝域为：$F<F_{1-\alpha}(n_1-1,n_2-1)$。

当 $S_1^2/S_2^2>1$ 时，做的是右侧检验：

$$H_0:\frac{\sigma_1^2}{\sigma_2^2}\leqslant 1,H_1:\frac{\sigma_1^2}{\sigma_2^2}>1$$

检验的拒绝域为：$F>F_\alpha(n_1-1,n_2-1)$。

实际上也可以用来做双侧检验。给定显著性水平为 α 的双侧检验，用 Excel 做显著性水平为 $\alpha/2$ 的单侧检验(本例中应输入 0.025)。当 $F=S_1^2/S_2^2<1$ 时，输出结果中给出了左尾的临界值 $F_{1-\alpha/2}(n_1-1,n_2-1)$；当 $F=S_1^2/S_2^2>1$ 时，输出结果中给出了右尾的临界值 $F_{\alpha/2}(n_1-1,n_2-1)$($F$ 分布的中心位置大概在 1 左右)。实际上，对于双侧检验，当 $F=S_1^2/S_2^2<1$ 时，由于右侧临界值 $F_{\alpha/2}(n_1-1,n_2-1)>1$，所以只需将 F 值与左侧临界值 $F_{1-\alpha/2}(n_1-1,n_2-1)$ 相比，若 $F<F_{1-\alpha/2}(n_1-1,n_2-1)$ 则拒绝原假设；同理，当 $F=S_1^2/S_2^2>1$ 时，只需将 F 值与右侧临界值 $F_{\alpha/2}(n_1-1,n_2-1)$ 相比，若 $F>F_{\alpha/2}(n_1-1,n_2-1)$ 则拒绝原假设。

将供货商 1 作为样本 1，假定将表 A.20 中供货商 1 的数据输入到工作表中的 A1:A20 单元格区域；将供货商 2 作为样本 2，假定将表 A.20 中供货商 2 的数据输入到工作表中的 B1:B15单元格区域。具体检验的步骤如下：

(1)选择“工具”→“数据分析”命令。

(2)在分析工具中选择“F—检验:双样本方差”选项。

(3)当弹出对话框后：

在“变量 1 的区域”文本框中输入“A1:A20”。

在“变量 2 的区域”文本框中输入“B1:B15”。

在“α” 文本框中输入“0.025”。

在“输出选项”中选择“新工作表组”(可选)。

(4)填写完对话框后，单击“确定”按钮，输出结果如附表 A.21 所示。

附表　A.21

	A	B	C
1	F—检验 双样本方差分析		
2			
3		变量 1	变量 2
4	平均	629.25	583
5	方差	3 675.460 526	2 431.428 571
6	观测值	20	15
7	df	19	14
8	F	1.511 646 515	
9	P(F<=f) 单尾	0.217 541 513	
10	F 单尾临界	2.860 721 536	

通过附表 A.21 可看出：因为 $F=S_1^2/S_2^2>1$，故 Excel 给出的是右单侧检验结果。由于 $F=1.511\ 646\ 515<2.860\ 721\ 536$，所以不能拒绝原假设。因此，不能认为这两个总体的方差有显著差异。

如果将样本 1 与样本 2 对调，即在“变量 1 的区域”文本框中输入“B1:B15”，在“变量 2 的区域”文本框中输入“A1:A20”，则输出结果如附表 A.22 所示。

附表 A.22

	A	B	C
1	F—检验 双样本方差分析		
2			
3		变量 1	变量 2
4	平均	583	629.25
5	方差	2 431.428 571	3 675.460 526
6	观测值	15	20
7	df	14	19
8	F	0.661 530 318	
9	P(F<=f) 单尾	0.217 541 513	
10	F 单尾临界	0.349 562 16	

通过附表 A.22 可看出，Excel 给出的是左单侧检验的结果。由于 $F=0.661\ 530\ 318>0.349\ 562\ 16$，所以不能拒绝原假设，即不能认为这两个总体的方差有显著差异，这与右侧检验所得到的结论相同。

九、利用 Excel 进行单因素方差分析

(一)简介

单因素方差分析可用于检验两个或两个以上的总体均值相等的假设是否成立。该检验假定各总体服从正态分布、方差相等，并且随机样本是独立的。这种工具适用于完全随机化试验的结果分析。如附表 A.23 中所示，一产品制造商雇佣销售人员向销售商打电话。制造商想比较四种不同电话频率计划的效率，他从销售人员中随机选出 32 名，将他们随机分配到 4 种计划中，在一段时期内记录他们的销售情况已经在表中列出，试问其中是否有一种计划会带来较高的销售水平($\alpha=0.05$)。

(二)操作步骤

(1)选择“工具”→“数据分析”命令。

(2)在分析工具中双击“单因素方差分析”选项。

(3)当弹出对话框后：

在“输入区域”文本框中输入 A4:D11。

在 α 文本框中输入 0.05。

在“输出选项”中选择输出区域 A13。

单击“确定”按钮。

(三)结果说明

按照如上操作步骤即可得到附表 A.23 的计算结果。其中第二部分则是方差分析的结果。SS 列分别给出了四个分组的组间方差、组内方差以及总方差，df 列分别给出了对应方差的自由度，MS 列是平均值方差，由 SS 除以 df 得到，它是总体方差的两个估计值。F 列是 F 统计量的计算结果，如果四个总体均值相等的假设成立，它应该服从 F 分布，即近似为 1，它是最终的计算结果，将它与一定置信水平下的 F 临界值 F crit 比较，可以判断均值相等的假设是

否成立，在本例中 1.677 608<2.946 685，所以不能拒绝四个总体均值相等的假设。P-value 列，是单尾概率值，表明如果四个总体均值相等的假设成立，得到如上样本结果的概率是 19.441 9%，即得到以上样本并不是小概率事件，同样也得到不能拒绝四个总体均值相等的假设的结论。

附表　A. 23

	A	B	C	D	E	F	G
1	单因素方差分析						
2							
3	计划 1	计划 2	计划 3	计划 4			
4	36	39	44	31			
5	40	45	43	43			
6	32	54	38	46			
7	44	53	40	43			
8	35	46	41	36			
9	41	42	35	49			
10	44	35	37	46			
11	42	39	37	48			
12							
13	方差分析：单因素方差分析						
14							
15	SUMMARY						
16	组	观测数	求和	平均	方差		
17	列 1	8	314	39.25	19.642 86		
18	列 2	8	353	44.125	45.839 29		
19	列 3	8	315	39.375	9.982 143		
20	列 4	8	342	42.75	38.785 71		
21							
22							
23	方差分析						
24	差异源	SS	df	MS	F	P-value	F crit
25	组间	143.75	3	47.916 67	1.677 608	0.194 419	2.946 685
26	组内	799.75	28	28.562 5			
27							
28	总计	943.5	31				

十、利用 Excel 进行双因素方差分析

双因素方差分析包括无交互作用的双因素方差分析和有交互作用的双因素方差分析，其

分析方法与单因素方差分析方法基本相同。这里以第九章例 9.5 为例，就有交互作用的双因素方差分析方法予以说明。假定已将数据输入到 Excel 工作表中(见附表 A.24)。

附表 A.24

	A	B	C	D
1		路段 1	路段 2	
2	1	26	19	
3	2	24	20	
4	3	27	23	
5	4	25	22	
6	5	25	21	
7	6	20	18	
8	7	17	17	
9	8	22	13	
10	9	21	16	
11	10	17	12	

有交互作用的双因素方差分析步骤如下：

(1)选择“工具”→“数据分析”命令。

(2)在分析工具中选择“可重复双因素分析”选项，单击“确定”按钮。

(3)当弹出对话框后：

在“输入区域”文本框中输入 A1:C11。

在 a 文本框中输入 0.05(可根据需要确定)。

在“每一样本的行数”文本框中输入 5。

在“输出选项”中选择输出区域(这里选新工作表组)。

单击“确定”按钮。

按照如上操作步骤即可得到附表 A.25 所示的计算结果。

附表 A.25

	A	B	C	D	E	F	G
1	方差分析:可重复双因素分析						
2							
3	SUMMARY	路段 1	路段 2	总计			
4							
5	观测数	5	5	10			
6	求和	127	105	232			
7	平均	25.4	21	23.2			
8	方差	1.3	2.5	7.066 7			
9							
10	观测数	5	5	10			

续表

	A	B	C	D	E	F	G
11	求和	97	76	173			
12	平均	19.4	15.2	17.3			
13	方差	5.3	6.7	10.233			
14	总计						
15							
16	观测数	10	10				
17	求和	224	181				
18	平均	22.4	18.1				
19	方差	12.933	13.433				
20							
21	方差分析						
22	差异源	SS	df	MS	F	P-value	F crit
23	样本	174.05	1	174.05	44.063	5.7E-06	4.494
24	列	92.45	1	92.45	23.405	0.000 18	4.494
25	交互	0.05	1	0.05	0.012 7	0.911 82	4.494
26	内部	63.2	16	3.95			
27	总计	329.75	19				

由附表 A.25 的计算结果可知:用于检验"时段"(行因素,输出表中为样本)的 F 统计量的 P 值是 5.7E-06<α=0.05,因此,拒绝原假设 H_0,表明不同时段的行车时间之间有显著差异,即时段对行车时间有显著影响:用于检验"路段"(列因素)的 F 统计量的 P 值是 0.000 18<α=0.05,因此,拒绝原假设 H_0,表明不同路段的行车时间之间有显著差异,即路段对行车时间也有显著影响。交互作用反映的是行因素(时段)与列因素(路段)共同产生的对因变量(行车时间)的影响,由于检验的 F 统计量的 P 值为 0.911 82>α=0.05,因此,不能拒绝原假设 H_0,即没有证据证明时段和路段的交互作用对行车时间有显著影响。

十一、利用 Excel 进行线性回归分析

(一)简介

线性回归分析通过使用"最小二乘法"对样本数据进行直线拟合,用于分析单个因变量是如何受一个或几个自变量影响的。如附表 A.26 所示,表中是我国 1987—1997 年的布匹人均产量和人均纱产量,试用线性回归分析的方法分析两组数据之间的关系。

附表　A.26

	A	B	C
1	年份	人均布产量/m	人均纱产量/kg
2	1987	15.96	4.03
3	1988	17.06	4.23

续表

	A	B	C
4	1989	16.92	4.26
5	1990	16.63	4.07
6	1991	15.79	4.00
7	1992	16.37	4.31
8	1993	17.23	4.26
9	1994	17.73	4.11
10	1995	21.59	4.50
11	1996	17.17	4.21
12	1997	20.23	4.55

（二）操作步骤

(1)选择“工具”→“数据分析”命令，双击“回归”选项，弹出“回归分析”对话框。对话框主要选项的含义如下：Y值输入区域，在此输入因变量数据区域，该区域必须由单列数据组成；X值输入区域，在此输入对自变量数据区域，自变量的个数最多为16；置信度，如果需要在汇总输出表中包含附加的置信度信息，则选中此复选框，然后在右侧的编辑框中，输入所要使用的置信度，95%为默认值；常数为零，如果要强制回归线通过原点，则选中此复选框；输出区域，在此输入/输出表左上角单元格的地址，用于控制计算结果的输出位置。汇总输出表至少需要有七列的宽度，包含的内容有anova表、系数、Y估计值的标准误差、r^2值、观察值个数，以及系数的标准误差；新工作表组，单击此选项，可在当前工作簿中插入新工作表，并由新工作表的A1单元格开始显示计算结果，如果需要给新工作表命名，则在右侧的编辑框中输入名称；新工作簿，单击此选项，可创建一个新工作簿，并在新工作簿的新工作表中显示计算结果；残差，如果需要以残差输出表的形式查看残差，则选中此复选框；标准残差，如果需要在残差输出表中包含标准残差，则选中此复选框；残差图，如果需要生成一张图表，绘制每个自变量及其残差，则选中此复选框；线形拟合图，如果需要为预测值和观察值生成一个图表，则选中此复选框；正态概率图，如果需要绘制正态概率图，则选中此复选框。

(2)按如下方式填写对话框：X值输入区域为＄B＄1：＄B＄12，Y值输入区域为＄C＄1：＄C＄12，并选择“标志”和“线性拟合图”两个复选框，然后单击“确定”按钮即可。

（三）结果说明

按照如上操作步骤即可得到附表A.27的计算结果(部分结果)。结果可以分为四部分，第一部分是回归统计的结果，包括多元相关系数、可决系数R^2、调整之后的相关系数、回归标准差以及样本个数。第二部分是方差分析的结果，包括可解释的离差、残差、总离差和它们的自由度以及由此计算出的F统计量和相应的显著水平。第三部分是回归方程的截距和斜率的估计值以及它们的估计标准误差、t统计量大小双边拖尾概率值，以及估计值的上下界。根据这部分的结果可知回归方程为$Y=8.464\,33X-18.288$。第四部分是样本散点图，其中深色的点是样本的真实散点图，浅色的点是根据回归方程进行样本历史模拟的散点。如果觉得散点图不够清晰可以用鼠标拖动图形的边界达到控制图形大小的目的。用相同的方法可以进行多元线性方程的参数估计，还可以在自变量中引入虚拟变量以增加方程的拟合程度。对于非线性方程的参数估计，可以在进行样本数据的线性化处理之后，再按以上步骤进行参数估计。

附表　A. 27

	A	B	C	D	E
1	SUMMARY OUTPUT				
2	回归统计				
3	Multiple R	0.838 63			
4	R Square	0.703 3			
5	Adjusted R Square	0.670 33			
6	标准误差	1.031 46			
7	观测值	11			
8					
9	方差分析				
10		df	SS	MS	F
11	回归分析	1	22.697 1	22.697	21.334
12	残差	9	9.575 15	1.063 9	
13	总计	10	32.272 3		
14					
15		Coefficients	标准误差	t Stat	P-value
16	Intercept	−18.288	7.757 98	−2.357	0.042 8
17	人均纱产量/kg	8.464 33	1.832 56	4.618 8	0.001 3
18	人均纱产量/kg Line Fit Plot				
19					
20					
21					
22					
23					
24					

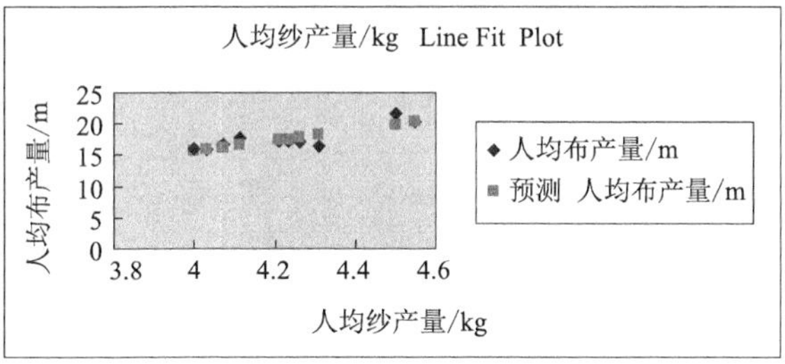

十二、利用 Excel 进行相关系数分析

（一）简介

使用“相关系数”分析工具确定两个区域中数据的变化是否相关，即，一个集合的较大数据是否与另一个集合的较大数据相对应（正相关）；或者一个集合的较小数据是否与另一个集合的较小数据相对应（负相关）；还是两个集合中的数据互不相关（相关性为零）。

（二）操作步骤

采用附表 A. 4 中的数据，可按如下步骤计算变量 X、Y、Z 之间的相关系数。

（1）选择“工具”→“数据分析”命令，双击数据分析工具中的“相关系数”选项。

（2）填写“相关系数”对话框：输入区域输入 A1：C12；选中“标志位于第一行”；选中“新工作表组”；单击“确定”按钮即可得到各个变量的相关系数矩阵，结果如附表 A. 28 所示。

附表 A. 28

	A	B	C	D
1		X	Y	Z
2	X	1		
3	Y	0. 929 167	1	
4	Z	0. 922 982	0. 984 245	1

（三）结果说明

以上下三角矩阵计算出三个变量 X、Y、Z 两两之间的相关系数，如变量 X、Y 之间的相关系数为：0. 929 167，所以可以判断 X、Y 之间存在着较高的正线性相关关系。

附录B 统计用表

表 **B.1** 标准化正态分布表

例：$p(0\leqslant Z\leqslant 1.96)=0.4750$

$p(Z\geqslant 1.96)=0.5-0.4750=0.025$

0.475 0

0 1.96 Z

Z	0.00	0.01	0.02	0.03	0.04	0.05	0.06	0.07	0.08	0.09
0.0	0.0000	0.0040	0.0080	0.0120	0.0160	0.0199	0.0239	0.0279	0.0319	0.0359
0.1	0.0398	0.0438	0.0478	0.0517	0.0557	0.0596	0.0636	0.0675	0.0714	0.0753
0.2	0.793	0.0832	0.0871	0.0910	0.0948	0.0987	0.1026	0.1064	0.1103	0.1141
0.3	0.1179	0.1217	0.1255	0.1293	0.1331	0.1368	0.1406	0.1443	0.1480	0.1517
0.4	0.1554	0.1591	0.1628	0.1664	0.1700	0.1736	0.1772	0.1808	0.1844	0.1879
0.5	0.1915	0.1950	0.1985	0.2019	0.2054	0.2088	0.2123	0.2157	0.2190	0.2224
0.6	0.2257	0.2291	0.2324	0.2357	0.2389	0.2422	0.2454	0.2486	0.2517	0.2549
0.7	0.2580	0.2611	0.2642	0.2673	0.2704	0.2734	0.2764	0.2794	0.2823	0.2852
0.8	0.2881	0.2910	0.2939	0.2967	0.2995	0.3023	0.3051	0.3078	0.3106	0.3133
0.9	0.3159	0.3186	0.3212	0.3238	0.3264	0.3289	0.3315	0.3340	0.3365	0.3389
1.0	0.3413	0.3438	0.3461	0.3485	0.3508	0.3531	0.3554	0.3577	0.3599	0.3621
1.1	0.3643	0.3665	0.3686	0.3708	0.3729	0.3749	0.3770	0.3790	0.3810	0.3830
1.2	0.3849	0.3869	0.3888	0.3907	0.3925	0.3944	0.3962	0.3980	0.3997	0.4015
1.3	0.4032	0.4049	0.4066	0.4082	0.4099	0.4115	0.4131	0.4147	0.4162	0.4177
1.4	0.4192	0.4207	0.4222	0.4236	0.4251	0.4265	0.4279	0.4292	0.4306	0.4319
1.5	0.4332	0.4345	0.4357	0.4370	0.4382	0.4394	0.4406	0.4418	0.4129	0.4441
1.6	0.4452	0.4463	0.4474	0.4484	0.4495	0.4505	0.4515	0.4525	0.4535	0.4545
1.7	0.4454	0.4564	0.4573	0.4582	0.4591	0.4599	0.4608	0.4616	0.4625	0.4633
1.8	0.4641	0.4649	0.4656	0.4664	0.4671	0.4678	0.4686	0.4693	0.4699	0.4706
1.9	0.4713	0.4719	0.4726	0.4732	0.4738	0.4744	0.4750	0.4756	0.4761	0.4767
2.0	0.4772	0.4778	0.4783	0.4788	0.4793	0.4798	0.4803	0.4808	0.4812	0.4817
2.1	0.4821	0.4826	0.4830	0.4834	0.4838	0.4842	0.4846	0.4850	0.4854	0.4857
2.2	0.4861	0.4864	0.4868	0.4871	0.4875	0.4878	0.4881	0.4884	0.4887	0.4890
2.3	0.4893	0.4896	0.4898	0.4901	0.4904	0.4906	0.4909	0.4911	0.4913	0.4916
2.4	0.4918	0.4920	0.4922	0.4925	0.4927	0.4929	0.4931	0.4932	0.4934	0.4936
2.5	0.4938	0.4940	0.4941	0.4943	0.4945	0.4946	0.4948	0.4949	0.4951	0.4952
2.6	0.4953	0.4955	0.4956	0.4957	0.4959	0.4960	0.4961	0.4962	0.4963	0.4964
2.7	0.4965	0.4966	0.4967	0.4968	0.4969	0.4970	0.4971	0.4972	0.4973	0.4974
2.8	0.4974	0.4975	0.4976	0.4977	0.4977	0.4978	0.4979	0.4979	0.4980	0.4981
2.9	0.4981	0.4982	0.4982	0.4983	0.4984	0.4984	0.4985	0.4985	0.4986	0.4986
3.0	0.4987	0.4987	0.4987	0.4988	0.4988	0.4989	0.4989	0.4989	0.4990	0.4990

注：本表给出分布的右侧（即 $Z\geqslant 0$）面积。由于正态分布是围绕 $Z=0$ 而对称分布的，故左侧面积与相应的右侧面积相同。例如，$p_r(-1.96\leqslant Z\leqslant 0)=0.4750$，因此 $p_r(-1.96\leqslant Z\leqslant 1.96)=0.95$

表 B.2 *t* 分布的临界值表

例:自由度 df=20

$p(t>2.086)=0.025$

$p(t>1.725)=0.05$

$p(|t|>1.725)=0.10$

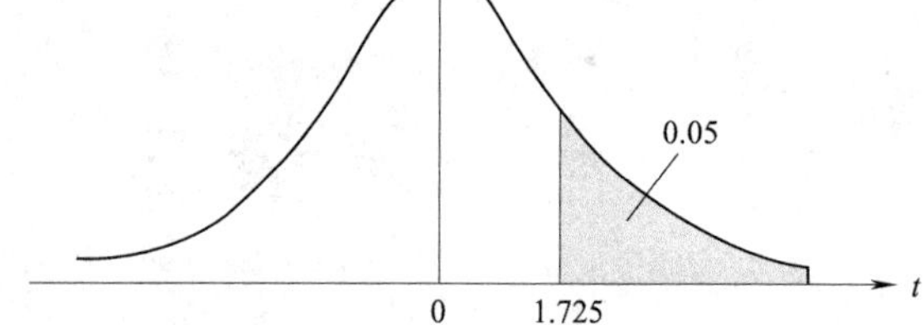

p_r / df	0.25 0.50	0.10 0.20	0.05 0.10	0.025 0.05	0.01 0.02	0.005 0.010	0.001 0.002
1	1.000	3.078	6.314	12.706	31.821	63.657	318.31
2	0.816	1.886	2.920	4.303	6.965	9.925	22.327
3	0.765	1.638	2.353	3.182	4.541	5.841	10.214
4	0.741	1.533	2.132	2.776	3.747	4.604	7.173
5	0.727	1.476	2.015	2.571	3.365	4.032	5.893
6	0.718	1.440	1.943	2.447	3.143	3.707	5.208
7	0.711	1.415	1.895	2.365	2.998	3.499	4.785
8	0.706	1.397	1.860	2.306	2.896	3.355	4.501
9	0.703	1.383	1.833	2.262	2.821	3.250	4.297
10	0.700	1.372	1.812	2.228	2.764	3.169	4.144
11	0.697	1.363	1.796	2.201	2.718	3.106	4.025
12	0.695	1.356	1.782	2.179	2.681	3.055	3.930
13	0.694	1.350	1.771	2.160	2.650	3.012	3.852
14	0.692	1.345	1.761	2.145	2.624	2.977	3.787
15	0.691	1.341	1.753	2.131	2.602	2.947	3.733
16	0.690	1.337	1.746	2.120	2.583	2.921	3.686
17	0.689	1.333	1.740	2.110	2.567	2.898	3.646
18	0.688	1.330	1.734	2.101	2.552	2.878	3.610
19	0.688	1.328	1.729	2.093	2.539	2.861	3.579
20	0.687	1.325	1.725	2.086	2.528	2.845	3.552
21	0.686	1.323	1.721	2.080	2.518	2.831	3.527
22	0.686	1.321	1.717	2.074	2.508	2.819	3.505
23	0.685	1.319	1.714	2.069	2.500	2.807	3.485
24	0.685	1.318	1.711	2.064	2.492	2.797	3.467
25	0.684	1.316	1.708	2.060	2.485	2.787	3.450
26	0.684	1.315	1.706	2.056	2.479	2.779	3.435
27	0.684	1.314	1.703	2.052	2.473	2.771	3.421
28	0.683	1.313	1.701	2.048	2.467	2.763	3.408
29	0.683	1.311	1.699	2.045	2.462	2.756	3.396
30	0.683	1.310	1.697	2.042	2.457	2.750	3.385
40	0.681	1.303	1.684	2.021	2.423	2.704	3.307
60	0.679	1.296	1.671	2.000	2.390	2.660	3.232
120	0.677	1.289	1.658	1.980	2.358	2.617	3.160
∞	0.674	1.282	1.645	1.960	2.326	2.576	3.090

注:横表头第一行较小概率指单侧面积,横表头第二行较大概率指双侧面积

表 B.3 *F* 分布的临界值表

例:对于自由度 $N_1=0$ 和 $N_2=9$

$p(F>1.59)=0.25$

$p(F>2.42)=10$

$p(F>3.14)=0.05$

$p(F>5.26)=0.01$

分母自由度 N_2	N_1 / N_2	P_r	1	2	3	4	5	6	7	8	9	10	11	12	15	20	24	30	40	50	60	100	120	200	500	∞
	1	0.25	5.83	7.50	8.20	8.58	8.82	8.98	9.10	9.19	9.26	9.32	9.36	9.41	9.49	9.58	9.63	9.67	9.71	9.74	9.76	9.78	9.80	9.82	9.84	9.85
		0.10	39.9	49.5	53.6	55.8	57.2	58.2	58.9	59.4	59.9	60.2	60.5	60.7	61.2	61.7	62.0	62.3	62.5	62.7	62.8	63.0	63.1	63.2	63.3	63.3
		0.05	161	200	216	225	230	234	237	239	241	242	243	244	246	248	249	250	251	252	252	253	253	254	254	254
	2	0.25	2.57	3.00	3.15	3.23	3.28	3.31	3.34	3.35	3.37	3.38	3.39	3.39	3.41	3.43	3.43	3.44	3.45	3.45	3.46	3.47	3.47	3.48	3.48	3.48
		0.10	8.53	9.00	9.16	9.24	9.29	9.33	9.35	9.37	9.38	9.39	9.40	9.41	9.42	9.44	9.45	9.46	9.47	9.47	9.47	9.48	9.48	9.49	9.49	9.49
		0.05	18.5	9.0	19.2	19.2	19.3	19.3	19.4	19.4	19.4	19.4	19.4	19.4	19.4	19.4	19.5	19.5	19.5	19.5	19.5	19.5	19.5	19.5	19.5	19.5
		0.01	98.5	99.0	99.2	99.2	99.3	99.3	99.4	99.4	99..1	99.4	99.4	99.4	99.4	99.4	99.5	99.5	99.5	99.5	99.5	99.5	99.5	99.5	99.5	99.5
	3	0.25	2.02	2.28	2.36	2.39	2.41	2.42	2.43	2.44	2.44	2.44	2.45	2.45	2.46	2.46	2.46	2.47	2.47	2.47	2.47	2.47	2.47	2.47	2.47	2.47
		0.10	5.54	5.46	5.39	5.34	5.31	5.28	5.27	5.25	5.24	5.23	5.22	5.22	5.20	5.18	5.18	5.17	5.16	5.15	5.15	5.14	5.14	5.14	5.14	5.13
		0.05	10.1	9.55	9.28	9.12	9.00	8.94	8.89	8.85	8.81	8.79	8.76	8.74	8.70	8.66	8.64	8.62	8.59	8.58	8.57	8.55	8.55	8.54	8.53	8.53
		0.01	34.1	30.8	29.5	28.7	28.2	27.9	27.7	27.5	27.3	27.2	27.1	27.1	26.9	26.7	26.6	26.5	26.4	26.4	26.3	26.2	26.2	26.2	26.1	26.1
	4	0.25	1.81	2.00	2.05	2.06	2.07	2.08	2.08	2.08	2.08	2.08	2.08	2.08	2.08	2.08	2.08	2.08	2.08	2.08	2.08	2.08	2.08	2.08	2.08	2.08
		0.10	4.54	4.32	4.19	4.11	4.05	4.01	3.98	3.95	3.94	3.92	3.91	3.90	3.87	3.84	3.83	3.82	3.80	3.80	3.79	3.78	3.78	3.77	3.76	3.76
		0.05	7.71	6.94	6.59	6.39	6.26	6.16	6.09	6.04	6.00	5.96	5.94	5.91	5.86	5.80	5.77	5.75	5.72	5.70	5.69	5.66	5.66	5.65	5.64	5.63
		0.01	21.2	18.0	16.7	16.0	15.5	15.2	15.0	14.8	14.7	14.5	14.4	14.4	14.2	14.0	13.9	13.8	13.7	13.7	13.7	13.6	13.6	13.5	13.5	13.5
	5	0.25	1.69	1.85	1.88	1.89	1.89	1.89	1.89	1.89	1.89	1.89	1.89	1.89	1.89	1.88	1.88	1.88	1.88	1.88	1.87	1.87	1.87	1.87	1.87	1.87
		0.10	4.06	3.78	3.62	3.52	3.45	3.40	3.37	3.34	3.32	3.30	3.28	3.27	3.24	3.21	3.19	3.17	3.16	3.15	3.14	3.13	3.12	3.12	3.11	3.10
		0.05	6.61	5.79	5.41	5.19	5.05	4.95	d.88	d.82	4.77	4.74	4.71	4.68	4.62	4.56	4.53	4.50	4.46	4.44	4.43	4.41	4.40	4.39	4.37	4.36
		0.01	16.3	13.3	12.1	11.4	11.0	10.7	10.5	10.3	10.2	10.1	9.96	9.89	9.72	9.55	9.47	9.38	9.29	9.24	9.20	9.13	9.11	9.08	9.04	9.02

续表

分母自由度 N_2	N_2 \ N_1	P_r	1	2	3	4	5	6	7	8	9	10	11	12	15	20	24	30	40	50	60	100	120	200	500	∞
	6	0.25	1.62	1.76	1.78	1.79	1.79	1.78	1.78	1.78	1.77	1.77	1.77	1.77	1.76	1.76	1.75	1.75	1.75	1.75	1.74	1.74	1.74	1.74	1.74	1.74
		0.10	3.78	3.46	3.29	3.18	3.11	3.05	3.01	2.98	2.96	2.94	2.92	2.90	2.87	2.84	2.82	2.80	2.78	2.77	2.76	2.75	2.74	2.73	2.73	2.72
		0.05	5.99	5.14	4.76	4.53	4.39	4.28	4.21	4.15	4.10	4.06	4.03	4.00	3.94	3.87	3.84	3.81	3.77	3.75	3.74	3.71	3.70	3.69	3.68	3.67
		0.01	13.7	10.9	9.78	9.15	8.75	8.47	8.26	8.10	7.98	7.87	7.79	7.72	7.56	7.40	7.31	7.23	7.14	7.09	7.06	6.99	6.97	6.93	6.90	6.88
	7	0.25	1.57	1.70	1.72	1.72	1.71	1.71	1.70	1.70	1.69	1.69	1.69	1.68	1.68	1.67	1.67	1.66	1.66	1.66	1.65	1.65	1.65	1.65	1.65	1.65
		0.10	3.59	3.26	3.07	2.96	2.88	2.83	2.78	2.75	2.72	2.70	2.68	2.67	2.63	2.59	2.58	2.56	2.54	2.52	2.51	2.50	2.49	2.48	2.48	2.47
		0.05	5.59	4.74	4.35	4.12	3.97	3.87	3.79	3.73	3.68	3.64	3.60	3.57	3.51	3.44	3.41	3.38	3.34	3.32	3.30	3.27	3.27	3.25	3.24	3.23
		0.01	12.2	9.55	8.45	7.85	7.46	7.19	6.99	6.84	6.72	6.62	6.54	6.47	6.31	6.16	6.07	5.99	5.91	5.86	5.82	5.75	5.74	5.70	5.67	5.65
	8	0.25	1.54	1.66	1.67	1.66	1.66	1.65	1.64	1.63	1.63	1.63	1.63	1.62	1.62	1.61	1.60	1.60	1.59	1.59	1.59	1.58	1.58	1.58	1.58	1.58
		0.10	3.46	3.11	2.92	2.81	2.73	2.67	2.62	2.59	2.56	2.54	2.52	2.50	2.46	2.42	2.40	2.38	2.36	2.35	2.34	2.32	2.32	2.31	2.30	2.29
		0.05	5.32	4.46	4.07	3.84	3.69	3.58	3.50	3.44	3.39	3.35	3.31	3.28	3.22	3.15	3.12	3.08	3.04	2.02	3.01	2.97	2.97	2.95	2.94	2.93
		0.01	11.3	8.65	7.59	7.01	6.63	6.37	6.18	6.03	5.91	5.81	5.73	5.67	5.52	5.36	5.28	5.20	5.12	5.07	5.03	4.96	4.95	4.91	4.88	4.86
	9	0.25	1.51	1.62	1.63	1.63	1.62	1.61	1.60	1.60	1.59	1.59	1.58	1.58	1.57	1.56	1.56	1.55	1.55	1.54	1.54	1.53	1.53	1.53	1.53	1.53
		0.10	3.36	3.01	2.81	2.69	2.61	2.55	2.51	2.47	2.44	2.42	2.40	2.38	2.34	2.30	2.28	2.25	2.23	2.22	2.21	2.19	2.18	2.17	2.17	2.16
		0.05	5.12	4.26	3.86	3.63	3.48	3.37	3.29	3.23	3.18	3.14	3.10	3.07	3.01	2.94	2.90	2.86	2.83	2.80	2.79	2.76	2.75	2.73	2.72	2.71
		0.01	10.6	8.02	6.99	6.42	6.06	5.80	5.61	5.47	5.35	5.26	5.18	5.11	4.96	4.81	4.73	4.65	4.57	4.52	4.48	4.42	4.40	4.36	4.33	4.31
	10	0.25	1.49	1.60	1.60	1.59	1.59	1.58	1.57	1.56	1.56	1.55	1.55	1.54	1.53	1.52	1.52	1.51	1.51	1.50	1.50	1.49	1.49	1.49	1.48	1.48
		0.10	3.29	2.92	2.73	2.61	2.52	2.46	2.41	2.38	2.35	2.32	2.30	2.28	2.24	2.20	2.18	2.16	2.13	2.12	2.11	2.09	2.08	2.07	2.06	2.06
		0.05	4.96	4.10	3.71	3.48	3.33	3.22	3.14	3.07	3.02	2.98	2.94	2.91	2.85	2.77	2.74	2.70	2.66	2.64	2.62	2.59	2.58	2.56	2.55	2.54
		0.01	10.0	7.56	6.55	5.99	5.64	5.39	5.20	5.06	4.94	4.85	4.77	4.71	4.56	4.41	4.33	4.25	4.17	4.12	4.08	4.01	4.00	3.96	3.93	3.91
	11	0.25	1.47	1.58	1.58	1.57	1.56	1.55	1.54	1.53	1.53	1.52	1.52	1.51	1.50	1.49	1.49	1.48	1.47	1.47	1.47	1.46	1.46	1.46	1.45	1.45
		0.10	3.23	2.86	2.66	2.54	2.45	2.39	2.34	2.30	2.27	2.25	2.23	2.21	2.17	2.12	2.10	2.08	2.05	2.04	2.03	2.00	2.00	1.99	1.98	1.97
		0.05	4.84	3.98	3.59	3.36	3.20	3.09	3.01	2.95	2.90	2.85	2.82	2.79	2.72	2.65	2.61	2.57	2.53	2.51	2.49	2.46	2.45	2.43	2.42	2.40
		0.01	9.65	7.21	6.22	5.67	5.32	5.07	4.89	4.74	4.63	4.54	4.46	4.40	4.25	4.10	4.02	3.91	3.86	3.81	3.78	3.71	3.69	3.66	3.62	3.60

续表

N_2 \ N_1		P_r	分子自由度 N_1																						
			1	2	3	4	5	6	7	8	9	10	11	12	15	20	24	30	40	50	60	100	120	200	500	∞
分母自由度 N_2	12	0.25	1.46	1.56	1.56	1.55	1.54	1.53	1.52	1.51	1.51	1.50	1.50	1.49	1.48	1.47	1.46	1.45	1.45	1.44	1.44	1.43	1.43	1.43	1.42	1.42
		0.10	3.18	2.81	2.61	2.48	2.39	2.33	2.28	2.24	2.21	2.19	2.17	2.15	2.10	2.06	2.04	2.01	1.99	1.97	1.96	1.94	1.93	1.92	1.91	1.90
		0.05	4.75	3.89	3.49	3.26	3.11	3.00	2.91	2.85	2.80	2.75	2.72	2.69	2.62	2.54	2.51	2.47	2.43	2.40	2.38	2.35	2.34	2.32	2.31	2.30
		0.01	9.33	6.93	5.95	5.41	5.06	4.82	4.64	4.50	4.39	4.30	4.22	4.16	4.01	3.86	3.78	3.70	3.62	3.57	3.54	3.47	3.45	3.41	3.38	3.36
	13	0.25	1.45	1.55	1.55	1.53	1.52	1.51	1.50	1.49	1.49	1.48	1.47	1.47	1.46	1.45	1.44	1.43	1.42	1.42	1.42	1.41	1.41	1.40	1.40	1.40
		0.10	3.14	2.76	2.56	2.43	2.35	2.28	2.23	2.20	2.16	2.14	2.12	2.10	2.05	2.01	1.98	1.96	1.93	1.92	1.90	1.88	1.88	1.86	1.85	1.85
		0.05	4.67	3.81	3.41	3.18	3.03	2.92	2.83	2.77	2.71	2.67	2.63	2.60	2.53	2.46	2.42	2.38	2.34	2.31	2.30	2.26	2.25	2.23	2.22	2.21
		0.01	9.07	6.70	5.74	5.21	4.86	4.62	4.44	4.30	4.19	4.10	4.02	3.96	3.82	3.66	3.59	3.51	3.43	3.38	3.34	3.27	3.25	3.22	3.19	3.17
	14	0.25	1.44	1.53	1.53	1.52	1.51	1.50	1.49	1.48	1.47	1.46	1.46	1.45	1.44	1.43	1.42	1.41	1.41	1.40	1.40	1.39	1.39	1.39	1.38	1.38
		0.10	3.10	2.73	2.52	2.39	2.31	2.24	2.19	2.15	2.12	2.10	2.08	2.05	2.01	1.96	1.94	1.91	1.89	1.87	1.86	1.83	1.83	1.82	1.80	1.80
		0.05	4.60	3.74	3.34	3.11	2.96	2.85	2.76	2.70	2.65	2.60	2.57	2.53	2.46	2.39	2.35	2.31	2.27	2.24	2.22	2.19	2.18	2.16	2.14	2.13
		0.01	8.86	6.51	5.56	5.04	4.69	4.46	4.28	4.14	4.03	3.94	3.86	3.80	3.66	3.51	3.43	3.35	3.27	3.22	3.18	3.11	3.09	3.06	3.03	3.00
	15	0.25	1.43	1.52	1.52	1.51	1.49	1.48	1.47	1.46	1.46	1.45	1.44	1.44	1.43	1.41	1.41	1.40	1.39	1.39	1.38	1.38	1.37	1.37	1.36	1.36
		0.10	3.07	2.70	2.49	2.36	2.27	2.21	2.16	2.12	2.09	2.06	2.01	2.02	1.97	1.92	1.90	1.87	1.85	1.83	1.82	1.79	1.79	1.77	1.76	1.76
		0.05	4.54	3.68	3.29	3.06	2.90	2.79	2.71	2.64	2.59	2.54	2.51	2.48	2.40	2.33	2.29	2.25	2.20	2.18	2.16	2.12	2.11	2.10	2.08	2.07
		0.01	8.68	6.36	5.42	4.89	4.56	4.32	4.14	4.00	3.89	3.80	3.73	3.67	3.52	3.37	3.29	3.21	3.13	3.08	3.05	2.98	2.96	2.92	2.89	2.87
	16	0.25	1.42	1.51	1.51	1.50	1.48	1.47	1.46	1.45	1.44	1.44	1.44	1.43	1.41	1.40	1.39	1.38	1.37	1.37	1.36	1.36	1.35	1.35	1.34	1.34
		0.10	3.05	2.67	2.46	2.33	2.24	2.18	2.13	2.09	2.06	2.03	2.01	1.99	1.94	1.89	1.87	1.84	1.81	1.79	1.78	1.76	1.75	1.74	1.73	1.72
		0.05	4.49	3.63	3.24	3.01	2.85	2.74	2.66	2.59	2.54	2.49	2.46	2.42	2.35	2.28	2.24	2.19	2.15	2.12	2.11	2.07	2.06	2.04	2.02	2.01
		0.01	8.53	6.23	5.29	4.77	4.44	4.20	4.03	3.89	3.78	3.69	3.62	3.55	3.41	3.26	3.18	3.10	3.02	2.97	2.93	2.86	2.84	2.81	2.78	2.75
	17	0.25	1.42	1.51	1.50	1.49	1.47	1.46	1.45	1.44	1.43	1.43	1.42	1.41	1.40	1.39	1.38	1.37	1.36	1.35	1.35	1.34	1.34	1.34	1.33	1.33
		0.10	3.03	2.64	2.44	2.31	2.22	2.15	2.10	2.06	2.03	2.00	1.98	1.96	1.91	1.86	1.84	1.81	1.78	1.76	1.75	1.73	1.72	1.71	1.69	1.69
		0.05	4.45	3.59	3.20	2.96	2.81	2.70	2.61	2.55	2.49	2.45	2.41	2.38	2.31	2.23	2.19	2.15	2.10	2.08	2.06	2.02	2.01	1.99	1.97	1.96
		0.01	8.40	6.11	5.18	4.67	4.34	4.10	3.93	3.79	3.68	3.59	3.52	3.46	3.31	3.16	3.08	3.00	2.92	2.87	2.83	2.76	2.75	2.71	2.68	2.65

续表

分母自由度 N_2	P_r	分子自由度 N_1 1	2	3	4	5	6	7	8	9	10	11	12	15	20	24	30	40	50	60	100	120	200	500	∞
18	0.25	1.41	1.50	1.49	1.48	1.46	1.45	1.44	1.43	1.42	1.42	1.41	1.40	1.39	1.38	1.37	1.36	1.35	1.34	1.34	1.33	1.33	1.32	1.32	1.32
	0.10	3.01	2.62	2.42	2.29	2.20	2.13	2.08	2.04	2.00	1.98	1.96	1.93	1.89	1.84	1.81	1.78	1.75	1.74	1.72	1.70	1.69	1.68	1.67	1.66
	0.05	4.41	3.55	3.16	2.93	2.77	2.66	2.58	2.51	2.46	2.41	2.37	2.34	2.27	2.19	2.15	2.11	2.06	2.04	2.02	1.98	1.97	1.95	1.93	1.92
	0.01	8.29	6.01	5.09	4.58	4.25	4.01	3.84	3.71	3.60	3.51	3.43	3.37	3.23	3.08	3.00	2.92	2.84	2.78	2.75	2.68	2.66	2.62	2.59	2.57
19	0.25	1.41	1.49	1.49	1.47	1.46	1.44	1.43	1.42	1.41	1.41	1.40	1.40	1.38	1.37	1.36	1.35	1.34	1.33	1.33	1.32	1.32	1.31	1.31	1.30
	0.10	2.99	2.61	2.40	2.27	2.18	2.11	2.06	2.02	1.98	1.96	1.94	1.91	1.86	1.81	1.79	1.76	1.73	1.71	1.70	1.67	1.67	1.65	1.64	1.63
	0.05	4.38	3.52	3.13	2.90	2.74	2.63	2.54	2.48	2.42	2.38	2.34	2.31	2.23	2.16	2.11	2.07	2.03	2.00	1.98	1.94	1.93	1.91	1.89	1.88
	0.01	8.18	5.93	5.01	4.50	4.17	3.94	3.77	3.63	3.52	3.43	3.36	3.30	3.15	3.00	2.92	2.84	2.76	2.71	2.67	2.60	2.58	2.55	2.51	2.49
20	0.25	1.40	1.49	1.48	1.46	1.45	1.44	1.43	1.42	1.41	1.40	1.39	1.39	1.37	1.36	1.35	1.34	1.33	1.33	1.32	1.31	1.31	1.30	1.30	1.29
	0.10	2.97	2.59	2.38	2.25	2.16	2.09	2.04	2.00	1.96	1.94	1.92	1.89	1.84	1.79	1.77	1.74	1.71	1.69	1.68	1.65	1.64	1.63	1.62	1.61
	0.05	4.35	3.49	3.10	2.87	2.71	2.60	2.51	2.45	2.39	2.35	2.31	2.28	2.20	2.12	2.08	2.04	1.99	1.97	1.95	1.91	1.90	1.88	1.86	1.84
	0.01	8.10	5.85	4.94	4.43	4.10	3.87	3.70	3.56	3.46	3.37	3.29	3.23	3.09	2.94	2.86	2.78	2.69	2.64	2.61	2.54	2.52	2.48	2.44	2.42
22	0.25	1.40	1.48	1.47	1.45	1.44	1.42	1.41	1.40	1.39	1.39	1.38	1.37	1.36	1.34	1.33	1.32	1.31	1.31	1.30	1.30	1.30	1.29	1.29	1.28
	0.10	2.95	2.56	2.35	2.22	2.13	2.06	2.01	1.97	1.93	1.90	1.88	1.86	1.81	1.76	1.73	1.70	1.67	1.65	1.64	1.61	1.60	1.59	1.58	1.57
	0.05	4.30	3.41	3.05	2.82	2.66	2.55	2.46	2.40	2.34	2.30	2.26	2.23	2.15	2.07	2.03	1.98	1.94	1.91	1.89	1.85	1.84	1.82	1.80	1.78
	0.01	7.95	5.72	4.82	4.31	3.99	3.76	3.59	3.45	3.35	3.26	3.18	3.12	2.98	2.83	2.75	2.67	2.58	2.83	2.50	2.42	2.40	2.36	2.33	2.31
24	0.25	1.39	1.47	1.46	1.46	1.43	1.41	1.40	1.39	1.38	1.38	1.37	1.36	1.35	1.33	1.32	1.31	1.30	1.29	1.29	1.28	1.28	1.27	1.27	1.26
	0.10	2.93	2.54	2.33	2.19	2.10	2.04	1.98	1.94	1.91	1.88	1.85	1.83	1.78	1.73	1.70	1.67	1.64	1.62	1.61	1.58	1.57	1.56	1.54	1.53
	0.05	4.26	3.40	3.01	2.78	2.62	2.51	2.42	2.36	2.30	2.25	2.21	2.18	2.11	2.03	1.98	1.94	1.89	1.86	1.84	1.80	1.79	1.77	1.75	1.73
	0.01	7.82	5.61	4.72	4.22	3.90	3.67	3.50	3.36	3.26	3.17	3.09	3.03	2.89	2.74	2.66	2.58	2.49	2.44	2.40	2.33	2.31	2.27	2.24	2.21
26	0.25	1.38	1.46	1.48	1.44	1.42	1.41	1.39	1.38	1.37	1.37	1.36	1.35	1.34	1.32	1.31	1.30	1.29	1.28	1.28	1.26	1.26	1.26	1.25	1.25
	0.10	2.91	2.52	2.31	2.17	2.08	2.01	1.96	1.92	1.88	1.86	1.84	1.81	1.76	1.71	1.68	1.65	1.61	1.59	1.58	1.55	1.54	1.53	1.51	1.50
	0.05	4.23	3.37	2.98	2.74	2.59	2.47	2.39	2.32	2.27	2.22	2.18	2.15	2.07	1.99	1.95	1.90	1.85	1.82	1.80	1.76	1.75	1.73	1.71	1.69
	0.01	7.72	5.53	4.64	4.14	3.82	3.59	3.42	3.29	3.18	3.09	3.02	2.96	2.81	2.66	2.58	2.50	2.42	2.36	2.33	2.25	2.23	2.19	2.16	2.13

续表

分母自由度 N_2	P_r	分子自由度 N_1 1	2	3	4	5	6	7	8	9	10	11	12	15	20	24	30	40	50	60	100	120	200	500	∞
28	0.25	1.38	1.46	1.45	1.43	1.41	1.40	1.39	1.38	1.37	1.36	1.35	1.34	1.33	1.31	1.30	1.29	1.28	1.27	1.27	1.26	1.25	1.25	1.24	1.24
	0.10	2.89	2.50	2.29	2.16	2.06	2.00	1.94	1.90	1.87	1.84	1.81	1.79	1.74	1.69	1.66	1.63	1.59	1.57	1.56	1.53	1.52	1.50	1.49	1.48
	0.05	1.20	3.31	2.95	2.71	2.56	2.45	2.36	2.29	2.24	2.19	2.15	2.12	2.04	1.96	1.91	1.87	1.82	1.79	1.77	1.73	1.71	1.69	1.67	1.65
	0.01	7.64	5.45	4.57	4.07	3.75	3.53	3.36	3.23	3.12	3.03	2.96	2.90	2.75	2.60	2.52	2.44	2.35	2.30	2.26	2.19	2.17	2.13	2.09	2.06
30	0.25	1.38	1.45	1.44	1.42	1.41	1.30	1.38	1.37	1.36	1.35	1.35	1.34	1.32	1.30	1.29	1.28	1.27	1.26	1.26	1.25	1.24	1.24	1.23	1.23
	0.10	2.88	2.49	2.28	2.14	2.05	1.98	1.93	1.88	1.85	1.82	1.79	1.77	1.72	1.67	1.64	1.61	1.57	1.55	1.54	1.51	1.50	1.48	1.47	1.46
	0.05	4.17	3.32	2.92	2.69	2.53	2.42	2.33	2.27	2.21	2.16	2.13	2.09	2.01	1.93	1.89	1.84	1.79	1.76	1.74	1.70	1.68	1.66	1.64	1.62
	0.01	7.56	5.39	4.51	4.02	3.70	3.47	3.30	3.17	3.07	2.98	2.91	2.84	2.70	2.55	2.47	2.39	2.30	2.25	2.21	2.13	2.11	2.07	2.03	2.01
40	0.25	1.36	1.44	1.42	1.40	1.39	1.37	1.36	1.35	1.34	1.33	1.32	1.31	1.30	1.28	1.26	1.25	1.24	1.23	1.22	1.21	1.21	1.20	1.19	1.19
	0.10	2.84	2.44	2.23	2.09	2.00	1.93	1.87	1.83	1.79	1.76	1.73	1.71	1.66	1.61	1.57	1.54	1.51	1.48	1.47	1.43	1.42	1.41	1.39	1.38
	0.05	4.08	3.23	2.84	2.61	2.45	2.34	2.25	2.18	2.12	2.08	2.04	2.00	1.92	1.84	1.79	1.74	1.69	1.66	1.64	1.59	1.58	1.55	1.53	1.51
	0.01	7.31	5.18	4.31	3.83	3.51	3.29	3.12	2.99	2.89	2.80	2.73	2.66	2.52	2.37	2.29	2.20	2.11	2.06	2.02	1.94	1.92	1.87	1.83	1.80
60	0.25	1.35	1.42	1.41	1.38	1.37	1.35	1.33	1.32	1.31	1.30	1.29	1.29	1.27	1.25	1.24	1.22	1.21	1.20	1.19	1.17	1.17	1.16	1.15	1.15
	0.01	2.79	2.39	2.18	2.04	1.95	1.87	1.82	1.77	1.74	1.71	1.68	1.66	1.60	1.54	1.51	1.48	1.44	1.41	1.40	1.36	1.35	1.33	1.31	1.29
	0.05	4.00	3.15	2.76	2.53	2.37	2.25	2.17	2.10	2.04	1.99	1.95	1.92	1.84	1.75	1.70	1.65	1.59	1.56	1.53	1.48	1.47	1.44	1.41	1.39
	0.01	7.08	4.98	4.13	3.65	3.34	3.12	2.95	2.82	2.72	2.63	2.56	2.50	2.35	2.20	2.12	2.03	1.94	1.88	1.84	1.75	1.73	1.68	1.63	1.60
120	0.25	1.34	1.40	1.39	1.37	1.35	1.33	1.31	1.30	1.29	1.28	1.27	1.26	1.24	1.22	1.21	1.19	1.18	1.17	1.16	1.14	1.13	1.12	1.11	1.10
	0.10	2.75	2.35	2.13	1.99	1.90	1.82	1.77	1.72	1.68	1.65	1.62	1.60	1.55	1.48	1.45	1.41	1.37	1.34	1.32	1.27	1.26	1.24	1.21	1.19
	0.05	3.92	3.07	2.68	2.45	2.29	2.17	2.09	2.02	1.96	1.91	1.87	1.83	1.75	1.66	1.61	1.55	1.50	1.46	1.43	1.37	1.35	1.32	1.28	1.25
	0.01	6.85	4.79	3.95	3.48	3.17	2.96	2.79	2.66	2.56	2.47	2.40	2.34	2.19	2.03	1.95	1.86	1.76	1.70	1.66	1.56	1.53	1.48	1.42	1.38

续表

分母自由度 N_2	P_r	1	2	3	4	5	6	7	8	9	10	11	12	15	20	24	30	40	50	60	100	120	200	500	∞
200	0.25	1.33	1.39	1.38	1.36	1.34	1.32	1.31	1.29	1.28	1.27	1.26	1.25	1.23	1.21	1.20	1.18	1.16	1.14	1.12	1.11	1.10	1.09	1.08	1.06
	0.10	2.73	2.33	2.11	1.97	1.88	1.80	1.75	1.70	1.66	1.63	1.60	1.57	1.42	1.46	1.42	1.38	1.34	1.31	1.28	1.24	1.22	1.20	1.17	1.11
	0.05	3.89	3.04	2.65	2.42	2.26	2.44	2.06	1.98	1.93	1.88	1.84	1.80	1.72	1.62	1.57	1.52	1.46	1.41	1.39	1.32	1.29	1.26	1.22	1.19
	0.01	6.76	4.71	3.88	3.41	3.11	2.89	2.73	2.60	2.50	2.41	2.34	2.27	2.13	1.97	1.89	1.79	1.69	1.63	1.58	1.48	1.44	1.39	1.33	1.28
∞	0.25	1.32	1.39	1.37	1.35	1.33	1.31	1.29	1.28	1.27	1.25	1.24	1.24	1.22	1.19	1.18	1.16	1.14	1.13	1.12	1.09	1.08	1.07	1.04	1.00
	0.10	2.71	2.30	2.08	1.94	1.85	1.77	1.72	1.67	1.63	1.60	1.57	1.55	1.49	1.42	1.38	1.34	1.30	1.26	1.24	1.18	1.17	1.13	1.08	1.00
	0.05	3.84	3.00	2.60	2.37	2.21	2.10	2.01	1.94	1.88	1.83	1.79	1.75	1.67	1.57	1.52	1.46	1.39	1.35	1.32	1.24	1.22	1.17	1.11	1.00
	0.01	6.63	4.61	3.78	3.32	3.02	2.80	2.64	2.51	2.41	2.32	2.25	2.18	2.04	1.88	1.79	1.70	1.59	1.52	1.47	1.36	1.32	1.25	1.15	1.00

表 B.4 χ^2 分布的临界值表

例：自由度 df=20

$p(x^2>23.83)=0.25$

$p(x^2>10.85)=0.95$

$p(x^2>31.41)=0.05$

Pr / df	0.995	0.990	0.975	0.950	0.900	0.750	0.500	0.250	0.100	0.050	0.025	0.010	0.005
1	$392\ 704\times10^{-10}$	$157\ 088\times10^{-9}$	$982\ 069\times10^{-9}$	$393\ 214\times10^{-8}$	0.015 790 8	0.101 530 8	0.454 937	1.323 30	2.705 54	3.841 46	5.023 89	6.634 90	7.879 44
2	0.010 025 1	0.020 100 7	0.050 635 6	0.102 587	0.210 720	0.575 364	1.386 29	2.772 59	4.605 17	5.991 47	7.377 76	9.210 34	10.596 6
3	0.071 721 2	0.114 832	0.215 795	0.351 846	0.584 375	1.212 534	2.365 97	4.108 35	6.251 39	7.814 73	9.348 40	11.344 9	12.838 1
4	0.206 990	0.297 110	0.484 419	0.710 721	1.063 623	1.922 55	3.356 70	5.385 27	7.779 44	9.487 73	11.143 3	13.276 7	14.860 2
5	0.411 740	0.554 300	0.831 211	1.145 476	1.610 31	2.674 60	4.351 46	6.625 68	9.236 35	11.070 5	12.832 5	15.086 3	16.749 6
6	0.675 727	0.872 085	1.237 347	1.635 39	2.204 13	3.454 60	5.348 12	7.840 80	10.644 6	12.591 6	14.449 4	16.811 9	18.547 6
7	0.989 265	1.239 043	1.689 87	2.167 35	2.833 11	4.254 85	6.345 81	9.037 15	12.017 0	14.067 1	16.012 8	18.475 3	20.277 7
8	1.344 419	1.646 482	2.179 73	2.732 64	3.489 54	5.070 64	7.344 12	10.218 8	13.361 6	15.507 3	17.534 6	20.090 2	21.955 0
9	1.734 926	2.087 912	2.700 39	3.325 11	4.168 16	5.898 83	8.342 83	11.388 7	14.683 7	16.919 0	19.022 8	21.666 0	23.589 3
10	2.155 85	2.558 21	3.246 97	3.940 30	4.865 18	6.737 20	9.341 82	12.548 9	15.987 1	18.307 0	20.483 1	23.209 3	25.188 2
11	2.603 21	3.053 47	3.815 75	4.574 81	5.577 79	7.584 12	10.341 0	13.700 7	17.275 0	19.675 1	21.920 0	24.725 0	26.756 9
12	3.073 82	3.570 56	4.403 79	5.226 03	6.303 80	8.438 42	11.340 3	11.845 4	18.549 4	21.026 1	23.336 7	26.217 0	28.299 5
13	3.565 03	4.106 91	5.008 74	5.891 86	7.041 50	9.299 06	12.339 8	15.983 9	19.811 9	22.362 1	24.735 6	27.688 3	29.819 4
14	4.074 68	4.660 43	5.628 72	6.570 63	7.789 53	10.165 3	13.339 3	17.117 0	21.064 2	23.684 8	26.119 0	29.141 3	31.319 3
15	4.600 94	5.229 35	6.262 14	7.260 94	8.546 75	11.036 5	14.338 9	18.245 1	22.307 2	24.995 8	27.488 4	30.577 9	32.801 3

续表

Pr / df	0.995	0.990	0.975	0.950	0.900	0.750	0.500	0.250	0.100	0.050	0.025	0.010	0.005
16	5.142 24	5.812 21	6.907 66	7.961 64	9.312 23	11.912 2	15.338 5	19.368 8	23.541 8	26.296 2	28.845 4	31.999 9	34.267 2
17	5.697 24	6.407 76	7.564 18	8.671 76	10.085 2	12.791 9	16.338 1	20.488 7	24.769 0	27.587 1	30.191 0	33.408 7	35.718 5
18	6.264 81	7.014 91	8.230 75	9.390 46	10.864 9	13.675 3	17.337 9	21.604 9	25.989 4	28.869 3	31.526 4	34.805 3	37.156 4
19	6.843 98	7.632 73	8.906 55	10.117 0	11.650 9	14.562 0	18.337 6	22.71 7 8	27.203 6	30.143 5	32.852 3	36.190 8	38.582 2
20	7.433 86	8.260 40	9.590 83	10.850 8	12.442 6	15.451 8	19.337 4	23.827 7	28.412 0	31.410 4	34.169 6	37.566 2	39.996 8
21	8.033 66	8.897 20	10.282 93	11.591 3	13.239 6	16.344 4	20.337 2	24.934 8	29.615 1	32.670 5	34.478 9	38.932 1	41.401 0
22	8.642 72	9.542 49	10.982 3	12.338 0	14.041 5	17.239 6	21.337 0	26.039 3	30.813 3	33.924 4	36.780 7	40.289 4	42.795 6
23	9.260 42	10.195 67	11.688 5	13.090 5	14.847 9	18.137 3	22.336 9	27.141 3	32.006 9	35.172 5	38.075 7	41.638 4	44.181 3
24	9.886 23	10.856 4	12.401 1	13.848 4	15.658 7	19.037 2	23.336 7	28.241 2	33.196 3	36.415 1	39.364 1	42.979 8	45.558 5
25	10.519 7	11.524 0	13.119 7	14.611 4	16.473 4	19.939 3	24.336 6	29.338 9	34.381 6	37.652 5	40.646 5	44.314 1	46.927 8
26	11.160 3	12.198 1	13.843 9	15.379 1	17.291 9	20.843 4	25.336 4	30.434 5	35.563 1	38.885 2	41.923 2	45.641 7	48.289 9
27	11.807 6	12.878 6	14.573 3	16.151 3	18.113 8	21.749 4	26.336 3	31.528 4	36.741 2	40.113 3	43.194 4	46.963 0	49.644 9
28	12.461 3	13.564 8	15.307 9	16.927 9	18.939 2	22.657 2	27.336 3	32.620 5	37.915 9	41.337 2	44.460 7	48.278 2	50.993 3
29	13.121 1	14.256 5	16.047 1	17.708 3	19.767 7	23.566 6	28.336 2	33.710 9	39.087 5	42.556 9	45.722 2	49.587 9	52.335 6
30	13.786 7	14.953 5	16.790 8	18.492 6	20.599 2	24.477 6	29.336 0	31.799 8	40.256 0	43.772 9	46.979 2	50.892 2	53.672 0
40	20.706 5	22.164 3	24.433 1	26.509 3	29.050 5	33.660 3	39.335 4	45.616 0	51.805 0	55.758 5	59.341 7	63.690 7	66.765 9
50	27.990 7	29.706 7	32.357 4	34.764 2	37.688 6	42.942 1	49.334 9	56.333 6	63.167 1	67.504 8	71.420 2	76.153 9	79.490 0
60	35.534 6	37.484 8	40.481 7	43.187 9	46.458 9	52.293 8	59.334 7	66.981 4	74.397 0	79.081 9	83.297 6	88.379 4	91.951 7
70	43.275 2	45.441 8	48.757 6	51.739 3	55.329 0	61.698 3	69.334 4	77.576 6	85.527 1	90.531 2	95.023 1	100.425	104.215
80	51.172 0	53.540 0	57.153 2	60.391 5	64.277 8	71.144 5	79.334 3	88.130 3	96.578 2	101.879	106.629	112.329	116.321
90	59.196 3	61.754 1	65.646 6	69.126 0	73.291 2	80.624 7	89.334 2	98.649 9	107.565	113.145	118.136	124.116	128.299
100	67.327 6	70.064 8	74.221 9	77.929 5	83.358 1	90.133 2	99.334 1	109.141	118.498	124.342	129.561	135.807	140.169

参 考 文 献

[1] 袁卫,庞皓,曾五一,等.统计学[M].4版.北京:高等教育出版社,2014.
[2] 葛新权.统计学[M].2版.北京:机械工业出版社,2005.
[3] 陈平.应用统计方法[M].广州:中山大学出版社,2008.
[4] 徐建邦,李培军.统计学[M].2版.大连:东北财经大学出版社,2006.
[5] 张平.统计学[M].北京:中国财政经济出版社,2005.
[6] 于洪彦.Excel统计分析与决策[M].2版.北京:高等教育出版社,2009.
[7] 陈在余,陶应虎.统计学原理与实务[M].北京:清华大学出版社,2009.
[8] 施金龙,吕洁.应用统计学[M].2版.南京:南京大学出版社,2008.
[9] 马敏娜,王静敏.统计学[M].2版.北京:高等教育出版社,2016.